# Direito Digital

# Direito Digital

2021

José Gaspar Schwalbach

ALMEDINA

**DIREITO DIGITAL**

AUTOR
José Gaspar Schwalbach

EDITOR
EDIÇÕES ALMEDINA, S.A.
Rua Fernandes Tomás, nºs 76-80
3000-167 Coimbra
Tel.: 239 851 904 · Fax: 239 851 901
www.almedina.net · editora@almedina.net

Design de coleção: FBA.
Capa: Edições Almedina

PRÉ-IMPRESSÃO
EDIÇÕES ALMEDINA, S.A.

IMPRESSÃO E ACABAMENTO

Maio, 2021

DEPÓSITO LEGAL



ALMEDINA | GRUPOALMEDINA

BIBLIOTECA NACIONAL DE PORTUGAL – CATALOGAÇÃO NA PUBLICAÇÃO

SCHWALBACH, José Gaspar

Direito digital. - (Guias práticos)
ISBN 978-972-40-9491-5

CDU 340

Aos Meus Sobrinhos.
E a todos os que Navegam pelo ciberespaço.

# I. Introdução

A presente obra pretende de forma simples permitir o acesso directo a temas importantes relacionados com o Direito Digital ou Ciberdireito, no fundo, o conjunto de normas que regulam os novíssimos direitos da que surgiram com os Computadores Pessoais e a Internet.

O primeiro computador pessoal surgiu há quarenta anos, a 12 de Agosto de 1981, tendo a norte-americana IBM sido pioneira ao apresentar o seu Modelo 5150, com o processador 8088 da Intel e sistema operativo licenciado pela Microsoft.

Iniciava-se uma nova era. Uma novíssima Era Digital.

O 5051 da IBM – que sem disco rígido se apresentava como o conjunto de monitor monocromático de cor verde, teclado, unidade central, impressora e unidade externa de disquetes – inovava pelo seu tamanho físico, já que até aí os computadores, para além de terem valores que ascendiam a cerca de $20.000,00 (vinte mil dólares), ocupavam áreas que os impediam de ser adquiridos para uso doméstico.

Também o valor do novo 5051 veio garantir a abertura do mercado residencial e de pequenas e médias empresas à IBM com o valor de venda ao público do primeiro computador pessoal fixado em cerca de €1.300,00 (mil e trezentos euros), o que equivaleria hoje a cerca de €3.375,00 (três mil trezentos e setenta e cinco euros) sendo distribuído com software que incluía a folha de cálculo *VisiCalc*, processamento de texto através do programa *Easywriter* 1.0 e, ainda, o primeiro jogo da *Microsoft – Adventure*.

Estavam lançados os dados para uma nova era.

Foi com este equipamento que o computador da IBM marcou o início de uma nova era no uso digital, daí ser considerado o "Pai" dos computadores modernos, que veio revolucionar todo o sector.

Actualmente, o confinamento e o redireccionamento para o teletrabalho vieram contrariar a tendência de queda nas vendas, sendo que segundo a norte-americana *IDC Corporate USA* as fabricantes fecharam 2020 com números superiores a 302 milhões de PC vendidos (incluindo computadores de secretária, portáveis e workstations) com a Lenovo, HP Inc e Dell Technologies no topo da tabela.

Mas, já antes da chegada às nossas casas dos computadores pessoais, se tinha iniciado a pesquisa sobre a comutação de pacotes de dados e redes de comutação de pacotes, com recurso a vários protocolos.

Entre a década de 60 e o início da década de 70, sistemas *Telenet, Cyclades, Merit Network* ou *Tymnet* foram desenvolvidos e permitiam a transmissão de dados.

Em especial, *a Arpanet (Advanced Research Projects Agency Network)* – financiada pelo Departamento de Defesa dos Estados Unidos através da sua Agência de Projectos de Pesquisa Avançada (ARPA) de onde herdaria o nome – veio lançar as bases da actual internet (*Lievrouw, L. A.; Livingstone, S. M. (2006). Handbook of New Media: Student Edition. EUA: SAGE. p. 253. 475 páginas. ISBN 1412918731*), permitindo desenvolver protocolos de comunicação entre várias redes separadas no espaço físico, tendo sido a primeira rede a implementar o conjunto de protocolos TCP/IP.

Também em 1981, com o financiamento da Rede de Ciência da Computação (CSNET) pela Fundação Nacional da Ciência norte-americana (NSF) se aumentou o acesso à ARPANET. Em 1982, o conjunto de protocolos de Internet (TCP/ /IP) foi introduzido como o protocolo de rede padrão na ARPANET, tendo, no início dos anos 80, a NSF financiado o estabelecimento de diversos centros nacionais de supercomputação nas diversas universidades, proporcionando uma interconectividade em 1986 com o projecto NSFNET, que também criou acesso aos sítios electrónicos por supercomputadores nos Estados Unidos a partir de organizações de pesquisa e educação. A ARPANET viria a ser desactivada em 1990. [*G. Schneider; J. Evans; K. Pinard (2009). The Internet – Illustrated. EUA: Cengage Learning. ISBN 0538750987*]

Com o desmantelamento da NSFNET (*National Science Foundation Network*) e a remoção das últimas restrições sobre o uso da internet para transportar o tráfego comercial, a internet foi definitivamente liberalizada em 1995, tornando-se o seu uso comercial (*Harris, Susan R.; Gerich, Elise «Retiring the NSFNET Backbone Service: Chronicling the End of an Era». ConneXions. 10*) iniciando, no final da década de 80, uma rápida expansão para a Europa, Ásia e Austrália.

A partir do início da década de 1990 a internet passou a ter um impacto crescente sobre a cultura e o comércio mundiais, nomeadamente com o surgimento de sistemas de comunicação instantânea com programas como o *mIRC* (cliente de chat através do protocolo de *Internet Relay Chat*) mas também softwares como o ICQ cuja notificação de nova mensagem ficou gravada para todos os seus utilizadores.

Do protocolo IRC à facilidade de envio de mensagens de correio electrónico, chamadas VoIP (*Voice over* IP), chamadas de vídeo, fóruns de discussão, páginas web institucionais, redes sociais, sítios de compras em linha, o mundo Digital evoluiu a uma velocidade imbatível.

Ao mesmo tempo as operadoras de comunicação – conscientes da necessidade de assegurar a transmissão cada vez mais elevada de dados – aumentaram a oferta que nos anos 90 era maioritariamente disponibilizado com recurso a modems que ocupavam as linhas telefónicas, e cuja velocidade era naturalmente incompatível com o que a sociedade impunha com o aumento da curiosidade desta nova Era.

Hoje, à velocidade da fibra óptica, a oferta de conteúdos e aplicações permitem considerar a internet como uma extensão da nossa vida pessoal e laboral, como espaço familiar, de trabalho ou de entretenimento. Quantos almoços de família se fizeram com recurso às novas tecnologias, com recurso a programas como Zoom ou *WhatsApp*. Quantas reuniões com clientes ou com colegas de trabalho. Quantos julgamentos terão já sido feitos através da aplicação *Webex*. É, pois, deste mundo digital que trataremos na presente obra que apenas pretende abrir a porta para o que já existe e cuja regulamentação não é, ainda, suficiente para o que já existe.

Ao legislador espera-o um trabalho árduo de seleccionar todas as matérias cujo actual estado das artes permite que se verifiquem em ambientes digitais (transmissão de dados pessoais, comércio electrónico, investimento em cripto-activos, desde a sua oferta inicial de distribuição até à celebração de contratos por diferença – CDF) e regula-los para que a fuga para o mundo virtual não implique uma perda de competência territorial e consequente inviabilização da segurança jurídica cuja base estará, espera-se, na norma a criar.

# II. Resenha Histórica

Em Portugal, Lei da criminalidade informática (Lei nº 109/91, de 17 de Agosto), que entrou em vigor em Dezembro daquele ano, apresentava já definições para rede informática, sistema informático, programa informático, topografia, produto semicondutor e intercepção, prevendo já níveis de valores (elevado aquele que excedesse 50 unidades de conta e consideravelmente elevado aquele que excedesse as 200 unidades de conta no momento da prática do facto).

A Lei da Criminalidade Informática previa já a responsabilidade penal das pessoas colectivas ou equiparadas, as quais respondiam penal e civilmente (de forma solidária), pelo pagamento de multas, indemnizações e outras prestações em que fossem condenados os agentes das respectivas infracções.

Subsidiariamente aplicável a legislação penal (ex vi do art. 1º) a Lei nº 109/91 de 17 de Agosto previa no seu elenco de crimes ligados à informática a Falsidade informática (art. 4º) Dano relativo a dados ou programas informáticos (art. 5º), Sabotagem informática (art. 6º), Acesso ilegítimo (art. 7º), Intercepção ilegítima (art. 8º) e Reprodução ilegítima de programa protegido (art. 9º), prevendo-se a aplicação de penas às pessoas colectivas e equiparadas pelos crimes ali previstos, nomeadamente a admoestação, multa ou dissolução.

A Lei da Criminalidade informática veio estabelecer os conceitos de rede informática, como o conjunto de dois ou mais computadores interconectados, sistema informático, como o conjunto constituído por um ou mais computadores, respectivos equipamentos periféricos e suporte lógico que assegurasse o processamento de dados.

A definição de programa informático consistia em "*conjunto de instruções capazes, quando inseridas num suporte explorável em máquina, de permitir à máquina que tem por funções o tratamento de informações indicar, executar ou produzir determinada função, tarefa ou resultado*".

Do ponto de vista físico, veio igualmente a ser definida "topografia" como a série de imagens ligadas entre si, independentemente do modo como são fixadas ou codificadas, que representam a configuração tridimensional das camadas que compõem um produto semicondutor e na qual cada imagem reproduz o desenho ou parte dele de uma superfície do produto semicondutor, independentemente da fase do respectivo fabrico e produto semicondutor, como "*a forma final ou intermédia de qualquer produto, composto por um substrato que inclua uma camada de material semicondutor e constituído por uma ou várias camadas de matérias condutoras, isolantes ou semicondutoras, segundo uma disposição conforme a uma configuração tridimensional e destinada a cumprir, exclusivamente ou não, uma função electrónica*";

Do ponto de vista da criminalidade informática, teve o legislador a necessidade de especificar o conceito de "Intercepção" (de dados informáticos) como o acto destinado a captar informações contidas num sistema automatizado de dados, através de dispositivos electromagnéticos, acústicos, mecânicos ou outros.

Também para efeitos de aplicação da moldura penal, e considerando que o valor do tipo de bem protegido pelo mesmo poderia variar fixou-se valor elevado como aquele que excedesse 50 unidades de conta processual penal avaliadas no momento da prática do facto e valor consideravelmente elevado como aquele que excedesse 200 unidades de conta processual penal avaliadas no momento da prática do facto.

Assim, a partir de 1991, passa a estar tipificado no ordenamento jurídico português o crime de *Falsidade informática*, o qual se verificaria sempre que alguém, com intenção de provocar engano nas relações jurídicas, introduzisse, modificasse, apagasse ou suprimisse dados ou programas informáticos ou, por qualquer outra forma, interferisse num tratamento informático de dados, quando esses dados ou programas fossem susceptíveis de servirem como meio de prova, de tal modo que a sua visualização produzisse os mesmos efeitos de um documento falsificado, ou, bem assim, os utilizasse para os fins descritos, seria punido com pena de prisão até cinco anos ou multa de 120 a 600 dias.

Nas mesmas penas incorreria quem use documento produzido a partir de dados ou programas informatizados que fossem objecto dos actos referidos, actuando com intenção de causar prejuízo a outrem ou de obter um benefício ilegítimo, para si ou para terceiros.

A referida moldura penal subiria para pena de prisão de um a cinco anos sempre que os factos referidos forem praticados por funcionário no exercício das suas funções.

Relativamente ao crime de *dano relativo a dados ou programas informáticos*, previa-se ali que quem, sem para tanto estar autorizado, e actuando com intenção de causar prejuízo a outrem ou de obter um benefício ilegítimo para si ou para terceiros, apagasse, destruísse, no todo ou em parte, danificasse, suprimisse ou tornasse não utilizáveis dados ou programas informáticos alheios ou, por qualquer forma, lhes afectasse a capacidade de uso seria punido com pena de prisão até três anos ou pena de multa, sendo a tentativa punível, dependendo de queixa o procedimento criminal excepto se os danos causados fossem de valor consideravelmente elevados.

Quanto ao referido crime, caso o dano causado fosse de valor superior a 50 unidades de conta a pena seria a de prisão até 5 anos ou de multa até 600 dias, mas já se os danos causados fossem superiores a 200 unidades de conta, a pena fixar-se-ia em prisão de 1 a 10 anos.

O crime de *sabotagem informática*, previa que quem introduzisse, alterasse, apagasse ou suprimisse dados ou programas informáticos ou, por qualquer outra forma, interferisse em sistema informático, actuando com intenção de entravar ou perturbar o funcionamento de um sistema informático ou de comunicação de dados à distância, seria punido com pena de prisão até 5 anos ou com pena de multa até 600 dias, sendo que a pena seria a de prisão de um a cinco anos se o dano emergente da perturbação fosse de valor elevado ou, de 1 a 10 anos de prisão se o dano emergente da perturbação fosse de valor consideravelmente elevado.

O crime de *acesso ilegítimo* verificar-se-ia sempre que alguém que, não estando para tanto autorizado e com a intenção de alcançar, para si ou para outrem, um benefício ou vantagem ilegítimos, de qualquer modo acedesse a um sistema ou rede informáticos seria punido com pena de prisão até 1 ano ou com pena de multa até 120 dias.

A pena seria a de prisão até três anos ou multa se o acesso fosse conseguido através de violação de regras de segurança mas subiria para prisão de um a cinco anos quando através do acesso, o agente tivesse tomado conhecimento de segredo comercial ou industrial ou de dados confidenciais, protegidos por lei ou, caso o benefício ou vantagem patrimonial obtidos fossem de valor consideravelmente elevado, sendo em qualquer caso a tentativa punível.

Praticaria o *crime de Intercepção ilegítima* todo aquele que, sem para tanto estar autorizado, e através de meios técnicos, interceptasse comunicações que se processassem no interior de um sistema ou rede informáticos, a eles destinadas ou deles provenientes, sendo nesses casos punida a prática do referido crime com pena de prisão até três anos ou com pena de multa e sendo a tentativa punível.

O crime de *Reprodução ilegítima de programa protegido* consistia em alguém, sem para tal estar autorizado, reproduzir, divulgar ou comunicar ao público programa informático protegido por lei, sendo nesses casos punido com pena de prisão até três anos ou com pena de multa.

Na mesma pena incorreria quem ilegitimamente reproduzisse topografia de um produto semicondutor ou a explorar comercialmente ou importasse, para esses fins, uma topografia ou um produto semicondutor fabricado a partir dessa topografia, sendo sempre a tentativa punível.

No caso penas aplicáveis às pessoas colectivas e equiparadas e pelos crimes previstos na referida lei previa-se a possibilidade de decretar a pena de dissolução, a qual seria aplicada quando os titulares dos órgãos ou representantes da pessoa colectiva ou sociedade tivessem agido com a intenção, exclusiva ou predominantemente, de, por meio dela, praticar os factos que integrassem os crimes ali previstos ou quando a prática reiterada desses factos revelasse que a pessoa colectiva ou sociedade estava a ser utilizada para esse efeito, quer pelos seus membros, quer por quem exercesse a respectiva administração.

A título de penas acessórias poderiam ser aplicadas a *perda de bens, a caução de boa conduta* (obrigação de o agente depositar uma quantia em dinheiro, entre cerca de €50,00 a €5.000,00 a fixar pelo tribunal e por período entre seis a dois anos e a qual seria perdida a favor do Estado caso o agente praticasse nova infracção), *interdição temporária do exercício de certas actividades ou profissões* (aplicada sempre que a infracção fosse cometida com flagrante e manifesto abuso da profissão ou no exercício de actividade que dependesse de um título público de uma autorização ou homologação da autoridade pública), *encerramento temporário ou definitivo de estabelecimento* (decretado por períodos mínimos de um mês a um ano no primeiro caso, sendo definitivo o encerramento em casos de anteriores condenações por infracções previstas na Lei da criminalidade informática, tiver sido já decretado o encerramento temporário e houver condenação anterior com pena de prisão por dano de valor consideravelmente elevado ou para um número avultado de pessoas) *e a publicidade da decisão condenatória* (sempre efectivada a expensas do condenado, em publicação periódica editada na área da comarca da prática da infracção ou, na sua falta, em publicação da área da comarca mais próxima, bem como através da afixação de editais, por período não inferior a 30 dias, no próprio estabelecimento ou no local do exercício da actividade, por forma bem visível pelo público).

Relativamente à conservação de prova, a Lei nº 32/2008, de 17 de Julho (Lei relativa a conservação de dados gerados ou tratados no contexto da oferta de serviços de comunicações electrónicas publicamente disponíveis ou de redes públicas de comunicações) viria estabelecer um regime processual privativo relativamente à conservação de dados, impondo aos fornecedores de serviços de comunicações electrónicas publicamente disponíveis ou de uma rede pública de comunicações a conservação de diversas categorias de dados, nomeadamente de dados necessários para encontrar e identificar a fonte de uma comunicação, dados necessários para encontrar e identificar o destino de uma comunicação, dados necessários para identificar a data, a hora e a duração de uma comunicação, dados necessários para identificar o tipo de comunicação, dados necessários para identificar o equipamento de telecomunicações dos utilizadores, ou o que se considera ser o seu equipamento e dados necessários para identificar a localização do equipamento de comunicação móvel.

Relativamente a acessos à Internet, ao correio electrónico através da Internet e às comunicações telefónicas através da Internet estabeleceu-se a preservação dos códigos de identificação atribuídos ao utilizador, o código de identificação do utilizador e o número de telefone atribuídos a qualquer comunicação que entre na rede telefónica pública, o nome e o endereço do assinante ou do utilizador registado, a quem o endereço do protocolo IP, o código de identificação de utilizador ou o número de telefone estavam atribuídos no momento da comunicação sendo que se estipulava a preservação do código de identificação do utilizador ou o número de telefone do destinatário pretendido, ou de uma comunicação telefónica através da Internet, os nomes e os endereços dos subscritores, ou dos utilizadores registados, e o código de identificação de utilizador do destinatário pretendido da comunicação devendo sempre ser registada a data e a hora do início (*log in*) e do fim (*log off*) da ligação ao serviço de acesso à Internet com base em determinado fuso horário, juntamente com o endereço do protocolo IP, dinâmico ou estático, atribuído pelo fornecedor do serviço de acesso à Internet a uma comunicação, bem como o código de identificação de utilizador do subscritor ou do utilizador registado.

Estávamos ainda numa fase em que os acessos à internet eram feitos por via de modems cuja utilização implicava chamada telefónica para a operadora fornecedora de serviços de acesso à internet.

Por esse motivo, ficaria registado a data e a hora do início e do fim da ligação ao serviço de correio electrónico através da Internet ou de comunicações através da Internet, com base em determinado fuso horário, bem como o número de telefone que solicita o acesso por linha telefónica, a linha de assinante digital (*digital subscriber line*, ou DSL), ou qualquer outro identificador terminal do autor da comunicação.

A Lei da Criminalidade informática veio a ser revogada em 2009, com a publicação da Lei nº 109/2009 de 15 de Setembro que aprovou a Lei do Cibercrime, transpondo para a ordem jurídica interna a Decisão Quadro nº 2005/222/JAI, do Conselho, de 24 de Fevereiro, relativa a ataques contra sistemas de informação, e adaptou o direito interno à Convenção sobre Cibercrime do Conselho da Europa.

Com a entrada em vigor da referida lei foram estabelecidas as disposições penais materiais e processuais, bem como as disposições relativas à cooperação internacional em matéria penal, relativas ao domínio do cibercrime e da recolha de prova em suporte electrónico tendo em consideração o facto deste tipo de criminalidade estar habitualmente associado a práticas transfronteiriças que criavam obstáculos à aquisição de prova e à celeridade necessária para a cessação de actividades criminosas.

O Legislador mantém, grosso modo, as definições anteriormente estabelecidas na Lei da criminalidade informática, desenvolvendo-as no seu artigo 2º onde refere na sua alínea a) «Sistema informático», como "*qualquer dispositivo ou conjunto de dispositivos interligados ou associados, em que um ou mais de entre eles desenvolve, em execução de um programa, o tratamento automatizado de dados informáticos, bem como a rede que suporta a comunicação entre eles e o conjunto de dados informáticos armazenados, tratados, recuperados ou transmitidos por aquele ou aqueles dispositivos, tendo em vista o seu funcionamento, utilização, protecção e manutenção*", uma definição, mais cuidada relativamente à anterior que definia como simples "*conjunto constituído por um ou mais computadores, respectivos equipamentos periféricos e suporte lógico que assegurasse o processamento de dados.*"

Foi mantida igualmente a definição de "*Intercepção*" (de dados informáticos) como o acto destinado a captar informações contidas num sistema automatizado de dados, através de dispositivos electromagnéticos, acústicos, mecânicos ou outros, bem como a definição de "*Topografia*" (uma série de imagens ligadas entre si, independentemente do modo como são fixadas ou codificadas, que representam a configuração tridimensional das camadas que compõem um produto semicondutor e na qual cada imagem reproduz o desenho, ou parte dele, de uma superfície do produto semicondutor, independentemente da fase do respectivo fabrico) e de "*Produto semicondutor*" (a forma final ou intermédia de qualquer produto, composto por um substrato que inclua uma camada de material semicondutor e constituído por uma ou várias camadas de matérias condutoras, isolantes ou semicondutoras, segundo uma disposição conforme a uma configuração tridimensional e destinada a cumprir, exclusivamente ou não, uma função electrónica).

Surgem, contudo, as novas definições de "*Dados informáticos*" como qualquer representação de factos, informações ou conceitos sob uma forma susceptível de processamento num sistema informático, incluindo os programas aptos a fazerem um sistema informático executar uma função, "*Dados de tráfego*", como os dados informáticos relacionados com uma comunicação efectuada por meio de um sistema informático, gerados por este sistema como elemento de uma cadeia de comunicação, indicando a origem da comunicação, o destino, o trajecto, a hora, a data, o tamanho, a duração ou o tipo do serviço subjacente e "*Fornecedor de serviço*" como qualquer entidade, pública ou privada, que faculte aos utilizadores dos seus serviços a possibilidade de comunicar por meio de um sistema informático, bem como qualquer outra entidade que trate ou armazene dados informáticos em nome e por conta daquela entidade fornecedora de serviço ou dos respectivos utilizadores.

O catálogo dos crimes tipificados na Lei 109/2009 de 15 de Setembro é idêntico ao que já constava da Lei de 1991, e inclui crime de *Falsidade informática* (art. 3º), *o crime de Dano relativo a programas ou outros dados informáticos* (Art. 4º), *o crime de Sabotagem informática* (Art. 5º), *o crime de acesso ilegítimo* (art. 6º), *o crime de intercepção ilegítima* (art. 7º) *o crime de reprodução ilegítima de programa protegido* (art. 8º), mas passa agora a incluir um conjunto de disposições processuais os quais serão aplicáveis a processos relativos crimes que constem da Lei do Cibercrime, a crimes cometidos por meio de sistema informático e a quaisquer outros em relação aos quais seja necessário proceder à recolha de prova em suporte electrónico.

E tal alteração veio a ter impacto, por exemplo, na alteração da jurisprudência que até aqui equiparava, por exemplo, as mensagens SMS às cartas de correio, distinguindo entre as situações em que ainda estariam fechadas ou aquelas em que já haviam sido abertas pelo destinatário, e que agora vê tal entendimento alterado, uma vez que a leitura de mensagens guardadas num cartão de telemóvel (ou equipamento) por um agente policial sem autorização do seu dono ou do JIC passa a ser prova proibida, em nada relevando que as mesmas tivessem sido ou não abertas e lidas pelo destinatário porquanto a lei não distingue entre essas duas situações.

A preservação expedita de dados passa a ser ordenada pela autoridade judiciária competente ou órgão de polícia criminal em caso de urgência ou perigo na demora, discriminando a natureza dos dados, origem e destino se conhecidos e período de tempo pelo qual deverão ser preservados, num máximo de três meses, deixando de se aplicar o regime processual das comunicações telefónicas previsto nos artigos 187º a 190º do Código de Processo Penal por extensão às «telecomunicações electrónicas», «crimes informáticos» e «recolha de prova electrónica (informática)»., sendo que tendo em vista assegurar a preservação dos dados de tráfego relativos a uma determinada comunicação, independentemente do número de fornecedores de serviço que nela participaram, o fornecedor de serviço a quem essa preservação tenha sido ordenada indica à autoridade judiciária ou ao órgão de polícia criminal, logo que o souber, outros fornecedores de serviço através dos quais aquela comunicação tenha sido efectuada, tendo em vista permitir identificar todos os fornecedores de serviço e a via através da qual aquela comunicação foi efectuada.

No decurso do processo, se se tornar necessário à produção de prova, tendo em vista a descoberta da verdade, obter dados informáticos específicos e determinados, armazenados num determinado sistema informático, a autoridade judiciária competente ordena a quem tenha disponibilidade ou controlo desses dados que os comunique ao processo ou que permita o acesso aos mesmos, sob pena de punição por desobediência, será a injunção para apresentação ou concessão do acesso a dados, sendo igualmente possível a apreensão de dados informáticos (dados ou documentos informáticos necessários à produção de prova), quer do suporte onde está instalado o sistema ou apreensão do suporte onde estão armazenados os dados informáticos, bem como dos dispositivos necessários à respectiva leitura, quer através de realização de uma cópia dos dados, em suporte autónomo, que será junto ao processo, quer ainda através da preservação, por meios tecnológicos, da integridade dos dados, sem realização de cópia nem remoção dos mesmos ou ainda através de eliminação não reversível ou bloqueio do acesso aos dados.

Tal como supra referido, a apreensão de correio electrónico e registos de comunicações de natureza semelhante passa agora a ter tratamento específico, impondo-se que quando sejam encontrados, armazenados nesse sistema informático ou noutro a que seja permitido o acesso legítimo a partir do primeiro, o juiz possa autorizar ou ordenar, por despacho, a apreensão daqueles que se afigurem ser de grande interesse para a descoberta da verdade ou para a prova, aplicando-se correspondentemente o regime da apreensão de correspondência previsto no Código de Processo Penal, sendo igualmente admissível o recurso à intercepção de comunicações e o registo de transmissões de dados informáticos os quais apenas poderão ser autorizados durante o inquérito, se houver razões para crer que a diligência é indispensável para a descoberta da verdade ou que a prova seria, de outra forma, impossível ou muito difícil de obter, por despacho fundamentado do juiz de instrução e mediante requerimento do Ministério Público.

Passa a ser admissível o recurso às acções encobertas previstas na Lei nº 101/2001, de 25 de Agosto, nos termos aí previstos, no decurso de inquérito relativo aos crimes da lei do Cibercrime ou àqueles cometidos por meio de um sistema informático, quando lhes corresponda, em abstracto, pena de prisão de máximo superior a 5 anos ou, ainda que a pena seja inferior, e sendo dolosos, os crimes contra a liberdade e autodeterminação sexual nos casos em que os ofendidos sejam menores ou incapazes, a burla qualificada, a burla informática e nas comunicações, a discriminação racial, religiosa ou sexual, as infracções económico-financeiras, bem como os crimes consagrados no título iv do Código do Direito de Autor e dos Direitos Conexos.

A Cooperação internacional é igualmente uma das apostas para efeitos de investigações ou procedimentos respeitantes a crimes relacionados com sistemas ou dados informáticos, bem como para efeitos de recolha de prova, em suporte electrónico, de um crime, de acordo com as normas sobre transferência de dados pessoais previstas na Lei nº 67/98, de 26 de Outubro sendo criado um ponto de contacto permanente para a cooperação internacional, tendo em vista a prestação de assistência imediata para os efeitos referidos no artigo anterior, assegurado pela Polícia Judiciária, vinte e quatro horas por dia, sete dias por semana.

Relativamente à aplicação no espaço da lei penal portuguesa e à competência dos tribunais portugueses, prevê-se que para além do disposto no Código

Penal em matéria de aplicação no espaço da lei penal portuguesa, e salvo tratado ou convenção internacional em contrário, a lei penal portuguesa será ainda aplicável a factos praticados por Portugueses, se aos mesmos não for aplicável a lei penal de nenhum outro Estado, cometidos em benefício de pessoas colectivas com sede em território português, fisicamente praticados em território português, ainda que visem sistemas informáticos localizados fora desse território ou que visem sistemas informáticos localizados em território português, independentemente do local onde esses factos forem fisicamente praticados.

# III. Conceitos

## 1. Direito da Informática

A terminologia Direito da informática foi acolhida inicialmente como sendo o campo do direito que se propunha estudar as questões jurídicas relacionadas com o uso de computadores e da tecnologia da informação. O certo é que tal designação poderá eventualmente ser redutora para o universo que se pretenderá explorar.

Direito Digital, Direito Cibernético ou Ciberdireito, Direito da Tecnologia da Informação, Direito da Internet ou Direito Electrónico surgem igualmente como terminologias concorrentes ou paralelas, que de forma mais ampla ou restrita incluam ou pertençam a áreas especificas ou mais vastas.

O certo é que com o desenvolvimento da Internet (quer do ponto de vista de conteúdos, quer do ponto de vista de acessibilidade), verificou-se um aumento da importância da informática e da tecnologia da informação nas relações jurídicas, espoletando o surgimento de uma nova área do Direito.

"Informática", nome, feminino, será a ciência que se ocupa do tratamento automático e racional da informação considerada como suporte dos conhecimentos e das comunicações, que se encontra associada à utilização de computador e seus programas. *("informática", in Dicionário Priberam da Língua Portuguesa [em linha], 2008-2021, https://dicionario.priberam.org/ inform%C3%A1tica [consultado em 26-01-2021]*) e, portanto, relacionado com o uso do computador e seus programas mas que deixa de se poder associar directamente aos serviços informáticos fornecidos através da rede, transacções de activos ou mesmo a regulação de serviços e actividades virtuais e que, consequentemente, levará a que deixe de fazer sentido continuar a aplicar.

## 2. Ciberdireito

O Ciberdireito ou Direito Cibernético será aquele ramo do direito que estudará tudo aquilo que é cibernético (adjectivo do grego *kubernetikós, -ê, -ón*, próprio de piloto, capaz de pilotar, relativo ao ciberespaço ou à Internet – "cibernético", in

*Dicionário Priberam da Língua Portuguesa [em linha], 2008-2021, https://dicionario.priberam.org/ cibern%C3%A9tico [consultado em 26-01-2021].*

Tal terminologia, relacionada directamente com a navegação na rede, propor-se-á a estudar todas as questões jurídicas que surjam especificamente no contexto virtual, cibernético, o que seria uma definição que colocaria de parte as infra-estruturas, o suporte físico, os periféricos ou outros elementos cuja regulação se imponha igualmente.

Do nosso ponto de vista é, pois, todo aquele conjunto de normas que venha a reger a vida no espaço em linha, no ciberespaço.

Por esse motivo o Legislador de 2009 escolheu o nome de Lei do Cibercrime para a Lei nº 109/2009 de 15 de Setembro, que transpôs para a ordem jurídica interna a Decisão Quadro nº 2005/222/JAI, do Conselho, de 24 de Fevereiro.

Decisão Quadro essa que já no seu considerando 7 fazia referência a "cibercriminalidade" quendo referia que "*É necessário completar o trabalho realizado pelas organizações internacionais, especialmente ao nível do Conselho da Europa, no domínio da aproximação do direito penal e os trabalhos do G8 sobre cooperação transnacional no âmbito da criminalidade de alta tecnologia, propondo uma abordagem comum neste domínio ao nível da União Europeia. Este pedido foi desenvolvido na Comunicação que a Comissão dirigiu ao Conselho, ao Parlamento Europeu, ao Comité Económico reforçando a segurança das infra-estruturas da informação e lutando contra a* ***cibercriminalidade***".

Mas actualmente o Ciberdireito está ainda em desenvolvimento e carece ainda de um trabalho exigente por parte do Legislador que não tem logrado antever ou, sequer, acompanhar a evolução tecnológica.

Se é certo que não se pretende um estrangular da criatividade técnica, não será menos correcto dizer que nas últimas décadas se tem assistido a uma desvalorização, ainda que não intencional, da real importância e impacto deste novo mundo, que se encontra já nas nossas casas, e onde os nossos filhos e sobrinhos, até já alguns de nós, vão diariamente, por lazer ou por trabalho, viver, fazer compras ou para prestação de serviços e até para concertos de música.

Quantos Pais ou Avós já ouviram falar do *Fortnite* (Jogo electrónico da *Epic Games* lançado em 2017 na versão *Fortnite: Battle Royale*, desenvolvido para várias plataformas como Android, iOS, Playstation, Xbox ou Windows, multijogadores – até 100 pessoas – com mais de 125 milhões de jogadores em menos de um ano, e com concertos em directo. Tal como noticiado pelo Observador.pt, o rapper norte-americano Travis Scott facturou 16,5 milhões de euros num concerto virtual no "*Fortnite*", juntando mais de 12,3 milhões de jogadores, num record de *streaming* neste jogo, e cuja duração foi apenas de 9 minutos.

*https://observador.pt/2020/12/04/travis-scott-faturou-165-milhoes-de-euros-num-so-concerto-no-fortnite/*). Quantos de nós viram há poucos anos no cinema o filme "*Get Ready Player One*"?. Convida-se o leitor menos atento a visitar sítios da internet como *http://www.earth2.io* ou *http://www.vPark.io*, onde a compra e venda de propriedades já há muito começou e onde se pode ser proprietário de réplicas das cidades actuais, parcelas de terrenos e edificar as novas cidades virtuais onde já existem prestações de serviços e vendas de bens como roupa, calçado ou quadros) e facilmente compreenderá que aquele filme de ficção já não o é.

### 3. Direito Digital

***di·gi·tal*** do latim *digitalis, -e*, adjectivo de dois géneros, "1. dos dedos ou a eles relativos (ex.: articulações digitais; impressões digitais); 2. Relativo a dígito. 3. Que apresenta dados, resultados ou indicações sob forma numérica, por oposição a analógico (ex.: máquina digital; relógio digital; o som analógico é depois convertido em digital). 4. [Informática] Que é relativo ou envolve tecnologia electrónica, como computadores ou Internet (ex.: legislação sobre os direitos de autor no espaço digital). "digital", in Dicionário Priberam da Língua Portuguesa [em linha], 2008-2021, https://dicionario.priberam.org/digital [consultado em 21-01-2021].

O Direito Digital será o ramo do direito resultante da ciência do Direito e a Ciência da Computação, no fundo o conjunto de relações jurídicas, normas, aplicações e conhecimentos que sejam oriundas do mundo digital e cuja regulação se impõe, hoje mais que nunca.

Será uma área mais ampla do Direito que necessariamente abarcará matérias em diversos ramos do ordenamento jurídico, desde logo, do Direito Penal (v.g. Lei do Cibercrime, com tipos de crime e com capítulos específicos quanto à matéria processual), mas também do Direito Civil, Laboral, Tributário, Comercial e mesmo Constitucional.

Impor-se-á garantir a validade jurídica de informações, serviços, transacções e bens em contexto virtual que já ocorrem na vida em sociedade, e cuja tecnologia já se encontra sedimentada no mundo actual.

Aos profissionais do Direito foram já disponibilizadas ferramentas computacionais que vieram abrir a porta para este novo mundo. Desde aplicações informáticas para gestão processual, certificados digitais para atestar da origem de determinado documento processual, a equipamentos informáticos periféricos como leitores de cartões de cidadão, leitores de impressões digitais ou simplesmente programas informáticos (*Cisco Webex*) que vieram substituir as videoconferências sempre tão difíceis de agendar (muitas vezes por indisponibilidade de sala no Tribunal ou Estabelecimento Prisional) e facilitar a prestação de depoimentos ou declarações assegurando a exibição de documentos no momento e sem necessidade de esforços para carregar o processo físico para junto de uma câmara esperando que o depoente lograsse perceber de que documento se trataria.

O certo é que a mesma tecnologia ficou acessível (na verdade bem mais cedo) para toda a comunidade de cibernautas, potencializando a prática de ilícitos criminais.

Para além da actual DarkWeb, já desde o início da liberalização da internet que foram vários os sítios em linha que surgiram relacionados com a distribuição ilícita de músicas, filmes e programas informáticos. Quanto a estes últimos, e porque a tecnologia em meados da década de 90 apresentava ainda níveis de segurança baixos, eram vários os sítios que por ordem alfabética apresentavam códigos de números de séries ou miniprogramas para "crackar" ou "hackear" o programa ilicitamente distribuído e que apenas permitiria a sua utilização ilimitada mediante o pagamento da licença.

Assim, ter-se-á o Direito Digital como uma nova abordagem multidisciplinar dos vários ramos do Direito num contexto especificamente vocacionado para as relações jurídicas virtuais e com recurso à utilização de tecnologia e abrangendo, quer o Ciberdireito, quer outros ramos do Direito cuja aplicação no mundo digital é necessariamente imediata.

# IV. Definições

Por ordem alfabética, e porque se justifica ter presente conceitos ou definições que surgem neste novo meio digital, são apresentadas as definições.

## 1. Blockchain

Blockchain, foi criado em 2008 por *Santoshi Nakamoto,* para servir como livro--razão (livro que agrupa, por contas, os lançamentos registados no livro-diário; razão livro-razão in *Dicionário infopédia da Língua Portuguesa [em linha]. Porto: Porto Editora, 2003-2021. [consult. 2021-01-26 18:50:06]. Disponível na Internet: https://www.infopedia.pt/ dicionarios/ lingua-portuguesa/livro-razão*) nas transacções de criptomoedas, e é, numa tradução literal para português como Cadeia de Blocos, é o nome dado a uma lista de registos em crescimento, listas estas denominadas por Blocos, ligados através de criptografia.

Numa comparação jurídica, imagine-se os antigos livros de registos, de nascimentos por exemplo, que se iam preenchendo até final, passando-se a um segundo livro, e depois a um terceiro.

Ou, numa comparação ainda mais judicial, as páginas de um processo que completando um primeiro volume, seguiriam o seu registo num segundo, ao primeiro, cozido à linha.

No caso do blockchain, cada bloco conterá uma *hash* criptográfica (*Cryptographic Hash Function* (CHF) é um algoritmo matemático que mapeia dados informáticos de vários tamanhos para uma matriz de bits de tamanho fixo) do bloco anterior (*neste sentido Narayanan, Arvind; Bonneau, Joseph; Felten, Edward; Miller, Andrew; Goldfeder, Steven (2016). Bitcoin and cryptocurrency technologies: a comprehensive introduction. Princeton: Princeton University Press*), um selo de data e informação da transacção (representada pela Árvore *Hash* ou *Merkle* – nome dado na ciência computacional e em criptografia ao organigrama em que cada célula está associada e etiquetada com informação sobre o respectivo bloco, ramificações superiores e inferiores, permitindo uma segurança eficiente e transparência quanto à validação dos conteúdos de grandes conjuntos de informação), sendo impermeável a alterações uma vez que, por génese, não é possível qualquer alteração (ainda que retroactiva) sem alterar toda a sequência seguinte de registos em blocos.

A sua criação permitiu à Bitcoin ultrapassar a questão da necessidade de ter uma autoridade central ou servidor central, permitindo uma consulta da informação publica e utilizadas por várias criptomoedas.

## 2. Cripto-activos

Na proposta de Regulamento (MiCA) relativo aos mercados de cripto-activos e que altera a Directiva (UE) 2019/1937 encontramos no artigo 3º (cuja epigrafe é Definições) que se entende por «Cripto-activo», uma representação digital de valor ou de direitos que pode ser transferida e armazenada electronicamente, recorrendo à tecnologia de registo distribuído ou a outra tecnologia semelhante;

De acordo com a CMVM, (conforme *https://www.cmvm.pt/pt/AreadoInvestidor/ Faq/Pages/FAQs-Cripto-activos_investidores.aspx*), os Cripto-activos são representações digitais de activos baseadas em tecnologia blockchain, não emitidas por um banco central, instituição de crédito ou instituição de moeda electrónica, e que podem ser utilizadas como forma de pagamento em comunidades que os aceitem ou ter outras quaisquer finalidades como a atribuição de direitos à utilização de determinados bens e serviços ou, então, por exemplo, a um determinado retorno financeiro.

Assim, serão cripto-activos, tokens, coins, criptomoedas ou moedas virtuais.

Para a CVM (*Comissão de Valores Mobiliários – Brasil in Cripto-activos – Série Alertas – Maio de 2018*) o seu funcionamento baseia-se numa tecnologia de registo descentralizado, numa espécie de contabilidade ou livro-razão distribuído por rede de computadores ponto a ponto espalhados pelo mundo, sendo a totalidade da transacção divulgada para a rede só sendo aceite após um complexo sistema de validação – tratando-se pois de operações praticamente irreversíveis.

A validação da propriedade dos referidos activos virtuais será feita, não pela comprovação da identidade do seu detentor, mas antes por uma palavra passe que permite que as transacções sejam realizadas de forma quase anónima e sem que as partes tenham que revelar quaisquer informações pessoais que não desejem.

Para a CMVM os riscos associados aos cripto-activos são, entre outros, Risco de Liquidez, Risco de perda parcial ou da totalidade dos montantes investidos, risco de a informação disponibilizada (habitualmente nos whitepapers) ser insuficiente, risco de fraude, inexistência de regulamentação específica para a protecção dos investidores dos cripto-activos que não sejam valores mobiliários, risco na formação do preço dos cripto-activos, risco de branqueamento de capitais, risco de experimentação ou de inovação, risco de perda do código de acessos aos cripto-activos, bem como o facto de a maioria dos agentes que comercializam cripto-activos não se encontrarem sedeados em Portugal, existindo igualmente uma elevada volatilidade dos cripto-activos.

## 3. Criptomoeda

Uma criptomoeda ou cibermoeda é um meio de troca, o qual poderá ser ou não centralizado e que recorre à tecnologia blockchain bem como a criptografia para garantir a validade das transacções e a criação de novas unidades da moeda (*Andy Greenberg – 20 de Abril de 2011). «Crypto Currency». Forbes.com*)

A criptomoeda mais conhecida é a Bitcoin – a 27 de Março de 2021 pelas 13h27 com um valor unitário de cerca de €46.031,82 (quarenta e seis mil e trinta e um euros e oitenta e dois cêntimos), e que a 28 de Março de 2020 valia "apenas" €5.276,00 (cinco mil duzentos e setenta e seis euros) por unidade.

Desde a sua criação, em 2009, surgiram várias criptomoedas, sendo acordo com o sítio CoinMarketCap.com o número de criptomoedas superior a 7.800, existindo igualmente registo nos últimos tempos de uma explosão da quantidade tokens, criados com base no protocolo do Ethereum, principalmente após a onda massiva de Ofertas Iniciais de Moedas (usualmente referida como ICO, do inglês Initial Coin Offering – (*neste sentido Tasca, Paolo «Digital Currencies: Principles, Trends, Opportunities, and Risks». Social Science Research Network*).

Actualmente são vários os bancos que comercializam criptomoedas, sendo possível criar contas directamente de um smartphone através de aplicações disponíveis na PlayStore (sistemas Android) ou AppStore (iOS).

Já em 2018, a Directiva (UE) 2018/843 do Parlamento Europeu e do Conselho de 30 de Maio de 2018 (que veio alterar a Directiva (UE) 2015/849 relativa à prevenção da utilização do sistema financeiro para efeitos de branqueamento de capitais ou de financiamento do terrorismo e que altera as Directivas 2009/138/CE e 2013/36/EU) introduziu as definições de "Moeda electrónica": moeda electrónica na acepção do artigo 2º, ponto 2), da Directiva 2009/110/CE, mas excluindo o valor monetário a que se refere o artigo 1º, nºs 4 e 5, da mesma directiva;», tendo aditado os seguintes pontos:

> «18) "Moeda virtual": uma representação digital de valor que não seja emitida ou garantida por um banco central ou uma autoridade pública, que não esteja necessariamente ligada a uma moeda legalmente estabelecida e não possua o estatuto jurídico de moeda ou dinheiro, mas que é aceite por pessoas singulares ou colectivas como meio de troca e que pode possa ser transferida, armazenada e comercializada por via electrónica;
>
> 19) "Prestador de serviços de custódia de carteiras": uma entidade que presta serviços de salvaguarda de chaves criptográficas privadas em nome dos seus clientes, com vista a deter, armazenar e transferir moedas virtuais.»;

## 4. Dados informáticos

da·do (do *latim datus, -a, -um*, dado, entregue, particípio de do, dare, dar) é nome masculino que significará "Cada um dos elementos conhecidos de um problema, ou informação que se constitui como elemento necessário para uma questão, descrição ou avaliação (ex.: não tinha dados suficientes para falar sobre aquele assunto). É igualmente o resultado de pesquisa ou cálculo (ex.: teve de analisar diversos dados estatísticos para a tese de mestrado), informação relativa a um indivíduo (ex.: dados pessoais) mas, no que para a informática diz respeito, será a " Informação capaz de ser processada por um sistema informático (ex.: processamento de dados)" (neste sentido *"dado", in Dicionário Priberam da Língua Portuguesa [em linha], 2008-2021, https://dicionario.priberam.org/dado [consultado em 05-01-2021]*).

Encontramos dois tipos de dados, os dados estruturados e dados não estruturados, onde os primeiros correspondem a dados formatados, organizados em tabelas – linhas e colunas – e consequentemente facilmente processados, e os segundos, correspondem a dados que não possuem uma formatação específica e são mais difíceis de serem processados (veja-se neste sentido as mensagens de correio electrónico, documentos de texto, imagens ou vídeos, ou mensagens instantâneas, nomeadamente em redes sociais ou aplicações de conversação.

A definição de «Dados informáticos» para a Convenção sobre o Cibercrime, adoptada em Budapeste em 23 de Novembro de 2001, será "qualquer representação de factos, informações ou conceitos numa forma adequada para o processamento informático, incluindo um programa que permita a um sistema informático executar uma função (assim o art. 1º al. b) da Convenção).

A Lei nº 109/2009, de 15 de Setembro – art. 2º, veio definir de forma similar dados informáticos, como "qualquer representação de factos, informações ou conceitos sob uma forma susceptível de processamento num sistema informático, incluindo os programas aptos a fazerem um sistema informático executar uma função".

## 5. Dados de tráfego

A 23 de Novembro de 2001, no âmbito da Convenção sobre o Cibercrime, adoptada em Budapeste, definiu-se «Dados de tráfego», como "quaisquer dados informáticos relativos a uma comunicação efectuada por meio de um sistema informático, que foram gerados por um sistema informático enquanto elemento da cadeia de comunicação, e indicam a origem, o destino, o trajecto, a hora, a data, o tamanho e a duração da comunicação, ou o tipo de serviço subjacente" (al. d) do art. 1º da Convenção), definição próxima da Lei do cibercrime onde consta que serão dados informáticos aqueles relacionados com uma comunicação efectuada por meio de um sistema informático, gerados por este sistema como elemento de uma cadeia de comunicação, indicando a origem da comunicação, o destino, o trajecto, a hora, a data, o tamanho, a duração ou o tipo do serviço subjacente – Lei nº 109/2009, de 15 de Setembro – art. 2º.

Nos termos da Lei nº 41/2004, de 18 de Agosto (Protecção de dados pessoais e privacidade nas telecomunicações) que Transpõe para a ordem jurídica nacional a Directiva nº 2002/58/CE, do Parlamento Europeu e do Conselho, de 12 de Julho, relativa ao tratamento de dados pessoais e à protecção da privacidade no sector das comunicações electrónicas, serão «Dados de tráfego» quaisquer dados tratados para efeitos do envio de uma comunicação através de uma rede de comunicações electrónicas ou para efeitos da facturação da mesma e «Dados de localização» quaisquer dados tratados numa rede de comunicações electrónicas ou no âmbito de um serviço de comunicações electrónicas que indiquem a posição geográfica do equipamento terminal de um utilizador de um serviço de comunicações electrónicas acessível ao público.

## 6. Darkweb

DarkWeb é o nome dado a uma zona da rede electrónica (à qual pertence igualmente a nossa conhecida internet) mais escura ou ao qual é atribuído um endereço sóbrio e está relacionado com qualquer servidor ou conjunto de servidores de rede aos quais não se consegue aceder pela Internet porquanto carecem de softwares (browsers à semelhança do que sucede com o Internet Explorer e o Google Chrome para a Internet), configurações ou autorizações específicas para o seu acesso.

Serão redes paralelas com acesso menos divulgado onde actualmente se consegue comprar ou vender de tudo, aceder a informações livres ou confidenciais, e até a produtos ilegais porquanto o seu controlo é inexistente ou impraticável.

Se imaginarmos um icebergue, dividido horizontalmente em três partes, em que a central será maior do que a parte superior e a parte inferior, poder-se-á referir à nossa conhecida internet (também conhecida por *SurfaceWeb*), no topo, como aquela parte que está a cima do nível da água, a *DeepWeb*, a baixo do nível da água até uma profundidade considerável, e na parte inferior e mais escura, a *Darkweb*.

Assim, os domínios da DarkWeb e DeepWeb apresentam a mesma estrutura básica, uma vez que não são indexáveis por motores de busca como o Google.com ou o Yahoo.com (não respondem a *webspiders* ou *webcrawlers* – rastreadores de rede) sendo que habitualmente, a Darkweb apresenta um tamanho menor e é mais associada à prática de crimes ao contrário da *DeepWeb* onde encontramos domínios necessários a operações na internet como sistemas de conversação no *Whatsapp* ou *Facebook Messenger*.

Ora, aqueles sítios da *DeepWeb* não indexados pelos motores de busca associados à *DarkWeb* são habitualmente utilizados como pontos de contacto, acesso a informação ilícita ou pelo menos proibida, sendo a maioria dos seus domínios compostos por sequências de caracteres e números aleatórios, sendo apenas conseguido o acesso a quem possua tais endereços completos. Tal acesso será, ainda, apenas possível através de utilização de programas (browsers como o *Tor*) ou mesmo sistemas operativos específicos (como é o caso do *Linux Red Hat*) sendo habituais os ataques à rede do utilizador, pelo que é aconselhável o acesso através de computador específico para tal navegação, sem qualquer ligação à rede doméstica ou interna, e sem que nesse computador haja dados pessoais, salvo se tal acesso estiver protegido.

Entre os crimes associados aos sítios disponíveis na *DarkWeb*, encontram-se o tráfico de drogas, exploração infantil, serviços de assassinos, oferta de vídeos reais com tortura até à morte, tráfico humano ou sexo relacionado com perturbações parafilicas.

O sítio *Silk Road*, (Rota da Seda) lançado em Fevereiro de 2011, é um dos exemplos de mercado de venda em linha de produtos na *Darkweb* que era acessível através do browser Tor, e um dos maiores sítios para comércio de drogas, o qual foi encerrado pelo FBI e seu criador, *Ross Ulbricht*, condenado a prisão perpétua em 2015 (*neste sentido https://www.fbi.gov/contact-us/field-offices/newyork/news/press-releases/ross-ulbricht-the-creator-and-owner-of-the-silk-road-website-found-guilty-in-manhattan-federal-court-on-all-counts*).

Segundo Owen, Gareth. (*"Dr Gareth Owen: Tor: Hidden Services and Deanonymisation" 20 de Junho de 2015*), os serviços disponíveis no browser Tor (*Onion Services*) em 2015 estariam disponíveis na Darkweb conteúdos relacionados com Apostas, venda de armas, conversações, abusos, livros, pornografia, hospedagem, Hacking, Anonimato, Foruns de conversação, contrafacção, denúncias, conteúdos Wiki, alojamento de correios electrónicos, Bitcoins, Fraude, Mercados e Drogas.

Em Fevereiro de 2016 segundo Moore, Daniel. (disponível em *"Cryptopolitik and the Darknet". Survival: Global Politics and Strategy.*) os conteúdos da Darkweb abordavam, entre outros, Violência, Armas, Ilícito Social, Hacking, Pornografia Ilícita, Extremismo, Serviços Financeiros Ilícitos e venda de produtos estupefacientes.

## 7. DeepWeb

A *DeepWeb*, como referido, será a camada de sítios que fica imediatamente abaixo da conhecida Internet (*SurfaceWeb*) e que se associa à totalidade da informação não imediatamente acessível de forma livre na internet.

Serão todos aqueles endereços que não são indexados pelos motores de pesquisa por motivos de segurança e privacidade (como é o caso dos conteúdos de segurança de Bancos, Aplicações de Conversação ou outras bases de dados).

Será na *DeepWeb* que encontramos toda a informação (Dados Informáticos e Dados de Tráfego, por exemplo) necessários à manutenção da rede e os quais estão indisponíveis para o utilizador comum, são sendo possível o acesso mediante endereços específicos e sistemas de autenticação.

O seu acesso poderá ser possível através de um explorador comum (como *o Internet Explorer ou Google Chrome*), mas também através do *Tor* (o qual permite o acesso a toda a rede, quer seja a nossa conhecida internet, quer seja a *DeepWeb* ou *DarkWeb*).

Nota importante para o facto de quer a *DeepWeb*, quer a *DarkWeb* não serem sítios de acesso exclusivo a meliantes desejosos de cometer crimes, sendo contudo associado a indivíduos preocupados com a "*pegada digital*" (o rasto que todos deixamos na internet pelos sítios que exploramos e visitamos) ou com acesso a informação (como curiosos, vitimas de perseguição política ou industrial, académicos, jornalistas, activistas ou quaisquer outras pessoas que em função da sua profissão careçam de aceder àquela parte da rede).

## 8. DNS (Domain Name Sistem)

Sistema de Nomes de Domínio é um dos protocolos de internet que se encontra na sua camada mais alta (estão os protocolos de aplicação), e que definem mensagens específicas e formatos digitais comunicados por aplicações. As informações sobre domínio consiste num sistema hierárquico e distribuído de gestão de nomes, e que permite que a um determinado sítio com o IP 216.58.193.68 corresponda ao endereço www.google.com , sendo que a todo o sítio na internet corresponde, na verdade e na sua génese, um IP, o qual é posteriormente associado a determinado conjunto de caracteres formando palavras ou nomes e associadas a um "*top domain*" (que reconhecemos como .com, .pt, .net, .eu) mas também frequentemente utilizados para redes internas.

Existem diversos sítios na internet para se revelar o IP de determinado sítio (como por *exemplo https://www.site24x7.com/pt/tools/localizar-ip.html*).

## 9. Fornecedor de Serviço

Será o nome dado a qualquer entidade, pública ou privada, que faculte aos utilizadores dos seus serviços a possibilidade de comunicar por meio de um sistema informático, bem como qualquer outra entidade que trate ou armazene dados informáticos em nome e por conta daquela entidade fornecedora de serviço ou dos respectivos utilizadores – conforme definição que consta da Lei nº 109/2009, de 15 de Setembro – art. 2º.

A Convenção de Bucareste refere-se na alínea c) do seu art. 1º (relativo a Definições) a «Prestador de serviços» enquanto "*i) Qualquer entidade pública ou privada que faculte aos utilizadores dos seus serviços a possibilidade de comunicarem por meio de um sistema informático ou ii) Qualquer outra entidade que processe ou armazene dados informáticos em nome desse serviço de comunicações ou dos seus utilizadores;*"

Será o ISP (Internet Service Provider) ou a própria empresa que gere a Rede Social (Facebook, Twitter ou Instragram) ou rede de serviços (Google, MSN ou Yahoo, por exemplo):

## 10. Hacker

Numa tradução literal, "Decifrador", é alguém que acede ou decifra. Em informática é o nome dado a determinada pessoa que se dedica, quer profissionalmente quer de forma amadora ainda que com grande intensidade, a explorar e ou alterar equipamentos, programas informáticos e redes de computadores.

A sua acção poderá ser movida por contratos, protesto, acesso a informações privilegiadas, desafios, lazer ou para avaliação e detecção de pontos fracos de sistemas informáticos, permitindo uma constante reformulação de protecções.

É habitual a partilha de informações nas comunidades e grupos, com colaborações em projectos e criação de programas informáticos gratuitos, sendo tida por muitos como uma cultura, ideologia mas também com motivações específicas.

Para Eric S. Raymond, (autor de *The New Hacker's Dictionary*) os membros do submundo informático deverão ser chamados de "crackers" mas para a cultura tal visão é rejeitada e antes substituída por um escopo de diferentes categorias como "*white hat, grey hat, black hat e script kiddie*" reservando-se o termo "*cracker*" para a actividade criminosa.

For more malicious activity.

A cultura *Hacker* é um conceito que advém da comunidade de entusiastas entre programadores e engenheiros electrónicos nos anos 60, (assim *Raymond, Eric* -2000 – "*The Early Hackers*". *A Brief History of Hackerdom. Thyrsus Enterprises*) que se expandiu para a comunidade doméstica que passou a utilizar os computadores a título de lazer.

Assim, serão *Security hackers* aqueles indivíduos envolvidos com a invasão de sistemas de segurança, de entre os quais encontramos os *White Hat Hackers* (trabalham para manter a salvo de outros hackers os dados pessoais ou confidenciais, através de pesquisa de vulnerabilidades nos sistemas de informação e cujo trabalho é habitualmente pago e efectuado a título profissional ou junto a polícias), *Black hat hackers* (ou crackers, são aqueles cuja actividade é habitualmente criminosa ou mal intencionada e que habitualmente rouba, exploram e vendem dados informáticos sendo movidos por ganho pessoal ou do grupo. É uma actividade ilegal, cujos conhecimentos técnicos lhe permitem atingir proveitos vantajosos da sua actividade. Um *cracker*, que é habitualmente associado a este grupo, não é necessariamente movido por intenções de destruição ou obtenção de vantagem, mas que por meio de acesso a sistemas informáticos ou vulnerabilidades desses sistemas se oferece para as reparar em troco de compensação económica) e *Grey hat hackers* (o grupo que inclui todos aqueles indivíduos que invadem sistemas de informação por lazer, diversão ou chacota, podendo reparar ou explorar as vulnerabilidades de um sistema sem que pretendam ganhos económicos com tal actividade).

## 11. ICO ou Inicial Coin Offer

Tal como referido no sítio em linha da Comissão do Mercado de valores Mobiliários (*disponível em https://www.cmvm.pt/pt/AreadoInvestidor/Faq/Pages/FAQs-Cripto-activos_investidores.aspx*), designa uma oferta de distribuição inicial de cripto-activos, sendo uma forma de captação de fundos do público através de cripto-activos recorrendo à tecnologia de blockchain. São operações onde o emitente (pessoal singular ou colectiva) emite cripto-activos que são pagas com moedas com curso legal ou outros cripto-activos.

Na circunstância de uma ICO ser dirigida a investidores residentes em Portugal e de os cripto-activos emitidos na ICO serem valores mobiliários na acepção do Código dos Valores Mobiliários, esclarece a CMVM (*https://www.cmvm.pt/pt/AreadoInvestidor/Faq/Pages/FAQs-Cripto-activos_industria.aspx*) que será de aplicar a legislação nacional e comunitária referente às ofertas públicas de valores mobiliários.

## 12. Intercepção de dados

Não obstante a Lei 109/2009 de 15 de Setembro não ter impresso no seu corpo quaisquer considerandos, encontramos na exposição de motivos da sua Proposta inicial (PROPOSTA DE LEI Nº 289/X/4ª) a contextualização dos motivos que levaram à previsão da possibilidade de intercepção de dados.

Na verdade, ali consta que "*Na generalidade, em termos estruturais, no que respeita ao direito penal material, pode afirmar-se que a transposição da Decisão-Quadro nº 2005/222/JAI e a consagração das obrigações legais resultantes da Convenção supõem apenas ajustamentos da actual legislação sobre criminalidade informática. Ressalvam-se as novas formas de criminalidade, algumas das quais já referidas e em relação às quais a legislação portuguesa tem sido considerada deficitária.*

*Já no campo das normas de direito processual penal, a desadequação da ordem jurídica nacional às novas realidades a implementar é superior. A recente revisão do Código de Processo Penal optou pela limitação, em abstracto, da possibilidade de realização de intercepções de comunicações telefónicas e electrónicas, não tendo incluído normas especiais para a área da cibercriminalidade. Assim, não está prevista a obtenção de dados de tráfego nem a realização de intercepção de comunicações electrónicas na investigação de crimes não previstos no artigo 187º do Código de Processo Penal.*

*Entre eles, encontram-se crimes previstos na Lei nº 109/91, de 17 de Agosto, bem como crimes contra a propriedade intelectual cometidos por via de redes informáticas.*

*A realização de intercepções de comunicações electrónicas e, sobretudo, a obtenção de dados de tráfego, são ferramentas processuais essenciais em processo-crime em que se investiguem crimes cometidos por via das redes de comunicações, tendo essa preocupação ficado espelhada no diploma que obriga os operadores de comunicações a guardarem os dados de tráfego dos seus clientes, tendo em vista a sua eventual necessidade em investigação criminal – Lei nº 32/2008, de 17 de Julho, que regula a conservação de dados gerados ou tratados no contexto da oferta de serviços de comunicações electrónicas. Importa assim superar o actual regime, de modo a fornecer ao sistema processual penal normas que permitam a obtenção de dados de tráfego e a realização de intercepções de comunicações em investigações de crimes praticados no ambiente virtual. É o que se pretende fazer por via da lei que agora se propõe."*

Intercepção de dados corresponderá, pois, ao acto destinado a captar informações contidas num sistema informático, através de dispositivos electromagnéticos, acústicos, mecânicos ou outros – Lei nº 109/2009, de 15 de Setembro – art. 2º.

## 12 – IP

O Protocolo de Internet (*Internet Protocol*), consiste no conjunto de regras que estabelece como os dados informáticos devem ser entregues através da rede publica de internet. É um protocolo de comunicação da internet utilizado entre todas as máquinas (computadores, servidores, smartphones) ligadas à rede para transmissão de dados.

Cada equipamento terá um endereço de IP (poderá o leitor consultar o endereço de IP do seu equipamento em sítios como *https://whatismyipaddress.com/*) sendo possível, através desse endereço compreender onde se encontra fisicamente o servidor ou utilizador através de ferramentas como IP Tracker (*https://www.opentracker.net/feature/ip-tracker/*) e que reconhecem e rastreiam ambas as versões deste protocolo (IPv4 e IPv6).

Através destas ferramentas será possível localizar, por exemplo, o ponto de acesso de determinado utilizador que está a aceder a um sistema de informação, ou local de onde alguém enviou fotografias, ou as recebeu durante uma conversação de *WhatsApp*, ou acedeu a um Perfil de *Facebook* ou *Twitter*.

É, assim, possível localizar determinado sujeito que publicou uma imagem na conta pessoal de Facebook de outrem, sabendo que com determinado IP (indicado pelos Operadores de Serviços de Internet como Facebook, Google,

WhatsApp) se encontra a utilizar determinado servidor de prestador de dados electrónicos (como a *Vodafone, a Altice ou a NOS* por exemplo, o qual terá também a informação de que tal IP se encontra associado ao Cliente X).

É certo que, para o utilizador médio, tal será um risco menor, uma vez que serviços como VPN's (*Virtual Private Network*) permitiram ocultar o IP, mascarando-o como se o utilizador estivesse num diferente País.

Para o efeito existem serviços de *VPN* gratuitos ou pagos os quais permitem aceder a informação como se se estivesse localizado fisicamente num outro local.

Por exemplo, uma vez que em países como a República Popular da China os acessos à Google.com e seus serviços, Facebook ou Instagram se encontram bloqueados, é comum o recurso a *VPNs* para que se possa – por exemplo em turismo – aceder a tais sítios e serviços sem os bloqueios impostos por cada país.

O protocolo IP para domínios ainda recorre à quarta versão (IPv4 com 32 bits habitualmente uma sequência de 4 grupos de números como 96.60.128.69) mas actualmente, tendo em conta o boom da Internet das coisas e o número de pessoas e dispositivos ligados à rede, passou já se generalizou a utilização do protocolo IPv6 (com 128bits e que terão corresponderão a uma apresentação similar a 2608:f0d0:1055:0551:0050:0050:0000:0004 ou 2677:f0d0:1002:51::4).

## 13. Pegada Digital

Nome dado ao rasto que todos deixamos na internet pelos sítios que exploramos e visitamos, ficando registado quer no dispositivo electrónico utilizado para o acesso (em ficheiros temporários ou histórico de acessos), bem como nas operadoras de comunicações digitais, mas também nos próprios sítios visitados.

Poderá incluir dados pessoais como fotografias, nomes de utilizador, nomes pessoais, cartões de crédito, compras, agenda de contactos, vídeos e registos de actividades e que ficam alojados nos sítios em linha que frequentemente visitamos.

A este propósito encontramos no artigo 17º do Regulamento Geral sobre a Protecção de Dados o "Direito ao apagamento dos dados («direito a ser esquecido»)" segundo o qual o titular tem o direito de obter do responsável pelo tratamento que sejam apagados os seus dados pessoais, sem demora injustificada, e este tem a obrigação de apagar os dados pessoais, sem demora injustificada, quando se aplique um dos seguintes motivos, nomeadamente porque os dados pessoais deixaram de ser necessários para a finalidade que motivou a sua recolha ou tratamento, ou porque o titular retira o consentimento em que se baseia o tratamento dos dados nos termos do artigo 6º, nº 1, alínea a), ou do artigo 9º, nº 2, alínea a) do Regulamento e se não existir outro fundamento jurídico para o referido tratamento ou simplesmente porque o titular se opõe ao tratamento dos dados pessoais ou estes tenham sido tratados ilicitamente.

## 14. Phishing

É o nome dado à técnica utilizada para ludibriar os utilizadores e obter informações confidenciais como nomes de utilizadores, palavras passe, detalhes de cartões de crédito ou acesso a servidores remotos ou de correio electrónico, por exemplo.

Para o efeito, são enviadas mensagens de correio electrónico com ligações para sítios da internet simulados (com aparente aspecto de páginas comuns como *Netbanking* ou páginas iniciais de redes sociais) onde é suposto ao utilizador inserir os seus dados de acesso.

Podem igualmente ser utilizados sítios de compras em linha, em que após o utilizador escolher bens ou serviços que pretenda adquirir seja levado para uma página de pagamentos onde inserirá os dados de cartão de crédito e que, no momento da submissão do pedido, serão encaminhados para determinada pessoa que os utilizará de seguida ou, na maioria dos casos, cobradas as quantias (cujo valor é de imediato transferido para contas bancárias ou criptocarteiras), sem que os bens sejam alguma vez enviados para a vítima.

Mensagens de correio electrónico alegadamente enviadas por instituições Bancárias são as mais comuns em Portugal (mas na generalidade da amostra enviadas em Português do Brasil com expressões como *"Acessar" ou "Recadastramento"*) onde o utilizador é encaminhado para as falsas *"Landing pages"* ou Páginas iniciais da instituição.

Outro tipo de mensagens electrónicas enviadas frequentemente relaciona-se com alegadas contas da EDP ou pagamentos à AT, ou ainda "comprovativos de transferência bancária para a sua conta" por determinada empresa a título de pagamento da prestação de serviços e cujos anexos e ligações permitem deixar o equipamento do utilizador vulnerável.

Para o efeito, é essencial ao utilizador ter presente que instituições bancárias nunca pedem esse tipo de dados (muito menos de forma total) e que a Autoridade Tributária não envia ficheiros html ou pdf habitualmente.

Em caso de dúvida sobre a autenticidade da comunicação, uma simples operação permitirá ter mais informações sobre o conteúdo exibido. Qualquer cliente de correio electrónico (Outlook ou Thunderbird por exemplo) permite seleccionar em cada mensagem, no separador "Opções" ou "Mais" a opção "Ver fonte".

E ao seleccionar tal opção, surge uma caixa de texto com o seguinte aspecto:

```
Return-Path: <it@fmx02.freemail.hu>
Delivered-To: geral@ domain.pt
Received: from montifr-dir02.it.dadainternal ([172.29.136.20])
   by montifr-be05.it.dadainternal with LMTP
```

```
   id aHoHIIwXXmAsNwAAcZL9MQ
   (envelope-from <it@fmx02.freemail.hu>)
   for <geral@ domain.pt>; Fri, 26 Mar 2021 18:19:08 +0100
Received: from scott20 ([172.29.136.20])
   by montifr-dir02.it.dadainternal with LMTP
   id 8D3BH4wXXmDVNwAA4OebYQ
   (envelope-from <it@fmx02.freemail.hu>)
   for <geral@schwalbach.pt>; Fri, 26 Mar 2021 18:19:08 +0100
Received: from fmfwd01.freemail.hu ([195.228.245.79])
   by cmsmtp with ESMTP
   id Pq72lpGfhnqlGPq72lzD1b; Fri, 26 Mar 2021 18:19:08 +0100
X-Cloudmark-Reporter: geral@ domain.pt
Received-SPF: none
Received: from fmx02.freemail.hu (fmlb00.freemail.hu
   [195.228.245.211])
   by fmfwd01.freemail.hu (Postfix) with SMTP id A454C5BD66
   for <geral@schwalbach.pt>; Fri, 26 Mar 2021 15:39:01 +0100 (CET)
Received: (qmail 59113 invoked from network); 26 Mar 2021 15:39:01
   +0100
Received: from unknown (HELO fmx02.freemail.hu) (176.111.173.10)
   by fmx02.freemail.hu with SMTP; 26 Mar 2021 15:39:01 +0100
From: "postmaster@ domain.pt" <it@fmx02.freemail.hu>
To: geral@domain.pt
Subject: (9) Undelivered Mails
Date: 26 Mar 2021 07:39:01 -0700
Message-ID: <20210326073901.DBA2C2836054E8FC@fmx02.freemail.hu>
MIME-Version: 1.0
Content-Type: text/html;
   charset="iso-8859-1"
Content-Transfer-Encoding: quoted-printable
X-VR-SPAMSTATE: SPAM
X-VR-SPAMSCORE: 320
X-VR-SPAMCAUSE:
gggruggvucftvghtrhhoucdtuddrgedtkedrudefjedgjeejucetu
fdoteggodetrfdotffvucfrrhhofhhilhgvmecuhfftgffgofetkffnpd
cuqfgfvfenuceurghilhhouhhtmecufedttdenucgoteeftdelqddtud
culddvtddmnegojfhtmhhlqfhnlhihqddqrfhhihhshhhinhhgqd
gjfeekhedqtddvucdlfedttddmnecujfgurhephffvufffkfggtgfg
sehhqheftddttddunecuhfhrohhmpedfphhoshhtmhgrshhtvghr
sehstghhfigrlhgsrggthhdrphhtfdcuoehithesfhhmgidtvddrfh
hrvggvmhgrihhlrdhhuheqnecuffhomhgrihhnpegvmhgurdhorhhgr
dhtrhenucfkphepudelhedrvddvkedrvdeghedrvdduuddpudejiedru
```

```
dduuddrudejfedruddtnecurfgrrhgrmhephhgvlhhopehfmhigtdd
vrdhfrhgvvghmrghilhdrhhhupdhinhgvthepudelhedrvddvkedrv
deghedrvdduuddpmhgrihhlfhhrohhmpehithesfhhmgidtvddrfhhr
vggvmhgrihhlrdhhuhdprhgtphhtthhopehgvghrrghlsehstghhfigr
lhgsrggthhdrphhtnecuvehluhhsthgvrhfuihiivgeptd
<HTML><HEAD>
<META name=3DGENERATOR content=3D"MSHTML 11.00.9600.19940"></HEAD>
```

No exemplo apresentado (em que o assunto da nossa mensagem de phishing era *"(9) Undelivered Mails"* o destinatário da mensagem poderia achar que por algum erro técnico 9 mensagens suas não teriam sido entregues ao destinatário, surgindo uma ligação a dizer *"release pending messages to inbox"* o que levaria a acreditar que ao carregar na opção as mensagens seriam devolvidas ou (re)enviadas.

Se o leitor receber semelhante mensagem não deve, naturalmente, carregar em qualquer ligação semelhante, a qual permitiria o acesso imediato aos seus dados e ou equipamento.

Mas no que *"à fonte"* da mensagem diz respeito, os actuais servidores de correio electrónico permitem já catalogar as mensagens. No nosso caso o nosso servidor apresenta já os seguintes marcadores:

```
Content-Transfer-Encoding: quoted-printable
X-VR-SPAMSTATE: SPAM
X-VR-SPAMSCORE: 320
```

O que demonstra a probabilidade alta de ser mensagem de SPAM ou *Fishing*.

Mas muito facilmente chegaríamos lá sem estes marcadores automáticos. Ora, onde colocamos neste exemplo *"domain"* na verdade surge com o nosso domínio electrónico (como altice.pt ou oa.pt) o que aumentaria a credibilidade da acção ilícita.

Sucede, porém, que no topo do cabeçalho constam informações sobre o real remetente da mensagem:

```
Return-Path: <it@fmx02.freemail.hu>
```

Ou seja, foi remetido por um utilizador com recurso a serviço de envio de mensagens gratuito (sítio da internet com o endereço freemail.hu) hospedado na Hungria (top domain consta como .hu).

```
Delivered-To: geral@ domain.pt
Received: from montifr-dir02.it.dadainternal ([172.29.136.20])
   by montifr-be05.it.dadainternal with LMTP
```

```
   id aHoHIIwXXmAsNwAAcZL9MQ
   (envelope-from <it@fmx02.freemail.hu>)
   for <geral@ domain.pt>; Fri, 26 Mar 2021 18:19:08 +0100
Received: from scott20 ([172.29.136.20])
   by montifr-dir02.it.dadainternal with LMTP
   id 8D3BH4wXXmDVNwAA4OebYQ
   (envelope-from <it@fmx02.freemail.hu>)
   for <geral@schwalbach.pt>; Fri, 26 Mar 2021 18:19:08 +0100
Received: from fmfwd01.freemail.hu ([195.228.245.79])
   by cmsmtp with ESMTP
   id Pq72lpGfhnqlGPq72lzD1b; Fri, 26 Mar 2021 18:19:08 +0100
```

Por outro lado, a última parte deste cabeçalho, permitir-nos-á, através da já referida ferramenta disponível através do endereço *https://www.opentracker.net/feature/ip-tracker/* perceber onde se encontra localizado o sistema que nos enviou a mensagem:

```
Received: from fmfwd01.freemail.hu ([195.228.245.79])
```

Pelo que for feita a pesquisa pelo endereço IP 195.228.245.79 conseguiremos perceber que o nosso remetente enviou a mensagem de correio electrónico de *Phishing* da Hungria, mais concretamente da cidade de Kaposvar:

| Summary of IP's Profile Details | Copy |
|---|---|
| IP address: **195.228.245.79**<br>City: **Kaposvar**<br>Region name: Somogy<br>Country name: Hungary<br>Life Expectency: 71.4<br>Avg income: **4806** EUR<br>Timezone: Europe/Budapest<br>Sub continent: Eastern Europe<br>Country code: HU<br>Geo-targeting: **true**<br>● Latitude: 47.721<br>● Longitude: 18.7364 | World currency: EUR<br>EU member: true<br>org: Magyar Telekom<br>isp: Magyar Telekom<br>Connection: undefined<br>Continent: Europe<br>Population: 10 043 200<br>IP range tracked: 195.228.244.0 - 195.228.255.255<br>Surface area: 93 030 km sq.<br>GNP: 48 267 mln.<br>Demographic data: **true**<br>Ad (re)targeting: **true** |

Mas, apesar da precaução e das cautelas, é certo que milhares de mensagens de correio electrónicas continuam a ser enviadas, algumas com anexos ou pequenos programas que, uma vez instalados, permitem igualmente o acesso aos sistemas de informação. São os chamados *Trojans* ou em português, *Cavalos de Troia*.

Os tipos de *phishing* incluem o chamado "*Spear Phishing*" (habitualmente direccionadas a instituições ou pessoas especificas, consistindo na recolha de detalhes e informações pessoais o mais acurada possível para aumentar a probabilidade de sucesso do atacante, sendo consequentemente a técnica mais eficaz), "*Clone Phishing*" (será toda aquela actividade que consiste em tentar reencaminhar o utilizador para um sítio clonado e que aparente ser legítimo – nomeadamente as já referidas páginas iniciais de Bancos, Redes Sociais ou outros sítios que requeiram credenciais de acesso, sendo uma técnica que recorre maioritariamente ao envio de mensagem de correio electrónico para que se carregue em determinada ligação que nos reencaminha para a tal página clone) e *Whaling* (Pesca da Baleia – e que consiste em localizar alvos de altos cargos ou com notoriedade, e levar a cabo ataques que possam ser disfarçados de notificações judiciais ou da administração, queixas de clientes ou questões corporativas.

No crime de *phishing* (que equipararemos ao crime de burla) o agente escolherá o seu alvo (que poderá ser uma pessoa em específico ou um grupo generalizado de pessoas, numa determinada zona geográfica), definindo o objectivo do ataque e qual os meios a que recorrerá, para que a vitima possa acreditar na fidedignidade da informação enviada.

Para atingir uma pessoa em específico o agente necessitará apenas de um endereço de correio electrónico da vitima ou, por exemplo, no nome de utilizador de uma rede social para que lhe possa enviar a mensagem inicial.

Alternativamente, são várias as bases de dados de endereços de correio electrónico à venda, quer na Internet, quer na *Deep* ou *DarkWeb*.

Essas bases de dados organizam endereços de correio electrónico por País ou Cidade, por exemplo, mas também por grupos de interesse (imagine-se que num ataque informático determinado Hacker tem acesso à base de dados de Clientes de uma empresa fornecedora de Energia Eléctrica, ou à Base de Dados de utilizadores de uma rede social ou de encontros amorosos, ou ainda, à base de dados de uma empresa de análise financeira). Muitas bases de dados de endereços de correio electrónico tiveram origem com o envio e reenvio de mensagens de correio electrónico que traziam fotografias ou apresentações *powerpoint* e que os utilizadores reenviavam aos seus grupos, muitas vezes todos, os seus contactos sem apagar os endereços de correio electrónico que constavam da mensagem reenviada.

Assim, na posse de tal base de dados, é posto em prática o plano criminoso que carecerá de um elemento ardiloso que permita levar a vítima a acreditar no pedido efectuado.

Será nesta fase que o agente (ou agentes), preparam o material a ser utilizado, como mensagens de correio electrónico, sítios da internet falsos, contratos com operadoras ou prestadores de serviço para o envio, por exemplo, de sms's de autenticação.

Escolhido o tema e levadas a cabo todas as etapas prévias ao ataque informático, será necessário obter as informações relevantes do alvo (ou alvos) pretendidos, ao mesmo tempo em que se tenta ocultar a procedência do ataque (com recurso a VPN's e outros serviços em linha gratuitos e de fácil registo, preferencialmente em países distintos da localização do alvo, ou com barreiras linguísticas ou políticas).

Concluída a preparação e já na posse de tais dados (muitas bases de dados que circulam na internet ou são vendidas na *DeepWeb* são autênticas folhas de excel com coluna de Nome, Cidade, Endereço de Correio Electrónico, contactos de telemóvel, etc com tantas colunas quantas as opções de cada servidor armazena relativamente aos dados recolhidos a determinado propósito como o registo em redes sociais ou bases de dados corporativas) inicia-se o ataque, o qual terá lugar por um ou mais meios à disponibilização do agente.

Os meios mais comuns serão via correio electrónico ou via sítios em linha com ligações para outros sítios (habitualmente em sítios com distribuição de músicas ou programas informáticos distribuídos ilicitamente, mas também em sítios não fidedignos de pornografia, por exemplo) e em que se abrem janelas (*popups*) com novos sítios de forma quase incessante.

Nos últimos tempos, também o ataque poderá ter lugar através de sistemas de mensagens electrónicos como *Whatsapp* ou *Facebook Messenger* (em que recolhidos os dados de acesso às aplicações, o ataque se espalha automaticamente para todos os contactos daquela lista), mas também através de pequenos programas aos quais se dá o nome de *malware*.

Em caso de sucesso no ataque informático, os dados obtidos são remetidos para o agente (quer aqueles inseridos é páginas de internet falsas, quer dados capturados por programas de malware – Keylogger por exemplo, que funciona igualmente por *hardware* – dispositivo usb ao qual se liga o cabo do teclado e que por sua vez se liga ao computador, e que regista todas as teclas em que se carrega de um teclado, na sua sequência, enviado ou armazenado tais registos em documentos de texto – txt ou log).

É na posse de tais dados que se vai concluir o ilícito criminal, pois que a partir deste momento ocorre o furto de valores, informações, apropriação de identidade para cometer quaisquer outros ilícitos, sendo igualmente habitual a venda destas identidades.

Consumado o ataque informático, são apagadas as contas dos serviços utilizados, ou as ligações entre as várias etapas do plano ardiloso, o que impede o processo de investigação, já de si difícil.

## 15. POP3, IMAP e SMTP

São protocolos de aplicação, que se encontram na camada mais alta da internet e que, tal como o protocolo DNS, definem mensagens especificas e formatos digitais comunicados por aplicações.

Assim, o protocolo POP3 (*Post Office Protocol*) é utilizado no acesso remoto a servidores de correio electrónico, permitindo que todas as mensagens que ali se encontram armazenadas sejam transferidas sequencialmente para um cliente de correio electrónico (assim *Dean, Tamara (2010). Network+ Guide to Networks*) instalado como o *Outlook* ou *ThunderBird* em determinado equipamento electrónico como um computador.

Poder-se-á concluir que se trata de um processo off-line, tendo em consideração que, efectivamente, após o acesso aos servidores a informação (mensagens de correio electrónicas) são transferidas para o equipamento (é feito o *download*) onde passam a estar até que sejam apagadas pelo utilizador.

Esta característica permite que utilizadores com acesso reduzido à internet tenham acesso constante às mensagens de correio electrónico sem necessitarem de estar ligados à rede.

O Protocolo IMAP (*Internet Message Access Protocol*), permite, à imagem do POP3, o acesso às mensagens de correio electrónico existentes em determinado servidor através da ligação TCP/IP (*assim cit. Dean, Tamara (2010). Network+ Guide to Networks. Delmar*) mas foi desenhado para permitir uma gestão total de uma caixa de correio electrónico por múltiplos utilizadores, o que significa que os programas clientes deixam a mensagem no servidor até que um determinado utilizador apague a mensagem.

O SMTP (*Simple Mail Transfer Protocol*), é o protocolo que permite o envio de mensagens electrónicas. Os servidores de correio electrónico e outros agentes de envio de mensagens (*scripts* em sítios em linha por exemplo) utilizam este protocolo para enviar e receber mensagens, sendo que os programas de correio electrónico comuns utilizam este protocolo apenas para enviar mensagens (através das portas 587 ou 465), sendo que para a recepção de mensagens utilizam os referidos protocolos POP3 e SMTP.

## 16. Produto Semicondutor

Produto semicondutor é o nome dado à forma final ou intermédia de qualquer produto, composto por um substrato que inclua uma camada de material semicondutor e constituído por uma ou várias camadas de matérias condutoras, isolantes ou semicondutoras, segundo uma disposição conforme a uma configuração tridimensional e destinada a cumprir, exclusivamente ou não, uma função electrónica. Lei nº 109/2009, de 15 de Setembro – art. 2º.

De acordo com o disposto no Artigo 153º do Código da Propriedade Industrial, a definição de produto semicondutor é a forma final, ou intermédia, de qualquer produto que, cumulativamente consista num corpo material que inclua uma camada de material semicondutor, possua uma ou mais camadas compostas de material condutor, isolante ou semicondutor, estando as mesmas dispostas de acordo com um modelo tridimensional predeterminado e seja destinado a desempenhar uma função electrónica, quer exclusivamente, quer em conjunto com outras funções.

Os semicondutores são sólidos geralmente cristalinos de condutividade eléctrica intermediária entre condutores e isolantes sendo, em muitos pontos, semelhantes aos materiais cerâmicos e, consequentemente, tidos como uma subclasse da cerâmica.

Esta condutividade eléctrica dos semicondutores é particularmente sensível a condições ambientais como temperatura ou estado eléctrico sendo a base da produção de componentes electrónicos como transístores e díodos, mas também microprocessadores e nanocircuitos.

**17. TCP, UDP e ICMP**

Os protocolos TCP, UDP e ICMP encontram-se igualmente na camada média da Internet.

O primeiro, TCP (*Transmission Control Protocol*), permite realizar ligações virtuais, com determinado grau de garantia na ligação e comunicação de dados sendo um dos principais protocolos da Internet e que juntamente com o protocolo IP foi criado na implementação inicial da rede, motivo pelo qual muitas vezes nos referimos ao TCP/IP.

O TCP garante a entrega de correntes de bytes de forma segura, ordenada e livre de erros entre aplicações que recorram a anfitriões e que comunicam através de uma rede IP.

A maioria das aplicações na internet como a *World Wide Web*, os clientes de correio electrónico, os acessos remotos e transferências de ficheiros baseiam-se e recorrem a este protocolo.

É um protocolo de ligação, sendo necessário estabelecer-se a ligação entre o cliente e o servidor como pressuposto do envio da informação electrónica (envio de dados).

Mas programas que não necessitem de um serviço de *stream* de dados seguro podem recorrer ao protocolo UDP (*User Datagram Protocol*) o qual oferece um serviço de envio de *datagrams* (pacotes de dados) sem ligação que dá preferência ao tempo sobre a segurança.

O ICMP (*Internet Control Message Protocol*) é outro dos protocolos existentes e que é habitualmente utilizado nas redes informáticas, nomeadamente em equipamentos electrónicos como routers, e que permite o envio de mensagens de erro e informação operacional como resultados de sucesso ou erro nas comunicações com outros endereços de IP, nomeadamente quando tentamos aceder a um determinado computador da rede doméstica ou da empresa e recebemos o alerta em como determinado equipamento não se encontra disponível (neste sentido Forouzan, Behrouz A. – 2007 – *Data Communications And Networking* – Ed. McGraw-Hill).

## 18. HTTP e FTP

Localizados na camada mais alta da internet, o protocolo HTTP (*Hypertext Transfer Protocol*) e o protocolo FTP (*File Transfer Protocol*) serão bem conhecidos dos utilizadores.

O Primeiro, (em português Protocolo de Transferência de Hipertexto) permite o acesso às páginas existentes nos sítios de internet. É um de comunicação utilizado para sistemas de informação de meios de comunicação em linha, distribuídos e colectivos (neste sentido *T. Berners-Lee, 1996*), o qual é o pilar para a comunicação de dados da *World Wide Web.*

Assim, o hipertexto será o texto estruturado que recorre a ligações lógicas (hiperlinks) entre pontos que igualmente contêm texto, o qual é transferido através deste protocolo.

Protocolo para a troca ou transferência de hipertexto.

Em Junho de 1999, o Consórcio da World Wide Web e a Internet Engineering Task Force, publicaram uma série de Requests for Comments, entre elas o RFC 2616 (disponível em .https://tools.ietf.org/html/rfc2616) e que definiu o HTTP/1.1, como "*um protocolo de nível de aplicativo para sistemas de informação hipermédia distribuídos e colaborativos. É um protocolo genérico, sem estado, que pode ser usado para muitas tarefas além do seu uso para hipertexto, como servidores de nomes e sistemas de gerenciamento de objectos distribuídos, por meio da extensão de seus métodos de solicitação, códigos de erro e cabeçalhos. Uma característica do HTTP é a digitação e negociação da representação dos dados, permitindo que os sistemas sejam construídos independentemente dos dados que estão sendo transferidos. (...)*"

Assim, quando se pretende aceder a determinado documento ou outra página num determinado sitio, a partir de uma palavra ou imagem, utilizamos hiperligações (ou links) para determinado endereço URI que pode ser um URL (Universal Resource Locator ou Localizador Universal de Recurso), ou um URN (um nome).

Já o protocolo FTP (*File Transfer Protocol* ou Protocolo de Transferência de Ficheiros) é o protocolo padrão autónomo independente de hardware para transferência de ficheiros.

Habitualmente, a transferência de dados em redes de computadores passa pela transferência de ficheiros e acesso a sistemas de arquivos remotos (com o mesmo ambiente que estamos habituados a encontrar no nosso computador, com arquivos dentro das famosas pastas amarelas, com pastas ou ficheiros no seu interior).

## 19. Topografia

Topografia (do grego τόπος, topos, que significa «lugar», «região», e γράφω, grapho, que significa "descrever", portanto "descrição de um lugar") é a ciência que estuda todos os acidentes geográficos definindo a sua situação e localização.

Para a Lei nº 109/2009, de 15 de Setembro e de acordo com a definição do legislador no seu art. 2º, será "uma série de imagens ligadas entre si, independentemente do modo como são fixadas ou codificadas, que representam a configuração tridimensional das camadas que compõem um produto semicondutor e na qual cada imagem reproduz o desenho, ou parte dele, de uma superfície do produto semicondutor, independentemente da fase do respectivo fabrico".

Já para o Código da Propriedade Industrial, decorre do seu artigo 154º (Definição de topografia de um produto semicondutor) que topografia de um produto semicondutor é o conjunto de imagens relacionadas, quer fixas, quer codificadas, que representem a disposição tridimensional das camadas de que o produto se compõe, em que cada imagem possua a disposição, ou parte da disposição, de uma superfície do mesmo produto, em qualquer fase do seu fabrico, sendo, nos termos do disposto no artigo 155º (relativo ao objecto de protecção legal) que só gozam de protecção legal as topografias de produtos semicondutores que resultem do esforço intelectual do seu próprio criador e não sejam conhecidas na indústria dos semicondutores ou as topografias que consistam em elementos conhecidos na indústria dos semicondutores, desde que a combinação desses elementos, no seu conjunto, satisfaça as condições ali previstas.

Todo o criador de topografia final, ou intermédia, de um produto semicondutor gozará do direito exclusivo de dispor dessa topografia, desde que satisfaça as prescrições legais, designadamente as relativas ao registo, sendo que este não pode, no entanto, efectuar-se decorridos dois anos a contar da primeira exploração comercial da topografia em qualquer lugar, nem após o prazo de 15 anos a contar da data em que esta tenha sido fixada, ou codificada, pela primeira vez, se nunca tiver sido explorada, sendo nos termos do disposto no artigo 159º do Código da Propriedade aplicáveis às topografias de produtos semicondutores as disposições relativas às patentes, em tudo o que não contrarie a natureza daquele direito privativo.

## 20. Token (*Crypto-token*)

Uma conta blockchain pode fornecer outras funções para além de fazer pagamentos, como por exemplo, aceder a aplicativos descentralizados ou celebrar contratos inteligentes.

Nesses casos, as unidades ou moedas são às vezes chamadas de cripto-tokens (ou criptotokens). As criptomoedas são geralmente geradas pelo seu próprio blockchain, como é o caso das Bitcoin e Litecoin, enquanto os tokens são normalmente emitidos dentro de um contrato inteligente executado em cima de um blockchain como a Ethereum.

A criptomoeda descentralizada é produzida por todo o sistema de criptomoeda colectivamente, a uma taxa que é definida quando o sistema é criado e que é conhecida publicamente.

Em sistemas bancários e económicos centralizados, como o Sistema da Reserva Federal norte-americana, conselhos corporativos ou governos controlam o fornecimento de moeda imprimindo unidades de moeda fiduciária ou exigindo acréscimos aos livros-razão bancários digitais.

No caso da criptomoeda descentralizada, as empresas ou governos não podem produzir novas unidades e até agora não forneceram suporte para outras empresas, bancos ou entidades corporativas que detêm o valor dos activos medidos nela sendo que o sistema técnico subjacente no qual as criptomoedas descentralizadas são baseadas foi criado pelo grupo de indivíduos ou indivíduo (desconhece-se ainda) conhecido como Satoshi Nakamoto. *("Blockchains: The great chain of being sure about things". The Economist. 31 de Outubro de 2015.)*

## 21. Trojan (ou Cavalo de Troia)

De acordo com o Sitio malwarebytes.com/ Trojan será um termo genérico para disseminação de malware, alertando-se: "Cautela com os gregos que trazem presentes".

Na verdade, ali se refere que *"já no poema épico de Virgílio, a Eneida, um inteligente estratega de guerra grego chamado Ulisses elabora um plano para colocar os seus homens no interior da cidade murada de Troia. Em vez de destruir ou escalar as muralhas da cidade, Ulisses vê outra via de entrada: com o engano. Os soldados troianos observam enquanto os gregos parecem afastar-se nos seus navios, deixando para trás um gigante cavalo de madeira como sinal de rendição. Embriagados pela vitória, os troianos levam o cavalo para dentro das suas muralhas, apenas para descobrir que, durante todo esse tempo, Ulisses e os seus homens estavam escondidos no interior."*

Tal como o seu homónimo, os novos ataques de cavalo de Troia, ou tal como habitualmente se refere "os *trojans*", recorrem ao engano e à engenharia social para ludibriar as vítimas levando-as a executar programas informáticos aparentemente benignos, ou pelo menos, inofensivos, mas que na verdade ocultam fins maliciosos.

Na verdade, não obstante ser referido como vírus ou *worm*, na verdade o Trojan não infecta ficheiros (como um vírus) que consegue replicar-se e espalhar-se, infectando outros programas sendo também distinto dos *worms*, um tipo de *malware* parecido com os vírus, mas não precisam de estar associados a outro programa para se disseminarem.

Teremos então *trojans* como um termo genérico para disseminação de *malware*, que dependendo da intenção criminosa do programador, poderá ser como um canivete suíço do *hacking* actuando como uma parcela de *malware* autónoma ou como ferramenta para outras actividades, como por exemplo para comunicar com o hacker em determinado momento ou para abrir determinadas portas do sistema, deixando-o vulnerável a ataques, tal como o fizeram os soldados gregos a partir do interior da fortaleza de Troia, ou seja, será uma estratégia de disseminação que os hackers utilizam para disseminar qualquer tipo de ameaça, desde *ransomware* que imediatamente exige dinheiro, até spyware que se esconde enquanto rouba informações valiosas, como dados pessoais e financeiros (*informação disponível em https://pt.malwarebytes.com/trojan/).*

**22. Sistema informático**

Será qualquer dispositivo ou conjunto de dispositivos interligados ou associados, em que um ou mais de entre eles desenvolve, em execução de um programa, o tratamento automatizado de dados informáticos, bem como a rede que suporta a comunicação entre eles e o conjunto de dados informáticos armazenados, tratados, recuperados ou transmitidos por aquele ou aqueles dispositivos, tendo em vista o seu funcionamento, utilização, protecção e manutenção; Lei nº 109/2009, de 15 de Setembro – art. 2º.

A referida definição constava já da Convenção sobre o Cibercrime, adoptada em Budapeste em 23 de Novembro de 2001 e de acordo com a qual «Sistema informático» seria "*um equipamento ou conjunto de equipamentos interligados ou relacionados entre si que asseguram, isoladamente ou em conjunto, pela execução de um programa, o tratamento automatizado de dados*" (assim a al. c) do art. 1º da Convenção).

Consiste num conjunto de dispositivos electrónicos (hardware) capazes de processar informações de acordo com um programa (software) sendo o software mais importante o sistema operativo (que fornece as bases para a execução das aplicações que o utilizador pretende executar).

São exemplos de sistemas operativos o *Windows, o MacOS e o Linux*, sendo sem sombra de dúvidas o *Windows*, produzido pela *Microsoft*, o mais utilizado nos nossos dias (pelo menos a nível doméstico) dada a sua distribuição de origem com os novos equipamentos.

Um sistema informático poderá ser composto por uma rede de computadores e servidores, e até em cluster (conjunto de computadores fortemente ligados e que trabalham em conjunto, de um modo que, em muitos aspectos, podem ser considerados como um único sistema) dependendo da situação e das necessidades.

Um sistema informático (ou baseado em computador) será, pois, aquele que automatiza ou apoia a realização de actividades humanas através do processamento de informações, sendo habitualmente caracterizado por ter diversos elementos, nomeadamente *Hardware* (a parte física), *Software* (programas informáticos), Informações, utilizador, Procedimentos ou Tarefas e Documentação.

## 23. VPN

Tal como supra referido, o recurso a serviços de VPN's (Virtual Private Network) permitem ocultar o IP, mascarando-o como se o utilizador estivesse num diferente País.

Na verdade existem serviços de *VPN* gratuitos *(https://www.trusted-vpn.com/)* ou pagos que permitem aceder a informação como se se estivéssemos localizados fisicamente num outro local.

No exemplo anteriormente dado e, considerando que em países como a República Popular da China os acessos à Google.com e seus serviços, Facebook ou Instagram se encontram bloqueados, é comum o recurso a *VPNs* para que se possa aceder a tais sítios e serviços sem os bloqueios impostos por cada país.

Também em Fevereiro de 2021, a junta militar que tomou o poder em Mianmar bloqueou o acesso à rede social Facebook uma vez que os opositores do golpe utilizavam aquela rede para compartilhar ideias para combater as acções dos generais (conforme *https://www.dw.com/pt-br/militares-bloqueiam-facebook-em-mianmar-para-abafar-protestos/a-56456511)*

Ora, a Rede privada virtual, construída sobre uma rede de comunicações pública (como por exemplo, a Internet), permite transportar pela rede pública os dados utilizando protocolos padrões, não necessariamente seguros mas criando uma ligação segura e criptografada, que pode ser considerada como um túnel, entre o dispositivo e o servidor operado pelo serviço VPN (assim *Crawford, Douglas. «Five Best VPN Services in 2017.».)*

A VPN será, pois, uma ligação estabelecida sobre uma infra-estrutura pública ou compartilhada, com recurso a tecnologias de tunelamento e criptografia para manter seguros os dados de tráfego, sendo que as VPNs seguras utilizam protocolos de criptografia por tunelamento que atribuem a confidencialidade, autenticação e integridade necessárias para garantir a privacidade das comunicações requerida.

## 24. Mundo Virtual

Os mundos virtuais (Virtual world ou Virtual Space) consistem em ambientes simulados por computadores, os quais podem ser populados por vários utilizadores, que podem criar avatars pessoais e, simultaneamente e de forma independente, explorer o referido mundo virtual e participar em actividades, comunicando com outros utilizadores (assim *Bartle, Richard (2003). Designing Virtual Worlds. New Riders*)

Estes avatares (personas) poderão ser representações textuais ou gráficas dos seus utilizadores, ou poderão consistir em vídeos ao vivo com sensações áudio e tácteis.

Já nos referimos ao *Fortnite* (Jogo electrónico da *Epic Games* lançado em 2017 na versão *Fortnite: Battle Royale*, que permite até 100 pessoas em simultâneo – com mais de 125 milhões de jogadores em menos de um ano, e com concertos em directo).

Sítios da internet como *http://www.earth2.io* ou *http://www.vPark.io*, estão já disponíveis na rede onde é possível a compra e venda de propriedades e seu arrendamento, e onde estão já a surgir novas comunidades.

Actualmente, são várias as notícias que nos tão conta da venda de ténis para utilizar nestes novos mundos ou de obras de arte para decorar as novas casas virtuais.

Tal como noticiado pelo jornal The Guardian (disponível em https://www.theguardian.com/fashion/2021/mar/19/a-virtual-steal-the-gucci-sneakers-for-sale-at-1799) os ténis digitais da marca de luxo Gucci estão à venda por $17.99, e são os primeiros ténis da marca que podem ser utilizados exclusivamente em mundos virtuais ou de realidade aumentada, mas na verdade acredita-se que se esteja apenas no inicio de um novo mercado.

O timing deste novo produto será, para o diário, deliberado, uma vez que o aumento de gastos com bens que apenas existem na realidade digital tem ocupado os últimos cabeçalhos com os novos mercados especulativos dos tokens não-fungíveis (NFT's) a aquecer, nomeadamente com venda de obras de arte.

Foi igualmente notícia a 24 de Março de 2021, (disponível em https://edition.cnn.com/style/article/digital-nft-mars-house-scli-intl/index.html) a venda da primeira casa digital NFT do mundo, por $500,000,00 (€422,850,85 que correspondem na verdade a 288 Ether, a criptomoeda utilizada na compra), num projecto idealizado pela artista Krista Kim.

Com o nome Mars House, a primeira casa digital do mundo NFT (non-fungible token) foi notícia mundial, abrindo caminho à arte digital e outros bens para serem vendidos na rede.

O NFT (Non-fungible token) é um token único digital que verifica efectivamente a autenticidade e propriedade do bem. É encriptado com a assinatura do artista na sua blockchain, da mesma forma que é utilizado para marcar as criptomoedas como a bitcoin.

Com a referida aquisição, o comprador recebeu ficheiros 3D para fazer o upload do imóvel para o seu "*Metaverse*." (a extensão virtual no nosso mundo, onde áreas de terra são compradas e vendidas, e casas digitais e negócios se constroem).

É neste contexto que surge a economia virtual, emergente da interacção entre os novos residentes ou visitantes dos mundos virtuais. Enquanto os designers tomam conta desta nova economia pelos seus mecanismos de transacções, são os comportamentos dos utilizadores que definem as condições económicas destes mundos virtuais.

Uma nova economia emerge como resultado das escolhas dos utilizadores neste mundo virtual entre a realidade e o mundo digital. Os participantes têm tempo limitado no mundo virtual, tal como no mundo real, o qual terão que dividir entre tarefas como recolha de recursos, transacções ou diversões. As suas escolhas ditarão o valor dos bens na economia.

Esta economia é tipicamente guiada pelas necessidades da aplicação, tais como equipamento comida ou bens, sendo que os mundos virtuais oferecem igualmente novas oportunidades de negócio aos publicitários um novo espaço, tal como já acontece em diversos jogos de vídeo.

Do ponto de vista geográfico, os mundos virtuais podem variar mas actualmente verifica-se uma tendência para replica o mundo real (neste sentido Earth2 ou VPark).

Também quanto ao Hardware existe um mercado que aguarda com expectativas elevadas novas ofertas, quer de sistemas de óculos 3D, quer de interacção domótica que permita ligar numa sinergia perfeita os dois mundos.

Todos os negócios que hoje realizamos no mundo real, poderão igualmente ocorrer em mundos virtuais (compra e venda de bens e serviços), deslocações a lojas, deslocações ao medico ou até julgamentos (tenha-se em consideração que actualmente já utilizamos o Sistema Webex para julgamento, que não é mais do que a utilização de Sistema de dados para reunião em linha, sendo que a experiência em contexto de mundo virtual teria um peso mais imersivo com o verdadeiro sentido de se estar numa sala de audiências, ou pelo menos na mesma).

# V. Actual contexto Europeu

## 1. Investimento no Digital

A 8 de Novembro de 2019 a Presidência finlandesa apresentou o ponto da situação sobre tributação digital, estando criado o consenso necessário para se avançar com os objectivos traçados: um acordo político sobre a arquitectura para reformas fiscais digitais até Janeiro de 2020, com a elaboração de um relatório definitivo até final de 2020.

Relativamente à tributação dos serviços digitais – e tendo em conta os desafios fiscais inerentes à digitalização da economia r s necessidade de uma abordagem futura desta temática nos meses que se seguiriam, foi necessário estudar a necessidade de redistribuição do lucro das empresas digitais a fim de determinar novas regras para o local onde o imposto é devido e a proporção do lucro a tributar numa determinar jurisdição e, por outro lado, explorar a concepção de um sistema destinado a assegurar que as empresas activas a nível internacional pagassem um nível mínimo de imposto para proteger a base de tributação da erosão e da transferência de lucros.

Assim, relativamente à tributação dos serviços digitais seria necessário implementar novas regras em matéria de IVA (A primeira reforma visou facilitar a detecção da fraude fiscal nas transacções do comércio electrónico transfronteiras sendo que as novas regras permitiriam que os Estados-Membros recolhessem, de forma harmonizada, os registos disponibilizados electronicamente pelos prestadores de serviços de pagamento, como, por exemplo, os bancos.

Adicionalmente, planeou-se criar um novo sistema electrónico central para o armazenamento das informações sobre pagamentos e para o tratamento posterior dessas informações por funcionários antifraude nacionais.

Quanto ao comércio electrónico o Conselho chegou a um acordo provisório sobre novas regras para troca de dados sobre pagamentos relevantes para efeitos de IVA (conforme o comunicado de imprensa, 8 de Novembro de 2019).

Mas uma segunda reforma, relativamente às regras em matéria de IVA aplicáveis às pequenas empresas previa que houvesse uma redução de encargos administrativos e de custos de conformação para as pequenas empresas, contribuindo para criar um ambiente fiscal propício ao crescimento das PME e das suas actividade comerciais transfronteiriças.

Em Novembro de 2019 foi elaborado um projecto de declaração conjunta do Conselho e da Comissão sobre criptomoedas estáveis (de 6 de Novembro de 2019 que viria a ser divulgado no início de Dezembro de 2019 e no qual estas duas instituições europeias garantiam estar "*dispostas a tomar todas as medidas necessárias para assegurar normas adequadas em matéria de protecção dos consumidores e condições monetárias e financeiras ordenadas*". "*Todas as opções devem estar em cima da mesa, incluindo quaisquer medidas destinadas a evitar que determinadas 'criptomoedas estáveis' [moedas digitais não sujeitas à procura e à flutuação do mercado] mundiais dessem origem a riscos impossíveis de gerir*".

Esta posição comum do Conselho e da Comissão Europeia surgiu na mesma altura em que a rede social Facebook se preparava para criar a moeda digital Libra.

Mas em Fevereiro de 2020, a resposta dada pelo vice-presidente executivo Valdis Dombrovskis em nome da Comissão Europeia (18.2.2020 PT E-003495/2019) foi num sentido diverso, referindo que "*Para competir a nível mundial, a Europa deve abraçar a inovação tecnológica, nomeadamente no sector financeiro. Os cripto-activos proporcionam oportunidades em termos de pagamentos baratos e rápidos, mas é importante ter em conta os riscos que representam. Para equacionar estes riscos, é importante distinguir entre actividades de menor escala e iniciativas de «criptomoedas estáveis globais», como o projecto Libra.*"

A declaração conjunta do Conselho e da Comissão sobre as «criptomoedas estáveis», adoptada em 5 de Dezembro, destacava tanto as oportunidades como os desafios associados às «criptomoedas estáveis» mundiais, definindo claramente as expectativas da UE em relação aos promotores dessas iniciativas e procura assegurar que os potenciais promotores dariam resposta a todas as preocupações antes da entrada em funcionamento de projectos de «criptomoedas estáveis» a nível mundial.

O projecto Libra passou a ser abrangido pelo trabalho que a Comissão realizou desde Abril de 2019 em relação a todos os cripto-activos, com base nos pareceres da Autoridade Bancária Europeia e da Autoridade Europeia dos Valores Mobiliários e dos Mercados.

Já a 19 de Dezembro de 2019, a Comissão lançou uma consulta pública para recolher os pontos de vista sobre os cripto-activos em geral, bem como sobre a adequação do quadro regulamentar existente aos cripto-activos, incluindo as «criptomoedas estáveis» sendo que as informações recolhidas no âmbito da referida consulta pública viriam a ser tidas em conta na avaliação de impacto da Comissão sobre uma eventual iniciativa futura.

No que se refere em particular à luta contra o branqueamento de capitais, a Directiva (UE) 2018/843 (Directiva (UE) 2018/843 do Parlamento Europeu e do Conselho, de 30 de Maio de 2018, já referida e que veio alterar a Directiva (UE) 2015/849 relativa à prevenção da utilização do sistema financeiro para efeitos de branqueamento de capitais ou de financiamento do terrorismo) já havia introduzido na legislação da UE uma definição de moeda virtual e incluía, na definição de entidade obrigada, os prestadores de serviços de câmbio entre moedas virtuais e moedas fiduciárias e os prestadores de serviços de custódia de carteiras digitais sendo que o prazo para a transposição da directiva pelos Estados-Membros expirou em 10 de Janeiro.

Foram aditadas as definições de "Moeda virtual" (uma representação digital de valor que não seja emitida ou garantida por um banco central ou uma autoridade pública, que não esteja necessariamente ligada a uma moeda legalmente estabelecida e não possua o estatuto jurídico de moeda ou dinheiro, mas que é aceite por pessoas singulares ou colectivas como meio de troca e que pode possa ser transferida, armazenada e comercializada por via electrónica) e "Prestador de serviços de custódia de carteiras" (uma entidade que presta serviços de salvaguarda de chaves criptográficas privadas em nome dos seus clientes, com vista a deter, armazenar e transferir moedas virtuais.).

Mas já antes, no seguimento do debate efectuado no Conselho (ECOFIN) de 17 de Maio de 2019 e tendo em vista a preparação dos debates no Conselho (ECOFIN) de 8 de Novembro de 2019, a revelava a sua preocupação pela regulação do imposto sobre o rendimento no que se refere aos desafios fiscais decorrentes da digitalização da economia (nomeadamente saber se as regras internacionais em matéria de imposto sobre o rendimento continuavam a estar plenamente actualizadas na moderna economia global, com o surgimento de novos factores geradores de valor e a perda de relevância das distâncias físicas. Considerou-se importante avaliar se a digitalização agravava os riscos relacionados com a erosão da base tributável e a transferência de lucros. Por outro lado considerou-se que as alterações induzidas pela digitalização exigiam que se revisitassem alguns aspectos fundamentais do sistema fiscal internacional, mais especificamente as regras relativas ao lugar de tributação – elemento de conexão, e ao rendimento a tributar – imputação dos lucros).

Em 2018, a Directiva (UE) 2018/1808 do Parlamento Europeu e do Conselho, de 14 de Novembro de 2018 veio alterar a Directiva 2010/13/UE relativa à coordenação de certas disposições legislativas, regulamentares e administrativas dos Estados-Membros respeitantes à oferta de serviços de comunicação social audiovisual (Directiva Serviços de Comunicação Social Audiovisual), para a adaptar à evolução das realidades do mercado, prevendo desde logo nos seus considerandos que face à evolução [do mercado dos serviços de comunicação audiovisual] de *"forma rápida e significativa devido à convergência actual entre a televisão e os serviços de Internet, (e considerando) os progressos técnicos possibilitaram novos tipos de serviços e experiências para os utilizadores; Os hábitos de visualização, em particular das gerações mais jovens, mudaram significativamente."*

Na verdade, ali se admitiu que *"Embora o ecrã de televisão principal continue a ser um dispositivo importante de partilha de experiências audiovisuais, um grande número de telespectadores passou a utilizar outros dispositivos, nomeadamente portáteis, para ver conteúdos audiovisuais. Os conteúdos televisivos tradicionais representam ainda uma parte importante do tempo médio diário de visualização."*

*"No entanto, novos tipos de conteúdos, como os videoclipes ou os conteúdos gerados pelos utilizadores, adquiriram uma importância crescente, e os novos operadores, incluindo os prestadores de serviços de vídeo a pedido e os fornecedores de plataformas de partilha de vídeos, estão agora consolidados. Esta convergência de meios pressupõe a existência de um regime jurídico actualizado a fim de reflectir a evolução do mercado e de alcançar um equilíbrio entre o acesso aos serviços de conteúdos em linha, a protecção dos consumidores e a competitividade."*

Com a referida directiva foi inserido um novo capítulo: «CAPÍTULO IX-A – DISPOSIÇÕES APLICÁVEIS AOS SERVIÇOS DE PLATAFORMAS DE PARTILHA DE VÍDEOS» com os seus novos artigos 28º-A e 28º-B.

A referida directiva foi transposta em Novembro de 2020 (o seu artigo 2º previa que fosse transcrita até 19 de Setembro de 2020) para a Lei nº 27/2007 de 30 de Julho (Lei da Televisão e dos Serviços Audiovisuais a Pedido pela Lei nº 74/2020, de 19 de Novembro) a qual veio, entre outras inovações, a criar uma nova taxa (Taxa de Exibição) com o valor de 4% (alteração ao artº 10º da Lei nº 55/2012, de 6 de Setembro, *"A publicidade comercial exibida nas salas de cinema, a comunicação comercial audiovisual difundida ou transmitida pelos operadores de televisão ou, por qualquer meio, transmitida pelos operadores de distribuição, a comunicação comercial audiovisual incluída nos serviços audiovisuais a pedido ou nos serviços de plataforma de partilha de vídeos, bem como a publicidade incluída nos guias electrónicos de programação, qualquer que seja a plataforma de exibição, difusão ou transmissão, está sujeita a uma taxa, denominada taxa de exibição, que constitui encargo do anunciante, de 4 /prct. sobre o preço pago".*)

Será uma taxa cobrada pela publicidade passando a ser devida sobre toda a publicidade comercial transmitida quer no cinema, quer na televisão, mas também em serviços de partilhas de vídeo (nomeadamente Youtube).

Mas o novo número 5 do artigo 10º da Lei 55/2012, de 6 de Setembro, na redacção dada pela Lei 74/2020, de 19 de Novembro cria igualmente uma nova taxa para as operadoras de serviços *on demand* por subscrição (como será o caso das conhecidas Netflix, HBO ou Disney+) e de acordo com a nova norma *"Os operadores de serviços audiovisuais a pedido por subscrição encontram-se sujeitos ao pagamento de uma taxa anual correspondente a 1 /prct. do montante dos proveitos relevantes desses operadores*".

É aditado igualmente um novo artigo 16º-A (relativa a proveitos relevantes) e de acordo com a qual "1 – Caso não seja possível apurar o valor dos proveitos relevantes dos operadores de serviços audiovisuais a pedido por subscrição, para efeitos de aplicação da taxa prevista no nº 4 do artigo 10º, presume-se que o valor anual da taxa é de 1 000 000 (euro).".

### 1.1 Um Euro digital

O Banco Central Europeu (BCE) e os serviços da Comissão Europeia começaram já a rever a nível técnico um vasto leque de questões políticas, jurídicas e técnicas decorrentes de uma possível introdução de um euro digital, tendo em conta os respectivos mandatos e a independência prevista no Tratados.

Neste sentido a declaração conjunta da Comissão Europeia e do BCE sobre a sua cooperação para o euro digital de 19 de Janeiro de 2021 e segundo a qual "*A Comissão Europeia e o Banco Central Europeu (BCE) estão a empreender esforços para garantir um sector financeiro digital europeu forte e vibrante e um sector de pagamentos bem integrado para responder às novas necessidades de pagamento na Europa.*

*Tirando partido da digitalização, mudanças rápidas no cenário de pagamentos e o surgimento de cripto-activos, o BCE está a explorar a possibilidade de emitir um euro digital, como complemento das soluções de numerário e de pagamento disponibilizadas pelo sector privado.*"

No referido comunicado conjunto lê-se ainda que "*Após a conclusão da consulta pública em 12 de Janeiro de 2021 seguido por um período de trabalhos preparatórios, o BCE irá considerar a possibilidade de iniciar um projecto do euro digital em meados de 2021. Tal projecto responderia a questões-chave de design e técnicas e forneceria ao BCE as ferramentas necessárias para estar pronto para emitir um euro digital se tal decisão vier a ser tomada. O BCE e os serviços da Comissão Europeia estão a analisar do ponto de vista técnico um vasto leque de questões políticas, jurídicas e técnicas emergentes de uma possível introdução de um euro digital, tendo em conta os respectivos mandatos e a sua independência, tal previstos nos Tratados.*"

### 1.2. Novo pacote de Financiamento Digital

A 24 de Setembro de 2020 a Comissão Europeia adoptou um novo Pacote de financiamento Digital, incluindo Estratégias de Financiamento Digital e Pagamentos em linha, e propostas legislativas sobre activos criptográficos e resiliência digital.

Este conjunto de medidas pretende impulsionar a competitividade e a inovação da Europa no sector financeiro, abrindo caminho para que a Europa se possa tornar um ponto de referência global. A ideia será proporcionar aos consumidores mais escolha e oportunidades em serviços financeiros e pagamentos modernos, ao mesmo tempo que garante a protecção do consumidor e a estabilidade financeira.

As medidas serão cruciais para apoiar a recuperação económica da UE, uma vez que irão desbloquear novas formas para canalizar financiamento para as empresas europeias, ao mesmo tempo que desempenham um papel fundamental na concretização do Acordo Verde Europeu e da Nova Estratégia Industrial para a Europa.

Ao mesmo tempo, com regras mais seguras e digitais, mais amigáveis para os consumidores, a Comissão refere pretender impulsionar a inovação responsável no sector financeiro da UE, especialmente para start-ups digitais altamente inovadoras, ao mesmo tempo que atenua quaisquer riscos potenciais relacionados com a protecção dos investidores, branqueamento de capitais e cibercrime.

Nas palavras do vice-presidente Europeu Valdis Dombrovskis "*O futuro das finanças é digital. Vimos durante o bloqueio como as pessoas puderam ter acesso a serviços financeiros graças a tecnologias digitais, como banco on-line e soluções fintech. A tecnologia tem muito mais a oferecer aos consumidores e empresas e devemos abraçar a transformação digital de forma proactiva, enquanto mitigamos quaisquer riscos potenciais. É isso que o pacote de hoje pretende fazer. Um mercado único digital inovador para o financiamento beneficiará os europeus e será fundamental para a recuperação económica da Europa, oferecendo melhores produtos financeiros aos consumidores e abrindo novos canais de financiamento para as empresas.*"

O referido Pacote de Financiamento Digital consiste na implementação de uma Estratégia de Financiamento Digital, uma Estratégia de Pagamentos em linha, propostas legislativas para uma estrutura regulatória da UE sobre activos criptográficos e propostas para uma estrutura regulatória da UE sobre resiliência operacional digital.

Assim, o objectivo da Estratégia de Financiamento Digital será tornar os serviços financeiros da Europa mais amigáveis para a nova realidade digital e estimular a inovação responsável e a concorrência entre os provedores de serviços financeiros na UE.

Tal permitirá reduzir a fragmentação no mercado único digital, de modo que os consumidores possam ter acesso a produtos financeiros além-fronteiras e que as start-ups Fintech aumentem e cresçam.

Permitirá, igualmente, garantir que as regras dos serviços financeiros da UE serão adequadas à actual era digital, até para novas aplicações como inteligência artificial e blockchain. A gestão de dados está, por isso mesmo, também no centro da estratégia Europeia, passando pela promoção da partilha de dados e pelo financiamento aberto, mantendo simultaneamente os padrões da UE em matéria de privacidade e protecção de dados.

Pretende igualmente garantir condições equitativas entre os prestadores de serviços financeiros, sejam eles bancos tradicionais ou empresas de tecnologia, ou seja, uma mesma actividade, com os mesmos riscos associados e submetidos às mesmas regras.

### 1.3 Novas Formas de Pagamentos

O projecto europeu passará por oferecer novos serviços de pagamento seguros, rápidos e fiáveis aos cidadãos e empresas europeus, o que permitirá tornar mais fácil para os consumidores os pagamentos nas lojas e transacções de comércio electrónico com segurança e conveniência.

A ideia será criar um sistema de pagamentos de retalho totalmente integrado na UE, incluindo soluções de pagamento transfronteiras instantâneas ou que facilitará os pagamentos em euros entre a UE e outras jurisdições, promovendo simultaneamente o surgimento de soluções de pagamento nacionais e pan-europeias.

### 1.4 Propostas legislativas sobre cripto-activos – MiCA

Encontra-se em discussão um novo pacote de legislação sobre cripto-activos (uma representação digital de valores ou direitos que podem ser armazenados e comercializados electronicamente).

O '*Regulamento sobre Mercados de Activos Criptográficos*' (MiCA) – tem já uma proposta que pretende impulsionar a inovação, preservando a estabilidade financeira e protegendo os investidores de riscos.

A referida proposta do novo Regulamento (actualmente disponível em https://eur-lex.europa.eu/legal-content/EN/TXT/?uri=CELEX%3A52020PC0593) apresenta um conjunto de medidas destinadas a fomentar e apoiar ainda mais o potencial do financiamento digital em termos de inovação e concorrência, atenuando, simultaneamente, os riscos inerentes.

A ideia – que de resto consta do considerando 6 da Proposta – será a de que a legislação da União em matéria de serviços financeiros não deverá favorecer uma determinada tecnologia. Para o efeito os cripto-activos equiparáveis a «instrumentos financeiros» na acepção do artigo 4º, nº 1, ponto 15, da Directiva 2014/65/UE devem, por conseguinte, permanecer regulamentados ao abrigo da legislação geral da União em vigor, incluindo a Directiva 2014/65/UE, independentemente da tecnologia utilizada para a sua emissão ou transferência.

Da sua exposição de motivos consta que a proposta integra o pacote Financiamento Digital, "*um conjunto de medidas destinadas a fomentar e apoiar ainda mais o potencial do financiamento digital em termos de inovação e concorrência, atenuando, simultaneamente, os riscos inerentes. É consentânea com as prioridades da Comissão, no sentido de preparar a Europa para a era digital e de criar uma economia preparada para o futuro e que esteja ao serviço dos cidadãos. O pacote Financiamento Digital inclui uma nova estratégia em matéria de financiamento digital para o sector financeiro da UE, que visa assegurar que a UE acolhe a revolução digital, impulsionando-a com a liderança das empresas europeias inovadoras e disponibilizando os benefícios do financiamento digital aos consumidores e empresas europeus. Para além desta proposta, o pacote inclui também uma proposta relativa a um regime-piloto de infra-estruturas de mercado para a tecnologia de registo distribuído (DLT), uma proposta relativa à resiliência operacional digital e uma proposta para esclarecer ou alterar determinadas regras conexas no que se refere aos serviços financeiros a nível da UE."*

Na avaliação de impacto apresentada ao Comité de Controlo da Regulamentação (CCR) em 29 de Abril de 2020 e aprovada em 29 de Maio de 2020 foram analisadas duas opções políticas para desenvolver um quadro para os cripto-activos não abrangidos pela actual legislação da UE em matéria de serviços financeiros (exceptuando as «criptomoedas estáveis», para as quais foi analisado um conjunto diferente de opções). Uma primeira opção teria em consideração um regime de inclusão para os cripto-activos não regulados (em que os emitentes e os prestadores de serviços que optassem pela inclusão no regime da UE receberiam um passaporte da UE para poderem expandir as suas actividades além-fronteiras sendo que os prestadores de serviços que decidissem ficar de fora continuariam a não estar regulados ou seriam abrangidos por regimes nacionais por medida, sem receberem o passaporte da EU).

Uma segunda opção optaria pela harmonização total ao abrigo da qual, todos os emitentes (excepto os que realizassem ofertas de pequena dimensão) e prestadores de serviços ficariam abrangidos pelo direito da UE e beneficiariam de um passaporte da EU, deixando de ser aplicáveis os regimes nacionais por medida em matéria de cripto-activos.

Não obstante a primeira opção poder ser menos onerosa para os pequenos emitentes e para os pequenos prestadores de serviços, que poderiam decidir não ser abrangidos, a segunda opção assegurará um nível mais elevado de certeza jurídica, de protecção dos investidores, de integridade do mercado e de estabilidade financeira, e reduzirá a fragmentação em todo o mercado único.

Na verdade, comparativamente com o regime de inclusão voluntária, a harmonização total constituirá uma abordagem mais coerente, tendo sido considerada a hipótese preferencial.

Relativamente às opções específicas para as chamadas «criptomoedas estáveis», no âmbito das quais estas últimas seriam também consideradas cripto-activos não abrangidos pela actual legislação da UE em matéria de serviços financeiros a Comissão estudou três possibilidades de enquadramento, em que o primeiro passaria pela criação de um regime legislativo por medida destinado a atenuar os riscos colocados pelas «criptomoedas estáveis» e pelas «criptomoedas estáveis mundiais» (em que através da aplicação de uma abordagem estrita e baseada no risco e nas recomendações que estão actualmente a ser desenvolvidas pelo CEF, por exemplo, esta opção faria face às vulnerabilidades que as «criptomoedas estáveis» geram a nível da estabilidade financeira, permitindo ao mesmo tempo o desenvolvimento de vários tipos de modelos empresariais.

Tais modelos incluiriam requisitos específicos de divulgação aplicáveis aos emitentes de «criptomoedas estáveis», bem como requisitos quanto às reservas que terão de ser constituídas em garantia de tais criptomoedas.

Um segundo regime passaria por regular as «criptomoedas estáveis» ao abrigo da Directiva Moeda Electrónica. Tal entendimento teria como ponto de partida o facto de as «criptomoedas estáveis» cujo valor seja garantido por uma única moeda com curso legal se aproximarem da definição de moeda electrónica ao abrigo da Directiva Moeda Electrónica.

Ora, considerando que o objectivo de muitas das «criptomoedas estáveis» consiste em criar uma «forma de pagamento», e quando garantidas por uma reserva de activos, algumas delas poderiam tornar-se um meio de troca credível e uma reserva de valor seria de admitir que nesse sentido as «criptomoedas estáveis» partilhariam características com a moeda electrónica.

No entanto, tal opção exigiria que os emitentes de «criptomoedas estáveis» observassem o disposto na legislação em vigor, o que poderá não ser adequado para o efeito uma vez que embora a Directiva Moeda Electrónica e, por extensão, a Directiva Serviços de Pagamento, pudessem abranger alguns dos prestadores de serviços relacionados com as «criptomoedas estáveis», essa solução poderia não atenuar devidamente os riscos mais significativos em termos de protecção dos consumidores, nomeadamente os suscitados pelas entidades que disponibilizassem carteiras.

Por outro lado, a Directiva Moeda Electrónica não contém disposições específicas para uma entidade que se torne sistémica, o que poderia acontecer com algumas «criptomoedas estáveis mundiais».

A última opção considerada passaria por implementar medidas destinadas a limitar a utilização de «criptomoedas estáveis» na EU, restringindo a emissão de «criptomoedas estáveis» e a prestação de serviços relacionados com este tipo de cripto-activo.

A proposta de regulamento admitiria esta abordagem como justificável, dado que os riscos colocados pelas «criptomoedas estáveis», e, em especial, os inerentes àquelas que são susceptíveis de alcançar uma escala global (incluindo os riscos para a estabilidade financeira e para a política e a soberania monetárias) suplantariam os benefícios proporcionados aos consumidores da UE sob a forma de um meio de pagamento rápido, económico, eficiente e inclusivo.

Contudo, é a própria proposta que considera que a terceira opção só criaria custos para as «criptomoedas estáveis» já em utilização, como também impediria que se retirassem quaisquer benefícios relacionados com este novo tipo de cripto-activos uma vez que não estaria em consonância com os objectivos definidos a nível da UE relativos à promoção da inovação no sector financeiro como poderia deixar por abordar alguns riscos associados à estabilidade financeira, caso os consumidores da UE utilizassem amplamente «criptomoedas estáveis» emitidas em países terceiros.

Neste sentido a Comissão considerou que a primeira solução seria a opção preferida para as «criptomoedas estáveis», em combinação com a segunda opção, de modo a evitar a arbitragem regulamentar entre as «criptomoedas estáveis» indistinguíveis de moeda electrónica e o tratamento dado à moeda electrónica emitida utilizando registos distribuídos.

Em conjunto com a segunda solução (harmonização total, conforme descrito acima) para outros tipos de cripto-activos não abrangidos pela actual legislação da UE em matéria de serviços financeiros, esta combinação criaria "*um quadro da UE em matéria de «criptomoedas estáveis» que seria abrangente, holístico e permitiria atenuar os riscos identificados pelo Conselho de Estabilidade Financeira, em especial para a estabilidade financeira. A estrutura das «criptomoedas estáveis» é complexa e engloba muitas funções e entidades jurídicas interdependentes.*"

## 1.5 Os cripto-activos enquanto "instrumentos financeiros"

Os cripto-activos enquanto "instrumentos financeiros" foram já abrangidos pela Directiva dos Mercados de Instrumentos Financeiros (assim as acções ou obrigações tokenizadas) e sujeitos à legislação dos mercados de valores mobiliários da UE.

Mas sendo as referidas regras anteriores ao surgimento de cripto-activos e DLT, foi proposto pela Comissão um regime-piloto para infra-estruturas de mercado que pretendam tentar negociar e liquidar transacções em instrumentos financeiros na forma de activos criptográficos. O regime piloto permitirá isenções das regras existentes bem como abrirá a porta a que reguladores e empresas testem soluções inovadoras utilizando *blockchains*.

Na nova proposta de Directiva (MiCA) prevê-se no título I o seu objecto, o âmbito de aplicação e as definições.

O artigo 1º indica que o regulamento será aplicável aos emitentes de cripto-activos e aos prestadores de serviços conexos, estabelecendo requisitos uniformes em matéria de transparência e divulgação no que se refere à emissão, ao funcionamento, à organização e à governação dos prestadores de serviços de cripto-activos, bem como regras de protecção dos consumidores e medidas para evitar abusos de mercado.

O artigo 2º da proposta limita o âmbito de aplicação do regulamento aos cripto-activos que não sejam elegíveis como instrumentos financeiros, depósitos ou depósitos estruturados ao abrigo da legislação da UE em matéria de serviços financeiros sendo que o artigo 3º estabelece os termos e definições utilizados para efeitos do presente regulamento, incluindo as noções de «cripto-activo», «emitente de cripto-activos», «criptoficha referenciada a activos» (muitas vezes referida como «criptomoeda estável»), «criptoficha de moeda electrónica» (muitas vezes também referida como «criptomoeda estável»), «prestador de serviços de cripto-activos» ou «criptoficha de consumo», entre outros.

O artigo 3º define também os diferentes serviços de cripto-activos. Um aspecto importante prende-se com o facto de a Comissão poder adoptar actos delegados para especificar determinados elementos técnicos das definições, para os ajustar à evolução tecnológica e dos mercados.

# VI. Direito Penal Digital: Crime e Prova

## 1. O Direito Penal e Processo Penal

O direito penal visa a proteger os bens jurídicos fundamentais, sendo o ramo do ordenamento jurídico que trata de determinado tipo de comportamentos, os crimes, e das suas respectivas consequências jurídicas, as penas.

*A lei penal necessita do processo para a sua aplicação ao caso concreto; aquela – o direito penal substantivo – define os crimes, as penas e as medidas de segurança aplicáveis aos seus agentes, este – o processo –, o modo de proceder para verificar juridicamente a ocorrência dos crimes, determinar os seus agentes e aplicar-lhes as penas e medidas de segurança, quando disso for caso.* (neste sentido Germano marques da Silva, Curso de Processo Penal, I, Verbo, 2000).

*O processo é uma sequência de actos juridicamente preordenados e praticados por certas pessoas legitimamente autorizadas em ordem à decisão sobre se foi praticado algum crime e, em caso afirmativo, sobre as respectivas consequências jurídicas e sua justa aplicação.* (assim Jorge Figueiredo Dias, Direito Processual Penal, I, Coimbra).

*O Direito processual penal é o conjunto de normas jurídicas que disciplinam a aplicação do direito penal aos casos concretos, ou, noutra fórmula não menos expressiva, o conjunto das normas jurídicas que orientam e disciplinam o processo penal* (neste sentido Manuel Cavaleiro Ferreira, curso de Processo Penal, I, Lisboa, 1986).

Com a evolução digital, quer o Direito Penal quer o seu processo, tiveram que acompanhar a vida em sociedade e, consequentemente, surgiram novas normas jurídicas que vieram proteger novos bens jurídicos e disciplinar a aplicação do direito, nomeadamente fixando novos procedimentos de detecção e preservação de prova.

ciber- prefixo inglês cyber-, redução de cybernetics, cibernética, é elemento de composição que exprime a noção de Internet ou de comunicação entre redes de computadores nomeadamente Ciberdireito ou cibercrime *("ciber", in Dicionário Priberam da Língua Portuguesa [em linha], 2008-2021, https://dicionario.priberam.org/ciber [consultado em 13-03-2021]).*

### 1.1 Devassa por meio de informática (Artigo 193º do Código Penal)

O crime de devassa por meio de informática encontra-se previsto no Código Penal, no art. 193º, e prevê que quem criar, mantiver ou utilizar ficheiro automatizado de dados individualmente identificáveis e referentes a convicções políticas, religiosas ou filosóficas, à filiação partidária ou sindical, à vida privada, ou a origem étnica, será punido com pena de prisão até 2 anos ou com pena de multa até 240 dia, sendo a tentativa punível.

### 1.2 Burla informática e nas comunicações (Artigo 221º do Código Penal)

A burla informática nas comunicações (crime que pode verificar-se, em concurso real, com o crime de falsidade informática previsto na Lei do Cibercrime) prevê que quem, com intenção de obter para si ou para terceiro enriquecimento ilegítimo, causar a outra pessoa prejuízo patrimonial, interferindo no resultado de tratamento de dados ou mediante estruturação incorrecta de programa informático, utilização incorrecta ou incompleta de dados, utilização de dados sem autorização ou intervenção por qualquer outro modo não autorizada no processamento, será punido com pena de prisão até 3 anos ou com pena de multa.

*"Integra uma das modalidades da acção típica do crime de burla informática, a apropriação de dinheiro através da introdução e utilização no sistema informático das ATM de dados sem autorização (introdução do cartão e digitação do código de acesso), com intenção de obter enriquecimento ilegítimo, causando a outra pessoa prejuízo patrimonial"* (neste sentido Acórdão do Tribunal da Relação do Porto de 14-03-2012 no processo 140/10.8PJPRT.P1)

Sendo a mesma pena é aplicável a quem, com intenção de obter para si ou para terceiro um benefício ilegítimo, causar a outrem prejuízo patrimonial, através programas, dispositivos electrónicos ou outros meios que, separadamente ou em conjunto, se destinem a diminuir, alterar ou impedir, total ou parcialmente, o normal funcionamento ou exploração de serviços de telecomunicações.

Em qualquer dos casos a tentativa será punível, sendo que o procedimento criminal dependerá de queixa.

Relativamente à moldura penal, a mesma subirá para pena de prisão até 5 anos ou com pena de multa até 600 dias se o prejuízo for de valor elevado, ou para pena de prisão de 2 a 8 anos se valor do prejuízo for consideravelmente elevado.

## 2. Crimes da Lei do Cibercrime

A Lei nº 109/2009 de 15 de Setembro veio aprovar a Lei do Cibercrime e transpor para a ordem jurídica portuguesa a Decisão Quadro nº 2005/222/JAI, do Conselho, de 24 de Fevereiro, relativa a ataques contra sistemas de informação, adaptando o direito interno à Convenção sobre Cibercrime do Conselho da Europa.

No seu catálogo dos crimes veio manter os tipos de crime que já constavam da Lei de 1991 (Lei nº 109/91, de 17 de Agosto), com diversas actualizações, fruto da evolução tecnológica, incluindo os crimes de *Falsidade informática* (art. 3º), *o crime de Dano relativo a programas ou outros dados informáticos* (Art. 4º), *o crime de Sabotagem informática* (Art. 5º), *o crime de acesso ilegítimo* (art. 6º), *o crime de intercepção ilegítima* (art. 7º) *o crime de reprodução ilegítima de programa protegido* (art. 8º).

Com a entrada em vigor desta lei foram estabelecidas as disposições penais materiais e processuais, assim como as disposições relativas à cooperação internacional em matéria penal, quanto ao domínio do cibercrime e da recolha de prova em suporte electrónico tendo em consideração o facto deste tipo de criminalidade estar associado a práticas transnacionais que criavam obstáculos à aquisição de prova e à celeridade necessária para a cessação de actividades criminosas.

Mas a Lei do Cibercrime é inovadora no sentido de incluir um capítulo de disposições processuais (Capítulo III) as quais serão aplicáveis a processos relativos crimes que constem da Lei do Cibercrime, mas também a quaisquer outros crimes cometidos por meio de sistema informático e a outros em relação aos quais haja necessidade de proceder à recolha de prova em suporte electrónico.

Quanto à aplicação no espaço da lei penal portuguesa e à competência dos tribunais portugueses, estabelece-se que para além do disposto no Código Penal em matéria de aplicação no espaço da lei penal portuguesa, e salvo tratado ou convenção internacional em contrário, a lei penal portuguesa será sempre aplicável a factos praticados por Portugueses, se aos mesmos não for aplicável a lei penal de nenhum outro Estado, cometidos em benefício de pessoas colectivas com sede em território português, fisicamente praticados em território português, ainda que visem sistemas informáticos localizados fora desse território ou que visem sistemas informáticos localizados em território português, independentemente do local onde esses factos forem fisicamente praticados, permitindo ampliar o escopo de aplicação e evitando, consequentemente, um *forum shopping* por parte do agente.

## 2.1 Falsidade Informática

Previsto no artigo 3º da Lei nº 109/2009 de 15 de Setembro, comete o crime de Falsidade informática quem, com intenção de provocar engano nas relações jurídicas, introduzir, modificar, apagar ou suprimir dados informáticos ou por qualquer outra forma interferir num tratamento informático de dados, produzindo dados ou documentos não genuínos, com a intenção de que estes sejam considerados ou utilizados para finalidades juridicamente relevantes como se o fossem.

Tal como consta do Acórdão do Tribunal da Relação de Évora de 19-05-2015 no processo 238/12.8PBPTG.E1 "*O tipo objectivo do crime de falsidade informática previsto no nº 1 do artigo 3º da Lei nº 109/2009, de 15 de Setembro, é integrado, no plano objectivo, pela introdução, modificação, apagamento ou supressão de dados informáticos ou por qualquer outra forma de interferência num tratamento informático de dados, de que resulte a produção de dados ou documentos não genuínos, consumando-se o crime apenas com a produção deste resultado.*

*2. Do ponto de vista subjectivo, o tipo legal supõe o dolo, sob qualquer das formas previstas no artigo 14º do Código Penal, exigindo, enquanto elemento subjectivo especial do tipo, a intenção de provocar engano nas relações jurídicas, bem como, relativamente à produção de dados ou documentos não genuínos, a particular intenção do agente de que tais dados ou documentos sejam considerados ou utilizados para finalidades juridicamente relevantes como se fossem genuínos.*

*3. O crime de falsidade informática previsto no artigo 3º da Lei nº 109/2009 visa proteger a segurança das relações jurídicas enquanto interesse público essencial que ao próprio Estado de Direito compete assegurar e não a confidencialidade, integridade e disponibilidade de sistemas informáticos, de redes e de dados informáticos.*

*4. A utilização do nome ou de parte do nome de outrem no nome de utilizador e/ou endereço electrónico, por parte de quem criou conta de correio electrónico, traduz, no plano objectivo, a produção de dados ou documentos não genuínos, mediante a introdução de dados informáticos, e é idóneo a fazer crer que foi a pessoa a quem respeita o nome ou parte de nome quem efectivamente criou e utilizou a conta de correio electrónico em causa.*"

A norma prevê que tal crime seja punido com pena de prisão até 5 anos ou multa de 120 a 600 dias, sendo agravada para pena é de 1 a 5 anos de prisão caso tais acções incidam sobre os dados registados ou incorporados em cartão bancário de pagamento ou em qualquer outro dispositivo que permita o acesso a sistema ou meio de pagamento, a sistema de comunicações ou a serviço de acesso condicionado.

Caso haja intenção de causar prejuízo a outrem ou de obter um benefício ilegítimo, para o agente ou para terceiro, com recurso a documento produzido a partir de dados informáticos que foram objecto dos actos referidos no nº 1 do artigo 3º ou cartão ou outro dispositivo no qual se encontrem registados ou incorporados os dados relativos a cartão bancário ou sistema ou meio de pagamento (por exemplo aplicações de *homebanking*, sistema de *Mbway* ou *CriptoWallets*), o agente será punido com as penas previstas num e noutro número, respectivamente.

Mas prevê-se igualmente que quem importar, distribuir, vender ou detiver para fins comerciais qualquer dispositivo que permita o acesso a sistema ou meio de pagamento, a sistema de comunicações ou a serviço de acesso condicionado, sobre o qual tenha sido praticada qualquer das acções de acesso a dados registados em cartão bancário de pagamento ou em qualquer dispositivo ali referido para pagamentos será punido com pena de prisão de 1 a 5 anos, sendo a moldura penal agravada caso tais factos sejam praticados por funcionário no exercício das suas funções, para pena de prisão de 2 a 5 anos.

Sendo certo que poderemos estar na presença de concurso real de infracções tal como já antes se verificava e que levou a que, na vigência do Código Penal de 1982, o Supremo Tribunal de Justiça através do então Assento 3/92, fixasse jurisprudência afirmando que, "*no caso de a conduta do agente preencher as previsões de falsificação, e de burla, do artigo 228º, nº 1, alínea a), e do artigo 313º, nº 1, do Código Penal, verifica-se concurso real ou efectivo de crimes*" e que hoje continua igualmente válido "*Entre os crimes de burla informática (artº 221º CP) e o crime de falsidade informática (artº 3º da Lei 109/2009 de 15/9 Lei do Cibercrime) existe concurso real de infracções*" (*assim o Acórdão do Tribunal da Relação do Porto de 14-09-2016 no Processo 2177/09.0PAVNG.P1*).

## 2.2 Dano relativo a programas ou outros dados informáticos

Comete o crime de dano relativo a programas ou outros dados informáticos quem, sem para tal ter permissão legal ou estar autorizado pelo proprietário, por outro titular do direito do sistema ou de parte dele, apagar, alterar, destruir, no todo ou em parte, danificar, suprimir ou tornar não utilizáveis ou não acessíveis programas ou outros dados informáticos alheios ou por qualquer forma lhes afectar a capacidade de uso.

Incorrerá na mesma pena quem ilegitimamente produzir, vender, distribuir ou por qualquer outra forma disseminar ou introduzir num ou mais sistemas informáticos dispositivos, programas ou outros dados informáticos destinados a produzir as acções não autorizadas descritas.

A prática de tal crime, previsto no art. 4º da Lei do Cibercrime, é punida com pena de prisão até 3 anos ou pena de multa, sendo a tentativa punível.

Prevê-se ainda que se o dano causado for de valor elevado, a pena é de prisão até 5 anos ou de multa até 600 dias subindo para pena é de prisão de 1 a 10 anos nos casos em que o dano causado for de valor consideravelmente elevado.

O procedimento penal dependerá de queixa excepto nos casos do número 3, relativos ao agente distribuidor dos referidos dispositivos, programas ou outros dados informáticos aptos a permitir apagar, alterar, destruir, no todo ou em parte, danificar, suprimir ou tornar não utilizáveis ou não acessíveis programas ou outros dados informáticos alheios.

## 2.3 Sabotagem informática

Cometerá o crime de sabotagem informática o agente que, sem permissão legal ou sem para tanto estar autorizado pelo proprietário, por outro titular do direito do sistema ou de parte dele, entravar, impedir, interromper ou perturbar gravemente o funcionamento de um sistema informático sendo a tentativa punível.

Para tal prevê-se a censura da referida conduta quando haja através da introdução, transmissão, deterioração, danificação, alteração, apagamento, impedimento do acesso ou supressão de programas ou outros dados informáticos ou de qualquer outra forma de interferência em sistema informático sendo tal facto punido com pena de prisão até 5 anos ou com pena de multa até 600 dias.

Mas na mesma pena incorrerá quem ilegitimamente produzir, vender, distribuir ou por qualquer outra forma disseminar ou introduzir num ou mais sistemas informáticos dispositivos, programas ou outros dados informáticos destinados a produzir as acções não autorizadas descritas no número anterior não sendo, contudo, a tentativa punível.

Mas em função do valor do dano emergente da perturbação, a pena será elevada para prisão de 1 a 5 anos (se for de valor elevado) ou para pena é de prisão de 1 a 10 anos (se o dano emergente da perturbação for de valor consideravelmente elevado e a perturbação causada atingir de forma grave ou duradoura um sistema informático que apoie uma actividade destinada a assegurar funções sociais críticas, nomeadamente as cadeias de abastecimento, a saúde, a segurança e o bem-estar económico das pessoas, ou o funcionamento regular dos serviços públicos).

### 2.4 Acesso ilegítimo

O bem jurídico protegido no crime de acesso ilegítimo será a segurança do sistema informático.

O crime de acesso ilegítimo, previsto no art. 6º da Lei do Cibercrime, prevê que quem, sem permissão legal ou sem para tanto estar autorizado pelo proprietário, por outro titular do direito do sistema ou de parte dele, de qualquer modo aceder a um sistema informático, será punido com pena de prisão até 1 ano ou com pena de multa até 120 dias sendo a tentativa punível e dependendo o procedimento criminal de queixa.

Mas incorrerá na mesma pena quem ilegitimamente produzir, vender, distribuir ou por qualquer outra forma disseminar ou introduzir num ou mais sistemas informáticos dispositivos, programas, um conjunto executável de instruções, um código ou outros dados informáticos destinados aceder a um sistema informático.

O legislador fixou que a moldura penal até um ano seria aumentada até 3 anos ou multa se o acesso for conseguido através de violação de regras de segurança ou, pena de prisão de 1 a 5 anos naquelas situações em que através do acesso, o agente tiver tomado conhecimento de segredo comercial ou industrial ou de dados confidenciais, protegidos por lei; ou o benefício ou vantagem patrimonial obtidos forem de valor consideravelmente elevado.

Em Fevereiro de 2016, Tribunal da Relação de Coimbra (*no seu Acórdão de 17-02-2016 no processo 2119/11.TALRA.C2*) veio considerar que "*Comete o crime de acesso ilegítimo (Artigo 6º, nºs 1 e 4, al a, da Lei nº 109/2009), o inspector tributário que, por motivos estritamente pessoais, acede ao sistema informático da Autoridade Tributária, consultando declarações de IRS de outrem. O tipo subjectivo daquele ilícito penal não exige qualquer intenção específica (como seja o prejuízo ou a obtenção de benefício ilegítimo), ficando preenchido com o dolo genérico de intenção de aceder a sistema).*"

## 2.5 Intercepção Ilegítima

Este tipo de crime prevê que quem, sem permissão legal ou sem para tanto estar autorizado pelo proprietário, por outro titular do direito do sistema ou de parte dele, e através de meios técnicos, interceptar transmissões de dados informáticos que se processam no interior de um sistema informático, a ele destinadas ou dele provenientes, será punido com pena de prisão até 3 anos ou com pena de multa sendo a tentativa punível.

A mesma pena será aplicável a quem ilegitimamente produza, venda, distribua ou por qualquer outra forma dissemine ou introduza num ou mais sistemas informáticos dispositivos, programas ou outros dados informáticos destinados a produzir as acções não autorizadas de intercepção de transmissões de dados informáticos.

## 2.6 Reprodução ilegítima de programa protegido

Previsto no artigo 8º da Lei do Cibercrime, o crime de reprodução ilegítima de programa protegido prevê a punição do agente que ilegitimamente reproduza, divulgue ou comunique ao público um programa informático protegido por lei com pena de prisão até 3 anos ou com pena de multa.

Será igualmente punido com a mesma pena quem ilegitimamente reproduza topografia de um produto semicondutor ou a explore comercialmente ou importe, para estes fins, uma topografia ou um produto semicondutor fabricado a partir dessa topografia, sendo a tentativa punível.

Tal como sumariado no Acórdão do Tribunal da Relação de Coimbra de 30-10-2013 no processo 98/08.3EACBR.C1 "*1.- O preenchimento da acção típica do crime de reprodução ilegítima de programa protegido, não exige a verificação cumulativa das três modalidades de acção previstas art. 9º, nº 1, da Lei nº 109/91, de 17 de Agosto a saber, reprodução, divulgação e comunicação ao público, de programa informático protegido;*

*2.- Reprodução é a fixação da obra num meio que permita a sua comunicação e a obtenção de cópias, integrais ou não, dela, o que engloba a reprodução em CD como a reprodução na memória de computador;*

*3.- Tendo o arguido instalado um programa informático em computadores da sociedade que geria, sem que tivessem sido obtidas as necessárias licenças da proprietária daquele, o que quis e sabia, está preenchido o tipo do crime de reprodução ilegítima de programa protegido, ainda que a utilização do programa instalado fosse exclusivamente para uso interno da sociedade."*

## 3. Crimes da Lei de Protecção de Dados (Lei nº 58/2019, de 08 de Agosto)

A Lei da Protecção de Dados aprovada pela Lei nº 58/2019, de 08 de Agosto prevê, na sua Secção III do Capítulo VII relativo à Tutela administrativa e jurisdicional, uma série de crimes relativos à utilização de dados e seu acesso, viciação ou destruição.

Nos termos do artigo 53º relativo à punibilidade da tentativa, qualquer um dos crimes previstos na Lei de Protecção de Dados será punível.

Quanto à responsabilidade das pessoas colectivas, prevê-se que todas as pessoas colectivas e entidades equiparadas, com excepção do Estado, de pessoas colectivas no exercício de prerrogativas de poder público e de organizações de direito internacional público, serão responsáveis pelos crimes tipificados nos termos do artigo 11º do Código Penal.

Na secção IV (Disposições comuns) prevê-se que em caso de concurso de infracções, se o mesmo facto constituir simultaneamente crime e contra-ordenação, o agente será sempre punido a título de crime.

Ao mesmo tempo, quando se verificar um concurso de crime e contra-ordenação, ou quando, pelo mesmo facto, uma pessoa deva responder a título de crime e outra a título de contra-ordenação, o processamento da contra-ordenação caberá às autoridades competentes para o processo criminal, nos termos do regime geral do ilícito de mera ordenação social.

O artigo 56º (Sanções acessórias) prevê que conjuntamente com as sanções aplicadas pode ser ordenada, acessoriamente, a proibição temporária ou definitiva do tratamento, o bloqueio, o apagamento ou a destruição total ou parcial dos dados.

E, sempre que se trate de crimes, ou de coimas de montante superior a €100 000,00 (cem mil euros), poderá acessoriamente ser determinada a publicidade da condenação, por meio de extracto contendo a identificação do agente, os elementos da infracção e as sanções aplicadas, no Portal do Cidadão, por período não inferior a 90 dias.

### 3.1 Utilização de dados de forma incompatível com a finalidade da recolha

Previsto no artigo 46º da Lei nº 58/2019, de 08 de Agosto, o crime de utilização de dados de forma incompatível com a finalidade da recolha é punido com pena de prisão até um ano ou com pena de multa até 120 dias.

Este crime verificar-se-á quando o agente utilize dados pessoais de forma incompatível com a finalidade determinante da recolha, sendo a pena agravada para o dobro nos seus limites quando se tratar dos dados pessoais a que se referem os artigos 9º e 10º do RGPD.

O Regulamento (UE) nº 679/2016, de 27 de Abril (Regulamento Geral sobre a Protecção de Dados (RGPD) da União Europeia) prevê no seu artigo 9º o Tratamento de categorias especiais de dados pessoais, onde se proíbe o tratamento de dados pessoais que revelem a origem racial ou étnica, as opiniões políticas, as convicções religiosas ou filosóficas, ou a filiação sindical, bem como o tratamento de dados genéticos, dados biométricos para identificar uma pessoa de forma inequívoca, dados relativos à saúde ou dados relativos à vida sexual ou orientação sexual de uma pessoa salvo se o titular dos dados tiver dado o seu consentimento explícito para o tratamento desses dados pessoais para uma ou mais finalidades específicas, excepto se o direito da União ou de um Estado-Membro previr que a proibição a que se refere o nº 1 não possa ser anulada pelo titular dos dados.

Será igualmente permitido tal tratamento de dados se este for necessário para efeitos do cumprimento de obrigações e do exercício de direitos específicos do responsável pelo tratamento ou do titular dos dados em matéria de legislação laboral, de segurança social e de protecção social, na medida em que esse tratamento seja permitido pelo direito da União ou dos Estados-Membros ou ainda por uma convenção colectiva nos termos do direito dos Estados-Membros que preveja garantias adequadas dos direitos fundamentais e dos interesses do titular dos dados ou ainda se o tratamento for necessário para proteger os interesses vitais do titular dos dados ou de outra pessoa singular, no caso de o titular dos dados estar física ou legalmente incapacitado de dar o seu consentimento, por exemplo.

O artigo 9º prevê ainda a admissibilidade desse tratamento se for efectuado, no âmbito das suas actividades legítimas e mediante garantias adequadas, por uma fundação, associação ou qualquer outro organismo sem fins lucrativos e que prossiga fins políticos, filosóficos, religiosos ou sindicais, e desde que esse tratamento se refira exclusivamente aos membros ou antigos membros desse organismo ou a pessoas que com ele tenham mantido contactos regulares relacionados com os seus objectivos, e que os dados pessoais não sejam divulgados a terceiros sem o consentimento dos seus titulares; se o tratamento se referir a dados pessoais que tenham sido manifestamente tornados públicos pelo seu titular; se o tratamento for necessário à declaração, ao exercício ou à defesa de um direito num processo judicial ou sempre que os tribunais actuem no exercício da suas função jurisdicional; se o tratamento for necessário por motivos de interesse público importante, com base no direito da União ou de um Estado-Membro, que deve ser proporcional ao objectivo visado, respeitar a essência do direito à protecção dos dados pessoais e prever medidas adequadas e específicas que salvaguardem os direitos fundamentais e os interesses do titular dos dados ou se o tratamento for necessário para efeitos de medicina preventiva ou do trabalho, para a avaliação da capacidade de trabalho do empregado, o diagnóstico médico, a prestação de cuidados ou tratamentos de saúde ou de acção social ou a gestão de sistemas e serviços de saúde ou de acção social com base no direito da União ou dos Estados-Membros ou por força de um contrato com um profissional de saúde, sob reserva das condições e garantias previstas no nº 3.

Já o artigo 10º (Tratamento de dados pessoais relacionados com condenações penais e infracções) prevê que o tratamento de dados pessoais relacionados com condenações penais e infracções ou com medidas de segurança conexas com base no artigo 6º, nº 1, só é efectuado sob o controlo de uma autoridade pública ou se o tratamento for autorizado por disposições do direito da União ou de um Estado-Membro que prevejam garantias adequadas para os direitos e liberdades dos titulares dos dados. Os registos completos das condenações penais só são conservados sob o controlo das autoridades públicas.)

Ora, em ambas as situações, a moldura penal pela sua violação será de pena de prisão até um ano ou de multa, como referido, até 120 dias.

### 3.2 Acesso Indevido

Praticará o crime de acesso indevido quem, sem a devida autorização ou justificação, aceder, por qualquer modo, a dados pessoais.

Tal conduta será punida com pena de prisão até 1 ano ou com pena de multa até 120 dias, sendo agravada para o dobro nos seus limites quando se tratar dos dados pessoais a que se referem os artigos 9º e 10º do RGPD.

Nos termos do número 3 do art. 47º a moldura penal será igualmente agravada para o dobro nos seus limites quando o acesso for conseguido através de violação de regras técnicas de segurança ou tiver proporcionado ao agente ou a terceiros benefício ou vantagem patrimonial.

### 3.3 Desvio de Dados

Sempre que o agente copiar, subtrair, ceder ou transferir, a título oneroso ou gratuito, dados pessoais sem previsão legal ou consentimento, independentemente da finalidade prosseguida, será punido com pena de prisão até 1 ano ou com pena de multa até 120 dias, sendo tal pena agravada para o dobro nos seus limites quando se tratar dos dados pessoais a que se referem os artigos 9º e 10º do RGPD.

À imagem do que acontece no crime de acesso indevido, a pena é também agravada para o dobro nos seus limites quando o acesso for conseguido através de violação de regras técnicas de segurança; ou tiver proporcionado ao agente ou a terceiros benefício ou vantagem patrimonial.

### 3.4 Viciação ou destruição de dados

Pratica o crime de viciação ou destruição de dados quem, sem a devida autorização ou justificação, apagar, destruir, danificar, ocultar, suprimir ou modificar dados pessoais, tornando-os inutilizáveis ou afectando o seu potencial de utilização.

Caso o agente pratique tal crime, será punido com pena de prisão até 2 anos ou com pena de multa até 240 dias, sendo a pena agravada para o dobro nos seus limites se o dano produzido for particularmente grave.

O crime de viciação ou destruição de dados é igualmente punido a título de negligência, com pena até 1 ano ou multa até 120 dias, ou até 2 anos ou multa até 240 dias, no caso do dano ser particularmente grave.

### 3.5 Inserção de dados falsos

Previsto no artigo 50º o crime de Inserção de dados falsos consiste na inserção ou facilitação de inserção de dados pessoais falsos, com a intenção de obter vantagem indevida para o agente ou para terceiro, ou com o fim de causar prejuízo.

Tal conduta é punida com pena de prisão até 2 anos ou com pena de multa até 240 dias e agravada para o dobro nos seus limites se da inserção referida resultar um prejuízo efectivo.

### 3.6 Violação do dever de sigilo

O crime de violação do dever de sigilo ocorrerá sempre que alguém, obrigado a sigilo profissional nos termos da lei, sem justa causa e sem o devido consentimento, revelar ou divulgar no todo ou em parte dados pessoais.

A prática deste crime é punida com pena de prisão até 1 ano ou com pena de multa até 120 dias, sendo agravada nos termos do nº 2 do art. 51º para o dobro nos seus limites se o agente for trabalhador em funções públicas ou equiparado, nos termos da lei penal, for encarregado de protecção de dados, for determinado pela intenção de obter qualquer vantagem patrimonial ou outro benefício ilegítimo ou puser em perigo a reputação, a honra ou a intimidade da vida privada de terceiros.

A prática negligente deste crime é igualmente punível, fixando-se a sanção penal com pena de prisão até 6 meses ou com pena de multa até 60 dias.

### 3.7 Desobediência

O crime de desobediência (previsto no artigo 52º) estabelece que quem não cumprir as obrigações previstas no RGPD e na lei de Protecção de Dados, depois de ultrapassado o prazo que tiver sido fixado pela CNPD para o respectivo cumprimento, é punido com pena de prisão até 1 ano ou com pena de multa até 120 dias.

A referida pena é agravada para o dobro nos seus limites se, depois de notificado para o efeito, o agente não interromper, cessar ou bloquear o tratamento ilícito de dados, não proceder ao apagamento ou destruição dos dados quando legalmente exigível, ou findo o prazo de conservação fixado nos termos da presente lei; ou recusar, sem justa causa, a colaboração que lhe for exigida nos termos do artigo 8º da lei de Protecção de Dados.

## 4. Crimes da Lei das Comunicações Electrónicas (Lei 5/2004, de 10 de Fevereiro)

### 4.1 Dispositivos ilícitos

A Lei das Comunicações Electrónicas, criminaliza no seu artigo 104º (com a epigrafe de Dispositivos Ilícitos), as actividades para fins comerciais de fabrico, importação, distribuição, venda, locação ou detenção de dispositivos ilícitos (al. a) do número 1 do art. 104º) sendo crime punível com pena de prisão até 3 anos ou com pena de multa se ao caso não for aplicável pena mais grave. (nº 3 do art. 104º) sendo a tentativa punível mas dependendo o procedimento criminal de queixa.

É igualmente proibida a instalação, manutenção ou substituição, para fins comerciais, de dispositivos ilícitos *(al. b) do número 1 do art. 104º)*, a utilização de comunicações comerciais para a promoção de dispositivos ilícitos *(al. c) do número 1 do art. 104º)*, bem como aquisição, utilização, propriedade ou mera detenção, a qualquer título, de dispositivos ilícitos para fins privados do adquirente, do utilizador, do proprietário ou do detentor, bem como de terceiro *(al. d) do número 1 do art. 104º)*.

Mas, nestes últimos casos, estamos na presença de contra-ordenações graves *(conforme art. 113º nº 2 – "a prática das actividades previstas na alínea d) do nº 1 do artigo 104º")* ou muito graves *(conforme art. 113º nº 3 – "a prática das actividades previstas nas alíneas b) e c) do nº 1 do artigo 104º)"*.

Para o efeito, o próprio artigo oferece as definições de «Dispositivo ilícito» como um equipamento ou programa informático concebido ou adaptado com vista a permitir o acesso a um serviço protegido, sob forma inteligível, sem autorização do prestador do serviço *(conforme a al. a) do nº 2 do art. 104º)* «Dispositivo de acesso condicional» como um equipamento ou programa informático concebido ou adaptado com vista a permitir o acesso, sob forma inteligível, a um serviço protegido *(conforme a al. b) do nº 2 do art. 104º)* e de «Serviço protegido» qualquer serviço de programas televisivo, de rádio ou da sociedade da informação desde que prestado mediante remuneração e com base em acesso condicional ou o fornecimento de acesso condicional aos referidos serviços considerado como um serviço em si mesmo. *(conforme a al. c) do nº 2 do art. 104º)*

## 5. Processo e Preservação da Prova (Lei nº 109/2009 de 15 de Setembro)

A Lei 109/2009, de 15 de Setembro veio criar um Capítulo III relativo a disposições processuais fora do Código de Processo Penal e aplicável a crimes do elenco da Lei do Cibercrime mas também a quaisquer outros desde que cometidos por meio de um sistema informático; ou em relação aos quais seja necessário proceder à recolha de prova em suporte electrónico.

Tal como sumariado no Acórdão do Tribunal da Relação de Évora de 20-01-2015 no Processo 648/14.6GCFAR-A.E1 *"1 – O regime processual das comunicações telefónicas previsto nos artigos 187º a 190º do Código de Processo Penal deixou de ser aplicável por extensão às "telecomunicações electrónicas", "crimes informáticos" e "recolha de prova electrónica (informática)" desde a entrada em vigor da Lei 109/2009, de 15-09 (Lei do Cibercrime) como regime regra. 2 – Esse mesmo regime processual das comunicações telefónicas deixara de ser aplicável à recolha de prova por "localização celular conservada" – uma forma de "recolha de prova electrónica – desde a entrada em vigor da Lei 32/2008, de 17-07. 3 – Para a prova electrónica preservada ou conservada em sistemas informáticos existe um novo sistema processual penal, o previsto nos artigos 11º a 19º da Lei 109/2009, de 15-09, Lei do Cibercrime, coadjuvado pela Lei nº 32/2008, neste caso se estivermos face à prova por "localização celular conservada".*

A partir deste momento, rompe-se com a equiparação das mensagens SMS às cartas de correio, distinguindo entre as situações em que ainda estariam fechadas ou aquelas em que já haviam sido abertas pelo destinatário, e que agora vê tal entendimento alterado, uma vez que a leitura de mensagens guardadas num cartão de telemóvel (ou equipamento) por um agente policial sem autorização do seu dono ou do JIC passa a ser prova proibida, em nada relevando que as mesmas tivessem sido ou não abertas e lidas pelo destinatário porquanto a lei não distingue entre essas duas situações.

A preservação expedita de dados passa a ser ordenada pela autoridade judiciária competente ou órgão de polícia criminal em caso de urgência ou perigo na demora, discriminando a natureza dos dados, origem e destino se conhecidos e período de tempo pelo qual deverão ser preservados, num máximo de três meses, deixando de se aplicar o regime processual das comunicações telefónicas previsto nos artigos 187º a 190º do Código de Processo Penal por extensão às «telecomunicações electrónicas», «crimes informáticos» e «recolha de prova electrónica (informática)»., sendo que tendo em vista assegurar a preservação dos dados de tráfego relativos a uma determinada comunicação, independentemente do número de fornecedores de serviço que nela participaram, o fornecedor de serviço a quem essa preservação tenha sido ordenada indica à autoridade judiciária ou ao órgão de polícia criminal, logo que o souber, outros fornecedores de serviço através dos quais aquela comunicação tenha sido efectuada, tendo em vista permitir identificar todos os fornecedores de serviço e a via através da qual aquela comunicação foi efectuada.

No decurso do processo, se se tornar necessário à produção de prova, tendo em vista a descoberta da verdade, obter dados informáticos específicos e determinados, armazenados num determinado sistema informático, a autoridade judiciária competente ordena a quem tenha disponibilidade ou controlo desses dados que os comunique ao processo ou que permita o acesso aos mesmos, sob pena de punição por desobediência, será a injunção para apresentação ou concessão do acesso a dados, sendo igualmente possível a apreensão de dados informáticos (dados ou documentos informáticos necessários à produção de prova), quer do suporte onde está instalado o sistema ou apreensão do suporte onde estão armazenados os dados informáticos, bem como dos dispositivos necessários à respectiva leitura, quer através de realização de uma cópia dos dados, em suporte autónomo, que será junto ao processo, quer ainda através da preservação, por meios tecnológicos, da integridade dos dados, sem realização de cópia nem remoção dos mesmos ou ainda através de eliminação não reversível ou bloqueio do acesso aos dados.

Tal como supra referido, a apreensão de correio electrónico e registos de comunicações de natureza semelhante passa agora a ter tratamento específico, impondo-se que quando sejam encontrados, armazenados nesse sistema informático ou noutro a que seja permitido o acesso legítimo a partir do primeiro, o juiz possa autorizar ou ordenar, por despacho, a apreensão daqueles que se afigurem ser de grande interesse para a descoberta da verdade ou para a prova, aplicando-se correspondentemente o regime da apreensão de correspondência previsto no Código de Processo Penal, sendo igualmente admissível o recurso à intercepção de comunicações e o registo de transmissões de dados informáticos os quais apenas poderão ser autorizados durante o inquérito, se houver razões para crer que a diligência é indispensável para a descoberta da verdade ou que a prova seria, de outra forma, impossível ou muito difícil de obter, por despacho fundamentado do juiz de instrução e mediante requerimento do Ministério Público.

Passa a ser admissível o recurso às acções encobertas previstas na Lei nº 101/2001, de 25 de Agosto, nos termos aí previstos, no decurso de inquérito relativo aos crimes da lei do Cibercrime ou àqueles cometidos por meio de um sistema informático, quando lhes corresponda, em abstracto, pena de prisão de máximo superior a 5 anos ou, ainda que a pena seja inferior, e sendo dolosos, os crimes contra a liberdade e autodeterminação sexual nos casos em que os ofendidos sejam menores ou incapazes, a burla qualificada, a burla informática e nas comunicações, a discriminação racial, religiosa ou sexual, as infracções económico-financeiras, bem como os crimes consagrados no título IV do Código do Direito de Autor e dos Direitos Conexos.

A Cooperação internacional é igualmente uma das apostas para efeitos de investigações ou procedimentos respeitantes a crimes relacionados com sistemas ou dados informáticos, bem como para efeitos de recolha de prova, em suporte electrónico, de um crime, de acordo com as normas sobre transferência de dados pessoais previstas na Lei nº 67/98, de 26 de Outubro sendo criado um ponto de contacto permanente para a cooperação internacional, tendo em vista a prestação de assistência imediata para os efeitos referidos no artigo anterior, assegurado pela Polícia Judiciária, vinte e quatro horas por dia, sete dias por semana.

### 5.1 Preservação expedita de dados

Se no decurso do processo for necessário à produção de prova, tendo em vista a descoberta da verdade, obter dados informáticos específicos armazenados num sistema informático, nomeadamente dados de tráfego, em relação aos quais haja receio de que possam perder-se, alterar-se ou deixar de estar disponíveis, a autoridade judiciária competente ordena a quem tenha disponibilidade ou controlo desses dados, designadamente a fornecedor de serviço, que preserve os dados em causa.

A referida preservação pode também ser ordenada pelo órgão de polícia criminal mediante autorização da autoridade judiciária competente ou quando haja urgência ou perigo na demora, devendo aquele, neste último caso, dar notícia imediata do facto à autoridade judiciária e transmitir-lhe o relatório previsto no artigo 253º do Código de Processo Penal.

Para o efeito, a ordem de preservação discrimina, sob pena de nulidade a natureza dos dados, a sua origem e destino, se forem conhecidos e o período de tempo pelo qual deverão ser preservados, até um máximo de três meses.

Quem tenha disponibilidade ou controlo sobre esses dados, designadamente o fornecedor de serviço, em cumprimento de ordem de preservação que lhe seja dirigida, preserva de imediato os dados em causa, protegendo e conservando a sua integridade pelo tempo fixado, de modo a permitir à autoridade judiciária competente a sua obtenção, e fica obrigado a assegurar a confidencialidade da aplicação da medida processual.

Poderá a autoridade judiciária competente ordenar a renovação da medida por períodos sujeitos ao limite previsto na alínea c) do nº 3 do art. 12º (três meses), desde que se verifiquem os respectivos requisitos de admissibilidade, até ao limite máximo de um ano.

Conforme referido no citado Acórdão do Tribunal da Relação de Évora de 20-01-2015 no Processo 648/14.6GCFAR-A.E1 *"Para a prova electrónica preservada ou conservada em sistemas informáticos passa agora a haver um novo sistema processual penal, o previsto nos artigos 11º a 19º da Lei 109/2009, de 15 de Setembro, coadjuvado pela Lei nº 32/2008, neste caso se estivermos face à prova por «localização celular conservada».*

*4. Nessa Lei do Cibercrime coexistem dois regimes processuais: o regime dos artigos 11º a 17º e o regime dos artigos 18º e 19º do mesmo diploma. Sendo que o regime processual dos artigos 11º a 17º surge como o regime processual «geral» do cibercrime e da prova electrónica. Isto porquanto existe um segundo catálogo na Lei n. 109/2009, o do artigo 18º, n. 1 do mesmo diploma a que corresponde um segundo regime processual de autorização e regulação probatória. Só a este segundo regime – o dos artigos 18º e 19º – são aplicáveis por remissão expressa os artigos 187º, 188º e 190º do C.P.P. e sob condição de não contrariarem e Lei 109/2009.*

*5. As normas contidas nos artigos 12º a 17º da supramencionada Lei contêm um completo regime processual penal para os crimes que, nos termos das alíneas do n. 1 do artigo 11º, estão (a) previstos na lei nº 109/2009, (b) são ou foram cometidos por meio de um sistema informático ou (c) em relação aos quais seja necessário proceder à recolha de prova em suporte electrónico.*

*6. A diferenciação de regimes assenta na circunstância de os dados preservados nos termos dos artigos 12º a 17º se referirem à pesquisa e recolha, para prova, de dados já produzidos mas preservados, armazenados, enquanto o artigo 18º do diploma se refere à intercepção de comunicações electrónicas, em tempo real, de dados de tráfego e de conteúdo associados a comunicações específicas transmitidas através de um sistema informático.*

*7. Assim, o Capítulo III da Lei 109/2009, relativo ás disposições processuais, deve ser encarado como um «escondido Capítulo V («Da prova electrónica»), do Título III («Meios de obtenção de prova») do Livro III («Da prova») do Código de Processo Penal» (Dá Mesquita).*

*8. Tratando-se de obter prova por «localização celular conservada», isto é, a obtenção dos dados previstos no artigo 4º, n. 1 da Lei 32/2008, de 17-07, o regime processual aplicável assume especialidade nos artigos 3º e 9º desta lei."*

## 5.2 Revelação expedita de dados de tráfego

Para assegurar a preservação dos dados de tráfego relativos a uma determinada comunicação, independentemente do número de fornecedores de serviço que nela participaram, o fornecedor de serviço a quem essa preservação tenha sido ordenada nos termos do artigo anterior deverá indicar à autoridade judiciária ou ao órgão de polícia criminal, logo que o souber, a identificação do outros fornecedores de serviço através dos quais aquela comunicação haja sido efectuada, tendo em vista permitir identificar todos os fornecedores de serviço e a via através da qual aquela comunicação foi efectuada.

## 5.3 Injunção para apresentação ou concessão do acesso a dados

Prevista no art. 14º da Lei do cibercrime, se no decurso do processo se tornar necessário à produção de prova, tendo em vista a descoberta da verdade, obter dados informáticos específicos e determinados, armazenados num determinado sistema informático, a autoridade judiciária competente ordena a quem tenha disponibilidade ou controlo desses dados que os comunique ao processo ou que permita o acesso aos mesmos, sob pena de punição por desobediência.

A referida ordem deve identificar os dados em pretendidos, sendo que em cumprimento desta, quem tenha disponibilidade ou controlo desses dados comunica esses dados à autoridade judiciária competente ou permite, sob pena de punição por desobediência, o acesso ao sistema informático onde os mesmos estão armazenados.

Esta injunção para apresentação ou concessão do acesso a dados é aplicável a fornecedores de serviço, a quem pode igualmente ser ordenado que comuniquem ao processo dados relativos aos seus clientes ou assinantes, neles se incluindo qualquer informação diferente dos dados relativos ao tráfego ou ao conteúdo, contida sob a forma de dados informáticos ou sob qualquer outra forma, detida pelo fornecedor de serviços, e que permita determinar, nomeadamente, o tipo de serviço de comunicação utilizado, as medidas técnicas tomadas a esse respeito e o período de serviço, a i identidade, a morada postal ou geográfica e o número de telefone do assinante, e qualquer outro número de acesso, os dados respeitantes à facturação e ao pagamento, disponíveis com base num contrato ou acordo de serviços ou qualquer outra informação sobre a localização do equipamento de comunicação, disponível com base num contrato ou acordo de serviços.

Esta injunção não pode ser dirigida a suspeito ou arguido nesse processo nem pode igualmente fazer-se uso da injunção quanto a sistemas informáticos utilizados para o exercício da advocacia, das actividades médica e bancária e da profissão de jornalista, sendo o regime de segredo profissional ou de funcionário e de segredo de Estado previsto no artigo 182º do Código de Processo Penal é aplicável com as necessárias adaptações.

## 5.4 Pesquisa de dados informáticos

Prevê-se na Lei do Cibercrime que quando no decurso do processo se tornar necessário à produção de prova, tendo em vista a descoberta da verdade, obter dados informáticos específicos e determinados, armazenados num determinado sistema informático, a autoridade judiciária competente autoriza ou ordena por despacho que se proceda a uma pesquisa nesse sistema informático, devendo, sempre que possível, presidir à diligência.

O referido despacho terá um prazo de validade máximo de 30 dias, sob pena de nulidade.

Quanto ao órgão de polícia criminal, apenas poderá proceder à pesquisa, sem prévia autorização da autoridade judiciária, quando a mesma for voluntariamente consentida por quem tiver a disponibilidade ou controlo desses dados, desde que o consentimento prestado fique, por qualquer forma, documentado ou, em alternativa, em casos de terrorismo, criminalidade violenta ou altamente organizada, quando haja fundados indícios da prática iminente de crime que ponha em grave risco a vida ou a integridade de qualquer pessoa.

Nestas últimas condições, a realização da diligência é, sob pena de nulidade, imediatamente comunicada à autoridade judiciária competente e por esta apreciada em ordem à sua validação e em qualquer caso, é elaborado e remetido à autoridade judiciária competente o relatório previsto no artigo 253º do Código de Processo Penal.

Sempre que no decurso de pesquisa, surgirem razões para crer que os dados procurados se encontram noutro sistema informático, ou numa parte diferente do sistema pesquisado, mas que tais dados são legitimamente acessíveis a partir do sistema inicial, a pesquisa pode ser estendida mediante autorização ou ordem da autoridade competente, sendo aplicáveis, com as necessárias adaptações, as regras de execução das buscas previstas no Código de Processo Penal e no Estatuto do Jornalista.

## 5.5 Apreensão de dados informáticos

Prevista no artigo 16º, a apreensão de dados informáticos poderá ocorrer sempre que, no decurso de uma pesquisa informática ou de outro acesso legítimo a um sistema informático, forem encontrados dados ou documentos informáticos necessários à produção de prova, tendo em vista a descoberta da verdade, e a autoridade judiciária competente autorize ou ordene por despacho a respectiva apreensão.

Poderá, igualmente, o órgão de polícia criminal efectuar apreensões, sem prévia autorização da autoridade judiciária, no decurso de pesquisa informática legitimamente ordenada e executada nos termos do artigo anterior, bem como quando haja urgência ou perigo na demora.

Sempre que sejam apreendidos dados ou documentos informáticos cujo conteúdo seja susceptível de revelar dados pessoais ou íntimos, que possam pôr em causa a privacidade do respectivo titular ou de terceiro, sob pena de nulidade esses dados ou documentos são apresentados ao juiz, que ponderará a sua junção aos autos tendo em conta os interesses do caso concreto, sendo que as apreensões efectuadas por órgão de polícia criminal são sempre sujeitas a validação pela autoridade judiciária, no prazo máximo de 72 horas.

Em caso de apreensões relativas a sistemas informáticos utilizados para o exercício da advocacia e das actividades médica e bancária, estas estarão sujeitas, com as necessárias adaptações, às regras e formalidades previstas no Código de Processo Penal assim como as apreensões relativas a sistemas informáticos utilizados para o exercício da profissão de jornalista seguirão, com as necessárias adaptações, as regras e formalidades previstas no Estatuto do Jornalista.

Também neste caso, o regime de segredo profissional ou de funcionário e de segredo de Estado previsto no artigo 182º do Código de Processo Penal será aplicável com as necessárias adaptações.

Em qualquer das situações, a apreensão de dados informáticos, consoante seja mais adequado e proporcional, tendo em conta os interesses do caso concreto, pode, nomeadamente, consistir na apreensão do suporte onde está instalado o sistema ou apreensão do suporte onde estão armazenados os dados informáticos, bem como dos dispositivos necessários à respectiva leitura, na realização de uma cópia dos dados, em suporte autónomo, que será junto ao processo, na preservação, por meios tecnológicos, da integridade dos dados, sem realização de cópia nem remoção dos mesmos ou na eliminação não reversível ou bloqueio do acesso aos dados.

Se se optar pela apreensão do suporte onde estão armazenados os dados informáticos, bem como dos dispositivos necessários à respectiva leitura, a cópia é efectuada em duplicado, sendo uma das cópias selada e confiada ao secretário judicial dos serviços onde o processo correr os seus termos e, se tal for tecnicamente possível, os dados apreendidos são certificados por meio de assinatura digital.

### 5.6 Apreensão de correio electrónico e registos de comunicações de natureza semelhante

Encontramos no artigo 17º da Lei do Cibercrime o regime de apreensão de correio electrónico e registos de comunicações de natureza semelhante. Nos termos deste preceito, se no decurso de uma pesquisa informática ou outro acesso legítimo a um sistema informático, forem encontrados, armazenados nesse sistema informático ou noutro a que seja permitido o acesso legítimo a partir do primeiro, mensagens de correio electrónico ou registos de comunicações de natureza semelhante, o juiz pode autorizar ou ordenar, por despacho, a apreensão daqueles que se afigurem ser de grande interesse para a descoberta da verdade ou para a prova, aplicando-se correspondentemente o regime da apreensão de correspondência previsto no Código de Processo Penal.

### 5.7 Intercepção de comunicações

Para a Lei do Cibercrime será admissível o recurso à intercepção de comunicações em processos relativos a crimes ali previstos ou cometidos por meio de um sistema informático ou em relação aos quais seja necessário proceder à recolha de prova em suporte electrónico, quando tais crimes se encontrem previstos no artigo 187º do Código de Processo Penal.

A referida intercepção e o registo de transmissões de dados informáticos só poderá ser autorizados durante o inquérito, se houver razões para crer que a diligência é indispensável para a descoberta da verdade ou que a prova seria, de outra forma, impossível ou muito difícil de obter, por despacho fundamentado do juiz de instrução e mediante requerimento do Ministério Público.

Sendo certo que a intercepção poderá destinar-se ao registo de dados relativos ao conteúdo das comunicações ou, por exemplo, visar apenas a recolha e registo de dados de tráfego, devendo por esse motivo o despacho referido no número anterior especificar o respectivo âmbito, de acordo com as necessidades concretas da investigação.

Mas o artigo 18º nº4 da Lei do Cibercrime prevê que à intercepção e registo de transmissões de dados informáticos seja aplicável o regime da intercepção e gravação de conversações ou comunicações telefónicas constante dos artigos 187º, 188º e 190º do Código de Processo Penal.

### 5.8 Acções encobertas

Prevê-se a admissibilidade do recurso a acções encobertas previstas na Lei nº 101/2001, de 25 de Agosto, nos termos aí previstos, no decurso de inquérito relativo aos seguintes crimes previstos na Lei do Cibercrime, ou àqueles que sejam cometidos por meio de um sistema informático, quando lhes corresponda, em abstracto, pena de prisão de máximo superior a 5 anos ou, ainda que a pena seja inferior, e sendo dolosos, os crimes contra a liberdade e autodeterminação sexual nos casos em que os ofendidos sejam menores ou incapazes, a burla qualificada, a burla informática e nas comunicações, a discriminação racial, religiosa ou sexual, as infracções económico-financeiras, bem como os crimes consagrados no título IV do Código do Direito de Autor e dos Direitos Conexos.

Nestes casos, e sendo necessário o recurso a meios e dispositivos informáticos observam-se, naquilo que for aplicável, as regras previstas para a intercepção de comunicações.

### 5.9 Cooperação internacional

Do ponto de vista da cooperação internacional, a Lei do Cibercrime estabelece que as autoridades nacionais competentes cooperam com as autoridades estrangeiras competentes para efeitos de investigações ou procedimentos respeitantes a crimes relacionados com sistemas ou dados informáticos, bem como para efeitos de recolha de prova, em suporte electrónico, de um crime, de acordo com as normas sobre transferência de dados pessoais previstas na Lei nº 67/98, de 26 de Outubro.

Para o efeito, é criado um ponto de contacto permanente para a cooperação internacional, tendo em vista a prestação de assistência imediata, sendo que para o efeito a Polícia Judiciária assegura a manutenção de uma estrutura que garante um ponto de contacto disponível em permanência, vinte e quatro horas por dia, sete dias por semana.

Este ponto de contacto pode ser contactado por outros pontos de contacto, nos termos de acordos, tratados ou convenções a que Portugal se encontre vinculado, ou em cumprimento de protocolos de cooperação internacional com organismos judiciários ou policiais e a sua assistência inclui a prestação de aconselhamento técnico a outros pontos de contacto, a preservação expedita de dados nos casos de urgência ou perigo na demora, em conformidade com o disposto no artigo seguinte, a recolha de prova para a qual seja competente nos casos de urgência ou perigo na demora, a localização de suspeitos e a prestação de informações de carácter jurídico, nos casos de urgência ou perigo na demora, a transmissão imediata ao Ministério Público de pedidos relativos às medidas referidas fora dos casos aí previstos, tendo em vista a sua rápida execução.

Sempre que requerida, poderá ocorrer a preservação e revelação expeditas de dados informáticos em cooperação internacional, relativos a crimes previstos no artigo 11º, com vista à apresentação de um pedido de auxílio judiciário para fins de pesquisa, apreensão e divulgação dos mesmos devendo, para o efeito, a solicitação especificar a autoridade que pede a preservação, a infracção que é objecto de investigação ou procedimento criminal, bem como uma breve exposição dos factos relacionados, os dados informáticos a conservar e a sua relação com a infracção, todas as informações disponíveis que permitam identificar o responsável pelos dados informáticos ou a localização do sistema informático, a necessidade da medida de preservação e a intenção de apresentação de um pedido de auxílio judiciário para fins de pesquisa, apreensão e divulgação dos dados.

Na execução de qualquer solicitação de autoridade estrangeira competente, a autoridade judiciária competente ordena a quem tenha disponibilidade ou controlo desses dados, designadamente a fornecedor de serviço, que os preserve, preservação essa que também pode ser ordenada pela Polícia Judiciária mediante autorização da autoridade judiciária competente ou quando haja urgência ou perigo na demora, sendo aplicável, neste último caso, o disposto no nº 4 do artigo 21, devendo a ordem de preservação especificar, sob pena de nulidade, a natureza dos dados, se forem conhecidos, a origem e o destino dos mesmos; e o período de tempo pelo qual os dados devem ser preservados, até um máximo de três meses.

Quem tenha disponibilidade ou controlo desses dados, designadamente o fornecedor de serviço, e em cumprimento de ordem de preservação que lhe seja dirigida, preserva de imediato os dados em causa pelo período de tempo especificado, protegendo e conservando a sua integridade até ao prazo máximo de um ano.

A solicitação de preservação ou revelação expeditas de dados informáticos apenas poderá ser recusada quando os dados informáticos em causa respeitarem a infracção de natureza política ou infracção conexa segundo as concepções do direito português, atentar contra a soberania, segurança, ordem pública ou outros interesses da República Portuguesa, constitucionalmente definidos ou o Estado terceiro requisitante não ofereça garantias adequadas de protecção dos dados pessoais.

A referida solicitação de preservação expedita de dados informáticos poderá ainda ser recusada quando houver fundadas razões para crer que a execução de pedido de auxílio judiciário subsequente para fins de pesquisa, apreensão e divulgação de tais dados será recusado por ausência de verificação do requisito da dupla incriminação.

Na execução de pedido de autoridade estrangeira competente, a autoridade judiciária competente pode proceder à pesquisa, apreensão e divulgação de dados informáticos armazenados em sistema informático localizado em Portugal, relativos a crimes previstos no artigo 11º, quando se trata de situação em que a pesquisa e apreensão são admissíveis em caso nacional semelhante.

Nessas situações, cabe à autoridade judiciária competente proceder com a maior rapidez possível quando existam razões para crer que os dados informáticos em causa são especialmente vulneráveis à perda ou modificação ou quando a cooperação rápida se encontre prevista em instrumento internacional aplicável.

As autoridades estrangeiras competentes, sem necessidade de pedido prévio às autoridades portuguesas, de acordo com as normas sobre transferência de dados pessoais previstas na Lei nº 67/98, de 26 de Outubro, podem ainda aceder a dados informáticos armazenados em sistema informático localizado em Portugal, quando publicamente disponíveis e receber ou aceder, através de sistema informático localizado no seu território, a dados informáticos armazenados em Portugal, mediante consentimento legal e voluntário de pessoa legalmente autorizada a divulgá-los.

Será igualmente possível, em execução de pedido da autoridade estrangeira competente, ser autorizada pelo juiz a intercepção de transmissões de dados informáticos realizadas por via de um sistema informático localizado em Portugal, desde que tal esteja previsto em acordo, tratado ou convenção internacional e se trate de situação em que tal intercepção seja admissível, nos termos do artigo 18º, em caso nacional semelhante.

Nesses casos será competente para a recepção dos pedidos de intercepção a Polícia Judiciária, que os apresentará ao Ministério Público, para que os apresente ao juiz de instrução criminal da comarca de Lisboa para autorização, sendo que o despacho de autorização referido permite também a transmissão imediata da comunicação para o Estado requerente, se tal procedimento estiver previsto no acordo, tratado ou convenção internacional com base no qual é feito o pedido.

Qualquer um destes procedimentos será igualmente aplicável a pedidos formulados pelas autoridades judiciárias portuguesas.

## 6. Base de dados de ADN

A Lei nº 5/2008, de 12 de Fevereiro veio aprovar a criação de uma base de dados de perfis de ADN para fins de identificação civil e criminal, estabelecendo os princípios de criação e manutenção de uma base de dados de perfis de ADN, para fins de identificação civil e de investigação criminal, regulando, para o efeito, a recolha, tratamento e conservação de amostras de células humanas, a respectiva análise e obtenção de perfis de ADN e a metodologia de comparação de perfis de ADN extraídos das amostras, bem como o tratamento e conservação da respectiva informação em ficheiro informático.

A base de dados de perfis de ADN contém o perfil de cidadãos nacionais, estrangeiros ou apátridas que se encontrem ou residam em Portugal, sendo preenchida faseada e gradualmente sendo que as análises de ADN visam exclusivamente finalidades de identificação civil e de investigação criminal.

As finalidades de identificação civil serão prosseguidas através da comparação de perfis de ADN relativos a amostras de material biológico colhido em pessoa, em cadáver, em parte de cadáver ou em local onde se proceda a recolhas com aquelas finalidades, bem como a comparação daqueles perfis com os existentes na base de dados de perfis de ADN, com as limitações previstas nos artigos 19º e 19º-A sendo que as finalidades de investigação criminal são prosseguidas através da comparação de perfis de ADN relativas a amostras de material biológico colhidas em locais de crimes e em pessoas que, directa ou indirectamente, a eles possam estar associadas, com os perfis de ADN existentes na base de dados de perfis de ADN, com vista à identificação dos respectivos agentes, sem prejuízo das limitações previstas nos artigos 19º e 19º-A.

É admitida a recolha de amostras em voluntários, sendo que a base de dados de perfis de ADN prevista no nº 1 do artigo 3º é construída, de modo faseado e gradual, a partir da recolha de amostras em voluntários, para o que devem prestar o seu consentimento livre, informado e escrito devendo o interessado endereçar, por escrito, o seu pedido de recolha de amostras às entidades competentes para a análise laboratorial, as quais, após a obtenção do perfil de ADN, o devem remeter ao INMLCF, I. P., para que seja inserido no ficheiro previsto na alínea a) do nº 1 do artigo 15º.

Será admitida a recolha de amostra em menor ou incapaz para fins de identificação civil, mediante pedido do seu representante legal previamente autorizado pelo Ministério Público nos termos da alínea b) do nº 1 do artigo 2º do Decreto-Lei nº 272/2001, de 13 de Outubro, alterado pelo Decreto-Lei nº 324/2007, de 28 de Setembro, pela Lei nº 61/2008, de 31 de Outubro, e pelo Decreto-Lei nº 122/2013, de 26 de Agosto e estando os voluntários isentos do pagamento de custos com a obtenção de perfil de ADN referida no nº 2, excepto se, aquando da recolha da amostra respectiva, declararem não autorizar o cruzamento do seu perfil para efeitos de investigação criminal.

A recolha de amostras com finalidades de identificação civil é admitida nomeadamente em pessoa não identificada, em cadáver, em parte de cadáver, em animal, em coisa ou em local onde se proceda a recolhas, com finalidades de identificação civil, pelas autoridades competentes nos termos da legislação aplicável.

A recolha de amostras em pessoas para fins de identificação civil, designadamente em parentes de pessoas desaparecidas, carece de consentimento livre, informado e escrito.

Com finalidades de investigação criminal, a recolha de amostra (em arguido em processo criminal pendente por exemplo), com vista à interconexão é realizada a pedido ou com consentimento do arguido ou ordenada, oficiosamente ou a requerimento escrito, por despacho do juiz, que pondera a necessidade da sua realização, tendo em conta o direito à integridade pessoal e à reserva da intimidade do visado.

A recolha de amostra em arguido condenado por crime doloso com pena concreta de prisão igual ou superior a 3 anos, ainda que esta tenha sido substituída, com a consequente inserção do respectivo perfil de ADN na base de dados, é sempre ordenada na sentença.

Os perfis de ADN resultantes da análise das amostras, bem como os correspondentes dados pessoais, são introduzidos e conservados em ficheiros de dados de perfis de ADN e ficheiros de dados pessoais, sendo para o efeito, criada uma base de dados de perfis de ADN, para fins de identificação, constituída por um ficheiro contendo a informação relativa a amostras de voluntários, um ficheiro contendo a informação relativa a «amostras problema», um ficheiro contendo a informação relativa a «amostras referência» de pessoas desaparecidas ou amostras dos seus parentes, um ficheiro contendo a informação relativa a «amostras problema» para investigação criminal, um ficheiro contendo a informação relativa a amostras de pessoas condenadas em processo criminal, um ficheiro contendo a informação relativa a amostras dos profissionais que procedem à recolha e análise das amostras e um ficheiro destinado a guardar provisoriamente a informação relativa a perfis de arguidos em processo criminal, em que seja aplicável pena igual ou superior a 3 anos de prisão, os quais não podem ser considerados para efeitos de interconexão fora dos casos previstos no artigo 19º-A.

Estabelece-se que o sistema deve garantir que os perfis de ADN e os dados pessoais correspondentes sejam armazenados em ficheiros separados lógica e fisicamente, manipulados por utilizadores distintos, mediante acessos restritos, codificados e identificactivos dos utilizadores sendo vedada a inclusão de qualquer elemento identificativo do titular dos dados no ficheiro de perfis de ADN, bem como qualquer tipo de pesquisa nominal.

A entidade responsável pela base de dados é o INMLCF, I. P., bem como pelas operações que lhe sejam aplicáveis, tendo a base de dados de perfis de ADN tem sede nas instalações do INMLCF, I. P., em Coimbra.

## 7. Convenção sobre o Cibercrime, adoptada em Budapeste em 23 de Novembro de 2001

Aprovada pela resolução da Assembleia da República nº 88/2009, de 15 de Setembro, a Convenção sobre o Cibercrime, adoptada em Budapeste em 23 de Novembro de 2001 foi ratificada por Portugal com a formulação de reserva quanto ao nº 5 do art. 24º relativo à extradição.

No texto que consta do art. 2º da resolução, consta que «Portugal não concederá a extradição de pessoas que devam ser julgadas por um tribunal de excepção ou cumprir uma pena decretada por um tribunal dessa natureza (nos termos da al. a)), quando se prove que são sujeitas a processo que não oferece garantias jurídicas de um procedimento penal que respeite as condições internacionalmente reconhecidas como indispensáveis à salvaguarda dos direitos do homem, ou que cumprirem a pena em condições desumanas (conforme al. b)) nem quando reclamadas por infracção a que corresponda pena ou medida de segurança com carácter perpétuo. (assim al. c)).

Mais consta que Portugal só admitirá a extradição por crime punível com pena privativa da liberdade superior a um ano, sem que conceda a extradição de cidadãos portugueses nem aceitando que haja extradição em Portugal por crimes a que corresponda pena de morte segundo a lei do Estado requerente, fixando-se que só autorizará o trânsito em território nacional de pessoa que se encontre nas condições em que a sua extradição possa ser concedida.»

A Convenção sobre o Cibercrime surge da necessidade de prosseguir, com carácter prioritário, uma política criminal comum, com o objectivo de proteger a sociedade do cibercrime, nomeadamente através da adopção de legislação adequada e do fomento da cooperação internacional tendo em conta as profundas mudanças provocadas pela digitalização, pela convergência e pela globalização permanente das redes informáticas e o facto de as redes informáticas e da informação electrónica também poderem ser utilizadas para cometer infracções penais e das provas dessas infracções poderem ser armazenadas e transmitidas através dessas redes.

A nível nacional, do ponto de vista do Direito Penal, decidiu-se que cada Parte contratante deveria adoptar medidas legislativas para classificar como infracção penal determinadas acções.

Assim, relativamente à confidencialidade, integridade e disponibilidade de dados e sistemas informáticos, previu-se no artº 2º da Convenção, o crime de Acesso ilícito, a Intercepção ilícita (art. 3º), o Dano Provocado nos Dados (art. 4º), Sabotagem informática (art. 5º) ou a Utilização indevida de dispositivos (art. 6º).

Mas a Convenção previu igualmente no seu Título 2, que as partes legislassem sobre Infracções relacionadas com computadores, nomeadamente sobre Falsificação informática (art. 7º) e Burla informática (art. 8º).

Foi igualmente decidida a adopção de medidas legislativas relativamente a Infracções relacionadas com o conteúdo (Título 3), nomeadamente quanto a Infracções relativas à pornografia infantil (art. 9º), segundo o qual cada Parte deveria adoptar as medidas legislativas e outras que se revelassem necessárias para classificar como infracções penais nos termos do seu direito interno, quando praticadas de forma intencional e ilegítima, a produção de pornografia infantil com o propósito de a divulgar através um sistema informático, oferta ou disponibilização de pornografia infantil através de um sistema informático, difusão ou transmissão de pornografia infantil através de um sistema informático, obtenção para si ou para outra pessoa de pornografia infantil através de um sistema informático ou posse de pornografia infantil num sistema informático ou num dispositivo de armazenamento de dados informáticos.

No Título 4, foram abordadas as infracções respeitantes a violações do direito de autor e direitos conexos, prevendo-se a adopção de medidas para classificar como infracções penais respeitantes a violações do direito de autor e dos direitos conexos (art. 10º da Convenção), as violações do direito de autor, tal como estas se encontram definidas na lei com base nas obrigações que cada País assumiu ao abrigo da Convenção de Berna para a Protecção das Obras Literárias e Artísticas, revista pelo Acto de Paris de 24 de Julho de 1971, do Acordo sobre os Aspectos dos Direitos de Propriedade Intelectual Relacionados com o Comércio e do Tratado da OMPI sobre o Direito de Autor, com excepção de quaisquer direitos morais reconhecidos por essas Convenções, quando tais actos são praticados de forma intencional, para fins comerciais e por meio de um sistema informático, assim como as violações dos direitos conexo.

Quanto a outras formas de responsabilidade e sanções, prevê-se a necessidade de adopção de medidas quanto à tentativa, auxílio ou instigação bem como quanto à responsabilidade das pessoas colectivas, nomeadamente, prevendo que estas possam ser consideradas responsáveis pelas infracções penais previstas na Convenção, cometidas em seu benefício por qualquer pessoa singular, agindo individualmente ou enquanto membro de um órgão da pessoa colectiva, que nelas ocupem uma posição de liderança, com base nos poderes de representação conferidos pela pessoa colectiva, na autoridade para tomar decisões em nome da pessoa colectiva ou na autoridade para exercer o controlo no seio da pessoa colectiva.

Do ponto de vista processual, encontramos na Secção 2 da Convenção um conjunto de medidas propostas para instituir os poderes e os procedimentos para efeitos de investigação ou de procedimento criminal específicos determinando-se que tais poderes e os procedimentos serão de aplicar, quer às infracções penais previstas nos artigos 2º a 11º da Convenção, quer a outras infracções penais cometidas por meio de um sistema informático; e bem assim à obtenção de prova electrónica da prática de qualquer infracção penal.

Surge assim na Convenção a primeira menção à conservação expedita de dados informáticos armazenados (art. 16º) e conservação expedita e divulgação parcial de dados de tráfego (art. 17º), nomeadamente para assegurar a conservação expedita dos dados de tráfego quer tenha sido um, quer tenham sido vários os prestadores de serviço envolvidos na transmissão dessa comunicação bem como para assegurar que um volume suficiente de dados de tráfego seja de imediato transmitido à autoridade competente da Parte ou a qualquer pessoa designada por essa autoridade, para permitir que a Parte identifique os prestadores de serviços e o trajecto da comunicação.

Surge definido no Título 3 a Injunção de comunicar (art. 18º), que consiste no poder às autoridades competentes de determinado País para ordenarem a uma pessoa que se encontre no seu território que disponibilize os dados informáticos específicos que estejam na sua posse ou sob o seu controlo e que estão armazenados num sistema informático ou num dispositivo de armazenamento de dados informáticos; e a um prestador de serviços que preste os seus serviços no território da Parte que disponibilize os dados dos assinantes relacionados com esses serviços que estejam na sua posse ou sob o seu controlo.

Quanto a Busca e apreensão de dados informáticos armazenados (art. 19º), estipula-se na Convenção de Budapeste que cada Parte deverá adoptar as medidas legislativas e outras que se revelem necessárias para habilitar as suas autoridades competentes a efectuar buscas ou de outro modo aceder a um sistema informático, ou a parte do mesmo, bem como aos dados informáticos nele armazenados; e a um suporte informático de dados que permita armazenar dados informáticos no seu território.

Nesse sentido, deverão ser adoptadas as medidas legislativas e outras que se revelem necessárias para assegurar que, sempre que as suas autoridades efectuem buscas ou de outro modo acedam a um determinado sistema informático ou a parte dele e caso existam motivos para crer que os dados procurados estão armazenados noutro sistema informático ou em parte dele, situado no seu território, e que é possível aceder legalmente a esses dados ou que eles estão disponíveis através do primeiro sistema, as autoridades são capazes de rapidamente alargar a busca ou o acesso equivalente ao outro sistema, assegurando o poder de apreender ou de outro modo reter um sistema informático ou parte do mesmo, ou um suporte informático de dados, efectuar e reter uma cópia desses dados informáticos, preservar a integridade dos dados informáticos pertinentes armazenados ou tornar esses dados informáticos inacessíveis ou retirá-los do sistema informático acedido.

Passa igualmente a prever-se a possibilidade de recolha, em tempo real, de dados de tráfego, prevendo-se que deverão ser adoptadas as medidas legislativas e outras que se revelem necessárias para habilitar as suas autoridades competentes a recolher ou registar, através da aplicação dos meios técnicos existentes no seu território e obrigar um prestador de serviços, no âmbito da sua capacidade técnica, a recolher ou registar, através da aplicação dos meios técnicos existentes no seu território ou cooperar com as autoridades competentes e a dar-lhes assistência na recolha ou no registo em tempo real, dos dados de tráfego associados a comunicações específicas transmitidas no seu território através de um sistema informático.

A intercepção de dados de conteúdo (art. 21º) é igualmente prevista no sentido de que cada País deverá adoptar as medidas legislativas e outras que se revelem necessárias para habilitar as suas autoridades competentes, relativamente a um conjunto de infracções graves a definir no âmbito do seu direito interno, a recolher ou registar, através da aplicação dos meios técnicos existentes no seu território, obrigar um prestador de serviços, no âmbito da sua capacidade técnica, a recolher ou registar, através da aplicação dos meios técnicos existentes no seu território ou a cooperar com as autoridades competentes e a dar-lhes assistência na recolha ou no registo em tempo real, dos dados de conteúdo de comunicações específicas feitas no seu território, transmitidas através de um sistema informático.

A jurisdição, tratada na Secção 3 (art. 22º), prevê que deverão ser adoptadas as medidas legislativas e outras que se revelem necessárias para estabelecer a sua competência relativamente à prática de qualquer infracção penal prevista nos artigos 2º a 11º da presente Convenção, sempre que a infracção seja cometida no seu território, a bordo de um navio arvorando o pavilhão dessa Parte, a bordo de uma aeronave registada nos termos das leis dessa Parte ou por um dos seus nacionais, se a infracção for punível nos termos do direito penal vigente no local onde foi praticada, ou se for cometida em local que não se encontra sob a jurisdição territorial de qualquer Estado.

Do ponto de vista da cooperação internacional, determina-se que as Partes contratantes deverão cooperar o mais possível entre si para efeitos de investigação ou de procedimento relativos a infracções penais relacionadas com sistemas e dados informáticos, ou para recolha de provas sob a forma electrónica de uma infracção penal, em conformidade com o disposto no presente capítulo, em aplicação dos instrumentos internacionais pertinentes sobre cooperação internacional em matéria penal, de acordos celebrados com base em legislação uniforme ou recíproca e dos respectivos Direitos internos, prevendo-se igualmente princípios gerais relativos ao auxílio judiciário mútuo, nomeadamente para efeitos de investigação ou de procedimento relativos a infracções penais relacionadas com sistemas e dados informáticos, ou para efeitos de recolha de provas sob a forma electrónica de uma infracção penal.

É igualmente previsto o auxílio mútuo em matéria de medidas cautelares, nomeadamente para efeitos de conservação expedita de dados informáticos armazenados (art. 29º) passando a ser possível a determinado País contratante solicitar a outra Parte que ordene ou, de outro modo, imponha a conservação expedita de dados armazenados através de um sistema informático situado no território dessa outra Parte, e relativamente aos quais a Parte requerente pretende efectuar um pedido de auxílio mútuo tendo em vista a busca ou outro acesso semelhante, a apreensão ou outro tipo de retenção semelhante, ou a divulgação dos dados.

Surge igualmente prevista a criação de uma Rede 24/7, através da designação de um ponto de contacto que deverá estar disponível vinte e quatro horas por dia, sete dias por semana, a fim de assegurar de imediato a prestação de auxílio nas investigações e nos procedimentos relativos a infracções penais relacionadas com sistemas informáticos, ou na recolha de provas sob a forma electrónica, da prática de infracções penais. Esse auxílio deverá compreender a facilitação ou, se o direito e a prática internos o permitirem, a execução directa de medidas de aconselhamento técnico, conservação de dados em conformidade com os artigos 29º e 30º da Convenção, recolha de provas e prestação de informações de natureza jurídica e localização de suspeitos.

### 7.1 Protocolo adicional à Convenção sobre o Cibercrime (actos de natureza racista e xenófoba praticados através de sistemas informáticos)

A Resolução nº 91/2009, de 15 de Setembro veio aprova o Protocolo Adicional à Convenção sobre o Cibercrime Relativo à Incriminação de Actos de Natureza Racista e Xenófoba Praticados através de Sistemas Informáticos, adoptado em Estrasburgo em 28 de Janeiro de 2003.

Na génese do referido protocolo adicional foi tido em consideração que os actos de natureza racista e xenófoba constituem uma violação dos direitos humanos e uma ameaça ao Estado de Direito e à estabilidade democrática sendo imprescindível que ordenamentos jurídicos nacionais e o direito internacional dispusessem de respostas jurídicas adequadas à propaganda de natureza racista e xenófoba através de sistemas informáticos, pelo que tendo em consideração que na Convenção sobre o Cibercrime, se previam já meios modernos e flexíveis de cooperação internacional e impunha-se a harmonização das disposições do direito substantivo relativas à luta contra a propaganda de natureza racista e xenófoba, tendo em conta a oferta de meios sem precedentes de liberdade de expressão e comunicação a nível planetário dos sistemas informáticos e o risco de uso indevido ou de abuso de tais sistemas informáticos para efeitos de difusão de propaganda de natureza racista e xenófoba.

Assim, o referido Protocolo apresentou como objectivo a complementaridade das disposições constantes da Convenção sobre o Cibercrime, aberta à assinatura em Budapeste, a 23 de Novembro de 2001, relativamente à incriminação de actos de natureza racista e xenófoba praticados através de sistemas informáticos.

Para efeitos do Protocolo Adicional, definiu-se "material racista e xenófobo" como "*qualquer material escrito, imagem ou outra representação de ideias e teorias que preconize ou encoraje o ódio, a discriminação ou a violência contra qualquer pessoa ou grupo de pessoas, em função da sua raça, cor, ascendência ou origem nacional ou étnica, ou ainda da sua religião na medida em que esta sirva de pretexto a qualquer um dos outros elementos ou incite à prática de tais actos.*"

Estabeleceu-se no art. 3º (Difusão de material racista e xenófobo através de sistemas informáticos) do Protocolo Adicional que cada País deveria adoptar as medidas legislativas e outras que se revelassem necessárias para tipificar, no seu direito interno, como infracções penais, quando cometidas de forma intencional, as condutas de difusão ou outras formas de colocação à disposição do público, através de um sistema informático, de material racista e xenófobo.

Por outro lado, sinaliza-se a necessidade de combater ameaça com motivação racista e xenófoba, prevendo-se a adopção de medidas legislativas e outras que se revelem necessárias para tipificar, no seu direito interno, como infracção penal, quando praticada intencional e ilegitimamente, a ameaça, através de um sistema informático, de cometer um crime grave conforme definido pelo ordenamento jurídico interno contra (i) uma pessoa por pertencer a um grupo que se caracterize pela sua raça, cor, ascendência ou origem nacional ou étnica, ou, ainda, pela sua religião, na medida em que esta sirva de pretexto a qualquer um dos outros elementos; (ii) um grupo de pessoas que se distinga por qualquer uma das referidas características.

Também o insulto com motivação racista e xenófoba deve ser combatido, pelo que se define no art. 5º do protocolo adicional que devem ser adoptadas medidas legislativas e outras que se revelem necessárias para tipificar, no seu direito interno, como infracção penal, quando praticada intencional e ilegitimamente, o insulto público, através de um sistema informático, (i) dirigido a uma pessoa por pertencer a um grupo que se caracterize pela sua raça, cor, ascendência ou origem nacional ou étnica, ou, ainda pela sua religião, na medida em que esta sirva de pretexto a qualquer um dos outros elementos; (ii) dirigido a um grupo de pessoas que se distinga por qualquer uma das referidas características.

A negação, minimização grosseira, aprovação ou justificação do genocídio ou dos crimes contra a humanidade são igualmente incluídas no catálogo de infracções penais, quando praticadas intencional e ilegitimamente, prevendo-se a tipificação de tais crimes em caso de difusão ou de outras formas de colocação à disposição do público, através de um sistema informático, de material que negue, minimize de forma grosseira, aprove ou justifique actos constitutivos de genocídio ou de crimes contra a humanidade, conforme definidos pelo direito internacional e reconhecidos como tal por uma decisão definitiva emanada do Tribunal Militar Internacional estabelecido pelo Acordo de Londres, de 8 de Agosto de 1945, ou de qualquer outro tribunal internacional estabelecido por instrumentos internacionais pertinentes e cuja competência tenha sido reconhecida pela Parte interessada.

O artigo 7º do Protocolo Adicional (relativo ao auxílio e cumplicidade) prevê que deverão ser adoptadas as medidas necessárias para tipificar como infracção penal, quando praticado intencional e ilegitimamente, o acto de auxiliar na prática de um crime conforme definido no presente Protocolo, ou de agir como cúmplice em tal prática, visando a prática efectiva de tal infracção.

### 7.2 Segundo Protocolo Adicional à Convenção do Conselho da Europa sobre o Cibercrime (Negociações)

A 5 de Fevereiro de 2019, a Comissão Europeia publicou a recomendação de decisão do Conselho que autorizou a participação nas negociações respeitantes ao Segundo Protocolo Adicional à Convenção do Conselho da Europa sobre o Cibercrime (STCE-185)

Tal como referido na exposição de motivos, "*embora a evolução das tecnologias da informação e da comunicação abra oportunidades sem precedentes à humanidade, também coloca desafios, nomeadamente a nível da justiça penal e, consequentemente, do Estado de direito no ciberespaço. Enquanto a cibercriminalidade e outros crimes que originam provas electrónicas nos sistemas informáticos prosperam, e enquanto as provas relacionadas com estes crimes são cada vez mais armazenadas em servidores situados em jurisdições estrangeiras, múltiplas, móveis ou desconhecidas, ou seja, na nuvem, as competências das autoridades de aplicação da lei continuam a estar limitadas por fronteiras territoriais.*"

A Convenção do Conselho da Europa sobre o Cibercrime (STCE-185) visou facilitar a luta contra as infracções penais em que são utilizadas redes informáticas sendo que o seu artigo 46º, nº 1, alínea c), da Convenção estabelece que as Partes devem, se for caso disso, consultar-se periodicamente a fim de facilitar a avaliação da possibilidade de completar ou alterar a Convenção.

Ora os vários Países contratantes têm vindo a examinar desde há já algum tempo os desafios e obstáculos ao acesso, por parte das autoridades judiciárias e policiais nacionais, às provas electrónicas de crimes objecto de uma investigação penal sob a forma de dados informáticos, mais precisamente de 2012 a 2014, através de um grupo de trabalho sobre o acesso transfronteiras aos dados, e de 2015 a 2017, através do Grupo «Provas na Nuvem».

E, precisamente na sequência das propostas apresentadas pelo Grupo «Provas na Nuvem», o Comité da Convenção sobre o Cibercrime (T-CY) adoptou várias recomendações, nomeadamente sobre a negociação de um Segundo Protocolo Adicional à Convenção sobre o Cibercrime relativo ao reforço da cooperação internacional (a seguir designado «Segundo Protocolo Adicional») e, em Junho de 2017, o Comité da Convenção sobre o Cibercrime aprovou o mandato para a elaboração do Segundo Protocolo Adicional durante o período compreendido entre Setembro de 2017 e Dezembro de 2019.

O Segundo Protocolo Adicional poderá incluir disposições para tornar o auxílio judiciário mútuo mais eficaz, em especial um regime simplificado para os pedidos de auxílio judiciário mútuo destinados a obter informações relativas a assinantes, ordens internacionais de entrega de provas, cooperação directa entre as autoridades judiciárias no âmbito dos pedidos de auxílio judiciário mútuo, investigações conjuntas e equipas de investigação conjuntas, pedidos apresentados em inglês, audição de testemunhas, vítimas e peritos através de áudio/vídeo, procedimentos de emergência no âmbito do auxílio judiciário mútuo, disposições que permitam a cooperação directa com os prestadores de serviços noutras jurisdições no que diz respeito aos pedidos de informações relativas a assinantes, aos pedidos de conservação de dados e aos pedidos de emergência, um quadro mais claro e garantias mais sólidas para as práticas existentes em matéria de acesso transfronteiras aos dados, garantias, incluindo requisitos em matéria de protecção de dados.

De acordo com os considerandos da recomendação, as negociações das várias disposições do Segundo Protocolo Adicional estão a avançar a ritmos diferentes, sendo que a situação actual nos grupos de trabalho sobre as quatro principais vertentes dos trabalhos definidos no mandato trata das disposições sobre as «Línguas dos pedidos» e a «Assistência mútua de emergência» foram objecto de adopção preliminar pelo Grupo de Redacção do Protocolo em sessão plenária, em Julho de 2018 e das disposições sobre as «Videoconferências» foram objecto de adopção preliminar pelo Grupo de Redacção do Protocolo em sessão plenária, em Novembro de 2018.

Assim, a recomendação de decisão do Conselho, pretendeu obter autorização para participar, em nome da União Europeia e dos seus Estados-Membros, nas negociações do Segundo Protocolo Adicional, para adoptar directrizes de negociação e designar a Comissão como negociador, em conformidade com o projecto de directrizes de negociação que figura em anexo, nos termos do artigo 218º do TFUE.

O âmbito de aplicação das propostas inclui tipos específicos de prestadores de serviços que fornecem serviços na União Europeia, considerando-se na proposta que "*um prestador de serviços presta serviços na União Europeia quando permite aos utilizadores de um ou mais Estados-Membros recorrerem aos seus serviços e quando tem uma ligação substancial à União, por exemplo quando dispõe de um estabelecimento num Estado-Membro ou presta serviços a um grande número de utilizadores nesse Estado--Membro. Os prestadores de serviços que não têm um estabelecimento na União Europeia são obrigados a designar um representante legal junto do qual podem ser executadas ordens de entrega de provas.*"

Pretende-se que o Segundo Protocolo Adicional possa "(...)*incluir as garantias necessárias em relação aos direitos e liberdades fundamentais consagrados na Carta dos Direitos Fundamentais da União Europeia, em especial o direito ao respeito pela vida privada e familiar, pelo domicílio e pelas comunicações, reconhecido no artigo 7º da Carta, o direito à protecção de dados pessoais, reconhecido no artigo 8º da Carta, o direito à acção e a um tribunal imparcial, reconhecido no artigo 47º da Carta, a presunção de inocência e os direitos de defesa, reconhecidos no artigo 48º da Carta, e os princípios da legalidade e da proporcionalidade dos delitos e das penas, reconhecidos no artigo 49º da Carta. O Segundo Protocolo Adicional deve ser aplicado em conformidade com estes direitos e princípios* (...)"

A protecção de dados e de privacidade para a recolha, transferência e posterior utilização dos dados pessoais e dos dados das comunicações electrónicas é igualmente uma preocupação patente na proposta de decisão relativamente ao Segundo Protocolo adicional, de modo a assegurar o pleno cumprimento, pelos prestadores de serviços da UE, das obrigações que lhes incumbem ao abrigo da legislação da UE em matéria de protecção de dados e de privacidade, na medida em que um acordo internacional deste tipo poderá proporcionar uma base jurídica para as transferências de dados em resposta às ordens de entrega de provas ou aos pedidos emitidos por uma autoridade de um país terceiro Parte no Protocolo Adicional que exija que um responsável pelo tratamento de dados ou um subcontratante divulgue dados pessoais e dados de comunicações electrónicas.

Neste sentido foi adoptada a decisão de permitir que a Comissão possa negociar, em nome da União, o Segundo Protocolo Adicional à Convenção do Conselho da Europa sobre o Cibercrime (STCE-185), devendo as negociações ser conduzidas em consulta com um comité especial a designar pelo Conselho.

# VII. Cripto-activos e Moedas Electrónicas

## 1. Cripto-activos e Criptomoedas

Os Cripto-activos correspondem a representações digitais de activos baseadas em tecnologia blockchain, não emitidas por um banco central, instituição de crédito ou instituição de moeda electrónica, e que podem ser utilizadas como forma de pagamento em comunidades que os aceitem ou ter outras quaisquer finalidades como a atribuição de direitos à utilização de determinados bens e serviços ou, então, por exemplo, a um determinado retorno financeiro.

Assim, serão cripto-activos, tokens, coins, criptomoedas ou moedas virtuais, baseando-se o seu funcionamento numa tecnologia de registo descentralizado, numa espécie de contabilidade ou livro-razão distribuído por rede de computadores ponto a ponto espalhados pelo mundo, sendo a totalidade da transacção divulgada para a rede só sendo aceite após um complexo sistema de validação – tratando-se pois de operações praticamente irreversíveis (*Comissão de Valores Mobiliários – Brasil in Cripto-activos – Série Alertas – Maio de 2018*)

Tal como supra referido, para a CMVM os riscos associados aos cripto-activos serão, entre outros, o Risco de Liquidez, o Risco de perda parcial ou da totalidade dos montantes investidos, risco de a informação disponibilizada (habitualmente nos *whitepapers*) ser insuficiente, risco de fraude, inexistência de regulamentação específica para a protecção dos investidores dos cripto-activos que não sejam valores mobiliários, risco na formação do preço dos cripto-activos, risco de branqueamento de capitais, risco de experimentação ou de inovação, risco de perda do código de acessos aos cripto-activos, bem como o facto de a maioria dos agentes que comercializam cripto-activos não se encontrarem sedeados em Portugal, existindo igualmente uma elevada volatilidade dos cripto-activos.

A propriedade dos referidos activos virtuais é feita através de uma palavra-passe que permite que as transacções sejam realizadas de forma quase anónima e sem que as partes tenham que revelar quaisquer informações pessoais que não desejem.

Neste contexto, encontramos as criptomoeda (ou cibermoeda), um novo meio de troca, centralizado ou não e que se baseia na tecnologia blockchain bem como a criptografia para garantir a validade das transacções e a criação de novas unidades da moeda.

Habitualmente existem ofertas de captação iniciais, as chamadas ICO, uma oferta de distribuição inicial de cripto-activos, sendo uma forma de captação de fundos do público através de cripto-activos recorrendo à tecnologia de blockchain. São operações onde o emitente (pessoal singular ou colectiva) emite cripto-activos que são pagas com moedas com curso legal ou outros cripto-activos.

No caso português e, na circunstância de uma ICO ser dirigida a investidores residentes em Portugal e de os cripto-activos emitidos na ICO serem valores mobiliários na acepção do Código dos Valores Mobiliários, esclarece a CMVM (*https://www.cmvm.pt/pt/AreadoInvestidor/Faq/Pages/FAQs-Cripto-activos_industria.aspx*) será de aplicar a legislação nacional e comunitária referente às ofertas públicas de valores mobiliários.

A criptomoeda descentralizada é produzida por todo o sistema de criptomoeda colectivamente, a uma taxa que é definida quando o sistema é criado e que é conhecida publicamente – disponível nos chamados whitepapers (Livros Brancos).

## 2. A Moeda Electrónica no Decreto-Lei nº 91/2018, de 12 de Novembro

O decreto-Lei nº 91/2018, de 12 de Novembro veio aprovar o novo Regime Jurídico dos Serviços de Pagamento e da Moeda Electrónica.

Tal como referido no seu preambulo, nos últimos anos o mercado de pagamentos tem assistido a mudanças significativas, designadamente no que toca ao aumento da complexidade técnica e volume dos pagamentos electrónicos, bem como ao aparecimento de novos tipos de serviços de pagamento, trazendo consigo crescentes preocupações com os riscos associados à utilização de meios digitais.

Tendo em consideração a necessidade de transposição para a ordem jurídica interna da Directiva (UE) 2015/2366 do Parlamento Europeu e do Conselho, de 25 de Novembro de 2015, relativa aos serviços de pagamento no mercado interno (a segunda Directiva de Serviços de Pagamento), que procedeu a uma revisão do enquadramento jurídico europeu em matéria de serviços de pagamento e as alterações que a mesma introduziu e que procuraram responder aos desafios do ponto de vista regulamentar colocados pela realidade dinâmica associada aos serviços de pagamento, tendo em vista a implantação generalizada dos novos meios de pagamento no mercado, que asseguram o funcionamento de actividades económicas e sociais da maior importância impôs-se a criação deste novo regime.

Mas também preocupações relacionadas com a protecção e segurança dos consumidores na utilização desses serviços de pagamento se apresentaram como objectivos fundamentais, preservando a escolha do consumidor em melhores condições de segurança, eficácia e eficiência de custos foram tidas em consideração, até porque a segurança dos pagamentos electrónicos afigurou-se como um aspecto fundamental para assegurar a protecção dos utilizadores e a promoção adequada do desenvolvimento do comércio electrónico em condições concorrenciais.

Com o objectivo de reforçar a transparência do funcionamento das instituições de pagamento e das instituições de moeda electrónica autorizadas ou registadas pelo Banco de Portugal, incluindo os seus agentes, bem como com o objectivo de contribuir para um elevado nível de protecção dos consumidores, o referido decreto-lei veio prever a disponibilização de um registo público pelo Banco de Portugal que permite um acesso fácil pelo público à lista das entidades que prestam serviços de pagamento e emitem moeda electrónica.

Por outro lado, cria-se igualmente um ponto de contacto central às instituições de pagamento e às instituições de moeda electrónica com sede noutro Estado membro, que operem em território nacional através de agentes, por forma a garantir uma comunicação e informação adequadas sobre o cumprimento das disposições do presente diploma.

É no título IV do referido Decreto-Lei 91/2018, de 12 de Novembro que encontramos os procedimentos específicos relativos à emissão, à distribuição e ao reembolso de moeda electrónica, em linhas com o regime em vigor desde 2012 sendo estas matérias objecto de um limitado mas importante conjunto de regras comportamentais, com reflexo na relação contratual entre os emitentes e os portadores de moeda electrónica.

O Regime Jurídico dos Serviços de Pagamento e da Moeda Electrónica, transpõe para a ordem jurídica interna a Directiva (UE) 2015/2366 do Parlamento Europeu e do Conselho, de 25 de Novembro de 2015, relativa aos serviços de pagamento no mercado interno, que altera as Directivas 2002/65/CE, 2009/110/CE e 2013/36/UE e o Regulamento (UE) nº 1093/2010, e que revoga a Directiva 2007/64/CE.

Sob a epigrafe de *"Emissão e carácter reembolsável da moeda electrónica"* encontramos no Título IV do Decreto-Lei 91/2018, de 12 de Novembro as disposições no ordenamento jurídico nacional quanto às moedas electrónicas.

A política de remuneração aos emitentes de moeda electrónica (artigo 137º) segue o regime geral previsto para a prestação e utilização de serviços de pagamento (previstas no art. 75º e seguintes), prevendo-se a possibilidade dos prestadores de serviços de pagamento definirem uma política de remuneração e de avaliação específica para as pessoas singulares que contactam directamente com os utilizadores de serviços de pagamento no âmbito da comercialização de serviços de pagamento ou para as pessoas singulares directa ou indirectamente envolvidas na gestão ou supervisão das pessoas ali indicadas.

Tal política de remuneração e de avaliação não deve prejudicar a sua capacidade para actuar no interesse dos utilizadores de serviços de pagamento, assegurando, em especial, que as medidas relativas a remuneração, objectivos de vendas ou de outro tipo não são susceptíveis de incentivar as pessoas em causa a privilegiar os seus próprios interesses ou os interesses dos prestadores de serviços de pagamento em detrimento dos interesses dos utilizadores de serviços de pagamento.

Quanto à Emissão de moeda electrónica prevê-se no artigo 138º do Decreto-Lei 91/2018, de 12 de Novembro que deve ser emitida pelo valor nominal aquando da recepção dos fundos, tendo um carácter reembolsável (artigo 139º). Ou seja, a pedido do portador, o emitente de moeda electrónica deve reembolsar, em qualquer momento e pelo valor nominal, o valor monetário da moeda electrónica detida sendo que o contrato entre o emitente de moeda electrónica e o respectivo portador deve indicar de forma clara e destacada as condições de reembolso, incluindo quaisquer comissões relacionadas com o mesmo, devendo o portador ser informado dessas condições antes de se vincular a qualquer contrato ou oferta.

Tal reembolso apenas pode ser sujeito a uma comissão se tal for declarado no contrato e apenas se tal reembolso for pedido antes do termo fixado para o contrato, ou se contrato fixar um termo e o portador denunciar o contrato antes dessa data ou, ainda, se reembolso for pedido mais de um ano após o termo fixado para o contrato.

Ainda assim, num desses casos a comissão referida deverá ser sempre proporcional e baseada nos custos efectivamente suportados pelo emitente de moeda electrónica, sendo que caso solicite o reembolso antes do termo fixado para o contrato, o portador de moeda electrónica pode pedir que lhe seja reembolsada uma parte ou a totalidade do valor monetário correspondente à moeda electrónica detida.

Por outro lado, prevê-se que caso o reembolso seja pedido pelo portador de moeda electrónica na data do termo do contrato ou no prazo de um ano após essa data, deverá ser reembolsada a totalidade do valor monetário da moeda electrónica detida ou se a instituição de moeda electrónica exercer uma ou mais das actividades referidas na alínea e) do nº 2 do artigo 14º (Actividades profissionais diversas da emissão de moeda electrónica, em conformidade com as disposições legais aplicáveis a essas actividades) e não for conhecida com antecedência a parte dos fundos a utilizar como moeda electrónica, deve ser reembolsada a totalidade dos fundos pedidos pelo portador, sendo que o direito ao reembolso por parte das pessoas que, não sendo consumidores, aceitem moeda electrónica em pagamentos fica sujeito à disciplina do contrato celebrado entre os emitentes de moeda electrónica e as pessoas em causa.

No novo regime prevê-se a proibição de juros (Artigo 140º) no sentido em que passa a ser proibido o pagamento de juros ou a atribuição de qualquer outro benefício relacionado com o período de tempo durante o qual o portador detém moeda electrónica e prevê-se igualmente a possibilidade de alteração das condições e denúncia do contrato entre o emitente e o portador de moeda electrónica (Artigo 141º), prevendo-se a aplicação do disposto nos artigos 93º e 94º, com as necessárias adaptações, ao contrato entre o emitente de moeda electrónica e o respectivo portador, sem prejuízo das disposições respeitantes às condições de reembolso e a instrumentos de pagamento e moeda electrónica de baixo valor.

Tal regime de Alterações das condições previsto no artigo 93º estabelece que a alteração do contrato-quadro ou das informações e condições especificadas no artigo 91º deve ser proposta pelo prestador de serviços de pagamento nos termos previstos no artigo 78º e no nº 2 do artigo 90º, e o mais tardar dois meses antes da data proposta para a sua aplicação, sendo que o utilizador de serviços de pagamento pode aceitar ou rejeitar a alteração antes da data proposta para a sua entrada em vigor.

Impõe-se igualmente a obrigação do prestador de serviços de pagamento dever informar o utilizador de serviços de pagamento de que, caso rejeite a alteração, tem o direito de, imediatamente e sem encargos, resolver o contrato-quadro antes da data proposta para a aplicação das alterações.

A possibilidade de denúncia e resolução prevista no referido artigo 94º permitirá ao utilizador de serviços de pagamento denunciar o contrato-quadro em qualquer momento, salvo se as partes tiverem acordado num período de pré-aviso, o qual não pode ser superior a um mês, sendo que quando o utilizador de serviços de pagamento seja um consumidor ou uma microempresa, a denúncia do contrato-quadro é sempre isenta de encargos para o utilizador.

Fora desses casos, a denúncia de contratos-quadro será isenta de encargos para o utilizador de serviços de pagamento, excepto se o contrato tiver vigorado por um período inferior a seis meses, devendo, neste caso, os encargos da denúncia ser adequados e corresponder aos custos suportados.

De qualquer forma, prever-se que os encargos regularmente facturados pela prestação de serviços de pagamento sejam apenas devidos pelo utilizador do serviço de pagamento na parte proporcional ao período decorrido até à data de cessação do contrato, sendo que, se tais encargos forem pagos antecipadamente, devem ser restituídos na parte proporcional ao período ainda não decorrido.

## 3. Nova legislação Europeia – Proposta de Regulamento MiCA

A nova proposta de regulamento europeu (MiCA) integra o pacote Financiamento Digital, no fundo um conjunto de medidas destinadas a fomentar e apoiar ainda mais o potencial do financiamento digital em termos de inovação e concorrência, atenuando, simultaneamente, os riscos inerentes.

É uma das prioridades da Comissão a preparação da Europa para a era digital e de criar uma economia preparada para o futuro e que esteja ao serviço dos cidadãos. Nesse sentido a nova proposta de regulamento baseia-se no artigo 114º do TFUE, que confere às instituições europeias competências para adoptar disposições adequadas com vista à aproximação dos instrumentos legislativos dos Estados-Membros que e tenham por objecto o estabelecimento e o funcionamento do mercado interno.

Com a proposta MiCA pretende-se eliminar obstáculos ao estabelecimento do mercado interno, melhorando o seu funcionamento no que se refere aos serviços financeiros ao garantir que as regras aplicáveis sejam totalmente harmonizadas.

As divergências existentes na União em termos dos quadros, regras e interpretações dos cripto-activos e dos serviços conexos minam a capacidade dos prestadores de serviços para expandirem a sua actividade a nível da UE.

Assim, recorrendo à introdução de um quadro comum da UE, será possível delinear condições uniformes de exercício da actividade para as empresas situadas na UE, superando as diferenças entre os quadros nacionais, que estão a provocar a fragmentação do mercado, e reduzindo a complexidade e os custos para as empresas activas neste domínio e abrindo as portas para o mercado europeu como um todo.

### 3.1 O início da Regulação de Cripto-activos

A nova Proposta de Regulamento do Parlamento Europeu e do Conselho relativo aos mercados de cripto-activos e que altera a Directiva (UE) 2019/1937 prevê a regulação dos vários tipos de cripto-activos.

O seu título II trata dos cripto-activos que não sejam criptofichas referenciadas a activos ou criptofichas de moeda electrónica prevendo-se no artigo 4º (relativo a ofertas públicas de cripto-activos que não sejam criptofichas referenciadas a activos ou criptofichas de moeda electrónica e admissão de tais cripto-activos à negociação numa plataforma de negociação de cripto-activos) que nenhum emitente de cripto-activos que não sejam criptofichas referenciadas a activos ou criptofichas de moeda electrónica pode oferecer na União tais cripto-activos ao público ou solicitar a admissão de tais cripto-activos à negociação numa plataforma de negociação de cripto-activos, salvo se o emitente for uma pessoa jurídica, tiver elaborado um livro branco sobre cripto-activos relativamente a esses cripto-activos, nos termos do artigo 5º, tiver notificado esse livro branco sobre cripto-activos nos termos do artigo 7º, tiver publicado o livro branco sobre cripto-activos nos termos do artigo 8º e cumprir os requisitos estabelecidos no artigo 13º.

Relativamente ao conteúdo e forma do livro branco (*White papers*) sobre cripto-activos prevê-se que deva incluir uma descrição detalhada do emitente e uma apresentação dos principais participantes envolvidos na concepção e no desenvolvimento do projecto, uma descrição circunstanciada do projecto do emitente, do tipo de cripto-activo a oferecer ao público ou cuja admissão à negociação é solicitada e das razões subjacentes à oferta dos cripto-activos ao público ou ao pedido de admissão à negociação e da utilização prevista da moeda fiduciária ou outros cripto-activos obtidos por meio da oferta pública.

Mas deve igualmente apresentar uma descrição circunstanciada das características da oferta pública, nomeadamente o número de cripto-activos a emitir ou para os quais se pretende a admissão à negociação, o preço de emissão dos cripto-activos e os termos e condições de subscrição.

Prevê-se a obrigatoriedade de apresentação de uma descrição circunstanciada dos direitos e obrigações inerentes aos cripto-activos e dos procedimentos e condições de exercício desses direitos, informações sobre a tecnologia subjacente e as normas aplicadas pelo emitente de criptofichas de moeda electrónica que permitem a detenção, o armazenamento e a transferência desses cripto-activos, uma descrição circunstanciada dos riscos relativos ao emitente dos cripto-activos, aos cripto-activos, à oferta pública dos cripto-activos e à implementação do projecto e dos elementos de divulgação especificados no anexo I da Proposta.

A publicação do livro branco sobre cripto-activos e, se for caso disso, das comunicações Comerciais, previsto no artigo 8º da Proposta de Regulamento, prevê que os emitentes de cripto-activos que não sejam criptofichas referenciadas a activos ou criptofichas de moeda electrónica devam publicar o seu livro branco sobre cripto-activos e, quando aplicável, as suas comunicações comerciais no seu sítio Web, o qual deve estar acessível ao público, o mais tardar na data de início da oferta pública desses cripto-activos ou da admissão desses cripto-activos à negociação numa plataforma de negociação de cripto-activos. O livro branco sobre cripto-activos e, se for caso disso, as comunicações comerciais devem permanecer disponíveis no sítio Web do emitente enquanto os cripto-activos forem detidos por membros do público.

Relativamente à autorização de ofertas públicas de cripto-activos que não sejam criptofichas referenciadas a activos ou criptofichas de moeda electrónica ou da admissão de tais cripto-activos à negociação numa plataforma de negociação de cripto-activos prevê-se que após a publicação do livro branco sobre cripto-

-activos os emitentes de cripto-activos possam oferecer os seus cripto-activos que não sejam criptofichas referenciadas a activos ou criptofichas de moeda electrónica em toda a União e solicitar a sua admissão à negociação numa plataforma de negociação de cripto-activos.

## 3.2 Direito de Retractação a Consumidores

Previsto no artigo 12º do projecto de Regulamento MiCA, o direito de retractação prevê que os emitentes de cripto-activos que não sejam criptofichas referenciadas a activos e criptofichas de moeda electrónica devam conceder o direito de retractação a qualquer consumidor que compre esses cripto-activos directamente ao emitente ou a um prestador de serviços de cripto-activos que proceda à colocação de cripto-activos em nome desse emitente.

Nesses casos, os consumidores disporão de um prazo de 14 dias de calendário para exercer o direito de retractação do acordo de compra desses cripto-activos sem incorrer em qualquer custo e sem precisar de indicar os motivos.

Tal período de retractação terá início no dia em que o consumidor deu o seu acordo para a compra desses cripto-activos sendo que todos os pagamentos recebidos de um consumidor, incluindo quaisquer encargos devem ser reembolsados sem atrasos indevidos e, em qualquer caso, o mais tardar 14 dias a partir do dia em que o emitente dos cripto-activos ou um prestador de serviços de cripto-activos que proceda à colocação desses cripto-activos em nome desse emitente sejam informados da decisão de retractação do consumidor.

Tal reembolso deverá ser efectuado com recurso ao mesmo meio de pagamento utilizado pelo consumidor na transacção inicial, salvo acordo expresso em contrário do consumidor e na condição de este não incorrer em quaisquer custos em consequência desse reembolso.

Em todo o caso, os emitentes de cripto-activos devem fornecer informações sobre o direito de retractação referido no respectivo livro branco sobre cripto-activos.

## 3.3 Livro Branco sobre cripto-activos (*White Papers*)

Tal como referido no artigo 14º da Proposta, relativamente à responsabilidade dos emitentes de cripto-activos que não sejam criptofichas referenciadas a activos ou criptofichas de moeda electrónica pelas informações fornecidas num livro branco sobre cripto-activos, caso um emitente de cripto-activos que não sejam criptofichas referenciadas a activos ou criptofichas de moeda electrónica, ou o seu órgão de administração, infrinjam o artigo 5º através da inclusão de informações que não são completas, correctas ou claras ou da inclusão de informações susceptíveis de induzir em erro no seu livro branco sobre cripto-activos ou num livro branco sobre cripto-activos alterado, o detentor dos cripto-activos pode exigir uma indemnização a esse emitente de cripto-activos que não sejam criptofichas referenciadas a activos ou criptofichas de moeda electrónica, ou ao seu órgão de administração, pelos danos causados por essa infracção.

As exclusões da responsabilidade civil serão, para todos os efeitos, juridicamente ineficazes, sendo que cabe aos detentores de cripto-activos apresentar provas que indiquem que o emitente de cripto-activos que não sejam criptofichas referenciadas a activos ou criptofichas de moeda electrónica infringiu o artigo 5º e que essa infracção teve um impacto na sua decisão de compra, venda ou troca dos referidos cripto-activos.

### 3.4 Criptofichas referenciadas a activos – plataforma de negociação de cripto-activos

Previsto no Título III do projecto de Regulamento relativo a criptofichas referenciadas a activos, autorização para oferecer ao público criptofichas referenciadas a activos e para solicitar a sua admissão à negociação numa plataforma de negociação de cripto-activos estará dependente de autorização de cada Estado-Membro.

Tal como decorre do disposto no artigo 15º da Proposta, nenhum emitente de criptofichas referenciadas a activos poderá, na União, oferecer essas criptofichas ao público ou solicitar a admissão de tais activos à negociação numa plataforma de negociação de cripto-activos, a menos que os emitentes em causa tenham sido autorizados a fazê-lo em conformidade com o artigo 19º pela autoridade competente do seu Estado-Membro de origem, sendo que tais autorizações referidas só poderão ser concedidas a entidades jurídicas estabelecidas na União.

O pedido de autorização, por parte dos emitentes de criptofichas referenciadas a activos, deverá ser apresentado à autoridade competente do seu Estado--Membro de origem.

Nesse sentido prevê-se que o livro branco sobre cripto-activos a que se refere o artigo 16º, nº 2, alínea i), deverá cumprir todos os requisitos estabelecidos no artigo 4. Sendo que para além das informações referidas no artigo 4º da proposta, o livro branco sobre cripto-activos deverá incluir uma descrição pormenorizada dos mecanismos de governação do emitente, incluindo uma descrição do papel, das responsabilidades e da prestação de contas pelas entidades terceiras a que se refere o artigo 30º, nº 5, alínea h), uma descrição pormenorizada da reserva de activos a que se refere o artigo 32º, uma descrição pormenorizada dos acordos de custódia para os activos de reserva, incluindo a segregação dos activos, conforme referido no artigo 33º e no caso de um investimento dos activos de reserva a que se refere o artigo 34º, uma descrição pormenorizada da política de investimento desses activos de reserva.

Deverá ainda incluir informações pormenorizadas sobre a natureza e a aplicabilidade dos direitos, incluindo qualquer direito de resgate directo ou quaisquer créditos, que os detentores de criptofichas referenciadas a activos e qualquer pessoa singular ou colectiva a que se refere o artigo 35º, nº 3, possam ter sobre os activos de reserva ou contra o emitente, incluindo a forma como esses direitos poderão ser tratados nos processos de insolvência e se o emitente não oferecer um direito directo sobre os activos de reserva, informações pormenorizadas sobre os mecanismos referidos no artigo 35º, nº 4, para assegurar a liquidez das criptofichas referenciadas a activos, bem como uma descrição pormenorizada do procedimento de tratamento das queixas a que se refere o artigo 27º e os elementos de divulgação especificados nos anexos I e II.

O livro branco sobre cripto-activos deverá sempre incluir um resumo que, de forma sucinta e em linguagem não técnica, forneça informações fundamentais sobre a oferta de criptofichas referenciadas a activos ao público ou sobre a pretendida admissão de criptofichas referenciadas a activos à negociação numa plataforma de negociação de cripto-activos e, em especial, sobre os elementos essenciais das criptofichas referenciadas a activos em causa. O formato e o conteúdo do resumo do livro branco sobre cripto-activos devem prestar, conjuntamente com o livro branco sobre cripto-activos, informação apropriada sobre os elementos essenciais das criptofichas referenciadas a activos em questão, para permitir que os potenciais compradores das criptofichas referenciadas a activos possam tomar uma decisão informada.

Tal resumo deverá também conter uma advertência no sentido de que deverá ser entendido como uma introdução ao livro branco sobre cripto-activos, que o potencial comprador deverá basear qualquer decisão de compra de uma criptoficha referenciada a activos no conteúdo da totalidade do livro branco sobre cripto-activos, quer a oferta pública de criptofichas referenciadas a activos não constitui uma oferta ou solicitação de venda de instrumentos financeiros e qualquer oferta ou solicitação de venda de instrumentos financeiros só pode ser feita através de um prospecto ou de outros documentos de oferta nos termos do direito nacional e que o livro branco sobre cripto-activos não constitui um prospecto na acepção do Regulamento (UE) 2017/1129 ou outro documento de oferta nos termos da legislação da União ou do direito nacional devendo sempre ser datado o referido livro branco.

Para a apreciação do pedido de autorização prevê-se que as autoridades competentes que recebam um pedido de autorização a que se refere o artigo 16º devam, no prazo de 20 dias úteis a contar da recepção desse pedido, avaliar se o pedido, incluindo o livro branco sobre cripto-activos a que se refere o artigo 16º, nº 2, alínea i), está completo. Devem notificar imediatamente ao emitente requerente de que o pedido, incluindo o livro branco sobre cripto-activos, está completo.

Se o pedido, incluindo o livro branco sobre cripto-activos, não estiver completo, deverão fixar um prazo para que o emitente requerente forneça as informações em falta sendo que as autoridades competentes devem avaliar, no prazo de três meses a contar da recepção de um pedido completo, se o emitente requerente cumpre os requisitos e adoptar um projecto de decisão devidamente fundamentado no sentido de conceder ou recusar a autorização.

No prazo desses três meses, as autoridades competentes poderão solicitar ao emitente requerente quaisquer informações relativas ao pedido e nomeadamente ao livro branco sobre cripto-activos a que se refere o artigo 16º, nº 2, alínea i) sendo que após os três meses referidos, as autoridades competentes devem transmitir o seu projecto de decisão ao emitente requerente e o mesmo projecto de decisão, acompanhado do processo de pedido, à EBA, à ESMA e ao BCE.

Nesses casos, se o emitente requerente tiver a sua sede num Estado-Membro cuja moeda não seja o euro ou se os activos de reserva incluírem uma moeda diferente do euro, as autoridades competentes devem consultar o banco central desse Estado-Membro. Os emitentes requerentes têm o direito de apresentar à sua autoridade competente observações e comentários sobre os seus projectos de decisão.

Previsto no artigo 19º do Projecto de Regulamento, as autoridades competentes devem, no prazo de um mês após terem recebido o parecer não vinculativo adoptar uma decisão devidamente fundamentada de concessão ou recusa da autorização ao emitente requerente e, no prazo de cinco dias úteis, notificar essa decisão aos emitentes requerentes.

Se o emitente requerente for autorizado, considera-se que o seu livro branco sobre cripto-activos foi aprovado.

De qualquer forma, assegura-se no referido Projecto que as autoridades competentes poderão revogar a autorização dos emitentes de criptofichas referenciadas a activos se o emitente não utilizar a sua autorização no prazo de seis meses após a concessão da mesma, ou naqueles casos em que o emitente não utilize a sua autorização durante seis meses consecutivos, ou tenha obtido a sua autorização por meios irregulares, incluindo declarações falsas no pedido de autorização a que se refere o artigo 16º ou em qualquer livro branco sobre cripto-activos alterado nos termos do artigo 21º ou tenha deixado de cumprir as condições ao abrigo das quais a autorização foi concedida.

Prevê-se igualmente a possibilidade de revogação caso o emitente tenha infringido de forma grave o disposto no projecto de regulamento ou haja sido objecto de um plano de liquidação ordenada, em conformidade com a legislação nacional aplicável em matéria de insolvência ou ainda tenha renunciou expressamente à sua autorização ou decidiu pôr termo às suas operações.

Fica igualmente estabelecida a obrigação de notificar as autoridades competentes dos seus Estados-Membros de origem sobre qualquer alteração prevista do seu modelo de negócios, susceptível de ter uma influência significativa na decisão de compra de qualquer detentor real ou potencial de criptofichas referenciadas a activos, que ocorra após a autorização mencionada no artigo 19º.

O projecto de regulamento prevê como "quaisquer modificações materiais" alterações aos mecanismos de governação, aos activos de reserva e a custódia dos activos de reserva, aos direitos concedidos aos detentores de criptofichas referenciadas a activos, ao mecanismo através do qual as criptofichas referenciadas a activos são emitidas, criadas e destruídas, aos protocolos de validação das transacções de criptofichas referenciadas a activos ou ao funcionamento da DLT proprietária do emitente, caso as criptofichas referenciadas a activos sejam emitidas, transferidas e armazenadas através dessa tecnologia.

Mas será igualmente tido como modificações materiais alterações aos mecanismos destinados a assegurar o resgate das criptofichas referenciadas a activos ou a assegurar a sua liquidez, aos acordos com terceiros, nomeadamente para a gestão dos activos de reserva e do investimento da reserva, a custódia dos activos de reserva e, se for caso disso, a distribuição ao público das criptofichas referenciadas a activos, à política de gestão da liquidez para os emitentes de criptofichas referenciadas a activos significativas ou ao procedimento de tratamento das queixas.

Prevê-se no artigo 22º a responsabilidade dos emitentes de criptofichas referenciadas a activos pelas informações incluídas num livro branco sobre cripto-activos, nomeadamente nos casos em que um emitente de criptofichas referenciadas a activos ou o respectivo órgão de administração infrinjam o disposto no artigo 17º da Proposta, através da inclusão de informações que não são completas, correctas ou claras ou da inclusão de informações que sejam susceptíveis de induzir em erro no seu livro branco sobre cripto-activos ou num livro branco sobre cripto-activos alterado.

Nessas situações, o detentor dessas criptofichas referenciadas a activos poderá exigir uma indemnização ao emitente das mesmas ou ao respectivo órgão de administração pelos danos que essa infracção lhe causou, sendo também aqui as exclusões da responsabilidade civil juridicamente ineficazes.

### 3.5 Obrigações de todos os emitentes de criptofichas referenciadas a activos

Mas a proposta de regulamento prevê igualmente a imposição de obrigações para todos os emitentes de criptofichas, nomeadamente, o dever de actuar com honestidade, equidade e profissionalismo no melhor interesse dos detentores de criptofichas referenciadas a activos, comunicando com os detentores de criptofichas referenciadas a activos de forma equitativa, clara e não enganosa, actuando no melhor interesse dos detentores dessas criptofichas e tratá-los de forma equitativa, excepto se qualquer tratamento preferencial for divulgado no livro branco sobre cripto-activos e, se for caso disso, nas comunicações comerciais.

Relativamente à publicação do livro branco sobre cripto-activos e, se for caso disso, das comunicações comerciais prevê-se que os emitentes de criptofichas referenciadas a activos devam publicar no seu sítio Web o livro branco sobre cripto-activos aprovado a que se refere o artigo 19º, nº 1, e, se for caso disso, o livro branco sobre cripto-activos alterado a que se refere o artigo 21º e as suas comunicações comerciais referidas no artigo 25º.

Prevê-se que os livros brancos sobre cripto-activos aprovados devam estar acessíveis ao público o mais tardar até à data de início da oferta pública das criptofichas referenciadas a activos ou da admissão dessas criptofichas à negociação numa plataforma de negociação de cripto-activo sendo que o livro branco sobre cripto-activos aprovado e, se for caso disso, o livro branco sobre cripto-activos alterado e as comunicações comerciais deverão permanecer disponíveis no sítio Web do emitente enquanto as criptofichas referenciadas a activos estiverem na posse do público.

### 3.6 Procedimento de tratamento das queixas e Mecanismos de governação

Na proposta de regulamento prevê-se que os emitentes de criptofichas referenciadas a activos devam estabelecer e manter procedimentos eficazes e transparentes com vista ao tratamento expedito, equitativo e coerente das queixas recebidas de detentores de criptofichas referenciadas a activos. Nos casos em que as criptofichas referenciadas a activos sejam distribuídas, total ou parcialmente, por entidades terceiras, nos termos do artigo 30º, nº 5, alínea h), os emitentes de criptofichas referenciadas a activos deverão estabelecer procedimentos para facilitar o tratamento dessas queixas entre os detentores de criptofichas referenciadas a activos e as entidades terceiras.

Fica prevista a possibilidade de quaisquer detentores de criptofichas referenciadas a activos poderem apresentar queixas aos emitentes das criptofichas em causa de forma gratuita, sendo que os emitentes de criptofichas referenciadas a activos deverão elaborar e disponibilizar aos clientes um modelo para a apresentação de queixas e manter um registo de todas as queixas recebidas e de quaisquer as medidas adoptadas para dar resposta às mesmas.

Estabelece-se a obrigação dos emitentes de criptofichas referenciadas a activos de investigar todas as queixas de forma atempada e equitativa, e comunicar as conclusões dessas investigações aos detentores das suas criptofichas referenciadas a activos dentro de um prazo razoável, cabendo à EBA, em estreita cooperação com a ESMA, elaborar projectos de normas técnicas de regulamentação a fim de especificar os requisitos, os modelos e os procedimentos para o tratamento das queixas.

Quanto aos mecanismos de governação prevê-se que os emitentes de criptofichas referenciadas a activos deverão ter sistemas de governação sólidos, incluindo uma estrutura organizativa clara, com linhas de responsabilidade bem definidas, transparentes e coerentes, processos eficazes de identificação, gestão, controlo e comunicação dos riscos a que estejam ou possam vir a estar expostos e mecanismos adequados de controlo interno, nomeadamente procedimentos administrativos e contabilísticos sólidos.

Para esse efeito, os membros do órgão de administração dos emitentes de criptofichas referenciadas a activos deverão possuir a idoneidade e a competência necessárias, em termos de qualificações, experiência e competências, para desempenharem as suas funções e assegurarem uma gestão sã e prudente desses emitentes, bem como demonstrar que são capazes de dedicar tempo suficiente à realização eficaz das suas funções.

De acordo com a Proposta de Regulamento, as pessoas singulares que detêm, directa ou indirectamente, mais de 20% do capital social ou dos direitos de voto dos emitentes de criptofichas referenciadas a activos ou que exercem, por qualquer outro meio, um poder de controlo sobre esses emitentes devem possuir a idoneidade e a competência necessárias, não podendo em qualquer caso ter sido condenadas por infracções relacionadas com o branqueamento de capitais, o financiamento do terrorismo ou outros crimes financeiros.

O artigo 31º da Proposta de Regulamento trata dos requisitos de fundos próprios, sendo que se prevê que os emitentes de criptofichas referenciadas a activos devam, a todo o momento, dispor de fundos próprios equivalentes a um montante pelo menos igual ao maior de um dos valores ali previstos (350 000 EUR ou 2% do montante médio dos activos de reserva referidos no artigo 32º), entendendo-se por «montante médio dos activos de reserva».

O montante médio dos activos de reserva no final de cada dia de calendário, calculado ao longo dos últimos seis meses.

### 3.7 Reserva de Activos

No Capítulo 3, relativo à Reserva de Activos, prevê-se a obrigação de possuir activos de reserva e composição e gestão dessa reserva de activos, devendo, nomeadamente, os emitentes de criptofichas referenciadas a activos constituir e manter a todo o momento uma reserva de activos, sendo que os emitentes que ofereçam ao público duas ou mais categorias de criptofichas referenciadas a activos deverão operar e manter reservas de activos separadas para cada categoria de criptofichas referenciadas a activos, que devem ser geridas separadamente.

A proposta de regulamento pretende que os emitentes de criptofichas referenciadas a activos que ofereçam ao público as mesmas criptofichas referenciadas a activos devam explorar e manter apenas uma reserva de activos para essa categoria de criptofichas referenciadas a activos, devendo os órgãos de administração dos emitentes de criptofichas referenciadas a activos assegurar uma gestão eficaz e prudente dos activos de reserva.

Ainda assim, os emitentes deverão assegurar que a criação e a destruição de criptofichas referenciadas a activos sejam sempre compensadas por um aumento ou por uma diminuição correspondente da reserva de activos e que esse aumento ou diminuição sejam geridos de forma adequada para evitar quaisquer impactos adversos no mercado dos activos de reserva.

### 3.8 Criptofichas de moeda electrónica

Relativamente aos requisitos a preencher por todos os emitentes de criptofichas de moeda electrónica, a Proposta de Regulamento prevê que nenhuma criptoficha de moeda electrónica deva ser oferecida ao público na União ou admitida à negociação numa plataforma de negociação de cripto-activos, salvo se o emitente dessas criptofichas de moeda electrónica seja autorizado enquanto instituição de crédito ou «instituição de moeda electrónica», na acepção do artigo 2º, nº 1, da Directiva 2009/110/CE, preencha os requisitos aplicáveis a instituições de moeda electrónica enunciados nos títulos II e III da Directiva 2009/110/CE, salvo indicação em contrário no presente título e publicar um livro branco sobre cripto-activos notificado à autoridade competente, em conformidade com o artigo 46º da Proposta.

A Proposta prevê que uma criptoficha de moeda electrónica que faça referência a uma moeda da União será, para todos os efeitos, considerada uma oferta ao público na União.

Relativamente à emissão e carácter reembolsável das criptofichas de moeda electrónica, e em derrogação do disposto no artigo 11º da Directiva 2009/110/CE, prevê-se a possibilidade de apenas requisitos relativos à emissão e ao carácter reembolsável das criptofichas de moeda electrónica sejam aplicáveis aos emitentes de criptofichas de moeda electrónica.

Para todos os feitos, os detentores de criptofichas de moeda electrónica deverão receber um crédito sobre o emitente dessas criptofichas, ma sendo proibidas todas as criptofichas de moeda electrónica que não forneçam um crédito a todos os detentores, devendo os emitentes dessas criptofichas de moeda electrónica devem emitir criptofichas de moeda electrónica pelo valor nominal aquando da recepção dos fundos, na acepção do artigo 4º, nº 25, da Directiva (UE) 2015/2366.

É igualmente prevista, em derrogação do disposto no artigo 12º da Directiva 2009/110/CE, que nenhum emitente de criptofichas de moeda electrónica ou prestador de serviços de cripto-activos deva pagar juros ou qualquer outro benefício relacionado com o período durante o qual o detentor de criptofichas de moeda electrónica detém essas mesmas criptofichas.

Relativamente ao conteúdo e forma do livro branco sobre cripto-activos para criptofichas de moeda electrónica, e antes de oferecer criptofichas de moeda electrónica ao público na UE ou de solicitar a admissão dessas criptofichas de moeda electrónica à negociação numa plataforma de negociação, o emitente de criptofichas de moeda electrónica deverá publicar um livro branco sobre cripto-activos no seu sítio Web, o qual deverá incluir todas as informações pertinentes, nomeadamente, uma descrição do emitente de criptofichas de moeda electrónica, uma descrição detalhada do projecto do emitente e uma apresentação dos principais participantes envolvidos na concepção e no desenvolvimento do projecto, uma indicação sobre se o livro branco sobre cripto-activos diz respeito a uma oferta de criptofichas de moeda electrónica ao público e/ou a uma admissão à negociação dessas criptofichas de moeda electrónica numa plataforma de negociação de cripto-activos e uma descrição detalhada dos direitos e das obrigações associadas às criptofichas de moeda electrónica, incluindo o direito de reembolso pelo valor nominal, conforme referido no artigo 44º, e dos procedimentos e condições para o exercício desses direitos.

Mas do Livro Branco deverão igualmente constar as informações sobre a tecnologia subjacente e as normas cumpridas pelo emitente de criptofichas de moeda electrónica que permitem a detenção, o armazenamento e a transferência dessas criptofichas de moeda electrónica, os riscos inerentes ao emitente de criptofichas de moeda electrónica, às criptofichas de moeda electrónica e à implementação do projecto, incluindo a tecnologia e, ainda, os elementos de divulgação especificados no anexo III.

Também neste caso se prevê (no artigo 47º) a responsabilidade dos emitentes de criptofichas de moeda electrónica pelas informações incluídas num livro branco sobre cripto-activos, sendo que caso um emitente de criptofichas de moeda electrónica ou o respectivo órgão de administração infrinja o artigo 46º, através da inclusão de informações que não são completas, correctas ou claras ou da inclusão de informações que são susceptíveis de induzir em erro no seu livro branco sobre cripto-activos ou num livro branco sobre cripto-activos alterado, um detentor dessas criptofichas de moeda electrónica pode exigir uma indemnização a esse emitente de criptofichas de moeda electrónica ou ao respectivo órgão de administração pelos danos que lhe tenham sido causados por essa infracção, sendo também aqui as exclusões da responsabilidade civil são juridicamente ineficazes.

### 3.9 Autorização e condições de funcionamento para prestadores de serviços de cripto-activos

Quanto à autorização dos prestadores de serviços de cripto-activos, estabelece-se no artigo 53º (Autorização) que os serviços de cripto-activos apenas podem ser prestados por pessoas colectivas que tenham uma sede oficial num Estado-Membro da União e que tenham sido autorizadas como prestadores de serviços de cripto-activos em conformidade com o artigo 55º, sendo que os prestadores de serviços de cripto-activos deverão cumprir a todo o momento as condições necessárias para a respectiva autorização.

O referido preceito proposto prevê que qualquer pessoa que não seja um prestador de serviços de cripto-activos deva ser proibida de utilizar um nome, um nome empresarial ou de emitir comunicações empresariais ou de utilizar qualquer outro processo que sugira que está autorizada para esse efeito ou que possa criar confusão nesse aspecto.

Prevê-se a obrigação para as autoridades competentes que venham a conceder uma autorização ao abrigo do artigo 55º de assegurar que essa autorização especifica os serviços de cripto-activos que os prestadores de serviços de cripto-activos estão autorizados a prestar, pois a partir desse momento, uma autorização como prestador de serviços de cripto-activos será válida em toda a União e permite aos prestadores de serviços de cripto-activos prestarem os serviços para que foram autorizados, em toda a União, quer através do direito de estabelecimento, incluindo através de uma sucursal, quer através da liberdade de prestação de serviços.

Quanto à presença física, a Proposta de Regulamento estabelece que os prestadores de serviços de cripto-activos que prestem serviços de cripto-activos a nível transfronteiriço não sejam obrigados a ter presença física no território de um Estado-Membro de acolhimento.

O pedido de autorização como prestador de serviços de cripto-activos deverá ser pedido pelas pessoas colectivas à autoridade competente do Estado-Membro onde têm a sua sede oficial, devendo tal pedido incluir o nome, incluindo a denominação jurídica e qualquer outra denominação comercial a utilizar, o identificador de entidade jurídica do prestador de serviços de cripto-activos requerente, o endereço do sítio Web operado por esse prestador e o seu endereço físico, o estatuto jurídico do prestador de serviços de cripto-activos requerente, os estatutos do prestador de serviços de cripto-activos requerente, um programa de actividades que indique os tipos de serviços de cripto-activos que o prestador de serviços de cripto-activos requerente pretende prestar, incluindo onde e como esses serviços serão comercializados, uma descrição dos mecanismos de governação do prestador de serviços de cripto-activos requerente e, para todas as pessoas singulares que participam no órgão de administração do prestador de serviços de cripto-activos requerente e para todas as pessoas singulares que, directa ou indirectamente, detenham 20% ou mais do capital social ou dos direitos de voto, prova da ausência de cadastro no que diz respeito a infracções das regras nacionais nos domínios da legislação comercial, da legislação relativa à insolvência, da legislação relativa aos serviços financeiros, da legislação relativa à luta contra o branqueamento de capitais, da legislação relativa ao combate ao terrorismo e das obrigações em matéria de responsabilidade profissional, bem como prova de que as pessoas singulares que participam no órgão de administração do prestador de serviços de cripto-activos requerente, no seu conjunto, possuam conhecimentos, competências e experiência suficientes para assumir a direcção desse prestador e que se exige a essas pessoas que consagrem tempo suficiente ao desempenho das suas funções.

Deverá ainda ser apresentada uma descrição do mecanismo de controlo interno, do procedimento para a avaliação dos riscos e do plano de continuidade das actividades do prestador de serviços de cripto-activos requerente, descrições em termos técnicos e não técnicos dos sistemas informáticos e dos sistemas de segurança do prestador de serviços de cripto-activos requerente, prova de que o prestador de serviços de cripto-activos requerente cumpre as garantias prudenciais, de acordo com o artigo 60º, uma descrição dos procedimentos do prestador de serviços de cripto-activos requerente para o tratamento das queixas recebidas dos clientes, uma descrição do procedimento de segregação dos cripto-activos e fundos dos clientes, uma descrição do procedimento e do sistema para a detecção de abusos de mercado.

Ainda, e caso o prestador de serviços de cripto-activos requerente pretenda assegurar a custódia e a administração dos cripto-activos em nome de terceiros, deverá ser apresentada uma descrição da política de custódia e, caso o prestador de serviços de cripto-activos requerente pretenda operar uma plataforma de negociação de cripto-activos, uma descrição das regras de operação dessa mesma plataforma.

Na hipótese de o prestador de serviços de cripto-activos requerente pretender trocar cripto-activos por moeda fiduciária ou cripto-activos por outros cripto-activos, uma descrição da política comercial não discriminatória, sendo que caso o prestador de serviços de cripto-activos requerente pretenda executar ordens sobre cripto-activos em nome de terceiros, deverá ser apresentada uma descrição da política de execução e, finalmente, caso o requerente pretenda receber e transmitir ordens sobre cripto-activos em nome de terceiros, prova de que as pessoas singulares que prestam aconselhamento em nome do prestador de serviços de cripto-activos requerente têm os conhecimentos e as competências necessários para o cumprimento das suas obrigações.

Apresentado o pedido, as autoridades competentes avaliam, no prazo de 25 dias úteis a contar da sua recepção se o mesmo está completo, verificando se as informações enumeradas no artigo 54º, nº 2, foram apresentadas.

Caso se verifique que o pedido não esteja completo, as autoridades fixam um prazo para os prestadores de serviços de cripto-activos requerentes apresentarem as informações em falta, podendo recusar a análise dos pedidos, caso estes continuem incompletos após o novo prazo concedido.

Prevê-se na Proposta de Regulamento que as autoridades competentes notificam de imediato o prestador de serviços de cripto-activos requerente caso o pedido esteja completo e, antes da concessão ou rejeição de uma autorização a um prestador de serviços de cripto-activos, as autoridades competentes consultam as autoridades competentes de outro Estado-Membro caso o prestador de serviços de cripto-activos requerente seja uma filial de um prestador de serviços de cripto-activos autorizado nesse outro Estado-Membro, ou filial da empresa-mãe de um prestador de serviços de cripto-activos autorizado nesse outro Estado-Membro, ou ainda, controlado pelas mesmas pessoas singulares ou colectivas que controlam um prestador de serviços de cripto-activos autorizado nesse outro Estado-Membro.

Em qualquer caso, as autoridades competentes deverão avaliar, no prazo de três meses a contar da data de recepção de um pedido completo, se o prestador de serviços de cripto-activos requerente cumpre os requisitos ali previstos e adoptam uma decisão devidamente fundamentada no sentido de conceder ou recusar uma autorização como prestador de serviços de cripto-activos.

Tal avaliação terá em conta a natureza, a escala e a complexidade dos serviços de cripto-activos que o prestador de serviços de cripto-activos requerente pretende prestar, podendo a referida autorização ser recusada se existirem motivos objectivos e comprováveis para acreditar que o órgão de administração do prestador de serviços de cripto-activos requerente constitui uma ameaça para sua gestão eficaz, sólida e prudente e para a continuidade das actividades, bem como para a consideração adequada dos interesses dos seus clientes e a integridade do mercado ou que o requerente não preenche ou poderá não preencher quaisquer requisitos estipulados.

Uma autorização poderá igualmente ser revogada pelas autoridades competentes caso o prestador de serviços de cripto-activos não tenha utilizado a sua autorização no prazo de 18 meses a contar da data de concessão da mesma, tenha renunciado expressamente à sua autorização, não tenha prestado serviços de cripto-activos durante nove meses consecutivos, tenha obtido a sua autorização recorrendo a meios irregulares, nomeadamente fazendo declarações falsas no seu pedido de autorização, tenha deixado de preencher as condições com base nas quais a autorização foi concedida e não tenha adoptado as medidas correctivas solicitadas pela autoridade competente dentro do prazo fixado ou tenha infringido gravemente o presente regulamento.

Poderão ainda as autoridades competentes revogar as autorizações se o prestador de serviços de cripto-activos ou os membros do seu órgão de administração infringirem o direito nacional de transposição da Directiva (UE) 2015/84962 relativa ao branqueamento de capitais ou ao financiamento do terrorismo ou se o prestador de serviços de cripto-activos perder a sua autorização como instituição de pagamento, de acordo com o artigo 13º da Directiva (UE) 2015/2366, ou a sua autorização como instituição de moeda electrónica concedida nos termos do título II da Directiva 2009/110/CE e não conseguiu corrigir a situação no prazo de 40 dias.

O artigo 57º da Proposta de Regulamento prevê a criação de um registo dos prestadores de serviços de cripto-activos, pela ESMA, o qual deverá ser acessível ao público no sítio Web da ESMA, e ser actualizado regularmente, devendo conter o nome, a forma jurídica e o identificador de entidade jurídica e as sucursais do prestador de serviços de cripto-activos, a denominação comercial, o endereço físico e o sítio Web do prestador de serviços de cripto-activos ou a plataforma de negociação de cripto-activos operada pelo prestador de serviços de cripto-activos, o nome e o endereço da autoridade competente que concedeu a autorização e os seus dados de contacto, a lista de serviços de cripto-activos para os quais o prestador de serviços de cripto-activos está autorizado, a lista dos Estados-Membros nos quais o prestador de serviços de cripto-activos notificou a sua intenção de prestar serviços de cripto-activos de acordo com o artigo 58º e, ainda, quaisquer outros serviços prestados pelo prestador de serviços de cripto-activos não abrangidos pelo presente regulamento com uma referência ao direito da União ou nacional relevante.

Quanto aos prestadores de serviços de cripto-activos que pretendam prestar serviços de cripto-activos em mais do que um Estado-Membro, deverão apresentar à autoridade competente designada como ponto único de contacto uma lista dos Estados-Membros nos quais o prestador de serviços de cripto-activos pretende prestar serviços de cripto-activos, a data inicial da prestação pretendida de serviços de cripto-activos e uma lista de todas as outras actividades prestadas pelo prestador de serviços de cripto-activos não abrangidas pelo presente regulamento.

O referido ponto único de contacto do Estado-Membro onde a autorização será concedida, comunicará, no prazo de 10 dias úteis, as referidas informações às autoridades competentes do Estado-Membro de acolhimento, à ESMA e à EBA, devendo a primeira introduzir essas informações no registo a que se refere o artigo 57º.

### 3.10 Plataformas de negociação de cripto-activos

Nos termos do previsto na Proposta de artigo 68º do Regulamento MiCA, relativamente a operações das plataformas de negociação de cripto-activos, os prestadores de serviços de cripto-activos autorizados para a operação de plataformas de negociação de cripto-activos deverão estabelecer as regras de operação dessa plataforma de negociação, as quais deverão fixar os requisitos e os processos de devida diligência e de aprovação que serão aplicados antes da admissão dos cripto-activos na plataforma de negociação, definir as categorias de exclusão, se for caso disso, designadamente os tipos de cripto-activos que não serão admitidos à negociação na plataforma de negociação, se for o caso, fixar as políticas, os procedimentos e o nível de comissões, se for caso disso, para a admissão à negociação dos cripto-activos na plataforma de negociação mas também, fixar critérios objectivos e proporcionados para a participação nas actividades de negociação, promovendo o acesso equitativo e aberto à plataforma de negociação para os clientes dispostos a negociar e fixar requisitos para assegurar uma negociação equitativa e ordenada.

Os prestadores deverão ainda fixar condições para os cripto-activos continuarem acessíveis para negociação, incluindo limiares de liquidez e requisitos de divulgação periódica, as condições que possibilitam a suspensão da negociação dos cripto-activos e os procedimentos para assegurar a liquidação eficaz das transacções tanto de cripto-activos como de moeda fiduciária.

Prevê-se que antes de admitir à negociação um cripto-activo, os prestadores de serviços de cripto-activos autorizados para a operação de uma plataforma de negociação de cripto-activos devem assegurar que o cripto-activo cumpre as regras de utilização da plataforma de negociação e avaliar a qualidade do cripto-activo em questão.

Para avaliar a qualidade de um cripto-activo, a plataforma de negociação deverá ter em conta a experiência, o histórico e a reputação do emitente e da sua equipa de desenvolvimento.

Pretender-se-á que a plataforma de negociação consiga ainda avaliar a qualidade dos cripto-activos que beneficiam da isenção estabelecida no artigo 4º, nº 2, sendo que as regras de utilização da plataforma de negociação de cripto-activos deverão impedir a admissão à negociação de cripto-activos que incluam uma função de anonimização integrada, a não ser que os detentores de cripto-activos e o seu histórico de transacções possam ser identificados pelos prestadores de serviços de cripto-activos autorizados para a operação de uma plataforma de negociação de cripto-activos ou pelas autoridades competentes, sendo que as regras de utilização deverão ser elaboradas numa das línguas oficiais dos Estados-Membros de origem ou numa outra língua habitual na esfera das finanças, devendo estas regras de utilização devem ser disponibilizadas ao público no sítio Web do prestador de serviços de cripto-activos em questão.

Determina-se na Proposta de Regulamento que os prestadores de serviços de cripto-activos autorizados para a operação de uma plataforma de negociação de cripto-activos devam disponibilizar ao público todos os preços de compra e de venda e o alcance dos interesses de negociação a esses preços que são publicitados para cripto-activos através dos sistemas da plataforma de negociação de cripto-activos e que devam disponibilizar essas informações ao público durante o horário da plataforma de negociação de forma contínua.

Relativamente à troca de cripto-activos por moeda fiduciária ou por outros cripto-activos, a proposta de Regulamento prevê que os prestadores de serviços de cripto-activos autorizados a trocar cripto-activos por moeda fiduciária ou por outros cripto-activos devam criar uma política comercial não discriminatória que indique, em especial, o tipo de clientes que aceitam para operações e as condições que esses clientes devem preencher.

Nessa medida, os prestadores de serviços de cripto-activos autorizados a trocar cripto-activos por moeda fiduciária ou por outros cripto-activos deverão publicar um preço fixo para os cripto-activos ou um método para a determinação do preço dos cripto-activos por si propostos para a troca por moeda fiduciária ou por outros cripto-activos, sendo que deverão executar as ordens de clientes aos preços apresentados no momento da sua recepção.

Quanto à execução das ordens sobre cripto-activos em nome de terceiros, estabelece-se que os prestadores de serviços de cripto-activos autorizados a executar ordens sobre cripto-activos em nome de terceiros deverão tomar todas as medidas necessárias para obter, aquando da execução das ordens, o melhor resultado possível para os seus clientes em termos de preço, custos, rapidez, probabilidade de execução e liquidação, volume, natureza ou qualquer outra consideração relevante para a execução da ordem, salvo se o prestador de serviços de cripto-activos em questão executar as ordens sobre cripto-activos na sequência de instruções específicas dadas pelos seus clientes, devendo para o efeito criar e implementar mecanismos de execução eficazes.

Para tal prevê-se criação e implementação de uma política de execução de ordens que permita a obtenção do melhor resultado possível para as ordens dos seus clientes, devendo esta política permitir a execução célere, equitativa e expedita das ordens de clientes e evitar a utilização ilícita de informações relativas às ordens dos clientes por parte dos funcionários dos prestadores de serviços de cripto-activos.

### 3.11 Aquisição de prestadores de serviços de cripto-activos

De acordo com o artigo 74º da Proposta, relativo à avaliação das aquisições pretendidas de prestadores de serviços de cripto-activos, as pessoas singulares ou colectivas (os «adquirentes potenciais») que, individualmente ou em concertação, pretendam adquirir ou aumentar, directa ou indirectamente, uma participação qualificada num prestador de serviços de cripto-activos de modo que a sua percentagem de direitos de voto ou de participação no capital atinja ou ultrapasse os limiares de 10%, 20%, 30% ou 50% ou que o prestador de serviços de cripto-activos se transforme em sua filial («projecto de aquisição») devem notificar desse facto, por escrito, a autoridade competente do prestador de serviços de cripto-activos, indicando a dimensão da participação pretendida e as informações solicitadas pelas normas técnicas de regulamentação adoptadas pela Comissão nos termos do artigo 75º, nº 4.

No mesmo sentido prevê-se que as pessoas singulares ou colectivas que pretendam alienar, directa ou indirectamente, uma participação qualificada num prestador de serviços de cripto-activos (os «cedentes potenciais») devem notificar desse facto previamente, por escrito, a autoridade competente, indicando a dimensão da participação em causa. As referidas pessoas devem igualmente notificar a autoridade competente se decidirem diminuir a sua participação qualificada de modo a que a sua percentagem de direitos de voto ou de participação no capital passe a ser inferior aos limiares de 10%, 20%, 30% ou 50% ou que o prestador de serviços de cripto-activos deixe de ser sua filial.

Em qualquer um dos casos, as autoridades competentes deverão, com a maior brevidade possível e impreterivelmente no prazo de dois dias úteis a contar da data de recepção, informar por escrito o adquirente potencial da recepção da notificação.

### 3.12 Prevenção dos abusos de mercado ligados a cripto-activos

Em matéria de abuso de mercado, prevê-se na proposta de artigo 76º do Regulamento que as proibições e os requisitos estipulados sejam aplicáveis aos actos realizados por qualquer pessoa e que digam respeito a cripto-activos admitidos à negociação numa plataforma de negociação de cripto-activos operada por um prestador de serviços de cripto-activos autorizado, ou para os quais foi efectuado determinado pedido de admissão à negociação numa plataforma de negociação.

Assim estabelece-se que os emitentes de cripto-activos devam informar o público, o mais rapidamente possível, da informação privilegiada que lhes diga respeito, de uma forma que permita ao público aceder e avaliar essa informação de uma forma simples, completa, correcta e atempada, sendo que os emitentes de cripto-activos podem, sob sua responsabilidade, diferir a divulgação pública de informação privilegiada, desde que a divulgação imediata seja susceptível de prejudicar os interesses legítimos dos emitentes, o diferimento da divulgação não seja susceptível de induzir o público em erro ou os emitentes estejam em condições de assegurar a confidencialidade dessa informação.

Estabelece-se no artigo 78º da Proposta a proibição do abuso de informação privilegiada, no sentido em que se determina a proibição da utilização de informação privilegiada relativa a cripto-activos para a aquisição ou a alienação desses cripto-activos, quer directa quer indirectamente e por conta própria ou por conta de terceiros, determinando-se que nenhuma pessoa que possua informação privilegiada sobre cripto-activos deva recomendar ou induzir, com base nessa informação privilegiada, outra pessoa a adquirir ou alienar cripto-activos a que essa informação diz respeito ou recomendar ou induzir, com base nessa informação privilegiada, outra pessoa a cancelar ou alterar uma ordem relativa a esses cripto-activos.

A proposta de regulamento prevê igualmente a proibição da transmissão ilícita de informação privilegiada determinando-se que nenhuma pessoa que possua informação privilegiada pode transmitir essa informação a terceiros, excepto quando tal transmissão seja efectuada durante o exercício normal de uma actividade laboral, de uma profissão ou de funções.

O artigo 80º propõe a proibição de manipulação de mercado, excepto se a pessoa que realizou as transacções, tenha colocado as ordens ou praticado outra conduta faça prova de que essa transacção, ordem ou conduta tenham tido lugar por razões legítimas, tenha realizado uma transacção, colocado uma ordem de negociação ou praticado qualquer outra conduta que originasse ou fosse susceptível de originar indicações falsas ou enganosas no que respeita à oferta, à procura ou ao preço de um cripto-activo ou fixasse ou fosse susceptíveis de fixar o preço de um ou mais cripto-activos a um nível anormal ou artificial.

Excepciona-se igualmente aquelas situações em que se trate de realizar transacções, colocar uma ordem de negociação ou praticar qualquer outra actividade ou conduta que afecte, ou seja susceptível de afectar, o preço de um ou mais cripto-activos, recorrendo a procedimentos fictícios ou quaisquer outras formas de engano ou artifício, bem como aquelas hipóteses em que se trate de divulgar informações através dos meios de comunicação social, incluindo a Internet, ou através de outros meios, que dêem ou sejam susceptíveis de dar indicações falsas ou enganosas quanto à oferta, à procura ou ao preço de um cripto-activo ou sejam susceptíveis de fixar o preço de um ou mais cripto-activos a um nível anormal ou artificial, incluindo a divulgação de rumores, quando a pessoa que procedeu à divulgação sabia ou devia saber que essas informações eram falsas ou enganosas.

Para todos os efeitos, considerar-se-á como manipulação de mercado, a conduta de assegurar uma posição dominante sobre a oferta ou a procura de um cripto-activo, que tenha ou possa ter por efeito a fixação, de forma directa ou indirecta, de preços de compra ou de venda ou que crie, ou seja susceptível de criar, outras condições de negociação não equitativas, ou a de colocar ordens numa plataforma de negociação de cripto-activos, incluindo o seu cancelamento ou alteração, por meio de qualquer mecanismo de negociação, tendo como efeito perturbar ou diferir o funcionamento da plataforma de negociação de cripto-activos ou participar em actividades susceptíveis de ter esse efeito ou de dificultar a identificação por outras pessoas de ordens verdadeiras na plataforma de negociação de cripto-activos ou participar em actividades susceptíveis de ter esse efeito, nomeadamente através da introdução de ordens que resultem na desestabilização do funcionamento normal da plataforma de negociação de cripto-activos ou ainda de gerar uma indicação falsa ou enganosa sobre a oferta, a procura ou o preço de um cripto-activo, nomeadamente através da introdução de ordens para iniciar ou exacerbar uma tendência ou a participação em actividades susceptíveis de ter esse efeito.

Será ainda tido como manipulação de mercado o facto de se tirar proveito do acesso pontual ou regular aos meios de comunicação social (tradicionais ou electrónicos) emitindo opiniões sobre um cripto-activo, tendo previamente assumido posições nesse cripto-activo e tirando seguidamente proveito do impacto dessas opiniões no preço desse cripto-activo, sem simultaneamente ter revelado ao público, de forma adequada e eficaz, esse conflito de interesses.

### 3.13 Autoridades Competentes

No Título VII da Proposta de Regulamento determina-se que serão autoridades competentes a EBA (Autoridade Bancária Europeia) e ESMA (Autoridade Europeia dos Valores Mobiliários e dos Mercados), sendo que de acordo com o art. 81º os Estados-Membros designam as autoridades competentes responsáveis pelo exercício das funções e deveres previstos na proposta de regulamento e informam desse facto a EBA e a ESMA, sendo que nos casos em que os Estados-Membros designem mais do que uma autoridade competente nos termos do nº 1, determinam as respectivas atribuições e designam uma delas como ponto de contacto único para efeitos de cooperação administrativa transfronteiriça entre autoridades competentes, bem como com a EBA e a ESMA, devendo esta última publicar no seu sítio Web a lista das autoridades competentes designadas por cada Estado.

Na proposta de Regulamento prevê-se que para o desempenho das suas funções previstas nos títulos II, III, IV e V do regulamento, as autoridades competentes disporão, pelo menos, nos termos do direito nacional, dos poderes de supervisão e investigação para exigir aos prestadores de serviços de cripto-activos, bem como às pessoas singulares ou colectivas que os controlem ou que sejam por estes controladas, que forneçam informações e documentos, para exigir aos membros do órgão de administração dos prestadores de serviços de cripto-

-activos que forneçam informações, para suspender, ou exigir que um prestador de serviços de cripto-activos suspenda, a prestação do serviço de cripto-activos por um período máximo de 10 dias úteis consecutivos de cada vez, caso existam motivos razoáveis para crer que o presente regulamento foi infringido, para proibir a prestação de serviços de cripto-activos nos casos em que constatem que o presente regulamento foi infringido, para divulgar, ou exigir que um prestador de serviços de cripto-activos divulgue, todas as informações relevantes susceptíveis de influenciar a prestação dos serviços de cripto-activos, no intuito de assegurar a protecção dos consumidores ou o regular funcionamento do mercado e para tornar público o facto de que um prestador de serviços de cripto-activos está em situação de incumprimento das suas obrigações.

Deverão ainda ser dotadas dos poderes necessários para suspender, ou exigir que um prestador de serviços de cripto-activos suspenda, a prestação de serviços de cripto-activos nos casos em que as autoridades competentes considerem que a situação desse prestador é tal que a prestação do referido serviço prejudicaria os interesses dos consumidores, para transferir os contratos em vigor para outro prestador de serviços de cripto-activos nos casos em que a autorização de um prestador de serviços de cripto-activos seja revogada nos termos do artigo 56º, sob reserva do acordo dos clientes e do prestador de serviços de cripto-activos para o qual os contratos são transferidos.

Sempre que existam motivos para presumir que uma pessoa presta um serviço de cripto-activos sem autorização, deverão poder exigir a essa pessoa que forneça informações e documentos e sempre que existam motivos para presumir que uma pessoa emite criptofichas referenciadas a activos ou criptofichas de moeda electrónica sem autorização, deverão poder exigir a essa pessoa que forneça informações e documentos, sendo que em casos urgentes, sempre que existam motivos para presumir que uma pessoa presta serviços de cripto-activos sem autorização, ordenar a cessação imediata da actividade, sem aviso prévio ou imposição de um prazo para o efeito.

Prevê-se igualmente a possibilidade de serem realizadas inspecções ou investigações em locais que não sejam as residências privadas de pessoas singulares e, para esse efeito, a possibilidade de entrar em instalações a fim de ter acesso a documentos e outros dados, independentemente da sua forma, caso haja uma suspeita razoável de que esses documentos e outros dados relacionados com o objecto da inspecção ou investigação possam ser relevantes para provar uma infracção ao presente regulamento, sendo que os poderes de supervisão e investigação exercidos em relação a emitentes de criptofichas de moeda electrónica não prejudicam os poderes concedidos às autoridades competentes relevantes nos termos das leis nacionais que transpõem a Directiva 2009/110/CE.

Determina-se na proposta que para o desempenho das suas funções as autoridades competentes possam dispor pelo menos, nos termos do direito nacional, dos poderes de supervisão e investigação necessários para ter acesso a quaisquer documentos e dados, independentemente da sua forma, e receber ou fazer uma cópia dos mesmos e para solicitar ou exigir informações a qualquer pessoa, incluindo as pessoas que sucessivamente intervenham na transmissão de ordens ou na realização das operações em causa, bem como os seus comitentes, e, se necessário, intimar uma pessoa e colher o seu depoimento com vista a obter informações.

### 3.14 Jurisdição e Taxas

Previsto no artigo 118º da Proposta de Regulamento, o controlo da legalidade será efectuado pelo Tribunal de Justiça da união Europeia, sendo a sua competência ilimitada para controlar a legalidade das decisões através das quais a EBA tenha aplicado uma coima ou uma sanção pecuniária compulsória ou qualquer outra sanção ou medida administrativa nos termos da proposta de regulamento.

Assim, concede-se ao Tribunal de Justiça o poder de anular, reduzir ou aumentar a coima ou a sanção pecuniária compulsória que venha a ser aplicada nos termos da Proposta de Regulamento.

Mas, para além das coimas, prevê-se igualmente a possibilidade de cobrança de taxas de supervisão (assim o artigo 119º), permitindo-se à EBA que cobre taxas aos emitentes de criptofichas referenciadas a activos e de criptofichas de moeda electrónica significativas em conformidade com o regulamente e com os actos delegados adoptados nos termos do nº 3.

Tais taxas cobrirão as despesas suportadas pela EBA com a supervisão de emitentes de criptofichas referenciadas a activos e de criptofichas de moeda electrónica significativas em conformidade com o artigo 98º, e com o reembolso dos custos em que as autoridades competentes possam incorrer no exercício de actividades prosseguidas nos termos do presente regulamento, nomeadamente em resultado de uma delegação de atribuições em conformidade com o artigo 120º.

Define-se que o montante da taxa cobrada a um emitente de criptofichas referenciadas a activos significativas deva ser proporcionado ao volume dos seus activos de reserva e cobrir todos os custos suportados pela EBA na prossecução das suas atribuições de supervisão em conformidade com o presente regulamento.

Assim, o montante da taxa cobrada a um emitente de criptofichas de moeda electrónica significativas deve ser proporcionado à dimensão da moeda electrónica emitida em troca de fundos e cobrir todos os custos suportados pela EBA na prossecução das suas atribuições de supervisão em conformidade com o regulamento devendo a Comissão adoptar um acto delegado para especificar o tipo de taxas, os actos sujeitos às taxas, o montante das taxas e a forma como estas devam ser pagas, bem como a metodologia para o cálculo do montante máximo por entidade que a EBA poderá.

### 4. Negócios com Cripto-activos

Como já referido são já vários os negócios relativos a venda de NFT's (*Non-fungible token*) como quadros, calçado virtual ou mesmo casas.

Tal como noticiado pelo jornal The Guardian (disponível em https://www.theguardian.com/fashion/2021/mar/19/a-virtual-steal-the-gucci-sneakers-for-sale-at-1799) os ténis digitais da marca de luxo *Gucci* estão à venda por $17.99, e são os primeiros ténis da marca que podem ser utilizados exclusivamente em mundos virtuais ou de realidade aumentada, mas na verdade acredita-se que se esteja apenas no inicio de um novo mercado.

O timing deste novo produto será, para o diário, deliberado, uma vez que o aumento de gastos com bens que apenas existem na realidade digital tem ocupado os últimos cabeçalhos com os novos mercados especulativos dos tokens não-fungíveis (NFT's) a aquecer, nomeadamente com venda de obras de arte.

Foi igualmente notícia a 24 de Março de 2021, (disponível em https://edition.cnn.com/style/article/digital-nft-mars-house-scli-intl/index.html) a venda da primeira casa digital NFT do mundo, por $500,000,00 (€422,850,85 que correspondem na verdade a 288 Ether, a criptomoeda utilizada na compra), num projecto idealizado pela artista Krista Kim.

Com o nome Mars House, a primeira casa digital do mundo NFT foi notícia mundial, abrindo caminho à arte digital e outros bens para serem vendidos na rede.

O NFT é um token único digital que verifica efectivamente a autenticidade e propriedade do bem. É encriptado com a assinatura do artista na sua blockchain, da mesma forma que é utilizado para marcar as criptomoedas como a bitcoin.

A questão que se coloca será, pois, qual o tipo de contrato a celebrar quando estiverem em causa a compra e venda de bens não fungíveis, ou a sua venda em conjunto com outros objectos ou bens sujeitos a registo.

Por exemplo, a aquisição com recurso a cripto-moedas de um carro.

Ou, por exemplo, a aquisição de um imóvel. E se essa venda de imóvel for igualmente acompanhada de uma casa digital? *Quid iuris*?

Para o Artigo 1302º (Objecto do direito de propriedade) apenas poderão ser objecto do direito de direito de propriedade regulado no Código Civil, as coisas corpóreas, móveis ou imóveis, gozando o proprietário de modo pleno e exclusivo dos direitos de uso, fruição e disposição das coisas que lhe pertencem, dentro dos limites da lei e com observância das restrições por ela impostas.

Mas é no artigo 1303º relativo à propriedade intelectual que encontraremos a nossa resposta – ali se prevê que os direitos de autor e a propriedade industrial se regularão por legislação especial (Decreto-Lei nº 63/85, de 14 de Março por exemplo), sendo, todavia, subsidiariamente aplicáveis aos direitos de autor e à propriedade industrial as disposições da Lei Civil, quando se harmonizem com a natureza daqueles direitos e não contrariem o regime para eles especialmente estabelecido.

Ora, precisamente no Decreto-Lei nº 63/85, de 14 de Março que veio aprovar o Código do Direito de Autor e dos Direitos Conexos, na actual redacção dada pela Lei nº 92/2019, de 4 de Setembro, encontramos a definição de Obras originais (art. 2º) como as criações intelectuais do domínio literário, científico e artístico, quaisquer que sejam o género, a forma de expressão, o mérito, o modo de comunicação e o objectivo, compreendem nomeadamente obras de desenho, tapeçaria, pintura, escultura, cerâmica, azulejo, gravura, litografia e arquitectura, obras fotográficas ou produzidas por quaisquer processos análogos aos da fotografia, obras de artes aplicadas, desenhos ou modelos industriais e obras de design que constituam criação artística, independentemente da protecção relativa à propriedade industrial, ilustrações e cartas geográficas bem como projectos, esboços e obras plásticas respeitantes à arquitectura, ao urbanismo, à geografia ou às outras ciências (alíneas g), h), i), j), l) do art. 2º).

De acordo com o referido código, a exploração e, em geral, a utilização da obra podem fazer-se, segundo a sua espécie e natureza, por qualquer dos modos actualmente conhecidos ou que de futuro o venham a ser, prevendo-se que assiste ao autor, entre outros, o direito exclusivo de fazer ou autorizar, qualquer forma de distribuição do original ou de cópias da obra, tal como venda, aluguer ou comodato.

Prevê-se ainda o direito de colocação à disposição do público, por fio ou sem fio (numa clara tradução de online ou offline), da obra por forma a torná-la acessível a qualquer pessoa a partir do local e no momento por ela escolhido.

Tal como previsto no Código do Direito de Autor e dos Direitos Conexos, os actos de disposição lícitos, mediante a primeira venda ou por outro meio de transferência de propriedade, esgotam o direito de distribuição do original ou de cópias, enquanto exemplares tangíveis, de uma obra na União Europeia.

Encontramos igualmente no referido Código, no seu artigo 47º sob a epígrafe de penhora e arresto menção à possibilidade dos direitos patrimoniais do autor sobre todas ou algumas das suas obras poderem ser objecto de penhora ou arresto, observando-se relativamente à arrematação em execução o disposto no artigo 46ºquanto à venda do penhor.

Estando igualmente previsto o Direito de sequência, que consistirá na possibilidade conferida ao autor de uma obra de arte original que não seja de arquitectura nem de arte aplicada a uma participação sobre o preço obtido, livre de impostos, pela venda dessa obra, realizada mediante a intervenção de qualquer agente que actue profissional e estavelmente no mercado de arte, após a sua alienação inicial por aquele, entendendo-se por 'obra de arte original' qualquer obra de arte gráfica ou plástica, tal como quadros, colagens, pinturas, desenhos, serigrafias, gravuras, estampas, litografias, esculturas, tapeçarias, cerâmicas, vidros e fotografias, na medida em que seja executada pelo autor ou se trate de cópias consideradas como obras de arte originais, devendo estas ser numeradas, assinadas ou por qualquer modo por ele autorizadas.

### 4.1 Compra e venda ou permuta

Tal como referido pelo Professor Inocêncio Galvão Telles, "*Em sentido muito amplo, desprovido de rigor técnico-jurídico, obrigação designa o lado passivo de qualquer relação jurídica, ou seja, de qualquer relação da vida social regulada e tutelada pelo Direito*" sendo em "*sentido restrito e próprio uma categoria específica, bem individualizada, que se contrapõe a outras categorias: a sujeição e o ónus*" (Direito das Obrigações, Inocêncio Galvão Telles, Coimbra Editora, 1997).

Assim, refere que "*Nos contratos, pelo menos nos bilaterais ou sinalagmáticos, a posição das partes apresenta-se com uma complexidade particular, constituída como é não só por deveres principais e acessórios, mas também por créditos igualmente principais e acessórios, por direitos potestativos, estados de sujeição, ónus, expectativas jurídicas, excepções (meios de defesa). Cada uma das partes é titular da sua posição contratual, misto de elementos activos e passivos, e as duas posições, que se interpenetram e são incindíveis, formam uma relação contratual.*" (assim Direito das Obrigações, Inocêncio Galvão Telles, Coimbra Editora, 1997).

Mas importa ter em consideração que, tratando-se da venda de imóveis, entraremos no campo dos Direitos Reais.

Tal como ensina o Professor José de Oliveira Ascensão no seu livro de Direito Civil – Reais (Coimbra Editora, 5ª Edição, 2000), "A palavra reais deriva de res, rei, que significa coisa. Há assim entre as expressões «Direito das Coisas» e «Direitos Reais» manifestas afinidades".

Tal como ensina, "*O sistema do Código Civil assenta na classificação germânica e, por isso, o Livro III é dedicado ao «Direito das Coisas». Temos pois na lei um importante ponto de partida para a determinação da matéria que nos ocupa – ainda que esse ponto de partida deva mais tarde vir a ser superado, mediante uma delimitação mais rigorosa da nossa disciplina.*"

E, nessa sequência são apresentados os seis títulos do Livro III do Código Civil (I – Da Posse, II – Do Direito de Propriedade, III – Do usufruto, uso e habitação, IV – Da enfiteuse (já revogado, seria o arrendamento vitalício ou de longa duração, V – Do direito de superfície e VI – Das Servidões de Passagem).

Mas, tal como referido na citada obra, a propósito da posse, "*Apresenta-se por vezes uma noção muito ampla de posse, de molde a abarcar o exercício de todo e qualquer direito. (...) Ao Direito das Coisas só interessa a posse que corresponda a direitos relativos a coisas. (...)*".

A questão que se impõe colocar prende-se com a necessidade de registo uma vez que a lei estabelece a obrigatoriedade de registo, para efeitos de publicidade à situação jurídica dos prédios, tendo em vista a segurança do comércio jurídico.

Ora, se é certo que o sistema jurídico português não prevê o registo de bens não fungíveis, o certo é que na celebração de contratos de compra e venda (ou de permuta) o legislador previu já o depósito de documentos (no sítio da internet www.predialonline.pt).

Nos termos do disposto no art. 22º do Decreto-Lei nº 116/2008, de 04.07 na redacção dada pelo Decreto-Lei nº99/2010, de 2 de Setembro, que veio adoptar medidas de simplificação, desmaterialização e eliminação de actos e procedimentos no âmbito do registo predial e actos conexos, alterando diversos diplomas, os actos que importem reconhecimento, constituição, aquisição, modificação, divisão ou extinção dos direitos de propriedade, usufruto, uso e habitação, superfície ou servidão sobre coisas imóveis, os actos de constituição, alteração e distrate de consignação de rendimentos e de fixação ou alteração de prestações mensais de alimentos, quando onerem coisas imóveis, os actos de alienação, repúdio e renúncia de herança ou legado, de que façam parte coisas imóveis, os actos de constituição e liquidação de sociedades civis, se esta for a forma exigida para a transmissão dos bens com que os sócios entram para a sociedade, os actos de constituição e de modificação de hipotecas, a cessão destas ou do grau de prioridade do seu registo e a cessão ou penhor de créditos hipotecários, as divisões de coisa comum e as partilhas de patrimónios hereditários, societários ou outros patrimónios comuns de que façam parte coisas imóveis e todos os demais actos que importem reconhecimento, constituição, aquisição, modificação, divisão ou extinção dos direitos de propriedade, usufruto, uso e habitação, superfície ou servidão sobre imóveis, para os quais a lei não preveja forma especial, só serão considerados válidos se forem celebrados por escritura pública ou documento particular autenticado.

Após a sua celebração, impor-se-á, sobre aqueles negócios, o seu registo, tendo em conta a necessidade de publicidade registral (das situações jurídicas) e o competente acto de registo dos factos (quer seja a inscrição, ou o averbamento).

Tal como previsto no artigo 24º (Documento particular autenticado) do referido diploma, os documentos particulares que titulem actos sujeitos a registo predial deverão conter os requisitos legais a que estão sujeitos os negócios jurídicos sobre imóveis, aplicando-se subsidiariamente o Código aprovado pelo Decreto-Lei nº 207/95, de 14 de Agosto, dependendo a validade da autenticação dos documentos particulares, de depósito electrónico desses documentos, bem como de todos os documentos que os instruam.

O efeito imediato do registo será a fé pública dada ao negócio celebrado, e que no caso de contratos sobre NFT não pode ainda ser dada resposta no nosso sistema interno, sem prejuízo da evolução tecnológica que já o faz através do registo em Blockchains.

Ainda assim, será possível admitir a celebração de contratos de compra e venda sobre NTFs – ou, no limite, de contratos de permuta – em que haja o pagamento com recurso a cripto-moedas (consoante se admita e reconheça a criptomoeda como moeda em si, ou como um bem ou activo, respectivamente).

Assim, as partes convencionarão um valor que atribuem ao bem (físico ou não fungível), que pode ser expresso em moeda com curso legal em Portugal com correspondência a uma cripto-moeda como a Bitcoin ou Stellar Lumen.

Tal como decidido no Acórdão do Tribunal da Relação do Porto 23-07-1976 no Processo 0012899, "*I – Nas obrigações de valor, revestindo embora a natureza de obrigações pecuniárias, uma vez que a sua liquidação tem de ser efectuada em dinheiro, não estão sujeitas ao princípio nominalista.*".

Ora, precisamente quanto às modalidades das obrigações (pecuniárias) estabelece-se no nosso Código Civil a possibilidade de celebração de negócios relativos a moeda com curso legal apenas no estrangeiro prevendo-se que a estipulação do cumprimento em moeda com curso legal apenas no estrangeiro (admitindo nós a admissibilidade de extensão às criptomoedas) não impede o devedor de pagar em moeda com curso legal no País, segundo o câmbio do dia do cumprimento e do lugar para este estabelecido, salvo se essa faculdade houver sido afastada pelos interessados.

Neste sentido, o Acórdão do Tribunal da Relação de Lisboa de 25-05-2010 no processo 144/06.5TBVLS.L1-1 e no âmbito do qual se decidiu que "*IV – O art. 558º do Código Civil manda atender ao câmbio do dia do cumprimento e não do vencimento da obrigação, diferentemente do que se prevê no art. 41º da Lei Uniforme Sobre Letras e Livranças.*

*V – O cumprimento das obrigações pecuniárias deve fazer-se, salvo estipulação em contrário, atendendo ao valor nominal da moeda à data em que for efectuado, independentemente de eventuais desvalorizações ou revalorizações monetárias que tenham ocorrido.*"

## 4.2 Contratos híbridos ou mistos

Tal como distinguido pelo Professor Inocêncio Galvão Telles, "*Os direitos reais são direitos sobre coisas; os direitos de crédito são direitos contra pessoas. Os Direitos reais traduzem-se num poder directo e imediato sobre determinados bens; os direitos de crédito num poder dirigido contra determinada pessoa, tendente a obter a sua colaboração ou cooperação. Mesmo quando a obrigação respeite a um objecto material, entre o credor e este interpõe-se o devedor.*

*Os direitos reais, porque inerentes a bens, gozam dos atributos da sequela e da preferência, que não assistem aos direitos de crédito. Assim, os titulares dos primeiros podem reivindicar a coisa sobre que recaem, qualquer que seja a pessoa que a detenha.*" (Direito das Obrigações, Inocêncio Galvão Telles, Coimbra Editora, 1997).

Mas, a propósito dos contratos mistos, refere-se na citada obra que "*resultam da fusão de dois ou mais contratos ou de partes de contratos distintos, ou da inclusão num contrato de aspectos próprios de outro ou outros. Em qualquer dos casos há fusão e não simples cúmulo. O contrato misto é um contrato só, não se identificando com a união de contratos* (...)" devendo aos referidos contratos ver aplicada a teoria da absorção ou da combinação, dependendo se o contrato se reconduz a determinado tipo legal (dando o exemplo da venda por preço de favor), ou se o contrato resulta de concurso de diferentes espécies contratuais que concorrem para a sua formação, respectivamente.

Imagine-se a compra e venda de um edifício na Baixa Pombalina sendo pressuposto do negócio a venda do mesmo prédio NTF (nomeadamente com entrega do suporte digital com plantas).

Ora será precisamente aqui que poderá residir a nossa solução, a criação de um contrato misto que inclua, na verdade, aspectos jurídicos próprios quer de um contrato de compra e venda de prédio sujeito a registo, quer de contrato de venda de um bem não fungível.

Neste caso em concreto, e pressupondo a identidade do bem físico com o bem NFT, o registo do primeiro (sobre o prédio) permitirá fazer referência ao facto de que é igualmente transmitido o token correspondente ao prédio físico cujo negócio é sujeito a registo.

# VIII. Comércio Electrónico no Mercado Interno, Sítios em linha e Lojas Virtuais

## 1. Contratação Electrónica

O Decreto-Lei nº 7/2004, de 07 de Janeiro trata do Comércio Electrónico no Mercado Interno e Tratamento de Dados (actualmente em vigor na redacção dada pela Lei nº 40/2020, de 18 de Agosto).

O referido diploma transpõe para a ordem jurídica interna a Directiva nº 2000/31/CE, do Parlamento Europeu e do Conselho, de 8 de Junho de 2000, relativa a certos aspectos legais dos serviços da sociedade de informação, em especial do comércio electrónico, no mercado interno (Directiva sobre Comércio Electrónico).

No Capítulo V do referido diploma cuja epigrafe é Contratação electrónica, consta que as disposições ali constantes serão aplicáveis a todo o tipo de contratos celebrados por via electrónica ou informática, sejam ou não qualificáveis como comerciais.

Para o efeito, prevê-se que é livre a celebração de contratos por via electrónica, sem que a validade ou eficácia destes seja prejudicada pela utilização deste meio, ficando ainda assim excluídos do referido princípio da admissibilidade aqueles negócios jurídicos familiares e sucessórios, ou que exijam a intervenção de tribunais, entes públicos ou outros entes que exerçam poderes públicos, nomeadamente quando aquela intervenção condicione a produção de efeitos em relação a terceiros e ainda os negócios legalmente sujeitos a reconhecimento ou autenticação notariais.

Ficam igualmente excluídos os negócios reais imobiliários, com excepção do arrendamento, o que demonstra uma abertura do Legislador para uma nova realidade.

Ficarão, ainda por ora excluídos, os negócios de caução e de garantia, mas ainda assim, apenas caso não se integrem na actividade profissional de quem as presta, estabelecendo-se a obrigatoriedade de aceitação da via electrónica para a celebração de um contrato quem se tiver vinculado a proceder dessa forma (por exemplo, por contrato promessa ou outro tipo de contrato), prevendo ainda assim o legislador a proibição de cláusulas contratuais gerais que imponham a celebração por via electrónica dos contratos com consumidores.

Relativamente à forma, prevê-se que as declarações emitidas por via electrónica satisfarão a exigência legal de forma escrita quando contidas em suporte que ofereça as mesmas garantias de fidedignidade, inteligibilidade e conservação, valendo o documento electrónico como documento assinado quando satisfizer os requisitos da legislação sobre assinatura electrónica e certificação.

Neste sentido, o Decreto-Lei nº 12/2021, de 9 de Fevereiro, o qual assegura a execução na ordem jurídica interna do Regulamento (UE) 910/2014 do Parlamento Europeu e do Conselho, de 23 de Julho de 2014, relativo à identificação electrónica e aos serviços de confiança para as transacções electrónicas no mercado (Regulamento) e regula a validade, eficácia e valor probatório dos documentos electrónicos, o reconhecimento e aceitação, na ordem jurídica portuguesa, dos meios de identificação electrónica de pessoas singulares e colectivas e prevê as normas aplicáveis ao Sistema de Certificação Electrónica do Estado – Infra-estrutura de Chaves Públicas (SCEE).

Aplicando-se o referido decreto-lei quer aos documentos electrónicos elaborados por particulares quer àqueles elaborados pela Administração Pública.

Resulta do artigo 3º que o documento electrónico satisfará o requisito legal de forma escrita quando o seu conteúdo seja susceptível de representação como declaração escrita sendo que a aposição de uma assinatura electrónica qualificada a um documento electrónico equivale à assinatura autógrafa dos documentos com forma escrita sobre suporte de papel e cria a presunção de que a pessoa que apôs a assinatura electrónica qualificada é o titular desta ou é representante, com poderes bastantes, da pessoa colectiva em causa, que a assinatura electrónica qualificada foi aposta com a intenção de assinar o documento electrónico e que o documento electrónico não sofreu alteração desde que lhe foi aposta a assinatura electrónica qualificada.

Mas no que à celebração de contratos diz respeito, prevê-se no artigo 27º (Dispositivos de identificação e correcção de erros) do Decreto-Lei nº 7/2004, de 07 de Janeiro, o prestador de serviços em rede que celebre contratos por via electrónica deverá disponibilizar aos destinatários dos serviços, salvo acordo em contrário das partes que não sejam consumidores, meios técnicos eficazes que lhes permitam identificar e corrigir erros de introdução, antes de formular uma ordem de encomenda.

Prevê-se que o prestador de serviços em rede que celebre contratos em linha deva facultar aos destinatários, antes de ser dada a ordem de encomenda, informação mínima inequívoca que inclua o processo de celebração do contrato, o arquivamento ou não do contrato pelo prestador de serviço e a acessibilidade àquele pelo destinatário, a língua ou línguas em que o contrato pode ser celebrado, os meios técnicos que o prestador disponibiliza para poderem ser identificados e corrigidos erros de introdução que possam estar contidos na ordem de encomenda, os termos contratuais e as cláusulas gerais do contrato a celebrar e os códigos de conduta de que seja subscritor e a forma de os consultar electronicamente.

Mas no que ao sistema de encomendas diz respeito, logo que receba uma ordem de encomenda por via exclusivamente electrónica, o prestador de serviços deve acusar a recepção igualmente por meios electrónicos, salvo acordo em contrário com a parte que não seja consumidora, sendo tal aviso de recepção da encomenda dispensado apenas nos casos em que haja a imediata prestação em linha do produto ou serviço.

O referido diploma prevê que o aviso de recepção deva conter a identificação fundamental do contrato a que se refere, devendo o prestador enviar a comunicação para o endereço electrónico que foi indicado ou utilizado pelo destinatário do serviço e tornando-se a encomenda definitiva com a confirmação do destinatário, dada na sequência do aviso de recepção, reiterando a ordem emitida.

Quanto aos contratos celebrados exclusivamente por correio electrónico ou outro meio de comunicação individual equivalente, não será exigível a existência de dispositivos de identificação e correcção de erros (Artigo 27º), Informações prévias (Artigo 28º) ou Ordem de encomenda e aviso de recepção (Artigo 29º).

Prevê-se que os termos contratuais e as cláusulas gerais, bem como o aviso de recepção, devam ser sempre comunicados de maneira que permita ao destinatário armazená-los e reproduzi-los, sendo que a ordem de encomenda, o aviso de recepção e a confirmação da encomenda consideram-se recebidos logo que os destinatários têm a possibilidade de aceder a eles.

O referido diploma estabelece ainda que a oferta de produtos ou serviços em linha representa uma proposta contratual quando contiver todos os elementos necessários para que o contrato fique concluído com a simples aceitação do destinatário, representando, caso contrário, um convite a contratar, determinando que o mero aviso de recepção da ordem de encomenda não tem significado para a determinação do momento da conclusão do contrato.

Por outro lado, consagra-se a equiparação da contratação sem intervenção humana, isto é, a contratação celebrada exclusivamente por meio de computadores, sem intervenção humana, ao regime comum, salvo quando este pressupuser uma actuação.

No caso do contratante digital (o programa informático ou equipamento), este verá igualmente aplicáveis as disposições sobre erro, nomeadamente na formação da vontade, se houver erro de programação, na declaração, se houver defeito de funcionamento da máquina e na transmissão, se a mensagem chegar deformada ao seu destino.

Sendo que, nestes casos, a outra parte não pode opor-se à impugnação por erro sempre que lhe fosse exigível que dele se apercebesse, nomeadamente pelo uso de dispositivos de detecção de erros de introdução.

Surge previsto no artigo 34º do Decreto-Lei nº 7/2004, de 07 de Janeiro a possibilidade de solução de litígios por via electrónica, sendo permitido o funcionamento em rede de formas de solução extrajudicial de litígios entre prestadores e destinatários de serviços da sociedade da informação, com observância das disposições concernentes à validade e eficácia dos documentos electrónicos.

## 2. Prestadores de Serviços

Mas o Decreto-Lei nº 7/2004, de 07 de Janeiro exclui do seu âmbito de aplicação (art. 2º) a matéria fiscal, a disciplina da concorrência, o regime do tratamento de dados pessoais e da protecção da privacidade, os jogos de fortuna, incluindo lotarias e apostas, em que é feita uma aposta em dinheiro e, no que ao Direito diz respeito, exclui igualmente o patrocínio judiciário e a actividade notarial ou equiparadas, enquanto caracterizadas pela fé pública ou por outras manifestações de poderes públicos.

Relativamente aos novos prestadores de serviços da sociedade da informação, estabelece-se o Princípio da liberdade de exercício, entendendo-se por «serviço da sociedade da informação» qualquer serviço prestado a distância por via electrónica, mediante remuneração ou pelo menos no âmbito de uma actividade económica na sequência de pedido individual do destinatário e consagrando-se que a actividade de prestador de serviços da sociedade da informação não depende de autorização prévia, não ficando, ainda assim, excluída a aplicação da legislação vigente que com seja compatível com o referido Decreto-Lei, nomeadamente no que respeita ao regime dos contratos celebrados a distância e à protecção dos consumidores, incluindo investidores, resultante da restante legislação nacional.

Assim, os prestadores de serviços da sociedade da informação estabelecidos em Portugal passam a ficar integralmente sujeitos à lei portuguesa relativa à actividade que exerçam, mesmo no que concerne a serviços da sociedade da informação prestados noutro país comunitário, determinando-se que um prestador de serviços que exerça uma actividade económica no país mediante um estabelecimento efectivo considera-se estabelecido em Portugal seja qual for a localização da sua sede, não configurando a mera disponibilidade de meios técnicos adequados à prestação do serviço, só por si, um estabelecimento efectivo.

Mas, no caso do prestador estabelecido em vários locais, a norma determina que se considera estabelecido no local em que tenha o centro das suas actividades relacionadas com o serviço da sociedade da informação.

Também nos casos dos prestadores intermediários de serviços em rede que pretendam exercer estavelmente a actividade em Portugal, estabelece-se que os mesmos deverão previamente proceder à inscrição junto da entidade de supervisão central, sendo «Prestadores intermediários de serviços em rede» todos aqueles que prestem serviços técnicos para o acesso, disponibilização e utilização de informações ou serviços em linha independentes da geração da própria informação ou serviço.

Os prestadores de serviços abrangidos pelo referido diploma deverão disponibilizar permanentemente em linha, em condições que permitam um acesso fácil e directo, elementos completos de identificação que incluam, o seu nome ou denominação social, o seu endereço geográfico em que se encontrem estabelecidos e endereço electrónico, em termos de permitir uma comunicação directa, eventuais inscrições do prestador em registos públicos e respectivos números de registo e, sempre, o número de identificação fiscal.

Relativamente a responsabilidade dos prestadores de serviços em rede, consagra-se a equiparação (Princípio da equiparação) ao regime comum, nomeadamente em caso de associação de conteúdos.

Mas não estarão sujeitos a uma obrigação geral de vigilância sobre as informações que transmitem ou armazenam ou de investigação de eventuais ilícitos praticados no seu âmbito.

Caberá aos prestadores intermediários de serviços a obrigação para com as entidades competentes de informar de imediato quando tiverem conhecimento de actividades ilícitas que se desenvolvam por via dos serviços que prestam, de satisfazer os pedidos de identificar os destinatários dos serviços com quem tenham acordos de armazenagem, de cumprir prontamente as determinações destinadas a prevenir ou pôr termo a uma infracção, nomeadamente no sentido de remover ou impossibilitar o acesso a uma informação e de fornecer listas de titulares de sítios que alberguem, quando lhes for pedido.

Estabelece-se igualmente deveres de bloqueio, devendo os prestadores intermediários de serviços em rede assegurar, num prazo de 48 horas, o bloqueio dos sítios identificados como contendo pornografia de menores ou material conexo, através de procedimento transparente e com garantias adequadas, nomeadamente assegurando que a restrição se limita ao que é necessário e proporcionado, e que os utilizadores são informados do motivo das restrições.

### 3. Protecção de Dados

Da Carta dos Direitos Fundamentais da União Europeia consta que "*Todas as pessoas têm direito ao respeito pela sua vida privada e familiar, pelo seu domicílio e pelas suas comunicações*". (Artigo 7º – Respeito pela vida privada e familiar) e que "*Todas as pessoas têm direito à protecção dos dados de carácter pessoal que lhes digam respeito*" sendo que "*Esses dados devem ser objecto de um tratamento leal, para fins específicos e com o consentimento da pessoa interessada ou com outro fundamento legítimo previsto por lei. Todas as pessoas têm o direito de aceder aos dados coligidos que lhes digam respeito e de obter a respectiva rectificação.*" (Artigo 8º – Protecção de dados pessoais)

É precisamente neste contexto que encontramos o Regulamento (UE) 2016/679 do Parlamento Europeu e do Conselho, de 27 de Abril de 2016, relativo à protecção das pessoas singulares no que diz respeito ao tratamento de dados pessoais e à livre circulação desses dados e que revogou a Directiva 95/46/CE (Regulamento Geral sobre a Protecção de Dados) o qual entrou em vigor a 25 de Maio de 2018.

A politica de *Cookies* deverá ser abordada no âmbito da politica de protecção de dados, com informação detalhada dirigida para o utilizador sobre o que é um *Cookie*, o motivo da sua utilização e uma descrição dos eventuais *Cookies* utilizados e respectivas funcionalidades (com menção do nome, Entidade responsável, validade, necessidade e finalidade).

Os sítios que funcionem com *Cookies* deverão apresentar a referida informação ao utilizador assim que acede ao respectivo endereço, com opção para confirmar se autoriza ou não a sua utilização e com possibilidade de configurar as suas escolhas e autorizações.

Relativamente a eventuais dados pessoais do utilizador ou cliente que já não sejam necessários para a prestação do serviço ou cumprimento de contrato, o titular dos dados ou pessoa por si designada, poderá solicitar que estes dados sejam apagados no âmbito do «direito a ser esquecido» (Artigo 17º da Directiva).

As referidas regras aplicar-se-ão igualmente a motores de pesquisa, como o Google, uma vez que são também considerados responsáveis pelo tratamento de dados.

Poderá ser solicitado que as ligações para páginas Web que incluam o nome do utilizador / Cliente sejam eliminadas dos resultados do motor de pesquisa, se as informações forem incorrectas, inadequadas, irrelevantes ou excessivas tendo em conta o contexto em que foram recolhidas, sendo que se for solicitado a determinada empresa que tenha disponibilizado os referidos dados pessoais em linha para os apagar, a empresa terá igualmente de informar quaisquer outros sítios Web em que esses dados tenham sido partilhados de que foi solicitado para apagar os referidos dados e ligações.

## 4. Termos e Condições

Os sítios da internet acessíveis aos utilizadores deverão dispor de uma secção com o nome de "Termos e Condições" onde constem as condições de disponibilização de conteúdos e as respectivas regras de utilização do sítio em linha, com expressa indicação do seu endereço, configurando um verdadeiro contrato de utilização por adesão.

Dever-se-á prever uma secção relativa a Condições gerais, de onde conste a identificação das partes (se possível através da identificação do endereço IP4 ou IP6 do utilizador e da identificação do titular dos conteúdos.

A menção de que a utilização do sítio por parte do utilizador pressupõe e implica o conhecimento e aceitação, pelo Cliente e Utilizador, dos referidos termos e Condições revelar-se-á igualmente importante, sendo sempre que possível, aconselhável que tal informação possa constar de sistema *pop up* a quando do acesso ao sítio (à imagem do que acontece actualmente com os *cookies*).

Deverá verificar-se a capacidade jurídica necessária que permita ao utilizador aceitar os referidos termos e condições, podendo o titular do sítio reservar-se ao direito de proceder à alteração dos presentes Termos e Condições, livremente e em qualquer momento.

A menção de liberdade de Utilização deverá igualmente ser feita nos sítios onde se preveja que, com respeito pela legislação aplicável, nomeadamente quanto à protecção dos direitos de autor e da propriedade industrial e as leis penais, haja liberdade de utilização do respectivo sítio podendo prever-se que o utilizador seja exclusivamente responsável pela utilização que fizer de todos os conteúdos disponíveis no sítio da internet ao qual aceder.

A fixação de actividades interditas poderá fazer parte do elenco de limitações, como por exemplo, aquelas que atentem contra os direitos da titular do sítio ou dos seus utilizadores ou dos restantes utilizadores da Internet, ou através da utilização de outra identidade, falsificando ou ocultando de qualquer forma a identidade em mensagens de correio electrónico, artigos de newsgroups, canais IRC ou em qualquer outro serviço Internet, produzindo ou reproduzindo conteúdos com características ofensivas, difamatórias ou susceptíveis de violar a privacidade ou outros direitos de terceiros, produzindo ou reproduzindo textos, dados, imagens ou programas com conteúdo ilícito, delituoso, racista, profano, pornográfico, obsceno, ou que, de qualquer forma, possam violar direitos humanos ou infringir a legislação em vigor, transmitindo, reproduzindo, publicitando a venda, oferta, troca ou procura de qualquer cópia ou forma de obtenção de cópia ou forma de utilização de cópia de programa de computador, obra musical, videograma, publicação escrita ou qualquer outra obra protegida pela legislação sobre direitos de autor ou sobre propriedade industrial, ou de qualquer outro material ou informação que possa estar legalmente protegido ou viole direitos de terceiros, independentemente do suporte utilizado, sem deter os respectivos direitos de transmissão, reprodução, publicitação, utilização ou autorização legalmente exigida ou introduzindo, transmitindo ou tornando acessível por qualquer forma material que contenha vírus, programas, sistemas ou ficheiros que destruam ou limitem a funcionalidade e/ou capacidade de qualquer computador, incluindo software e hardware ou equipamento de comunicações electrónicas, por exemplo.

Poderá prever-se que a violação referidos Termos e Condições possa dar lugar à tomada de providências para a salvaguarda de direitos no caso violação ou de tentativa da violação dos propostos termos, podendo o prestador de serviços optar, por exemplo, por suspender ou bloquear o acesso e a utilização do sítio ao utilizador, sem que para o mesmo advenha qualquer direito a compensação ou indemnização em virtude de tal facto.

A previsão de uma exclusão de responsabilidade relativamente a informação prestada por terceiros, poderá igualmente ser considerada na elaboração dos referidos termos.

Relativamente aos dados pessoais, deverá prever-se que o utilizador consente na recolha e tratamento informático dos seus dados, quando aplicável, autorizando que o titular do sítio insira os referidos dados numa base apropriada, devendo ser feita menção ao responsável pelo tratamento dos dados e devendo ser assegurado que o utilizador declara que os dados fornecidos se encontram actualizados e garantindo que os mesmos são verdadeiros.

Resulta, de resto da Lei mas deverá, ainda assim, ser divulgada a Lei e Foro Aplicável sendo, no caso dos prestadores de serviço Portugueses, de aplicar a Lei Portuguesa e devendo ser feita referência de que, em caso de litígio quanto à validade, eficácia, interpretação, integração, aplicação ou cumprimento dos referidos termos e condições, o titular do sítio e o utilizador aceitam que o referido litigio possa ser submetido a determinada jurisdição.

## 5. Comunicações Publicitárias em rede e marketing directo

Relativamente a comunicações publicitárias, estabelece-se que não constituem comunicação publicitária em rede as mensagens que se limitem a identificar ou permitir o acesso a um operador económico ou identifiquem objectivamente bens, serviços ou a imagem de um operador, em colectâneas ou listas, particularmente quando não tiverem implicações financeiras, embora se integrem em serviços da sociedade da informação, bem como as mensagens destinadas a promover ideias, princípios, iniciativas ou instituições.

A este respeito o Decreto-Lei nº 7/2004 prevê que a comunicação publicitária pode ter somente por fim promover a imagem de um operador comercial, industrial, artesanal ou integrante de uma profissão regulamentada.

Neste sentido, determina-se que nas comunicações publicitárias prestadas à distância, por via electrónica, devam ser claramente identificados de modo a serem apreendidos com facilidade por um destinatário comum, a natureza publicitária, logo que a mensagem seja apresentada no terminal e de forma ostensiva, o anunciante e eventuais ofertas promocionais, como descontos, prémios ou brindes, e os concursos ou jogos promocionais, bem como os condicionalismos a que ficam submetidos.

Quanto às comunicações não solicitadas (anteriormente previstas no art. 11º), viram o seu corpo revogado pela Lei nº 46/2012, de 29 de Agosto.

Anteriormente estabelecia-se que o envio de mensagens para fins de marketing directo, cuja recepção fosse independente de intervenção do destinatário, nomeadamente por via de aparelhos de chamada automática, aparelhos de telecópia ou por correio electrónico, carecia de consentimento prévio do destinatário, sendo ainda assim permitido ao fornecedor de um produto ou serviço, no que respeita aos mesmos ou a produtos ou serviços análogos, enviar publicidade não solicitada aos clientes com quem houvesse celebrado anteriormente transacções, se ao cliente tivesse sido explicitamente oferecida a possibilidade de o recusar por ocasião da transacção realizada e se não implicasse para o destinatário dispêndio adicional ao custo do serviço de telecomunicações.

Previa-se já a proibição de envio de correio electrónico para fins de marketing directo, ocultando ou dissimulando a identidade da pessoa em nome de quem fosse efectuada a comunicação, estabelecendo-se que cada comunicação não solicitada deveria indicar um endereço e um meio técnico electrónico, de fácil identificação e utilização, que permita ao destinatário do serviço recusar futuras comunicações.

Mas a Lei nº 46/2012, de 29 de Agosto (que veio transpor a Directiva nº 2009/136/CE, na parte que altera a Directiva nº 2002/58/CE, do Parlamento Europeu e do Conselho, de 12 de Julho, relativa ao tratamento de dados pessoais e à protecção da privacidade no sector das comunicações electrónicas, procedendo à primeira alteração à Lei nº 41/2004, de 18 de Agosto, e à segunda alteração ao Decreto-Lei nº 7/2004, de 7 de Janeiro), veio proceder à revogação do referido artigo e ampliar a regulação do referido tema.

Assim, o legislador incluiu na Lei nº 41/2004, de 18 de Agosto (relativa à protecção de dados pessoais e privacidade nas telecomunicações) os novos artigos Artigo 13º-A e 13º-B, tratando o primeiro das comunicações não solicitadas e prevendo a sujeição a consentimento prévio expresso do assinante que seja pessoa singular, ou do utilizador, o envio de comunicações não solicitadas para fins de marketing directo, designadamente através da utilização de sistemas automatizados de chamada e comunicação que não dependam da intervenção humana (aparelhos de chamada automática), de aparelhos de telecópia ou de correio electrónico, incluindo SMS (serviços de mensagens curtas), EMS (serviços de mensagens melhoradas) MMS (serviços de mensagem multimédia) e outros tipos de aplicações similares.

Tal facto não impede que o fornecedor de determinado produto ou serviço que tenha obtido dos seus clientes, nos termos da Lei de Protecção de Dados Pessoais, no contexto da venda de um produto ou serviço, as respectivas coordenadas electrónicas de contacto, possa utilizá-las para fins de marketing directo dos seus próprios produtos ou serviços análogos aos transaccionados, desde que garanta aos clientes em causa, clara e explicitamente, a possibilidade de recusarem, de forma gratuita e fácil, a utilização de tais coordenadas, quer no momento da respectiva recolha, quer também por ocasião de cada mensagem, quando o cliente não tenha recusado inicialmente essa utilização.

Fica, ainda assim, prevista a proibição do envio de correio electrónico para fins de marketing directo, ocultando ou dissimulando a identidade da pessoa em nome de quem é efectuada a comunicação, em violação do artigo 21º do Decreto-Lei nº 7/2004, de 7 de Janeiro, sem a indicação de um meio de contacto válido para o qual o destinatário possa enviar um pedido para pôr termo a essas comunicações, ou que incentive os destinatários a visitar sítios na Internet que violem o disposto no referido artigo, sendo que para tutela dos interesses dos seus clientes, como parte dos respectivos interesses comerciais, os prestadores de serviços de comunicações electrónicas acessíveis ao público têm legitimidade para propor acções judiciais contra o autor do incumprimento de qualquer das disposições constantes do referido artigo, bem como do artigo 13º-B.

As listas para efeitos de comunicações não solicitadas encontram-se previstas no Artigo 13º-B.

Nos termos do número um do referido preceito, caberá às entidades que promovam o envio de comunicações para fins de marketing directo, nomeadamente através da utilização de sistemas automatizados de chamada e comunicação que não dependam da intervenção humana (aparelhos de chamada automática), de aparelhos de telecópia ou de correio electrónico, incluindo SMS (serviços de mensagens curtas), EMS (serviços de mensagens melhoradas) MMS (serviços de mensagem multimédia) e outros tipos de aplicações similares, manter, por si ou por organismos que as representem, uma lista actualizada de pessoas que manifestaram expressamente e de forma gratuita o consentimento para a recepção deste tipo de comunicações, bem como dos clientes que não se opuseram à sua recepção ao abrigo do nº 3 do artigo 13º-A.

Determina-se que competirá à Direcção-Geral do Consumidor (DGC) manter actualizada uma lista de âmbito nacional de pessoas colectivas que manifestem expressamente opor-se à recepção de comunicações não solicitadas para fins de marketing directo (depende do preenchimento de formulário electrónico disponibilizado através da página electrónica da DGC.), não podendo, pela inclusão nas referidas listas ser cobrada qualquer quantia.

Quaisquer entidades que promovam o envio de comunicações para fins de marketing directo passam a ter a obrigação de consulta da lista de pessoas colectivas cuja oposição à recepção de comunicações não solicitadas, a qual é actualizada mensalmente pela DGC, e que a disponibiliza a seu pedido.

No Decreto-Lei nº 7/2004, de 7 de Janeiro, no que às Profissões regulamentadas diz respeito, prevê-se que as comunicações publicitárias à distância por via electrónica em profissões regulamentadas serão permitidas na medida em que cumpram as regras deontológicas de cada profissão, relativas à independência, sigilo profissional e lealdade para com o público e membros da profissão entre si.

## 6. Comércio Electrónico

O regime jurídico aplicável ao comércio electrónico (nas chamadas lojas virtuais) concorre com as regras em vigor para as lojas físicas, nomeadamente a obrigação de apresentação das percentagens de desconto ou os preços anteriormente praticados junto dos produtos em promoção, sendo proibida a utilização das expressões "*oportunidades*", "*mega preço*" ou "*outlet*" para designar saldos ou promoções.

O Decreto-Lei nº 24/2014, de 14 de Fevereiro, na redacção dada pelo Decreto-Lei nº 78/2018, de 15 de Outubro regula os Contratos celebrados à distância e fora do estabelecimento comercial.

Para o referido diploma, será «Consumidor», a pessoa singular que actue com fins que não se integrem no âmbito da sua actividade comercial, industrial, artesanal ou profissional.

Consideram-se «Conteúdo digital», os dados produzidos e fornecidos em formato digital, designadamente programas e aplicações de computador, jogos, músicas, vídeos ou textos independentemente de o acesso aos mesmos ser feito por descarregamento ou streaming, a partir de um suporte material ou de qualquer outro meio.

O artigo 7º do referido Decreto-Lei prevê que quaisquer restrições nos sítios na internet, dedicados ao comércio electrónico deverão ser sinalizados, sendo obrigatória a indicação, de forma clara e legível, o mais tardar no início do processo de encomenda, da eventual existência de restrições geográficas ou outras à entrega e aos meios de pagamento aceites.

Assistirá ao Consumidor o exercício e efeitos do direito de livre resolução, sendo que o mesmo poderá exercer o seu direito de livre resolução através do envio do modelo de «Livre resolução» constante da parte B do anexo ao referido decreto-lei, ou através de qualquer outra declaração inequívoca de resolução do contrato (declaração em que o consumidor comunica, por palavras suas, a decisão de resolver o contrato designadamente por carta, por contacto telefónico, pela devolução do bem ou por outro meio susceptível de prova, nos termos gerais).

Nos termos do diploma, considera-se exercido o direito de livre resolução pelo consumidor dentro do prazo quando a declaração de resolução é enviada antes do termo dos prazos referidos sendo que, quando no sítio na Internet do fornecedor de bens ou prestador de serviços seja possibilitada a livre resolução por via electrónica e o consumidor utilize essa via, o fornecedor de bens ou prestador de serviços, deverá acusar, no prazo de 24 horas, ao consumidor a recepção da declaração de resolução em suporte duradouro.

## 7. Livro de Reclamações Electrónico

O Decreto-Lei nº 74/2017, de 21 de Junho, que alterou o Decreto-Lei nº 156/2005, de 15 de Setembro, veio criar o Livro de Reclamações Electrónico.

Actualmente, do Decreto-Lei nº 156/2005, de 15 de Setembro na redacção dada pelo Decreto-Lei nº 9/2020, de 10 de Março, consta que serão abrangidos pela obrigação de disponibilização do formato electrónico do livro de reclamações todos os fornecedores de bens e prestadores de serviços, quer desenvolvam a actividade em estabelecimento que cumpra os requisitos previstos no número anterior ou através de meios digitais.

Pelo que nos termos do referido Diploma, passou a impor-se a disponibilização de ligação (link) em todos os sítios em linha de todos os fornecedores de bens e serviços, para o endereço do Livro de Reclamações Electrónico, em https://www.livroreclamacoes.pt/inicio

Dependendo da respectiva linguagem de programação a referida ligação variará sendo necessário que para além do endereço conste igualmente a imagem do livro de reclamações e a sua colocação em local visível no próprio sitio.

```
<a title="Livro de Reclamações Electrónico" href="https://www.livroreclamacoes.pt/inicio">
<img src="/images/i006574.png" alt="" /></a>
```

Prevê-se a obrigação do fornecedor de bens ou serviços possuir o formato electrónico do livro de reclamações, nos termos previstos nos nºs 2 e 3 do artigo 9º do citado diploma, sendo que devem divulgar nos respectivos sítios na Internet, em local visível e de forma destacada, o acesso à Plataforma Digital.

Caso os fornecedores de bens e prestadores de serviços que não disponham de sítios na Internet deverão ser titulares de endereço de correio electrónico para efeitos de recepção das reclamações submetidas através da Plataforma Digital, impondo-se a obrigação ao fornecedor de bens ou prestador de serviços de responder ao consumidor ou utente no prazo máximo de 15 dias úteis a contar da data da reclamação, salvo se for estabelecido prazo inferior em lei especial, para o endereço de correio electrónico indicado no formulário, informando-o, quando aplicável, sobre as medidas adoptadas na sequência da mesma.

Sendo certo que a existência e disponibilização do formato electrónico do livro de reclamações não afasta a obrigatoriedade de disponibilização, em simultâneo, do formato físico do livro de reclamações, nos estabelecimentos a que se refere o nº 1 do artigo 2º.

Quanto à plataforma Digital, a mesma pretende possibilitar a apresentação de reclamações em formato electrónico, bem como a submissão de pedidos de informação relacionados com a defesa do consumidor ou utente, sendo o seu funcionamento da Plataforma Digital aprovado por portaria dos membros do Governo responsáveis pelas áreas da modernização administrativa e da defesa do consumidor.

# IX. Direito Fiscal

## 1. Tributação de Cripto-activos

Relativamente ao enquadramento fiscal das Criptomoedas, não obstante não existir ainda uma legislação específica sobre o enquadramento fiscal das criptomoedas (encontra-se actualmente em preparação um Regulamento Europeu relativo aos Mercados de Cripto-activos – MiCA), a Autoridade Tributária e Aduaneira já teve oportunidade de se pronunciar sobre a questão.

Actualmente existe já uma informação vinculativa da Autoridade Tributária e Aduaneira dada no processo 5717/2015, por Despacho de 27-12-2016, da Subdirectora Geral do IR no qual se abordou a temática das criptomoedas relativamente à sua tributação.

No referido pedido, o particular solicitou a emissão de uma informação vinculativa na qual questionou a Administração quanto ao enquadramento fiscal dos rendimentos que obteria com a compra e venda de criptomoeda e, consequentemente, as implicações quanto aos artº 3º, 5º eº 9º do CIRS.

Ora, tal como referido no despacho mencionado, as criptomoedas ou "moedas virtuais" não são, tecnicamente, consideradas "moeda" por não disporem de curso legal ou de poder liberatório em Portugal, no entanto, as mesmas podem ser trocadas, com proveito, por moeda real (sejam euros, dólares, ou outra), junto de empresas especializadas para o efeito, sendo o valor, face à moeda real, o determinado pela procura online das Criptomoeda.

Por esse motivo, na prática as criptomoedas poderão gerar diferentes tipos de rendimentos tributáveis, nomeadamente por ganhos obtidos com compra e venda de unidades monetárias virtuais ou através da sua troca ao câmbio do momento de criptomoeda por moeda real (qualquer que ela seja), mas será igualmente geradora de rendimentos por obtenção de comissões pela prestação de serviços relacionados com a obtenção ou curso normal da criptomoeda ou, ainda, por ganhos derivados de vendas de produtos ou serviços em criptomoeda.

Na sequência do pedido de informação formulado é apreciada a primeira das actividades geradoras de rendimentos (por ganhos obtidos com compra e venda de unidades monetárias virtuais), podendo os rendimentos gerados por tal actividades ser integrados em três categorias de rendimentos diferentes:

Acréscimos patrimoniais – categoria G (mais valias);

Rendimentos de capitais – categoria E;
Rendimentos empresariais ou profissionais – categoria B;

### 1.1 Rendimentos da categoria G

Ora, decorre do disposto no artº 10º do Código do IRS que são tributáveis, como mais-valias, as seguintes realidades:

*a) Alienação onerosa de partes sociais e de outros valores mobiliários;*

*b) Operações relativas a instrumentos financeiros derivados, com excepção dos ganhos previstos na alínea q) do nº 2 do artigo 5º;*

*c) Operações relativas a certificados que atribuam ao titular o direito a receber um valor de determinado activo subjacente, com excepção das remunerações previstas na alínea r) do nº 2 do artigo 5º;*

*d) Cessão onerosa de créditos, prestações acessórias e prestações suplementares.*

Quando o legislador criou este preceito de incidência recorreu a "*uma tipificação fechada, i.e. a tributação só incide sobre os ganhos derivados dos factos ali descritos.*

*No caso das criptomoeda não estamos perante partes sociais, nem as mesmas constituem um qualquer direito que permita receber qualquer quantia. Por outro lado a valorização das criptomoeda não assenta em qualquer activo subjacente, uma vez que o seu valor é meramente determinado pela oferta e procura das mesmas (e pela criação de criptomoeda em função da sua utilização), pelo que também não poderá ser tida como um produto financeiro derivado, e por fim, atenta a definição de valor mobiliário constante do artº 1º do Código dos Valores Mobiliários não estamos perante uma realidade que possa, no presente momento, ser subsumida na definição de valores mobiliários. Pelo que se conclui não ser esta realidade tributável em sede de categoria G.*" pode ler-se no referido despacho.

Pelo que, encontrando-se actualmente excluído do leque normativo, não será de tributar, em sede de Mais-valias os acréscimos patrimoniais resultantes do investimento em criptomoedas e cujos resultados são habitualmente elevados.

### 1.2 Rendimentos da categoria E

Quanto aos rendimentos de capital, (prevista a sua tributação no artº 5º do CIRS), considerar-se-ão rendimentos de capitais os frutos e demais vantagens económicas, qualquer que seja a sua natureza ou denominação, sejam pecuniários ou em espécie, procedentes, directa ou indirectamente, de elementos patrimoniais, bens, direitos ou situações jurídicas, de natureza mobiliária, bem como da respectiva modificação, transmissão ou cessação, com excepção dos ganhos e outros rendimentos tributados noutras categorias.

O legislador definiu que os frutos e vantagens económicas referidos compreendem, designadamente os juros e outras formas de remuneração decorrentes de contratos de mútuo, abertura de crédito, reporte e outros que proporcionem, a título oneroso, a disponibilidade temporária de dinheiro ou outras coisas fungíveis ou derivadas de depósitos à ordem ou a prazo em instituições financeiras, bem como de certificados de depósitos e de contas de títulos com garantia de preço ou de outras operações similares ou afins, quaisquer outros rendimentos derivados da simples aplicação de capitais, entre outras.

Como bem refere a AT, "*norma de incidência está construída de uma forma aberta, indicando uma regra geral e exemplificando diversas realidades sujeita a tributação (mas não as únicas)*".

Mas, na verdade são, nesta categoria, "*tributados os rendimentos que são gerados pela mera aplicação de capital, ou seja, são tributados os frutos jurídicos i.e. os direitos produzidos prejuízo da substância do produtor*".

Já na questão colocada, relativamente à aquisição de criptomoedas, o rendimento em causa resultará da compra de direitos (a criptomoedas) e consequente venda (do direito), saindo consequentemente do escopo de aplicação da previsão do art. 5º e não sendo por esse motivo tributado a nível de IRS enquanto rendimentos enquadráveis na categoria E.

### 1.3 Rendimentos da categoria B

Mas, no caso dos rendimentos empresariais ou profissionais – Categoria B do IRS, o poder-se-á dizer que o negócio com as criptomoedas terá enquadramento fiscal no caso de se tratar de uma actividade habitual.

Considerando que os rendimentos na categoria B são tributados em função do exercício de uma determinada actividade, caso o sujeito passivo não se dedique em exclusivo, ou ainda que não de forma exclusiva, não exerça actividade profissional com a compra e venda de criptomoedas, então tais rendimentos não terão igualmente enquadramento fiscal nesta sede.

Trata-se de uma categoria que tributa a actividade e não a origem de um rendimento (venda de criptomoedas).

Para o efeito, refere-se na informação vinculativa sobre as criptomoedas que "*a categoria B, se aplicável em concorrência com qualquer uma das categorias anteriores, prevalece sobre estas. Na categoria B são tributados os rendimentos auferidos em função do exercício de uma actividade e não em função da origem do rendimento. Assim, nesta categoria podem ser tributados rendimentos quer os mesmos provenham de vendas, quer sejam frutos, ou revistam qualquer outra natureza, nos termos do nº 1 do artº 3 do Código do IRS. Ora o exercício da actividade apura-se pela sua habitualidade e pela orientação da actividade à obtenção de lucros.*"

Ou seja, se se verificar o exercício de uma actividade empresarial ou profissional então o sujeito passivo ficará obrigado a cumprir as obrigações declarativas constantes do nº 6 do artº 3º do Código do IRS, (nomeadamente através da emissão de factura-recibo) sempre que realize uma venda ou prestar um serviço.

Mas, caso não aja a título de actividade profissional, então o sujeito passivo não será tributado pelos ganhos decorrentes do investimento em cripto-activos.

Nesse sentido a conclusão da informação onde se lê que "*Conclui-se assim que a venda de criptomoeda não é tributável face ao ordenamento fiscal português, a não ser que pela sua habitualidade constitua uma actividade profissional ou empresarial do contribuinte, caso em que será tributado na categoria B.*"

### 1.4 Enquadramento em sede de IRC

A Autoridade Tributária e Aduaneira não se pronunciou ainda quanto ao tratamento fiscal das criptomoedas em sede de IRC, sendo certo que a actual legislação poderá já ter uma resposta para tal questão: o artigo 17º do CIRC.

O citado preceito, relativo à determinação do lucro tributável prevê no seu número 1 que "o lucro tributável das pessoas colectivas e outras entidades mencionadas na alínea a) do nº 1 do artigo 3º é constituído pela soma algébrica do resultado líquido do exercício e das variações patrimoniais positivas e negativas verificadas no mesmo período e não reflectidas naquele resultado, determinados com base na contabilidade e eventualmente corrigidos nos termos deste Código."

O que significará que quaisquer rendimentos deverão ser registados contabilisticamente, nomeadamente os rendimentos decorrentes de investimentos em cripto-activos, quaisquer que sejam, como a compra e venda de criptomoedas e, consequentemente, sujeitos a pagamento de tributo em sede de IRC.

### 1.5 Enquadramento em sede de IVA

Para efeitos do Código do Imposto sobre o Valor Acrescentado, não obstante existir uma incidência objectiva tendo em conta a prestação de serviços (art. 1º nº 1 do CIVA – a) As transmissões de bens e as prestações de serviços efectuadas no território nacional, a título oneroso, por um sujeito passivo agindo como tal;) estão actualmente isentas do tributo as operações internas "*incluindo a negociação, que tenham por objecto divisas, notas bancárias e moedas, que sejam meios legais de pagamento, com excepção das moedas e notas que não sejam normalmente utilizadas como tal, ou que tenham interesse numismático*" (art. 9º nº 27 al. d) CIVA).

## 2. Tributos Digitais

### 2.1 Taxa digital (Cópia Privada)

A Lei número 62/98, de 1 de Setembro, relativa à Compensação pela Reprodução ou gravação de Obras, mas também chamada por Lei da Cópia Privada veio taxar todos os equipamentos que disponham de capacidade de gravação e/ou memória interna, com o objectivo de estabelecer uma compensação equitativa, referente aos direitos de autor.

Esta taxa passou a ser aplicada sobre diversos produtos electrónicos tendo em conta a sua capacidade de armazenamento do dispositivo.

Neste sentido, surge agora um anexo na Lei com o valor da taxa a aplicar, nomeadamente a aparelhos, equipamentos e instrumentos técnicos de reprodução (valores entre 5 a 20 euros) suportes e dispositivos de armazenamento (Discos compactos (CD) não regraváveis, Discos compactos regraváveis (CD-RW) Memórias USB, Suportes ou dispositivos de armazenamento, como discos externos denominados «multimédia» ou outros que disponham de uma ou mais saídas ou entradas de áudio e vídeo e que permitam o registo de sons e ou imagens animadas, Discos rígidos internos ou externos que dependam de um computador ou de outros equipamentos ou aparelhos para desempenhar a função de reprodução e que permitam o armazenamento de imagens animadas e sons, por exemplo).

Prevê-se na lei que ao mesmo aparelho, dispositivo ou suporte apenas possa ser aplicada uma compensação equitativa, mas sempre aquela cuja aplicação resulte o valor mais elevado.

Actualmente, o Anexo a que se refere o nº 4 do artigo 3º da Lei nº 62/98 de 1 de Setembro contém a seguinte tabela de compensação equitativa:

1 – Aparelhos, equipamentos e instrumentos técnicos de reprodução:

a) Equipamentos multifunções ou fotocopiadoras jacto de tinta – (euro) 5/unidade;

b) Equipamentos multifunções ou fotocopiadoras laser:

Até 40 páginas por minuto – (euro) 10/unidade;

Mais de 40 páginas por minuto – (euro) 20/unidade;

c) Scanners e outros equipamentos destinados apenas à digitalização – (euro) 2/unidade;

d) Impressoras jacto de tinta – (euro) 2,5/unidade;

e) Impressoras laser – (euro) 7,5/unidade.

2 – Aparelhos, dispositivos e suportes:

2.1 – Equipamentos e aparelhos analógicos:

a) Gravadores áudio – (euro) 0,20/ unidade;

b) Gravadores vídeo – (euro) 0,20/ unidade.

2.2 – Equipamentos e aparelhos digitais que compreendam as seguintes funções e não tenham incluídas memórias ou discos rígidos:

a) Gravadores de discos compactos específicos (CD) – (euro) 1/unidade;

b) Gravadores de discos versáteis – (euro) 2/unidade;

c) Gravadores mistos de discos compactos (CD e DVD) – (euro) 3/unidade;

d) Gravadores de discos Blu-ray – (euro) 3/unidade.

2.3 – Suportes e dispositivos de armazenamento:

a) Suportes materiais analógicos, como cassetes áudio ou similares – (euro) 0,10/ unidade;

b) Suportes materiais analógicos, como cassetes vídeo ou similares – (euro) 0,10/unidade;

c) Discos compactos (CD) não regraváveis – (euro) 0,05/unidade;

d) Discos compactos de 8 centímetros – (euro) 0,05/unidade;

e) Discos de formato «Minidisc» – (euro) 0,05/unidade;

f) Discos compactos regraváveis (CD-RW) – (euro) 0,10/unidade;

g) Discos versáteis não regraváveis (DVD-R) – (euro) 0,10/unidade;

h) Discos versáteis regraváveis (DVD-RW) – (euro) 0,20/unidade;

i) Discos versáteis RAM (DVD-RAM) – (euro) 0,20/unidade;

j) Discos Blu-ray – (euro) 0,20/unidade;

k) Memórias USB – (euro) 0,016 por cada GB de capacidade de armazenamento ou fracção, com o limite de (euro) 7,5;

l) Cartões de memória – (euro) 0,016 por cada GB de capacidade de armazenamento ou fracção, com o limite de (euro) 7,5;

m) Memórias e discos rígidos integrados em aparelhos com funções de cópia de fonogramas e/ou videogramas – (euro) 0,016 por cada GB de capacidade ou fracção, com o limite de (euro) 15;

n) Suportes ou dispositivos de armazenamento, como discos externos denominados «multimédia» ou outros que disponham de uma ou mais saídas ou entradas de áudio e vídeo e que permitam o registo de sons e ou imagens animadas – (euro) 0,016 por cada GB de capacidade de armazenamento ou fracção, com o limite de (euro) 15;

o) Memórias e discos rígidos integrados em aparelhos com função de televisor e em aparelhos que assegurem o interface entre o sinal de televisão e o televisor, incluindo os descodificadores ou aparelhos de acesso a serviços de televisão por subscrição, que permitam armazenar sons e imagens animadas – (euro) 0,016 por cada GB de capacidade ou fracção, com o limite de (euro) 15;

p) Memórias ou discos rígidos integrados em computadores que não se incluam na alínea anterior – (euro) 0,004 por cada GB de capacidade ou fracção, com o limite de (euro) 7,5;

q) Discos rígidos internos ou externos que dependam de um computador ou de outros equipamentos ou aparelhos para desempenhar a função de reprodução e que permitam o armazenamento de imagens animadas e sons – (euro) 0,004 por cada GB de capacidade ou fracção, com o limite de (euro) 7,5;

r) Memórias e discos rígidos integrados em aparelhos dedicados à reprodução, leitura e armazenamento de fonogramas, quaisquer obras musicais e outros conteúdos sonoros em formato comprimido – (euro) 0,20 por cada GB de capacidade de armazenamento ou fracção, com o limite de (euro) 15;

s) Memórias e discos rígidos integrados em telefones móveis que permitam armazenar, ouvir obras musicais e ver obras audiovisuais – (euro) 0,12 por cada GB de capacidade de armazenamento ou fracção, com o limite de (euro) 15;

t) Memórias ou discos rígidos integrados em aparelhos tabletes multimédia que disponham de ecrãs tácteis e permitam armazenar obras musicais e audiovisuais – (euro) 0,12 por cada GB de capacidade de armazenamento ou fracção, com o limite de (euro) 15.

3 – Ao mesmo aparelho, dispositivo ou suporte apenas pode ser aplicada uma compensação equitativa ao abrigo de uma das alíneas referidas nos números anteriores, de cuja aplicação resulte o valor mais elevado.

## 2.2 Taxa de Exibição

A referida directiva foi transposta em Novembro de 2020 (o seu artigo 2º previa que fosse transcrita até 19 de Setembro de 2020) para a Lei nº 27/2007 de 30 de Julho (Lei da Televisão e dos Serviços Audiovisuais a Pedido pela Lei nº 74/2020, de 19 de Novembro) a qual veio, entre outras inovações, a criar uma nova taxa (Taxa de Exibição) com o valor de 4% (alteração ao artº 10º da Lei nº 55/2012, de 6 de Setembro, *"A publicidade comercial exibida nas salas de cinema, a comunicação comercial audiovisual difundida ou transmitida pelos operadores de televisão ou, por qualquer meio, transmitida pelos operadores de distribuição, a comunicação comercial audiovisual incluída nos serviços audiovisuais a pedido ou nos serviços de plataforma de partilha de vídeos, bem como a publicidade incluída nos guias electrónicos de programação, qualquer que seja a plataforma de exibição, difusão ou transmissão, está sujeita a uma taxa, denominada taxa de exibição, que constitui encargo do anunciante, de 4 /prct. sobre o preço pago".*)

Será uma taxa cobrada pela publicidade passando a ser devida sobre toda a publicidade comercial transmitida quer no cinema, quer a televisão, mas também em serviços de partilhas de vídeo (nomeadamente Youtube).

Mas o novo número 5 do artigo 10º da Lei 55/2012, de 6 de Setembro, na redacção dada pela Lei 74/2020, de 19 de Novembro cria igualmente uma nova taxa para as operadoras de serviços on demand por subscrição (como será o caso das conhecidas *Netflix, HBO ou Disney+*) e de acordo com a nova norma *"Os operadores de serviços audiovisuais a pedido por subscrição encontram-se sujeitos ao pagamento de uma taxa anual correspondente a 1 /prct. do montante dos proveitos relevantes desses operadores"*.

## 2.3 Taxa de Vídeo on Demand (Operadores por Subscrição)

A Lei nº 27/2007, de 30 de Julho (Lei da Televisão e dos Serviços Audiovisuais a Pedido) regula o acesso e o exercício de actividades de comunicação social audiovisual, nomeadamente de televisão e de serviços audiovisuais a pedido, bem como certos aspectos relativos à oferta ao público de serviços de plataformas de partilha de vídeo e dos respectivos conteúdos, transpondo para a ordem jurídica interna a Directiva (UE) 2018/1808 do Parlamento Europeu e do Conselho, de 14 de Novembro de 2018, que alterou a Directiva 2010/13/UE relativa à coordenação de certas disposições legislativas, regulamentares e administrativas dos Estados-Membros respeitantes à oferta de serviços de comunicação social audiovisual (Directiva Serviços de Comunicação Social Audiovisual), para a adaptar à evolução das realidades do mercado, mas é na Lei nº 55/2012, de 6 de Setembro (relativa a princípios de Acção do Estado na protecção da Arte do Cinema e Audiovisual), na redacção dada pela Lei nº 74/2020, de 19 de Novembro, que encontramos no seu artigo 10º que encontramos nas Taxas devidas.

O referido preceito, relativo a taxas, previa já que a publicidade comercial exibida nas salas de cinema, a comunicação comercial audiovisual difundida ou transmitida pelos operadores de televisão ou, por qualquer meio, transmitida pelos operadores de distribuição, a comunicação comercial audiovisual incluída nos serviços audiovisuais a pedido ou nos serviços de plataforma de partilha de vídeos, bem como a publicidade incluída nos guias electrónicos de programação, qualquer que seja a plataforma de exibição, difusão ou transmissão, está sujeita a uma taxa, denominada taxa de exibição, que constitui encargo do anunciante, de 4 /prct. sobre o preço pago, o qual é igualmente aplicável por força do número 6 às comunicações comerciais audiovisuais difundidas ou apresentadas em serviços de televisão, em serviços audiovisuais a pedido, em serviços de plataforma de partilha de vídeos e nos programas por estes difundidos ou disponibilizados, ainda que esses serviços se encontrem sob jurisdição de outro Estado-Membro, relativamente aos proveitos realizados no mercado nacional.

Nestes casos, encontrando-se fora de Território nacional é aplicável o regime especial de balcão único (pelo que nos termos do disposto na al. b) do nº 4 do art. 23 do CIRC a facturação das referidas entidades ao utilizador nacional não está sujeita à indicação de NIF) estando os referidos serviços sujeitos a IVA do respectivo Estado-Membro da sede da empresa, mas devendo constar da factura o Estado-Membro do consumidor, para posterior distribuição do IVA a nível comunitário.

Mas surge igualmente no número 5 do art. 10º uma nova taxa para os operadores de serviços audiovisuais a pedido por subscrição, que passam a estar sujeitos ao pagamento de uma taxa anual correspondente a 1 /prct. do montante dos proveitos relevantes desses operadores, dispondo o 16º-A (relativo a proveitos relevantes) que caso não seja possível apurar o valor dos proveitos relevantes dos operadores de serviços audiovisuais a pedido por subscrição, para efeitos de aplicação da taxa prevista no nº 4 do artigo 10º, se presumirá que o valor anual da taxa é de 1 000 000 (euro). Não obstante o referido artigo apontar para disposição revogada, o certo é que no seu corpo se refere em concreto aos proveitos dos operadores de serviços audiovisuais a pedido por subscrição, que consta do número 5 do art. 10º.

# X. Legislação

A presente Colectânea de legislação foi preparada no ano de 2021 mas não dispensa a consulta dos diplomas originais junto da fonte oficial.

## 1. Lei nº 109/2009, de 15 de Setembro – Lei do Cibercrime

**Aprova a Lei do Cibercrime, transpondo para a ordem jurídica interna a Decisão Quadro nº 2005/222/JAI, do Conselho, de 24 de Fevereiro, relativa a ataques contra sistemas de informação, e adapta o direito interno à Convenção sobre Cibercrime do Conselho da Europa.**

A Assembleia da República decreta, nos termos da alínea c) do artigo 161º da Constituição, o seguinte:

### CAPÍTULO I – Objecto e definições

#### Artigo 1º – Objecto

A presente lei estabelece as disposições penais materiais e processuais, bem como as disposições relativas à cooperação internacional em matéria penal, relativas ao domínio do cibercrime e da recolha de prova em suporte electrónico, transpondo para a ordem jurídica interna a Decisão Quadro nº 2005/222/JAI, do Conselho, de 24 de Fevereiro, relativa a ataques contra sistemas de informação, e adaptando o direito interno à Convenção sobre Cibercrime do Conselho da Europa.

#### Artigo 2º – Definições

Para efeitos da presente lei, considera-se:

*a*) «Sistema informático», qualquer dispositivo ou conjunto de dispositivos interligados ou associados, em que um ou mais de entre eles desenvolve, em execução de um programa, o tratamento automatizado de dados informáticos, bem como a rede que suporta a comunicação entre eles e o conjunto de dados informáticos armazenados, tratados, recuperados ou transmitidos por aquele ou aqueles dispositivos, tendo em vista o seu funcionamento, utilização, protecção e manutenção;

*b*) «Dados informáticos», qualquer representação de factos, informações ou conceitos sob uma forma susceptível de processamento num sistema informático, incluindo os programas aptos a fazerem um sistema informático executar uma função;

*c*) «Dados de tráfego», os dados informáticos relacionados com uma comunicação efectuada por meio de um sistema informático, gerados por este sistema como elemento de uma cadeia de comunicação, indicando a origem da comunicação, o destino, o trajecto, a hora, a data, o tamanho, a duração ou o tipo do serviço subjacente;

*d*) «Fornecedor de serviço», qualquer entidade, pública ou privada, que faculte aos utilizadores dos seus serviços a possibilidade de comunicar por meio de um sistema informático, bem como qualquer outra entidade que trate ou armazene dados informáticos em nome e por conta daquela entidade fornecedora de serviço ou dos respectivos utilizadores;

*e*) «Intercepção», o acto destinado a captar informações contidas num sistema informático, através de dispositivos electromagnéticos, acústicos, mecânicos ou outros;

*f*) «Topografia», uma série de imagens ligadas entre si, independentemente do modo como são fixadas ou codificadas, que representam a configuração tridimensional das camadas que compõem um produto semicondutor e na qual cada imagem reproduz o desenho, ou parte dele, de uma superfície do produto semicondutor, independentemente da fase do respectivo fabrico;

*g*) «Produto semicondutor», a forma final ou intermédia de qualquer produto, composto por um substrato que inclua uma camada de material semicondutor e constituído por uma ou várias camadas de matérias condutoras, isolantes ou semicondutoras, segundo uma disposição conforme a uma configuração tridimensional e destinada a cumprir, exclusivamente ou não, uma função electrónica.

## CAPÍTULO II – Disposições penais materiais

### Artigo 3º – Falsidade informática

1 – Quem, com intenção de provocar engano nas relações jurídicas, introduzir, modificar, apagar ou suprimir dados informáticos ou por qualquer outra

forma interferir num tratamento informático de dados, produzindo dados ou documentos não genuínos, com a intenção de que estes sejam considerados ou utilizados para finalidades juridicamente relevantes como se o fossem, é punido com pena de prisão até 5 anos ou multa de 120 a 600 dias.

2 – Quando as acções descritas no número anterior incidirem sobre os dados registados ou incorporados em cartão bancário de pagamento ou em qualquer outro dispositivo que permita o acesso a sistema ou meio de pagamento, a sistema de comunicações ou a serviço de acesso condicionado, a pena é de 1 a 5 anos de prisão.

3 – Quem, actuando com intenção de causar prejuízo a outrem ou de obter um benefício ilegítimo, para si ou para terceiro, usar documento produzido a partir de dados informáticos que foram objecto dos actos referidos no nº 1 ou cartão ou outro dispositivo no qual se encontrem registados ou incorporados os dados objecto dos actos referidos no número anterior, é punido com as penas previstas num e noutro número, respectivamente.

4 – Quem importar, distribuir, vender ou detiver para fins comerciais qualquer dispositivo que permita o acesso a sistema ou meio de pagamento, a sistema de comunicações ou a serviço de acesso condicionado, sobre o qual tenha sido praticada qualquer das acções prevista no nº 2, é punido com pena de prisão de 1 a 5 anos.

5 – Se os factos referidos nos números anteriores forem praticados por funcionário no exercício das suas funções, a pena é de prisão de 2 a 5 anos.

**Artigo 4º – Dano relativo a programas ou outros dados informáticos**

1 – Quem, sem permissão legal ou sem para tanto estar autorizado pelo proprietário, por outro titular do direito do sistema ou de parte dele, apagar, alterar, destruir, no todo ou em parte, danificar, suprimir ou tornar não utilizáveis ou não acessíveis programas ou outros dados informáticos alheios ou por qualquer forma lhes afectar a capacidade de uso, é punido com pena de prisão até 3 anos ou pena de multa.

2 – A tentativa é punível.

3 – Incorre na mesma pena do nº 1 quem ilegitimamente produzir, vender, distribuir ou por qualquer outra forma disseminar ou introduzir num ou mais sistemas informáticos dispositivos, programas ou outros dados informáticos destinados a produzir as acções não autorizadas descritas nesse número.

4 – Se o dano causado for de valor elevado, a pena é de prisão até 5 anos ou de multa até 600 dias.

5 – Se o dano causado for de valor consideravelmente elevado, a pena é de prisão de 1 a 10 anos.

6 – Nos casos previstos nos nºs 1, 2 e 4 o procedimento penal depende de queixa.

### Artigo 5º – Sabotagem informática

1 – Quem, sem permissão legal ou sem para tanto estar autorizado pelo proprietário, por outro titular do direito do sistema ou de parte dele, entravar, impedir, interromper ou perturbar gravemente o funcionamento de um sistema informático, através da introdução, transmissão, deterioração, danificação, alteração, apagamento, impedimento do acesso ou supressão de programas ou outros dados informáticos ou de qualquer outra forma de interferência em sistema informático, é punido com pena de prisão até 5 anos ou com pena de multa até 600 dias.

2 – Na mesma pena incorre quem ilegitimamente produzir, vender, distribuir ou por qualquer outra forma disseminar ou introduzir num ou mais sistemas informáticos dispositivos, programas ou outros dados informáticos destinados a produzir as acções não autorizadas descritas no número anterior.

3 – Nos casos previstos no número anterior, a tentativa não é punível.

4 – A pena é de prisão de 1 a 5 anos se o dano emergente da perturbação for de valor elevado.

5 – A pena é de prisão de 1 a 10 anos se:

*a*) O dano emergente da perturbação for de valor consideravelmente elevado;

*b*) A perturbação causada atingir de forma grave ou duradoura um sistema informático que apoie uma actividade destinada a assegurar funções sociais críticas, nomeadamente as cadeias de abastecimento, a saúde, a segurança e o bem-estar económico das pessoas, ou o funcionamento regular dos serviços públicos.

### Artigo 6º – Acesso ilegítimo

1 – Quem, sem permissão legal ou sem para tanto estar autorizado pelo proprietário, por outro titular do direito do sistema ou de parte dele, de qualquer modo aceder a um sistema informático, é punido com pena de prisão até 1 ano ou com pena de multa até 120 dias.

2 – Na mesma pena incorre quem ilegitimamente produzir, vender, distribuir ou por qualquer outra forma disseminar ou introduzir num ou mais sistemas informáticos dispositivos, programas, um conjunto executável de instruções, um código ou outros dados informáticos destinados a produzir as acções não autorizadas descritas no número anterior.

3 – A pena é de prisão até 3 anos ou multa se o acesso for conseguido através de violação de regras de segurança.

4 – A pena é de prisão de 1 a 5 anos quando:

*a*) Através do acesso, o agente tiver tomado conhecimento de segredo comercial ou industrial ou de dados confidenciais, protegidos por lei; ou

*b*) O benefício ou vantagem patrimonial obtidos forem de valor consideravelmente elevado.

5 – A tentativa é punível, salvo nos casos previstos no nº 2.

6 – Nos casos previstos nos nºs 1, 3 e 5 o procedimento penal depende de queixa.

### Artigo 7º – Intercepção ilegítima

1 – Quem, sem permissão legal ou sem para tanto estar autorizado pelo proprietário, por outro titular do direito do sistema ou de parte dele, e através de meios técnicos, interceptar transmissões de dados informáticos que se processam no interior de um sistema informático, a ele destinadas ou dele provenientes, é punido com pena de prisão até 3 anos ou com pena de multa.

2 – A tentativa é punível.

3 – Incorre na mesma pena prevista no nº 1 quem ilegitimamente produzir, vender, distribuir ou por qualquer outra forma disseminar ou introduzir num ou mais sistemas informáticos dispositivos, programas ou outros dados informáticos destinados a produzir as acções não autorizadas descritas no mesmo número.

### Artigo 8º – Reprodução ilegítima de programa protegido

1 – Quem ilegitimamente reproduzir, divulgar ou comunicar ao público um programa informático protegido por lei é punido com pena de prisão até 3 anos ou com pena de multa.

2 – Na mesma pena incorre quem ilegitimamente reproduzir topografia de um produto semicondutor ou a explorar comercialmente ou importar, para estes fins, uma topografia ou um produto semicondutor fabricado a partir dessa topografia.

3 – A tentativa é punível.

### Artigo 9º – Responsabilidade penal das pessoas colectivas e entidades equiparadas

As pessoas colectivas e entidades equiparadas são penalmente responsáveis pelos crimes previstos na presente lei nos termos e limites do regime de responsabilização previsto no Código Penal.

### Artigo 10º – Perda de bens

1 – O tribunal pode decretar a perda a favor do Estado dos objectos, materiais, equipamentos ou dispositivos que tiverem servido para a prática dos crimes previstos na presente lei e pertencerem a pessoa que tenha sido condenada pela sua prática.

2 – À avaliação, utilização, alienação e indemnização de bens apreendidos pelos órgãos de polícia criminal que sejam susceptíveis de vir a ser declarados

perdidos a favor do Estado é aplicável o disposto no Decreto-Lei nº 11/2007, de 19 de Janeiro.

## CAPÍTULO III – Disposições processuais

### Artigo 11º – Âmbito de aplicação das disposições processuais

1 – Com excepção do disposto nos artigos 18º e 19º, as disposições processuais previstas no presente capítulo aplicam-se a processos relativos a crimes:

*a*) Previstos na presente lei;

*b*) Cometidos por meio de um sistema informático; ou

*c*) Em relação aos quais seja necessário proceder à recolha de prova em suporte electrónico.

2 – As disposições processuais previstas no presente capítulo não prejudicam o regime da Lei nº 32/2008, de 17 de Julho.

### Artigo 12º – Preservação expedita de dados

1 – Se no decurso do processo for necessário à produção de prova, tendo em vista a descoberta da verdade, obter dados informáticos específicos armazenados num sistema informático, incluindo dados de tráfego, em relação aos quais haja receio de que possam perder-se, alterar-se ou deixar de estar disponíveis, a autoridade judiciária competente ordena a quem tenha disponibilidade ou controlo desses dados, designadamente a fornecedor de serviço, que preserve os dados em causa.

2 – A preservação pode também ser ordenada pelo órgão de polícia criminal mediante autorização da autoridade judiciária competente ou quando haja urgência ou perigo na demora, devendo aquele, neste último caso, dar notícia imediata do facto à autoridade judiciária e transmitir-lhe o relatório previsto no artigo 253º do Código de Processo Penal.

3 – A ordem de preservação discrimina, sob pena de nulidade:

*a*) A natureza dos dados;

*b*) A sua origem e destino, se forem conhecidos; e

*c*) O período de tempo pelo qual deverão ser preservados, até um máximo de três meses.

4 – Em cumprimento de ordem de preservação que lhe seja dirigida, quem tenha disponibilidade ou controlo sobre esses dados, designadamente o fornecedor de serviço, preserva de imediato os dados em causa, protegendo e conservando a sua integridade pelo tempo fixado, de modo a permitir à autoridade judiciária competente a sua obtenção, e fica obrigado a assegurar a confidencialidade da aplicação da medida processual.

5 – A autoridade judiciária competente pode ordenar a renovação da medida por períodos sujeitos ao limite previsto na alínea c) do nº 3, desde que se verifiquem os respectivos requisitos de admissibilidade, até ao limite máximo de um ano.

**Artigo 13º – Revelação expedita de dados de tráfego**

Tendo em vista assegurar a preservação dos dados de tráfego relativos a uma determinada comunicação, independentemente do número de fornecedores de serviço que nela participaram, o fornecedor de serviço a quem essa preservação tenha sido ordenada nos termos do artigo anterior indica à autoridade judiciária ou ao órgão de polícia criminal, logo que o souber, outros fornecedores de serviço através dos quais aquela comunicação tenha sido efectuada, tendo em vista permitir identificar todos os fornecedores de serviço e a via através da qual aquela comunicação foi efectuada.

**Artigo 14º – Injunção para apresentação ou concessão do acesso a dados**

1 – Se no decurso do processo se tornar necessário à produção de prova, tendo em vista a descoberta da verdade, obter dados informáticos específicos e determinados, armazenados num determinado sistema informático, a autoridade judiciária competente ordena a quem tenha disponibilidade ou controlo desses dados que os comunique ao processo ou que permita o acesso aos mesmos, sob pena de punição por desobediência.

2 – A ordem referida no número anterior identifica os dados em causa.

3 – Em cumprimento da ordem descrita nos nºs 1 e 2, quem tenha disponibilidade ou controlo desses dados comunica esses dados à autoridade judiciária competente ou permite, sob pena de punição por desobediência, o acesso ao sistema informático onde os mesmos estão armazenados.

4 – O disposto no presente artigo é aplicável a fornecedores de serviço, a quem pode ser ordenado que comuniquem ao processo dados relativos aos seus clientes ou assinantes, neles se incluindo qualquer informação diferente dos dados relativos ao tráfego ou ao conteúdo, contida sob a forma de dados informáticos ou sob qualquer outra forma, detida pelo fornecedor de serviços, e que permita determinar:

*a*) O tipo de serviço de comunicação utilizado, as medidas técnicas tomadas a esse respeito e o período de serviço;

*b*) A identidade, a morada postal ou geográfica e o número de telefone do assinante, e qualquer outro número de acesso, os dados respeitantes à facturação e ao pagamento, disponíveis com base num contrato ou acordo de serviços; ou

*c*) Qualquer outra informação sobre a localização do equipamento de comunicação, disponível com base num contrato ou acordo de serviços.

5 – A injunção prevista no presente artigo não pode ser dirigida a suspeito ou arguido nesse processo.

6 – Não pode igualmente fazer-se uso da injunção prevista neste artigo quanto a sistemas informáticos utilizados para o exercício da advocacia, das actividades médica e bancária e da profissão de jornalista.

7 – O regime de segredo profissional ou de funcionário e de segredo de Estado previsto no artigo 182º do Código de Processo Penal é aplicável com as necessárias adaptações.

**Artigo 15º – Pesquisa de dados informáticos**

1 – Quando no decurso do processo se tornar necessário à produção de prova, tendo em vista a descoberta da verdade, obter dados informáticos específicos e determinados, armazenados num determinado sistema informático, a autoridade judiciária competente autoriza ou ordena por despacho que se proceda a uma pesquisa nesse sistema informático, devendo, sempre que possível, presidir à diligência.

2 – O despacho previsto no número anterior tem um prazo de validade máximo de 30 dias, sob pena de nulidade.

3 – O órgão de polícia criminal pode proceder à pesquisa, sem prévia autorização da autoridade judiciária, quando:

*a*) A mesma for voluntariamente consentida por quem tiver a disponibilidade ou controlo desses dados, desde que o consentimento prestado fique, por qualquer forma, documentado;

*b*) Nos casos de terrorismo, criminalidade violenta ou altamente organizada, quando haja fundados indícios da prática iminente de crime que ponha em grave risco a vida ou a integridade de qualquer pessoa.

4 – Quando o órgão de polícia criminal proceder à pesquisa nos termos do número anterior:

*a*) No caso previsto na alínea b), a realização da diligência é, sob pena de nulidade, imediatamente comunicada à autoridade judiciária competente e por esta apreciada em ordem à sua validação;

*b*) Em qualquer caso, é elaborado e remetido à autoridade judiciária competente o relatório previsto no artigo 253º do Código de Processo Penal.

5 – Quando, no decurso de pesquisa, surgirem razões para crer que os dados procurados se encontram noutro sistema informático, ou numa parte diferente do sistema pesquisado, mas que tais dados são legitimamente acessíveis a partir do sistema inicial, a pesquisa pode ser estendida mediante autorização ou ordem da autoridade competente, nos termos dos nºs 1 e 2.

6 – À pesquisa a que se refere este artigo são aplicáveis, com as necessárias adaptações, as regras de execução das buscas previstas no Código de Processo Penal e no Estatuto do Jornalista.

**Artigo 16º – Apreensão de dados informáticos**

1 – Quando, no decurso de uma pesquisa informática ou de outro acesso legítimo a um sistema informático, forem encontrados dados ou documentos informáticos necessários à produção de prova, tendo em vista a descoberta da verdade, a autoridade judiciária competente autoriza ou ordena por despacho a apreensão dos mesmos.

2 – O órgão de polícia criminal pode efectuar apreensões, sem prévia autorização da autoridade judiciária, no decurso de pesquisa informática legitimamente ordenada e executada nos termos do artigo anterior, bem como quando haja urgência ou perigo na demora.

3 – Caso sejam apreendidos dados ou documentos informáticos cujo conteúdo seja susceptível de revelar dados pessoais ou íntimos, que possam pôr em causa a privacidade do respectivo titular ou de terceiro, sob pena de nulidade esses dados ou documentos são apresentados ao juiz, que ponderará a sua junção aos autos tendo em conta os interesses do caso concreto.

4 – As apreensões efectuadas por órgão de polícia criminal são sempre sujeitas a validação pela autoridade judiciária, no prazo máximo de 72 horas.

5 – As apreensões relativas a sistemas informáticos utilizados para o exercício da advocacia e das actividades médica e bancária estão sujeitas, com as necessárias adaptações, às regras e formalidades previstas no Código de Processo Penal e as relativas a sistemas informáticos utilizados para o exercício da profissão de jornalista estão sujeitas, com as necessárias adaptações, às regras e formalidades previstas no Estatuto do Jornalista.

6 – O regime de segredo profissional ou de funcionário e de segredo de Estado previsto no artigo 182º do Código de Processo Penal é aplicável com as necessárias adaptações.

7 – A apreensão de dados informáticos, consoante seja mais adequado e proporcional, tendo em conta os interesses do caso concreto, pode, nomeadamente, revestir as formas seguintes:

*a*) Apreensão do suporte onde está instalado o sistema ou apreensão do suporte onde estão armazenados os dados informáticos, bem como dos dispositivos necessários à respectiva leitura;

*b*) Realização de uma cópia dos dados, em suporte autónomo, que será junto ao processo;

*c*) Preservação, por meios tecnológicos, da integridade dos dados, sem realização de cópia nem remoção dos mesmos; ou

*d*) Eliminação não reversível ou bloqueio do acesso aos dados.

8 – No caso da apreensão efectuada nos termos da alínea b) do número anterior, a cópia é efectuada em duplicado, sendo uma das cópias selada e confiada ao secretário judicial dos serviços onde o processo correr os seus termos e, se tal

for tecnicamente possível, os dados apreendidos são certificados por meio de assinatura digital.

### Artigo 17º – Apreensão de correio electrónico e registos de comunicações de natureza semelhante

Quando, no decurso de uma pesquisa informática ou outro acesso legítimo a um sistema informático, forem encontrados, armazenados nesse sistema informático ou noutro a que seja permitido o acesso legítimo a partir do primeiro, mensagens de correio electrónico ou registos de comunicações de natureza semelhante, o juiz pode autorizar ou ordenar, por despacho, a apreensão daqueles que se afigurem ser de grande interesse para a descoberta da verdade ou para a prova, aplicando-se correspondentemente o regime da apreensão de correspondência previsto no Código de Processo Penal.

### Artigo 18º – Intercepção de comunicações

1 – É admissível o recurso à intercepção de comunicações em processos relativos a crimes:

*a*) Previstos na presente lei; ou

*b*) Cometidos por meio de um sistema informático ou em relação aos quais seja necessário proceder à recolha de prova em suporte electrónico, quando tais crimes se encontrem previstos no artigo 187º do Código de Processo Penal.

2 – A intercepção e o registo de transmissões de dados informáticos só podem ser autorizados durante o inquérito, se houver razões para crer que a diligência é indispensável para a descoberta da verdade ou que a prova seria, de outra forma, impossível ou muito difícil de obter, por despacho fundamentado do juiz de instrução e mediante requerimento do Ministério Público.

3 – A intercepção pode destinar-se ao registo de dados relativos ao conteúdo das comunicações ou visar apenas a recolha e registo de dados de tráfego, devendo o despacho referido no número anterior especificar o respectivo âmbito, de acordo com as necessidades concretas da investigação.

4 – Em tudo o que não for contrariado pelo presente artigo, à intercepção e registo de transmissões de dados informáticos é aplicável o regime da intercepção e gravação de conversações ou comunicações telefónicas constante dos artigos 187º, 188º e 190º do Código de Processo Penal.

### Artigo 19º – Acções encobertas

1 – É admissível o recurso às acções encobertas previstas na Lei nº 101/2001, de 25 de Agosto, nos termos aí previstos, no decurso de inquérito relativo aos seguintes crimes:

*a*) Os previstos na presente lei;

*b*) Os cometidos por meio de um sistema informático, quando lhes corresponda, em abstracto, pena de prisão de máximo superior a 5 anos ou, ainda que a pena seja inferior, e sendo dolosos, os crimes contra a liberdade e autodeterminação sexual nos casos em que os ofendidos sejam menores ou incapazes, a burla qualificada, a burla informática e nas comunicações, a discriminação racial, religiosa ou sexual, as infracções económico-financeiras, bem como os crimes consagrados no título iv do Código do Direito de Autor e dos Direitos Conexos.

2 – Sendo necessário o recurso a meios e dispositivos informáticos observam-se, naquilo que for aplicável, as regras previstas para a intercepção de comunicações.

## CAPÍTULO IV – Cooperação internacional

### Artigo 20º – Âmbito da cooperação internacional

As autoridades nacionais competentes cooperam com as autoridades estrangeiras competentes para efeitos de investigações ou procedimentos respeitantes a crimes relacionados com sistemas ou dados informáticos, bem como para efeitos de recolha de prova, em suporte electrónico, de um crime, de acordo com as normas sobre transferência de dados pessoais previstas na Lei nº 67/98, de 26 de Outubro.

### Artigo 21º – Ponto de contacto permanente para a cooperação internacional

1 – Para fins de cooperação internacional, tendo em vista a prestação de assistência imediata para os efeitos referidos no artigo anterior, a Polícia Judiciária assegura a manutenção de uma estrutura que garante um ponto de contacto disponível em permanência, vinte e quatro horas por dia, sete dias por semana.

2 – Este ponto de contacto pode ser contactado por outros pontos de contacto, nos termos de acordos, tratados ou convenções a que Portugal se encontre vinculado, ou em cumprimento de protocolos de cooperação internacional com organismos judiciários ou policiais.

3 – A assistência imediata prestada por este ponto de contacto permanente inclui:

*a*) A prestação de aconselhamento técnico a outros pontos de contacto;

*b*) A preservação expedita de dados nos casos de urgência ou perigo na demora, em conformidade com o disposto no artigo seguinte;

*c*) A recolha de prova para a qual seja competente nos casos de urgência ou perigo na demora;

*d*) A localização de suspeitos e a prestação de informações de carácter jurídico, nos casos de urgência ou perigo na demora;

*e*) A transmissão imediata ao Ministério Público de pedidos relativos às medidas referidas nas alíneas b) a d), fora dos casos aí previstos, tendo em vista a sua rápida execução.

4 – Sempre que actue ao abrigo das alíneas b) a d) do número anterior, a Polícia Judiciária dá notícia imediata do facto ao Ministério Público e remete-lhe o relatório previsto no artigo 253º do Código de Processo Penal.

**Artigo 22º – Preservação e revelação expeditas de dados informáticos em cooperação internacional**

1 – Pode ser solicitada a Portugal a preservação expedita de dados informáticos armazenados em sistema informático aqui localizado, relativos a crimes previstos no artigo 11º, com vista à apresentação de um pedido de auxílio judiciário para fins de pesquisa, apreensão e divulgação dos mesmos.

2 – A solicitação especifica:

*a*) A autoridade que pede a preservação;

*b*) A infracção que é objecto de investigação ou procedimento criminal, bem como uma breve exposição dos factos relacionados;

*c*) Os dados informáticos a conservar e a sua relação com a infracção;

*d*) Todas as informações disponíveis que permitam identificar o responsável pelos dados informáticos ou a localização do sistema informático;

*e*) A necessidade da medida de preservação; e

*f*) A intenção de apresentação de um pedido de auxílio judiciário para fins de pesquisa, apreensão e divulgação dos dados.

3 – Em execução de solicitação de autoridade estrangeira competente nos termos dos números anteriores, a autoridade judiciária competente ordena a quem tenha disponibilidade ou controlo desses dados, designadamente a fornecedor de serviço, que os preserve.

4 – A preservação pode também ser ordenada pela Polícia Judiciária mediante autorização da autoridade judiciária competente ou quando haja urgência ou perigo na demora, sendo aplicável, neste último caso, o disposto no nº 4 do artigo anterior.

5 – A ordem de preservação especifica, sob pena de nulidade:

*a*) A natureza dos dados;

*b*) Se forem conhecidos, a origem e o destino dos mesmos; e

*c*) O período de tempo pelo qual os dados devem ser preservados, até um máximo de três meses.

6 – Em cumprimento de ordem de preservação que lhe seja dirigida, quem tem disponibilidade ou controlo desses dados, designadamente o fornecedor de serviço, preserva de imediato os dados em causa pelo período de tempo especificado, protegendo e conservando a sua integridade.

7 - A autoridade judiciária competente, ou a Polícia Judiciária mediante autorização daquela autoridade, podem ordenar a renovação da medida por períodos sujeitos ao limite previsto na alínea c) do nº 5, desde que se verifiquem os respectivos requisitos de admissibilidade, até ao limite máximo de um ano.

8 - Quando seja apresentado o pedido de auxílio referido no nº 1, a autoridade judiciária competente para dele decidir determina a preservação dos dados até à adopção de uma decisão final sobre o pedido.

9 - Os dados preservados ao abrigo do presente artigo apenas podem ser fornecidos:

*a*) À autoridade judiciária competente, em execução do pedido de auxílio referido no nº 1, nos mesmos termos em que poderiam sê-lo, em caso nacional semelhante, ao abrigo dos artigos 13º a 17º;

*b*) À autoridade nacional que emitiu a ordem de preservação, nos mesmos termos em que poderiam sê-lo, em caso nacional semelhante, ao abrigo do artigo 13º

10 - A autoridade nacional à qual, nos termos do número anterior, sejam comunicados dados de tráfego identificadores de fornecedor de serviço e da via através dos quais a comunicação foi efectuada, comunica-os rapidamente à autoridade requerente, por forma a permitir a essa autoridade a apresentação de nova solicitação de preservação expedita de dados informáticos.

11 - O disposto nos nºs 1 e 2 aplica-se, com as devidas adaptações, aos pedidos formulados pelas autoridades portuguesas.

### Artigo 23º - Motivos de recusa

1 - A solicitação de preservação ou revelação expeditas de dados informáticos é recusada quando:

*a*) Os dados informáticos em causa respeitarem a infracção de natureza política ou infracção conexa segundo as concepções do direito português;

*b*) Atentar contra a soberania, segurança, ordem pública ou outros interesses da República Portuguesa, constitucionalmente definidos;

*c*) O Estado terceiro requisitante não oferecer garantias adequadas de protecção dos dados pessoais.

2 - A solicitação de preservação expedita de dados informáticos pode ainda ser recusada quando houver fundadas razões para crer que a execução de pedido de auxílio judiciário subsequente para fins de pesquisa, apreensão e divulgação de tais dados será recusado por ausência de verificação do requisito da dupla incriminação.

### Artigo 24º - Acesso a dados informáticos em cooperação internacional

1 - Em execução de pedido de autoridade estrangeira competente, a autoridade judiciária competente pode proceder à pesquisa, apreensão e divulgação

de dados informáticos armazenados em sistema informático localizado em Portugal, relativos a crimes previstos no artigo 11º, quando se trata de situação em que a pesquisa e apreensão são admissíveis em caso nacional semelhante.

2 – A autoridade judiciária competente procede com a maior rapidez possível quando existam razões para crer que os dados informáticos em causa são especialmente vulneráveis à perda ou modificação ou quando a cooperação rápida se encontre prevista em instrumento internacional aplicável.

3 – O disposto no nº 1 aplica-se, com as devidas adaptações, aos pedidos formulados pelas autoridades judiciárias portuguesas.

### Artigo 25º – Acesso transfronteiriço a dados informáticos armazenados quando publicamente disponíveis ou com consentimento

As autoridades estrangeiras competentes, sem necessidade de pedido prévio às autoridades portuguesas, de acordo com as normas sobre transferência de dados pessoais previstas na Lei nº 67/98, de 26 de Outubro, podem:

*a*) Aceder a dados informáticos armazenados em sistema informático localizado em Portugal, quando publicamente disponíveis;

*b*) Receber ou aceder, através de sistema informático localizado no seu território, a dados informáticos armazenados em Portugal, mediante consentimento legal e voluntário de pessoa legalmente autorizada a divulgá-los.

### Artigo 26º – Intercepção de comunicações em cooperação internacional

1 – Em execução de pedido da autoridade estrangeira competente, pode ser autorizada pelo juiz a intercepção de transmissões de dados informáticos realizadas por via de um sistema informático localizado em Portugal, desde que tal esteja previsto em acordo, tratado ou convenção internacional e se trate de situação em que tal intercepção seja admissível, nos termos do artigo 18º, em caso nacional semelhante.

2 – É competente para a recepção dos pedidos de intercepção a Polícia Judiciária, que os apresentará ao Ministério Público, para que os apresente ao juiz de instrução criminal da comarca de Lisboa para autorização.

3 – O despacho de autorização referido no artigo anterior permite também a transmissão imediata da comunicação para o Estado requerente, se tal procedimento estiver previsto no acordo, tratado ou convenção internacional com base no qual é feito o pedido.

4 – O disposto no nº 1 aplica-se, com as devidas adaptações, aos pedidos formulados pelas autoridades judiciárias portuguesas.

## CAPÍTULO V – Disposições finais e transitórias

### Artigo 27º – Aplicação no espaço da lei penal portuguesa e competência dos tribunais portugueses

1 – Para além do disposto no Código Penal em matéria de aplicação no espaço da lei penal portuguesa, e salvo tratado ou convenção internacional em contrário, para efeitos da presente lei, a lei penal portuguesa é ainda aplicável a factos:

*a*) Praticados por Portugueses, se aos mesmos não for aplicável a lei penal de nenhum outro Estado;

*b*) Cometidos em benefício de pessoas colectivas com sede em território português;

*c*) Fisicamente praticados em território português, ainda que visem sistemas informáticos localizados fora desse território; ou

*d*) Que visem sistemas informáticos localizados em território português, independentemente do local onde esses factos forem fisicamente praticados.

2 – Se, em função da aplicabilidade da lei penal portuguesa, forem simultaneamente competentes para conhecer de um dos crimes previstos na presente lei os tribunais portugueses e os tribunais de outro Estado membro da União Europeia, podendo em qualquer um deles ser validamente instaurado ou prosseguido o procedimento penal com base nos mesmos factos, a autoridade judiciária competente recorre aos órgãos e mecanismos instituídos no seio da União Europeia para facilitar a cooperação entre as autoridades judiciárias dos Estados membros e a coordenação das respectivas acções, por forma a decidir qual dos dois Estados instaura ou prossegue o procedimento contra os agentes da infracção, tendo em vista centralizá-lo num só deles.

3 – A decisão de aceitação ou transmissão do procedimento é tomada pela autoridade judiciária competente, tendo em conta, sucessivamente, os seguintes elementos:

*a*) O local onde foi praticada a infracção;

*b*) A nacionalidade do autor dos factos; e

*c*) O local onde o autor dos factos foi encontrado.

4 – São aplicáveis aos crimes previstos na presente lei as regras gerais de competência dos tribunais previstas no Código de Processo Penal.

5 – Em caso de dúvida quanto ao tribunal territorialmente competente, designadamente por não coincidirem o local onde fisicamente o agente actuou e o local onde está fisicamente instalado o sistema informático visado com a sua actuação, a competência cabe ao tribunal onde primeiro tiver havido notícia dos factos.

### Artigo 28º – Regime geral aplicável

Em tudo o que não contrarie o disposto na presente lei, aplicam-se aos crimes, às medidas processuais e à cooperação internacional em matéria penal nela previstos, respectivamente, as disposições do Código Penal, do Código de Processo Penal e da Lei nº 144/99, de 31 de Agosto.

### Artigo 29º – Competência da Polícia Judiciária para a cooperação internacional

A competência atribuída pela presente lei à Polícia Judiciária para efeitos de cooperação internacional é desempenhada pela unidade orgânica a quem se encontra cometida a investigação dos crimes previstos na presente lei.

### Artigo 30º – Protecção de dados pessoais

O tratamento de dados pessoais ao abrigo da presente lei efectua-se de acordo com o disposto na Lei nº 67/98, de 26 de Outubro, sendo aplicável, em caso de violação, o disposto no respectivo capítulo vi.

### Artigo 31º – Norma revogatória

É revogada a Lei nº 109/91, de 17 de Agosto.

### Artigo 32º – Entrada em vigor

A presente lei entra em vigor 30 dias após a sua publicação.

Aprovada em 23 de Julho de 2009.

O Presidente da Assembleia da República, *Jaime Gama.*

Promulgada em 29 de Agosto de 2009.

Publique-se.

O Presidente da República, Aníbal Cavaco Silva.

Referendada em 31 de Agosto de 2009.

O Primeiro-Ministro, *José Sócrates Carvalho Pinto de Sousa.*

# 2. Resolução da Assembleia da República nº 88/2009 – Aprova a Convenção sobre o Cibercrime, adoptada em Budapeste em 23 de Novembro de 2001

**Resolução da Assembleia da República nº 88/2009 – Aprova a Convenção sobre o Cibercrime, adoptada em Budapeste em 23 de Novembro de 2001**

A Assembleia da República resolve, nos termos da alínea i) do artigo 161º e do nº 5 do artigo 166º da Constituição, o seguinte:

**Artigo 1º – Aprovação**

Aprova a Convenção sobre o Cibercrime, adoptada em Budapeste em 23 de Novembro de 2001, cujo texto, na versão autenticada na língua inglesa, assim como a respectiva tradução para a língua portuguesa, se publica em anexo.

**Artigo 2º – Reserva**

No momento da ratificação da Convenção sobre o Cibercrime, adoptada em Budapeste em 23 de Novembro de 2001, a República Portuguesa formula a seguinte reserva ao artigo 24º, nº 5:

«Portugal não concederá a extradição de pessoas:

*a*) Que devam ser julgadas por um tribunal de excepção ou cumprir uma pena decretada por um tribunal dessa natureza;

*b*) Quando se prove que são sujeitas a processo que não oferece garantias jurídicas de um procedimento penal que respeite as condições internacionalmente reconhecidas como indispensáveis à salvaguarda dos direitos do homem, ou que cumprirem a pena em condições desumanas;

*c*) Quando reclamadas por infracção a que corresponda pena ou medida de segurança com carácter perpétuo.

Portugal só admite a extradição por crime punível com pena privativa da liberdade superior a um ano.

Portugal não concederá a extradição de cidadãos portugueses.

Não há extradição em Portugal por crimes a que corresponda pena de morte segundo a lei do Estado requerente.

Portugal só autoriza o trânsito em território nacional de pessoa que se encontre nas condições em que a sua extradição possa ser concedida.»

Aprovada em 10 de Julho de 2009.

O Presidente da Assembleia da República, *Jaime Gama.*

## CONVENÇÃO SOBRE O CIBERCRIME

### Preâmbulo

Os Estados membros do Conselho da Europa e os outros Estados signatários:

Considerando que o objectivo do Conselho da Europa é o de criar uma união mais estreita entre os seus membros;

Reconhecendo a importância de intensificar a cooperação com os outros Estados Partes na presente Convenção;

Convictos da necessidade de prosseguir, com carácter prioritário, uma política criminal comum, com o objectivo de proteger a sociedade do cibercrime, nomeadamente através da adopção de legislação adequada e do fomento da cooperação internacional;

Conscientes das profundas mudanças provocadas pela digitalização, pela convergência e pela globalização permanente das redes informáticas;

Preocupados com o risco das redes informáticas e da informação electrónica também poderem ser utilizadas para cometer infracções penais e das provas dessas infracções poderem ser armazenadas e transmitidas através dessas redes;

Reconhecendo a necessidade de haver cooperação entre os Estados e a indústria privada no combate ao cibercrime, bem como a de proteger os interesses legítimos ligados ao uso e desenvolvimento das tecnologias de informação;

Acreditando que uma luta efectiva contra o cibercrime requer uma cooperação internacional em matéria penal mais intensa, rápida e eficaz;

Convictos de que a presente Convenção é necessária para impedir os actos praticados contra a confidencialidade, integridade e disponibilidade de sistemas informáticos, de redes e de dados informáticos, bem como a utilização fraudulenta desses sistemas, redes e dados, prevendo a criminalização desses comportamentos, tal como se encontram descritos na presente Convenção, e a criação de competências suficientes para combater eficazmente essas infracções, facilitando a detecção, a investigação e a acção penal relativamente às referidas infracções, tanto ao nível nacional como ao nível internacional, e adoptando medidas que visem uma cooperação internacional rápida e fiável;

Tendo presente a necessidade de garantir um equilíbrio adequado entre os interesses da aplicação da lei e o respeito pelos direitos fundamentais do homem consagrados na Convenção para a Protecção dos Direitos do Homem e das Liberdades Fundamentais do Conselho da Europa (1950), no Pacto Internacional sobre os Direitos Civis e Políticos das Nações Unidas (1966) e noutros tratados internacionais em matéria de direitos humanos, que reafirmam o direito à liberdade de opinião sem interferência, bem como o direito à liberdade de expressão, incluindo a liberdade de procurar, receber e transmitir, sem consideração de fronteiras, informações e ideias de todo o género e, ainda, o direito ao respeito da vida privada;

Tendo igualmente presente o direito à protecção de dados pessoais, tal como definido na Convenção do Conselho da Europa para a Protecção das Pessoas relativamente ao Tratamento Automatizado de Dados de Carácter Pessoal de 1981;

Considerando a Convenção das Nações Unidas sobre os Direitos da Criança de 1989, e a Convenção da Organização Internacional do Trabalho sobre as Piores Formas de Trabalho Infantil de 1999;

Tendo em conta as Convenções do Conselho da Europa sobre cooperação em matéria penal, bem como outros tratados semelhantes entre os Estados membros do Conselho da Europa e outros Estados, e sublinhando que a presente Convenção tem por finalidade complementar as referidas Convenções de modo a tornar mais eficazes as investigações e as acções penais relativas a infracções relacionadas com sistemas e dados informáticos, bem como permitir a recolha de provas electrónicas de uma infracção penal;

Saudando as iniciativas recentes para melhorar o entendimento e a cooperação internacionais no combate ao cibercrime, nomeadamente as acções empreendidas pelas Nações Unidas, pela OCDE, pela União Europeia e pelo G8;

Recordando as Recomendações do Comité de Ministros nº R (85) 10 relativa à aplicação prática da Convenção Europeia de Auxílio Judiciário Mútuo em matéria penal no tocante às cartas rogatórias para intercepção de telecomunicações, nº R (88) 2 sobre as medidas destinadas a combater a pirataria no domínio dos direitos de autor e direitos conexos, nº R (87) 15 que regulamenta a utilização de dados pessoais no sector da polícia, nº R (95) 4 sobre a protecção de dados de carácter pessoal no sector das telecomunicações, designadamente os serviços telefónicos, e nº R (89) 9 sobre a criminalidade informática que estabelece directrizes para os legisladores nacionais respeitantes à definição de certos crimes informáticos, e ainda a nº R (95) 13 relativa a problemas da lei processual penal ligados às tecnologias da informação;

Tendo em conta a Resolução nº 1 adoptada pelos Ministros europeus da Justiça na sua 21ª Conferência (Praga, 10 e 11 de Junho de 1997), que recomenda ao Comité de Ministros o apoio ao trabalho desenvolvido pelo Comité Europeu para os Problemas Criminais (CDPC) no domínio do cibercrime, a fim de aproximar as legislações penais nacionais e de permitir a utilização de meios eficazes para investigar esses crimes, bem como a Resolução nº 3 adoptada na 23ª Conferência dos Ministros europeus da Justiça (Londres, 8 e 9 de Junho de 2000), que encoraja as partes intervenientes nas negociações a prosseguirem os seus esforços para encontrar soluções adequadas que permitam ao maior número possível de Estados tornarem-se partes da Convenção, e reconhece a necessidade de haver um sistema de cooperação internacional rápido e eficaz que tenha devidamente em conta as exigências específicas da luta contra o cibercrime;

Tendo, igualmente, em consideração o Plano de Acção que foi adoptado pelos Chefes de Estado e de Governo do Conselho da Europa na sua Segunda Cimeira (Estrasburgo, 10 e 11 de Outubro de 1997) para, com base nas normas e nos valores do Conselho da Europa, encontrar respostas comuns face ao desenvolvimento das novas tecnologias de informação;

acordam no seguinte:

## CAPÍTULO I – Terminologia

### Artigo 1º – Definições

Para efeitos da presente Convenção, entende-se por:

*a*) «Sistema informático» um equipamento ou conjunto de equipamentos interligados ou relacionados entre si que asseguram, isoladamente ou em conjunto, pela execução de um programa, o tratamento automatizado de dados;

*b*) «Dados informáticos» qualquer representação de factos, informações ou conceitos numa forma adequada para o processamento informático, incluindo um programa que permita a um sistema informático executar uma função;

*c*) «Prestador de serviços»:

*i*) Qualquer entidade pública ou privada que faculte aos utilizadores dos seus serviços a possibilidade de comunicarem por meio de um sistema informático;

*ii*) Qualquer outra entidade que processe ou armazene dados informáticos em nome desse serviço de comunicações ou dos seus utilizadores;

*d*) «Dados de tráfego», quaisquer dados informáticos relativos a uma comunicação efectuada por meio de um sistema informático, que foram gerados por um sistema informático enquanto elemento da cadeia de comunicação, e indicam a origem, o destino, o trajecto, a hora, a data, o tamanho e a duração da comunicação, ou o tipo de serviço subjacente.

## CAPÍTULO II - Medidas a adoptar a nível nacional

### SECÇÃO 1 - Direito penal material

#### TÍTULO 1 - Infracções contra a confidencialidade, integridade e disponibilidade de dados e sistemas informáticos

**Artigo 2º - Acesso ilícito**

Cada Parte deverá adoptar as medidas legislativas e outras que se revelem necessárias para classificar como infracção penal nos termos do seu direito interno, quando praticado intencionalmente, o acesso ilícito a um sistema informático no seu todo ou a parte dele. Para que se verifique a infracção penal, qualquer uma das Partes pode exigir que ela seja cometida por meio da violação das medidas de segurança com intenção de obter dados informáticos ou com qualquer outra intenção, ou ainda que esteja relacionada com um sistema informático conectado a outro sistema informático.

**Artigo 3º - Intercepção ilícita**

Cada Parte deverá adoptar as medidas legislativas e outras que se revelem necessárias para classificar como infracção penal nos termos do seu direito interno, quando praticada intencionalmente, a intercepção não autorizada, através de meios técnicos, de transmissões não públicas de dados informáticos, para, de ou dentro de um sistema informático, incluindo as radiações electromagnéticas emitidas por um sistema informático que transporte esses dados informáticos. Para que se verifique a infracção penal, qualquer uma das Partes pode exigir que ela seja cometida por meio da violação das medidas de segurança com intenção de obter dados informáticos ou com qualquer outra intenção, ou ainda que esteja relacionada com um sistema informático conectado a outro sistema informático.

**Artigo 4º - Dano provocado nos dados**

1 - Cada Parte deverá adoptar as medidas legislativas e outras que se revelem necessárias para classificar como infracções penais nos termos do seu direito interno, quando praticados intencionalmente, a danificação, o apagamento, a deterioração, a alteração ou supressão não autorizados de dados informáticos.

2 - Qualquer uma das Partes pode reservar-se o direito de exigir que o comportamento descrito no nº 1 do presente artigo tenha de ter acarretado danos graves.

### Artigo 5º – Sabotagem informática

Cada Parte deverá adoptar as medidas legislativas e outras que se revelem necessárias para classificar como infracção penal nos termos do seu direito interno, quando praticada intencionalmente, a perturbação grave, não autorizada, do funcionamento de um sistema informático mediante inserção, transmissão, danificação, eliminação, deterioração, alteração ou supressão de dados informáticos.

### Artigo 6º – Utilização indevida de dispositivos

1 – Cada Parte deverá adoptar as medidas legislativas e outras que se revelem necessárias para classificar como infracções penais nos termos do seu direito interno, quando praticadas intencional e ilicitamente:

*a*) A produção, venda, aquisição para efeitos de utilização, importação, distribuição, ou outras formas de disponibilização de:

*i*) Um dispositivo, incluindo um programa informático, concebido ou adaptado antes de mais para permitir a prática de uma das infracções previstas nos artigos 2º a 5º supra;

*ii*) Uma palavra-passe, um código de acesso ou dados similares que permitem aceder, no todo ou em parte, a um sistema informático, com a intenção de os utilizar;

para cometer qualquer uma das infracções previstas nos artigos 2º a 5º supra; e

*b*) A posse de um dos elementos referidos na alínea a), i) ou ii), desde que utilizados com a intenção de cometer qualquer uma das infracções previstas nos artigos 2º a 5º Qualquer uma das Partes pode exigir que para existir responsabilidade criminal nos termos do seu direito interno tenha de se verificar um determinado número desses elementos.

2 – O presente artigo não pode ser interpretado no sentido de determinar que existe responsabilidade criminal nos casos em que a finalidade da produção, venda, obtenção para utilização, importação, distribuição ou outras formas de disponibilização referidas no nº 1 do presente artigo não é a prática de uma das infracções previstas nos artigos 2º a 5º da presente Convenção, mas antes a realização de testes autorizados ou a protecção de um sistema informático.

3 – Cada Parte pode reservar-se o direito de não aplicar o nº 1 do presente artigo, desde que essa reserva não diga respeito à venda, distribuição ou qualquer outra forma de disponibilização dos elementos referidos no nº 1, alínea a), ii), do presente artigo.

## TÍTULO 2 – Infracções relacionadas com computadores

### Artigo 7º – Falsificação informática

Cada Parte deverá adoptar as medidas legislativas e outras que se revelem necessárias para classificar como infracções penais nos termos do seu direito interno, quando praticadas intencional e ilicitamente, a introdução, a alteração, o apagamento ou a supressão de dados informáticos dos quais resultem dados não autênticos, com o intuito de que esses dados sejam considerados ou utilizados para fins legais como se fossem autênticos, quer sejam ou não directamente legíveis e inteligíveis. Qualquer uma das Partes pode exigir que para existir responsabilidade criminal tem de haver intenção fraudulenta ou outra intenção criminosa semelhante.

### Artigo 8º – Burla informática

Cada Parte deverá adoptar as medidas legislativas e outras que se revelem necessárias para classificar como infracção penal nos termos do seu direito interno, quando praticado intencional e ilicitamente, o prejuízo patrimonial causado a outra pessoa por meio de:

*a*) Qualquer introdução, alteração, apagamento ou supressão de dados informáticos;

*b*) Qualquer interferência no funcionamento de um sistema informático;

com intenção de obter para si ou para outra pessoa um benefício económico ilegítimo.

## TÍTULO 3 – Infracções relacionadas com o conteúdo

### Artigo 9º – Infracções relativas à pornografia infantil

1 – Cada Parte deverá adoptar as medidas legislativas e outras que se revelem necessárias para classificar como infracções penais nos termos do seu direito interno, quando praticadas de forma intencional e ilegítima, as seguintes condutas:

*a*) Produção de pornografia infantil com o propósito de a divulgar através um sistema informático;

*b*) Oferta ou disponibilização de pornografia infantil através de um sistema informático;

*c*) Difusão ou transmissão de pornografia infantil através de um sistema informático;

*d*) Obtenção para si ou para outra pessoa de pornografia infantil através de um sistema informático;

*e*) Posse de pornografia infantil num sistema informático ou num dispositivo de armazenamento de dados informáticos.

2 – Para efeitos do nº 1, a expressão «pornografia infantil» deverá abranger todo o material pornográfico que represente visualmente:

*a*) Um menor envolvido em comportamentos sexualmente explícitos;

*b*) Uma pessoa com aspecto de menor envolvida em comportamentos sexualmente explícitos;

*c*) Imagens realistas de um menor envolvido em comportamentos sexualmente explícitos.

3 – Para efeitos do nº 2, a expressão «menor» deverá abranger qualquer pessoa com menos de 18 anos de idade. Qualquer uma das Partes pode impor um limite de idade inferior, não podendo, contudo, ser fixado abaixo dos 16 anos.

4 – Cada Parte pode reservar-se o direito de não aplicar, no todo ou em parte, o disposto nas alíneas d) e e) do nº 1 e nas alíneas b) e c) do nº 2.

## TÍTULO 4 – Infracções respeitantes a violações do direito de autor e direitos conexos

### Artigo 10º – Infracções respeitantes a violações do direito de autor e dos direitos conexos

1 – Cada Parte deverá adoptar as medidas legislativas e outras que se revelem necessárias para classificar como infracções penais nos termos do seu direito interno, as violações do direito de autor, tal como estas se encontram definidas na lei dessa Parte com base nas obrigações que a mesma assumiu ao abrigo da Convenção de Berna para a Protecção das Obras Literárias e Artísticas, revista pelo Acto de Paris de 24 de Julho de 1971, do Acordo sobre os Aspectos dos Direitos de Propriedade Intelectual Relacionados com o Comércio e do Tratado da OMPI sobre o Direito de Autor, com excepção de quaisquer direitos morais reconhecidos por essas Convenções, quando tais actos são praticados de forma intencional, para fins comerciais e por meio de um sistema informático.

2 – Cada Parte deverá adoptar as medidas legislativas e outras que se revelem necessárias para classificar como infracções penais nos termos do seu direito interno as violações dos direitos conexos tal como estas se encontram definidas na lei dessa Parte com base nas obrigações que a mesma assumiu ao abrigo da Convenção Internacional para a Protecção dos Artistas Intérpretes ou Executantes, dos Produtores de Fonogramas e dos Organismos de Radiodifusão (Convenção de Roma), do Acordo sobre os Aspectos dos Direitos de Propriedade Intelectual Relacionados com o Comércio e do Tratado da OMPI sobre Interpretações ou Execuções e Fonogramas, com excepção de quaisquer direitos morais reconhecidos por essas Convenções, quando tais actos são praticados de forma intencional, para fins comerciais e por meio de um sistema informático.

3 – Qualquer Parte pode, em circunstâncias claramente definidas, reservar-se o direito de não estabelecer a responsabilidade criminal nos termos dos nºs 1 e 2 do presente artigo, desde que se encontrem disponíveis outros meios eficazes e essa reserva não prejudique as obrigações internacionais assumidas por essa Parte no quadro dos instrumentos internacionais referidos nos nºs 1 e 2 do presente artigo.

## TÍTULO 5 – Outras formas de responsabilidade e sanções

### Artigo 11º – Tentativa, auxílio ou instigação

1 – Cada Parte deverá adoptar as medidas legislativas e outras que se revelem necessárias para classificar como infracções penais, nos termos do seu direito interno, o auxílio ou a instigação à prática de qualquer uma das infracções previstas nos artigos 2º a 10º da presente Convenção, quando praticados intencionalmente tendo em vista a prática dessa infracção.

2 – Cada Parte deverá adoptar as medidas legislativas e outras que se revelem necessárias para classificar como infracção penal, nos termos do seu direito interno, a tentativa deliberada de praticar qualquer uma das infracções previstas nos artigos 3º a 5º, 7º, 8º e nas alíneas a) e c) do nº 1 do artigo 9º da presente Convenção.

3 – Cada Parte pode reservar-se o direito de não aplicar, no todo ou em parte, o disposto no nº 2 do presente artigo.

### Artigo 12º – Responsabilidade das pessoas colectivas

1 – Cada Parte deverá adoptar as medidas legislativas e outras que se revelem necessárias para garantir que as pessoas colectivas possam ser consideradas responsáveis pelas infracções penais previstas na presente Convenção, cometidas em seu benefício por qualquer pessoa singular, agindo individualmente ou enquanto membro de um órgão da pessoa colectiva, que nelas ocupem uma posição de liderança, com base:

*a*) Nos poderes de representação conferidos pela pessoa colectiva;

*b*) Na autoridade para tomar decisões em nome da pessoa colectiva;

*c*) Na autoridade para exercer o controlo no seio da pessoa colectiva.

2 – Para além dos casos já previstos no nº 1 do presente artigo, cada Parte deverá adoptar as medidas legislativas e outras que se revelem necessárias para garantir que uma pessoa colectiva possa ser considerada responsável sempre que a falta de vigilância ou controlo por parte de uma pessoa singular referida no nº 1 possibilite a prática de uma das infracções previstas na presente Convenção em benefício da referida pessoa colectiva por uma pessoa singular que aja sob a sua autoridade.

3 – De acordo com os princípios jurídicos da Parte, a responsabilidade de uma pessoa colectiva pode ser penal, civil ou administrativa.

4 – Essa responsabilidade não exclui a responsabilidade criminal das pessoas singulares que tenham cometido a infracção.

### Artigo 13º – Sanções e medidas

1 – Cada Parte deverá adoptar as medidas legislativas e outras que se revelem necessárias para assegurar que as infracções penais estabelecidas nos termos dos artigos 2º a 11º sejam puníveis com sanções eficazes, proporcionais e dissuasivas, incluindo com penas privativas de liberdade.

2 – Cada Parte deverá assegurar que as pessoas colectivas consideradas responsáveis nos termos do artigo 12º sejam objecto de sanções ou medidas, de natureza penal e não penal, eficazes, proporcionais e dissuasivas, incluindo sanções pecuniárias.

## SECÇÃO 2 – Direito processual

## TÍTULO 1 – Disposições comuns

### Artigo 14º – Âmbito de aplicação das disposições processuais

1 – Cada Parte deverá adoptar as medidas legislativas e outras que se revelem necessárias para instituir os poderes e os procedimentos previstos na presente secção, para efeitos de investigação ou de procedimento criminal específicos.

2 – Salvo disposição em contrário do artigo 21º, cada Parte deverá aplicar os poderes e os procedimentos previstos no nº 1 do presente artigo:

*a*) Às infracções penais previstas nos artigos 2º a 11º da presente Convenção;

*b*) A outras infracções penais cometidas por meio de um sistema informático; e

*c*) À obtenção de prova electrónica da prática de qualquer infracção penal.

3 – *a*) Cada Parte pode reservar-se o direito de só aplicar as medidas previstas no artigo 20º às infracções ou categorias de infracções especificadas na reserva, desde que o conjunto dessas infracções ou categorias de infracções não seja mais reduzido que o conjunto de infracções a que aplica as medidas previstas no artigo 21º Cada Parte deverá considerar a possibilidade de restringir a dita reserva de modo a permitir que a aplicação da medida prevista no artigo 20º seja a mais ampla possível.

*b*) Sempre que por força das restrições impostas pela sua legislação vigente à data da adopção da presente Convenção não possa aplicar as medidas previstas nos artigos 20º e 21º às comunicações que se processam no interior de um sistema informático de um prestador de serviços, que:

*i*) Tenha sido implementado para um grupo fechado de utilizadores; e

*ii*) Nem utilize as redes de telecomunicações públicas nem esteja interligado a outro sistema informático, público ou privado;

uma Parte pode reservar-se o direito de não aplicar essas medidas às referidas comunicações. Cada Parte deverá considerar a possibilidade de restringir a dita reserva de modo a permitir a aplicação das medidas previstas nos artigos 20º e 21º

### Artigo 15º – Condições e garantias

1 – Cada Parte deverá assegurar que o estabelecimento, a implementação e a aplicação dos poderes e procedimentos previstos na presente secção respeitem as condições e garantias previstas no seu direito interno, o qual deverá garantir uma protecção adequada dos direitos humanos e das liberdades, designadamente dos direitos estabelecidos em conformidade com as obrigações assumidas pela Parte em virtude da Convenção do Conselho da Europa de 1950 para a Protecção dos Direitos do Homem e das Liberdades Fundamentais e do Pacto Internacional sobre os Direitos Civis e Políticos das Nações Unidas de 1966, bem como de outros instrumentos internacionais aplicáveis em matéria de direitos humanos, e deverá incorporar o princípio da proporcionalidade.

2 – Sempre que tal se justifique, em razão da natureza do poder ou do procedimento em causa, as referidas condições e garantias deverão incluir, designadamente, um controlo judicial ou outras formas de controlo independente, os fundamentos que justificam a sua aplicação, bem como a delimitação do âmbito de aplicação e a duração do poder ou procedimento em causa.

3 – Na medida em que seja do interesse público, em particular, da boa administração da justiça, cada Parte deverá ter em consideração o impacto dos poderes e dos procedimentos previstos na presente secção nos direitos, nas responsabilidades e nos interesses legítimos de terceiros.

## TÍTULO 2 – Conservação expedita de dados informáticos armazenados

### Artigo 16º – Conservação expedita de dados informáticos armazenados

1 – Cada Parte deverá adoptar as medidas legislativas e outras que se revelem necessárias para que as suas autoridades competentes possam ordenar ou de outro modo impor a conservação expedita de dados informáticos específicos, incluindo de dados de tráfego armazenados por meio de um sistema informático, sobretudo quando existam motivos para crer que em relação a esses dados existe o sério risco de perda ou alteração.

2 – Sempre que aplicar o disposto no nº 1 supra através de uma injunção que impõe a uma pessoa a conservação dos dados informáticos específicos armaze-

nados que tem na sua posse ou sob o seu controlo, uma Parte deverá adoptar as medidas legislativas e outras que se revelem necessárias para obrigar essa pessoa a conservar e a proteger a integridade dos referidos dados pelo tempo que for necessário, até um prazo máximo de 90 dias, para permitir que as autoridades competentes obtenham a sua divulgação. Qualquer uma das Partes pode prever a possibilidade dessa injunção ser subsequentemente renovada.

3 – Cada Parte deverá adoptar as medidas legislativas e outras que se revelem necessárias para obrigar a pessoa responsável pelos dados informáticos, ou qualquer outra pessoa encarregue de os conservar, a manterem a confidencialidade da aplicação dos referidos procedimentos durante o prazo previsto no seu direito interno.

4 – Os artigos 14º e 15º regulamentam os poderes e procedimentos referidos no presente artigo.

### Artigo 17º – Conservação expedita e divulgação parcial de dados de tráfego

1 – Em relação aos dados de tráfego que devem ser conservados em conformidade com o artigo 16º, cada Parte deverá adoptar as medidas legislativas e outras que se revelem necessárias para:

*a*) Assegurar a conservação expedita dos dados de tráfego quer tenha sido um, quer tenham sido vários os prestadores de serviço envolvidos na transmissão dessa comunicação;

*b*) Assegurar que um volume suficiente de dados de tráfego seja de imediato transmitido à autoridade competente da Parte ou a qualquer pessoa designada por essa autoridade, para permitir que a Parte identifique os prestadores de serviços e o trajecto da comunicação.

2 – Os artigos 14º e 15º regulamentam os poderes e procedimentos referidos no presente artigo.

## TÍTULO 3 – Injunção de comunicar

### Artigo 18º – Injunção de comunicar

1 – Cada Parte deverá adoptar as medidas legislativas e outras que se revelem necessárias para conferir poder às suas autoridades competentes para ordenarem:

*a*) A uma pessoa que se encontre no seu território que disponibilize os dados informáticos específicos que estejam na sua posse ou sob o seu controlo e que estão armazenados num sistema informático ou num dispositivo de armazenamento de dados informáticos; e *b*) A um prestador de serviços que preste os seus serviços no território da Parte que disponibilize os dados dos assinantes relacionados com esses serviços que estejam na sua posse ou sob o seu controlo.

2 – Os artigos 14º e 15º regulamentam os poderes e procedimentos referidos no presente artigo.

3 – Para efeitos do presente artigo, entende-se por «dados relativos aos assinantes» quaisquer informações que um prestador de serviços possua sobre os assinantes dos seus serviços, sob a forma de dados informáticos ou sob qualquer outra forma, distintas dos dados de tráfego ou de conteúdo e que permitam determinar:

*a*) O tipo de serviço de comunicação utilizado, as medidas técnicas adoptadas a esse respeito e a duração do serviço;

*b*) A identidade, o endereço postal ou geográfico e o número de telefone do assinante e qualquer outro número de acesso, os dados referentes à facturação e ao pagamento, disponíveis com base num contrato ou num acordo de serviços;

*c*) Qualquer outra informação sobre a localização do equipamento de comunicação disponível com base num contrato ou num acordo de prestação de serviços.

## TÍTULO 4 – Busca e apreensão de dados informáticos armazenados

### Artigo 19º – Busca e apreensão de dados informáticos armazenados

1 – Cada Parte deverá adoptar as medidas legislativas e outras que se revelem necessárias para habilitar as suas autoridades competentes a efectuar buscas ou de outro modo aceder:

*a*) A um sistema informático, ou a parte do mesmo, bem como aos dados informáticos nele armazenados; e

*b*) A um suporte informático de dados que permita armazenar dados informáticos;

no seu território.

2 – Cada Parte deverá adoptar as medidas legislativas e outras que se revelem necessárias para assegurar que, sempre que as suas autoridades efectuem buscas ou de outro modo acedam a um determinado sistema informático ou a parte dele, em conformidade com o disposto na alínea a) do nº 1 do presente artigo, e caso existam motivos para crer que os dados procurados estão armazenados noutro sistema informático ou em parte dele, situado no seu território, e que é possível aceder legalmente a esses dados ou que eles estão disponíveis através do primeiro sistema, as autoridades são capazes de rapidamente alargar a busca ou o acesso equivalente ao outro sistema.

3 – Cada Parte deverá adoptar as medidas legislativas e outras que se revelem necessárias para habilitar as suas autoridades competentes a apreender ou de outro modo reter os dados informáticos aos quais se teve acesso nos termos do nº 1 ou 2 do presente artigo. Essas medidas incluem o poder de:

*a*) Apreender ou de outro modo reter um sistema informático ou parte do mesmo, ou um suporte informático de dados;

*b*) Efectuar e reter uma cópia desses dados informáticos;

*c*) Preservar a integridade dos dados informáticos pertinentes armazenados;

*d*) Tornar esses dados informáticos inacessíveis ou retirá-los do sistema informático acedido.

4 – Cada Parte deverá adoptar as medidas legislativas e outras que se revelem necessárias para habilitar as suas autoridades competentes a impor a qualquer pessoa que conheça o funcionamento do sistema informático ou as medidas aplicadas para proteger os dados informáticos nele contidos, que forneça de forma ponderada todas as informações necessárias para permitir a aplicação das medidas previstas no nº 1 e 2 do presente artigo.

5 – Os artigos 14º e 15º regulamentam os poderes e procedimentos referidos no presente artigo.

## TÍTULO 5 – Recolha, em tempo real, de dados informáticos

### Artigo 20º – Recolha, em tempo real, de dados de tráfego

1 – Cada Parte deverá adoptar as medidas legislativas e outras que se revelem necessárias para habilitar as suas autoridades competentes a:

*a*) Recolher ou registar, através da aplicação dos meios técnicos existentes no seu território; e

*b*) Obrigar um prestador de serviços, no âmbito da sua capacidade técnica, a:

*i*) Recolher ou registar, através da aplicação dos meios técnicos existentes no seu território; ou

*ii*) Cooperar com as autoridades competentes e a dar-lhes assistência na recolha ou no registo;

em tempo real, dos dados de tráfego associados a comunicações específicas transmitidas no seu território através de um sistema informático.

2 – Quando uma Parte, por força dos princípios estabelecidos no seu direito interno, não puder adoptar as medidas enunciadas na alínea a) do nº 1 do presente artigo, pode, em alternativa, adoptar as medidas legislativas e outras que se revelem necessárias para assegurar a recolha ou o registo, em tempo real, dos dados de tráfego associados a comunicações específicas transmitidas no seu território através da aplicação de meios técnicos existentes nesse território.

3 – Cada Parte deverá adoptar as medidas legislativas e outras que se revelem necessárias para obrigar um prestador de serviços a manter a confidencialidade do exercício de um dos poderes previstos no presente artigo, bem como de qualquer informação a esse respeito.

4 – Os artigos 14º e 15º regulamentam os poderes e procedimentos referidos no presente artigo.

### Artigo 21º – Intercepção de dados de conteúdo

1 – Cada Parte deverá adoptar as medidas legislativas e outras que se revelem necessárias para habilitar as suas autoridades competentes, relativamente a um conjunto de infracções graves a definir no âmbito do seu direito interno, a:

*a*) Recolher ou registar, através da aplicação dos meios técnicos existentes no seu território;

*b*) Obrigar um prestador de serviços, no âmbito da sua capacidade técnica, a:

*i*) Recolher ou registar, através da aplicação dos meios técnicos existentes no seu território; ou a

*ii*) Cooperar com as autoridades competentes e a dar--lhes assistência na recolha ou no registo;

em tempo real, dos dados de conteúdo de comunicações específicas feitas no seu território, transmitidas através de um sistema informático.

2 – Quando uma Parte, por força dos princípios estabelecidos no seu direito interno, não puder adoptar as medidas enunciadas na alínea a) do nº 1 do presente artigo, pode, em alternativa, adoptar as medidas legislativas e outras que se revelem necessárias para assegurar a recolha ou o registo, em tempo real, dos dados de conteúdo de comunicações específicas feitas no seu território, transmitidas através de um sistema informático nesse território.

3 – Cada Parte deverá adoptar as medidas legislativas e outras que se revelem necessárias para obrigar um prestador de serviços a manter a confidencialidade do exercício de um dos poderes previstos no presente artigo, bem como de qualquer informação a esse respeito.

4 – Os artigos 14º e 15º regulamentam os poderes e procedimentos referidos no presente artigo.

## SECÇÃO 3 – Jurisdição

### Artigo 22º – Jurisdição

1 – Cada Parte deverá adoptar as medidas legislativas e outras que se revelem necessárias para estabelecer a sua competência relativamente à prática de

qualquer infracção penal prevista nos artigos 2º a 11º da presente Convenção, sempre que a infracção seja cometida:

*a*) No seu território; ou

*b*) A bordo de um navio arvorando o pavilhão dessa Parte;

*c*) A bordo de uma aeronave registada nos termos das leis dessa Parte;

*d*) Por um dos seus nacionais, se a infracção for punível nos termos do direito penal vigente no local onde foi praticada, ou se for cometida em local que não se encontra sob a jurisdição territorial de qualquer Estado.

2 – Cada Parte pode reservar-se o direito de não aplicar, ou de apenas aplicar em casos e condições específicas, as regras de competência jurisdicional definidas nas alíneas b) a d) do nº 1 do presente artigo ou qualquer parte dessas alíneas.

3 – Cada Parte deverá adoptar as medidas legislativas que se revelem necessárias para estabelecer a sua jurisdição sobre as infracções referidas no nº 1 do artigo 24º da presente Convenção, sempre que o presumível autor da infracção se encontre no seu território e não seja extraditado para outra Parte apenas com base na sua nacionalidade, após um pedido de extradição.

4 – A presente Convenção não exclui nenhuma jurisdição penal exercida por uma Parte em conformidade com o seu direito interno.

5 – Sempre que várias Partes reivindiquem a jurisdição sobre uma presumível infracção prevista na presente Convenção, as Partes interessadas deverão, se for caso disso, consultar-se para decidir qual é a jurisdição mais adequada para efeitos de exercício da acção penal.

## CAPÍTULO III – Cooperação internacional

### SECÇÃO 1 – Princípios gerais

#### TÍTULO 1 – Princípios gerais relativos à cooperação internacional

**Artigo 23º – Princípios gerais relativos à cooperação internacional**

As Partes deverão cooperar o mais possível entre si para efeitos de investigação ou de procedimento relativos a infracções penais relacionadas com sistemas e dados informáticos, ou para recolha de provas sob a forma electrónica de uma infracção penal, em conformidade com o disposto no presente capítulo, em aplicação dos instrumentos internacionais pertinentes sobre cooperação internacional em matéria penal, de acordos celebrados com base em legislação uniforme ou recíproca e dos respectivos Direitos internos.

## TÍTULO 2 – Princípios relativos à extradição

### Artigo 24º – Extradição

1 – *a*) O presente artigo aplica-se à extradição entre as Partes para as infracções penais previstas nos artigos 2º a 11º da presente Convenção, desde que sejam puníveis, nos termos da legislação das duas Partes interessadas, com uma pena privativa de liberdade de duração máxima não inferior a um ano ou com uma pena mais grave.

*b*) Nos casos em que seja aplicável uma pena mínima diferente, nos termos de um acordo celebrado com base em legislação uniforme ou recíproca ou de um tratado de extradição aplicável entre duas ou mais Partes, incluindo a Convenção Europeia de Extradição (STE nº 24), dever-se-á aplicar a pena mínima prevista nesse tratado ou acordo.

2 – As infracções penais descritas no nº 1 do presente artigo deverão ser consideradas como estando incluídas em qualquer tratado de extradição existente entre as Partes como infracções passíveis de extradição. As Partes comprometem-se a incluir essas infracções em qualquer tratado de extradição que venha a ser celebrado entre elas como infracções passíveis de extradição.

3 - Sempre que uma Parte receber um pedido de extradição proveniente de outra Parte com a qual não celebrou nenhum tratado de extradição e fizer depender a extradição da existência de um tratado, pode considerar a presente Convenção como constituindo a base legal para

a extradição relativamente às infracções penais previstas no nº 1 do presente artigo.

4 – As Partes que não façam depender a extradição da existência de um tratado deverão reconhecer entre si as infracções penais referidas no nº 1 do presente artigo como infracções passíveis de extradição.

5 – A extradição fica sujeita às condições previstas na lei da Parte requerida ou nos tratados de extradição aplicáveis, incluindo os motivos pelos quais a Parte requerida pode recusar a extradição.

6 – Se a extradição por uma das infracções penais previstas no nº 1 do presente artigo for recusada apenas com base na nacionalidade da pessoa procurada ou porque a Parte requerida considera ter competência relativamente a essa infracção, a Parte requerida deverá, a pedido da Parte requerente, apresentar o caso às suas autoridades competentes para fins de procedimento criminal e informar oportunamente a Parte requerente do resultado definitivo.

Essas autoridades deverão tomar a sua decisão e conduzir as investigações e o procedimento nas mesmas condições que para qualquer outra infracção de natureza idêntica, nos termos da lei dessa Parte.

7 – *a*) Na falta de tratado, cada Parte deverá, no momento da assinatura ou do depósito do seu instrumento de ratificação, aceitação, aprovação ou adesão, comunicar ao Secretário-Geral do Conselho da Europa o nome e a morada de cada autoridade responsável pela elaboração ou recepção dos pedidos de extradição ou de detenção provisória.

*b*) O Secretário-Geral do Conselho da Europa deverá criar e manter actualizado um registo das autoridades assim designadas pelas Partes. Cada Parte deverá assegurar que os dados constantes do registo estão sempre correctos.

## TÍTULO 3 – Princípios gerais relativos ao auxílio judiciário mútuo

### Artigo 25º – Princípios gerais relativos ao auxílio judiciário mútuo

1 – As Partes deverão conceder-se mutuamente o mais amplo auxílio possível para efeitos de investigação ou de procedimento relativos a infracções penais relacionadas com sistemas e dados informáticos, ou para efeitos de recolha de provas sob a forma electrónica de uma infracção penal.

2 – Cada Parte deverá adoptar, igualmente, as medidas legislativas e outras que se revelem necessárias para cumprir as obrigações enunciadas nos artigos 27º a 35º

3 – Em caso de urgência, cada Parte pode efectuar os pedidos de auxílio judiciário mútuo ou as comunicações conexas, através de meios de comunicação expeditos, nomeadamente por fax ou correio electrónico, desde que esses meios assegurem níveis de segurança e autenticação adequados (incluindo a encriptação, se necessário), com confirmação oficial posterior se o Estado requerido o exigir. O Estado requerido deverá aceitar e responder ao pedido através de qualquer um desses meios de comunicação expeditos.

4 – Salvo disposição expressa em contrário prevista nos artigos do presente capítulo, o auxílio judiciário mútuo fica sujeito às condições previstas na lei da Parte requerida ou nos tratados de auxílio mútuo aplicáveis, incluindo os motivos pelos quais a Parte requerida pode recusar a cooperação. A Parte requerida não deverá exercer o seu direito de recusa de auxílio judiciário mútuo relativamente às infracções previstas nos artigos 2º a 11º apenas com o fundamento de que o pedido se reporta a uma infracção considerada como uma infracção de natureza fiscal.

5 – Sempre que, em conformidade com o disposto no presente capítulo, a Parte requerida estiver autorizada a fazer depender o auxílio judiciário mútuo da existência de dupla incriminação, considera-se que esta condição está preenchida se a conduta que constitui a infracção, relativamente à qual o auxílio mútuo é pedido, for qualificada como infracção penal pelo direito interno

dessa Parte, independentemente de nos termos do seu direito interno a infracção pertencer ou não à mesma categoria de infracções ou obedecer ou não à mesma terminologia que as previstas no direito interno da Parte requerente.

### Artigo 26º – Informação espontânea

1 – Qualquer Parte pode, nos limites previstos no seu direito interno e não e sem pedido prévio, transmitir a uma outra Parte informações obtidas no âmbito das suas próprias investigações, sempre que considerar que a transmissão dessas informações pode ajudar a Parte destinatária a iniciar ou a efectuar investigações ou procedimentos relativos a infracções penais previstas na presente Convenção, ou sempre que considerar que ela pode dar origem a um pedido de cooperação formulado por essa Parte nos termos do presente capítulo.

2 – Antes de transmitir essas informações, a Parte transmissora pode solicitar que o seu carácter confidencial seja preservado ou que só sejam utilizadas em determinadas condições. Se não puder satisfazer o pedido, a Parte destinatária deverá informar a outra Parte de tal facto, a qual deverá, então, decidir se as informações em causa devem, mesmo assim, ser fornecidas. Se a Parte destinatária aceitar as informações nas condições estipuladas, fica obrigada a observá-las.

## TÍTULO 4 – Procedimentos relativos a pedidos de auxílio mútuo na falta de acordos internacionais aplicáveis

### Artigo 27º – Procedimentos relativos aos pedidos de auxílio mútuo na falta de acordos internacionais aplicáveis

1 – Na falta de um tratado de auxílio mútuo ou de um acordo assente em legislação uniforme ou recíproca em vigor entre a Parte requerente e a Parte requerida, aplica-se o disposto nos nºs 2 a 9 do presente artigo. Existindo esse tratado, acordo ou legislação, só se aplica o disposto no presente artigo se, em vez deles, as Partes envolvidas decidirem aplicar o presente artigo, no todo ou em parte.

2 – *a*) Cada Parte deverá designar uma ou mais autoridades centrais encarregues de enviar os pedidos de auxílio mútuo ou de lhes responder, de os executar ou de os transmitir às autoridades competentes com vista à sua execução;

*b*) As autoridades centrais deverão comunicar directamente entre si;

*c*) Cada Parte deverá, no momento em que assinar ou depositar o seu instrumento de ratificação, aceitação, aprovação ou adesão, comunicar ao Secretário-Geral do Conselho da Europa o nome e endereço das autoridades designadas nos termos do presente número;

*d*) O Secretário-Geral do Conselho da Europa deverá criar e manter actualizado um registo das autoridades centrais designadas pelas Partes. Cada Parte deverá assegurar que os dados constantes do registo estão sempre correctos.

3 – Os pedidos de auxílio mútuo referidos no presente artigo deverão ser executados em conformidade com os procedimentos especificados pela Parte requerente, salvo se forem incompatíveis com a legislação da Parte requerida.

4 – Para além dos motivos de recusa previstos no nº 4 do artigo 25º, a Parte requerida pode recusar o auxílio mútuo se considerar que:

*a*) O pedido respeita a uma infracção de natureza política ou com ela conexa; ou que

*b*) A execução do pedido pode prejudicar a sua soberania, segurança, ordem pública ou outros interesses essenciais.

5 – A Parte requerida pode adiar a execução do pedido sempre que ela prejudique as investigações ou os procedimentos criminais levados a cabo pelas suas autoridades.

6 – Antes de recusar ou adiar o auxílio, a Parte requerida deverá, se for caso disso, após consulta com a Parte requerente, verificar se o pedido pode ser parcialmente executado ou sujeito às condições que considere necessárias.

7 – A Parte requerida deverá de imediato informar a Parte requerente do resultado da execução do pedido de auxílio. Qualquer recusa ou adiamento do pedido deverão ser fundamentados. A Parte requerida também deverá informar a Parte requerente de quaisquer motivos que impossibilitem a execução do pedido ou que conduzam a um atraso significativo da mesma.

8 – A Parte requerente pode solicitar à Parte requerida que preserve a confidencialidade de qualquer pedido apresentado nos termos do presente capítulo bem como do respectivo conteúdo, a menos que a sua execução exija o contrário. Caso não possa respeitar o pedido de confidencialidade, a Parte requerida deverá de imediato informar a Parte requerente, a qual decide depois se o pedido deve, ainda assim, ser executado.

9 – *a*) Nos casos urgentes, as autoridades judiciárias da Parte requerente podem enviar directamente às autoridades judiciárias da Parte requerida os pedidos de auxílio mútuo ou as comunicações com eles relacionadas. Nesses casos, dever-se-á ao mesmo tempo e por intermédio da autoridade central da Parte requerente enviar uma cópia à autoridade central da Parte requerida.

*b*) Qualquer pedido ou comunicação nos termos do presente número podem ser efectuados por intermédio da Organização Internacional de Polícia Criminal (Interpol).

*c*) Quando um pedido é efectuado nos termos da alínea a) do presente artigo e a autoridade não é competente para executá-lo, deverá esta última transmiti-lo à autoridade nacional competente e informar directamente a Parte requerente de tal facto.

*d*) As autoridades competentes da Parte requerente podem enviar directamente às autoridades competentes da Parte requerida os pedidos ou as comunicações nos termos do presente número que não envolvam medidas coercivas.

*e*) Cada Parte pode, no momento em que assinar ou depositar o seu instrumento de ratificação, aceitação, aprovação ou adesão, informar o Secretário-Geral do Conselho da Europa que, por razões de eficácia, os pedidos feitos nos termos do presente número deverão ser dirigidos à sua autoridade central.

**Artigo 28º – Confidencialidade e restrição de utilização**

1 – Na falta de um tratado de auxílio mútuo ou de um acordo assente em legislação uniforme ou recíproca em vigor entre a Parte requerente e a Parte requerida, aplica-se o disposto no presente artigo. Existindo esse tratado, acordo ou legislação, só se aplica o disposto no presente artigo se, em vez deles, as Partes envolvidas decidirem aplicar o presente artigo, no todo ou em parte.

2 – A Parte requerida pode sujeitar a comunicação de informações ou de material em resposta a um pedido às seguintes condições:

*a*) É mantida a confidencialidade dessas informações e desse material nos casos em que o pedido de auxílio mútuo não puder ser cumprido sem o preenchimento dessa condição, ou

*b*) Essas informações e esse material não são utilizados para investigações ou procedimentos diversos dos indicados no pedido.

3 – Se não puder satisfazer uma das condições enunciadas no nº 2 do presente artigo, a Parte requerente deverá de imediato informar a Parte requerida, a qual decide depois se a informação deve, ainda assim, ser transmitida.

Se aceitar essa condição, a Parte requerente fica obrigada a observá-la.

4 – Qualquer Parte que forneça informações ou material sujeitos a uma das condições enunciadas no nº 2 do presente artigo pode exigir da outra Parte uma explicação sobre a utilização dada a essas informações ou a esse material.

## SECÇÃO 2 – Disposições específicas

### TÍTULO 1 – Auxílio mútuo em matéria de medidas cautelares

**Artigo 29º – Conservação expedita de dados informáticos armazenados**

1 – Uma Parte pode solicitar a outra Parte que ordene ou, de outro modo, imponha a conservação expedita de dados armazenados através de um sistema informático situado no território dessa outra Parte, e relativamente aos quais a Parte requerente pretende efectuar um pedido de auxílio mútuo tendo em vista a busca ou outro acesso semelhante, a apreensão ou outro tipo de retenção semelhante, ou a divulgação dos dados.

2 – Um pedido de conservação feito nos termos do nº 1 do presente artigo deverá especificar:

*a*) A autoridade que solicita a conservação;

*b*) A infracção que constitui o objecto da investigação ou do procedimento criminal, bem como um breve resumo dos respectivos factos;

*c*) Os dados informáticos armazenados que devem ser conservados e a relação entre estes e a infracção;

*d*) Todas as informações disponíveis que permitam identificar o responsável pelos dados informáticos armazenados ou a localização do sistema informático;

*e*) A necessidade da conservação; e

*f*) A intenção da Parte de apresentar um pedido de auxílio tendo em vista a busca ou outro acesso semelhante, a apreensão ou outro tipo de retenção semelhante, ou a divulgação de dados informáticos armazenados.

3 – Após ter recebido o pedido de outra Parte, a Parte requerida deverá tomar todas as medidas adequadas para proceder, de forma expedita, à conservação dos dados especificados, em conformidade com o seu direito interno.

Para efeitos de execução de um pedido, o requisito da dupla incriminação não é exigido como condição para essa conservação.

4 – Uma Parte que imponha o requisito da dupla incriminação como condição para executar um pedido de auxílio mútuo tendo em vista a busca ou outro acesso semelhante, a apreensão ou outro tipo de retenção semelhante, ou a divulgação dos dados, pode, em relação a outras infracções que não as estabelecidas em conformidade com o disposto nos artigos 2º a 11º da presente Convenção, reservar-se o direito de recusar o pedido de conservação nos termos do presente artigo nos casos em que tenha motivos para crer que, no momento da divulgação, o requisito da dupla incriminação não pode ser preenchido.

5 – Além disso, um pedido de conservação só pode ser recusado se a Parte requerida considerar que:

*a*) O pedido respeita a uma infracção de natureza política ou com ela conexa; ou que

*b*) A execução do pedido pode prejudicar a sua soberania, segurança, ordem pública ou outros interesses essenciais.

6 – Quando, no seu entender, a conservação não assegurar a futura disponibilização dos dados ou comprometer ou de outro modo prejudicar a confidencialidade das investigações efectuadas pela Parte requerente, a Parte requerida deverá de imediato informar a Parte requerente, a qual decide depois se o pedido deve, ainda assim, ser executado.

7 – Qualquer conservação efectuada em resposta ao pedido referido no nº 1 do presente artigo é válida por um período não inferior a 60 dias, de modo a permitir que a Parte requerente possa apresentar um pedido tendo em vista a busca ou outro acesso semelhante, a apreensão ou outro tipo de retenção semelhante,

ou a divulgação dos dados. Após a recepção desse pedido, os dados deverão continuar a ser conservados até que haja uma decisão sobre o pedido.

### Artigo 30º – Divulgação expedita de dados de tráfego conservados

1 – Quando, no decurso da execução de um pedido de conservação de dados de tráfego relativos a uma determinada comunicação, formulado nos termos do artigo 29º, verificar que um prestador de serviços noutro Estado participou na transmissão da comunicação, a Parte requerida deverá transmitir rapidamente à Parte requerente dados de tráfego suficientes para identificar esse prestador de serviços bem como o trajecto utilizado para a transmissão da comunicação.

2 – A divulgação de dados de tráfego nos termos do nº 1 só pode ser recusada se a Parte requerida considerar que:

*i*) O pedido respeita a uma infracção de natureza política ou com ela conexa; ou que

*ii*) A execução do pedido pode prejudicar a sua soberania, segurança, ordem pública ou outros interesses essenciais.

## TÍTULO 2 – Auxílio mútuo no tocante aos poderes de investigação

### Artigo 31º – Auxílio mútuo para o acesso a dados informáticos armazenados

1 – Uma Parte pode solicitar a outra Parte a busca ou outro acesso semelhante, a apreensão ou outro tipo de retenção semelhante, bem como a divulgação de dados armazenados através de um sistema informático situado no território dessa outra Parte, incluindo os dados conservados em conformidade com o artigo 29º

2 – A Parte requerida deverá cumprir o pedido aplicando os instrumentos internacionais, os acordos e a legislação referidos no artigo 23º e respeitando as disposições pertinentes do presente capítulo.

3 – O pedido deverá ser cumprido o mais rapidamente possível sempre que:

*a*) Haja motivos para crer que os dados relevantes são especialmente susceptíveis de se perderem ou de serem alterados;

*b*) Os instrumentos, os acordos e a legislação referidos no nº 2 prevejam uma cooperação célere.

### Artigo 32º – Acesso transfronteiriço a dados armazenados num computador, mediante consentimento ou quando se trate de dados acessíveis ao público

Uma Parte pode, sem autorização de uma outra Parte:

*a*) Aceder a dados informáticos acessíveis ao público (fonte aberta), independentemente da sua localização geográfica;

*b*) Através de um sistema informático situado no seu território, aceder a dados informáticos no território de uma outra Parte, ou recebê-los, se obtiver o consentimento legal e voluntário da pessoa com legitimidade para lhe divulgar os dados através desse sistema informático.

### Artigo 33º – Auxílio mútuo para a recolha, em tempo real, de dados de tráfego

1 – As Partes deverão conceder-se mutuamente auxílio para a recolha, em tempo real, de dados de tráfego relativos a comunicações específicas transmitidas no seu território por meio de um sistema informático. Sem prejuízo do disposto no nº 2, o auxílio deverá ser concedido nas condições e de acordo com os procedimentos previstos no direito interno.

2 – Cada Parte deverá conceder esse auxílio pelo menos em relação às infracções penais relativamente às quais, em casos internos semelhantes, seria possível efectuar a recolha, em tempo real, de dados de tráfego.

### Artigo 34º – Auxílio mútuo para a intercepção de dados de conteúdo

As Partes deverão conceder-se mutuamente auxílio para a recolha ou o registo, em tempo real, de dados relacionados com o conteúdo de comunicações específicas transmitidas através de um sistema informático, na medida em que os seus tratados e respectivo direito interno em vigor o permitam.

## TÍTULO 3 - Rede 24/7

### Artigo 35º – Rede 24/7

1 – Cada Parte deverá designar um ponto de contacto que deverá estar disponível vinte e quatro horas por dia, sete dias por semana, a fim de assegurar de imediato a prestação de auxílio nas investigações e nos procedimentos relativos a infracções penais relacionadas com sistemas informáticos, ou na recolha de provas sob a forma electrónica, da prática de infracções penais. Esse auxílio deverá compreender a facilitação ou, se o direito e a prática internos o permitirem, a execução directa das seguintes medidas:

*a*) O aconselhamento técnico;

*b*) A conservação de dados em conformidade com os artigos 29º e 30º;

*c*) A recolha de provas, prestação de informações de natureza jurídica e localização de suspeitos.

2 – *a*) O ponto de contacto de uma Parte deverá dispor de meios para contactar com rapidez o ponto de contacto de uma outra Parte.

*b*) O ponto de contacto designado por uma Parte deverá assegurar que se pode coordenar de forma célere com a ou as autoridades dessa Parte responsáveis pelo auxílio mútuo internacional ou pela extradição, caso não seja parte integrante dessa ou dessas autoridades.

3 – Cada Parte deverá assegurar que dispõe de pessoal com formação e equipamento de modo a facilitar o funcionamento da rede.

## CAPÍTULO IV – Disposições finais

### Artigo 36º – Assinatura e entrada em vigor

1 – A presente Convenção está aberta à assinatura dos Estados membros do Conselho da Europa e dos Estados não membros que tenham participado na sua elaboração.

2 – A presente Convenção está sujeita a ratificação, aceitação ou aprovação. Os instrumentos de ratificação, aceitação ou aprovação deverão ser depositados junto do Secretário-Geral do Conselho da Europa.

3 – A presente Convenção entra em vigor no primeiro dia do mês seguinte ao termo de um período de três meses após a data em que cinco Estados, incluindo, pelo menos, três Estados membros do Conselho da Europa, tenham manifestado o seu consentimento em ficarem vinculados pela presente Convenção, em conformidade com o disposto nos nºs 1 e 2.

4 – Para qualquer Estado signatário que manifeste posteriormente o seu consentimento em ficar vinculado pela presente Convenção, esta entra em vigor no primeiro dia do mês seguinte ao termo de um período de três meses após a data em que manifestou o seu consentimento em ficar vinculado pela Convenção, em conformidade com o disposto nos nºs 1 e 2.

### Artigo 37º – Adesão à Convenção

1 – Após a entrada em vigor da presente Convenção, o Comité de Ministros do Conselho da Europa pode, uma vez consultados os Estados Contratantes da Convenção e obtido o seu acordo, convidar qualquer Estado não membro do Conselho que não tenha participado na elaboração da Convenção a aderir à presente Convenção. A decisão deverá ser tomada pela maioria prevista na alínea d) do artigo 20º do Estatuto do Conselho da Europa e por unanimidade de votos dos representantes dos Estados com assento no Comité de Ministros.

2 – Para qualquer Estado que adira à presente Convenção nos termos do nº 1 do presente artigo, a Convenção entra em vigor no primeiro dia do mês seguinte ao termo de um período de três meses após a data do depósito do instrumento de adesão junto do Secretário-Geral do Conselho da Europa.

### Artigo 38º – Aplicação territorial

1 – Qualquer Estado pode, no momento da assinatura ou do depósito do seu instrumento de ratificação, aceitação, aprovação ou adesão, especificar o ou os territórios aos quais se aplica a presente Convenção.

2 – Qualquer Estado pode, em qualquer momento posterior, mediante declaração dirigida ao Secretário-Geral do Conselho da Europa, estender a aplicação da presente Convenção a qualquer outro território indicado na declaração. Para esse território, a Convenção entra em vigor no primeiro dia do mês seguinte ao termo de um período de três meses após a data de recepção da declaração pelo Secretário-Geral.

3 – Qualquer declaração feita nos termos dos dois números anteriores, relativamente a qualquer território indicado nessa declaração, pode ser retirada mediante notificação dirigida ao Secretário-Geral. A retirada produz efeitos no primeiro dia do mês seguinte ao termo de um período de três meses após a data de recepção dessa notificação pelo Secretário-Geral.

### Artigo 39º – Efeitos da Convenção

1 – O objectivo da presente Convenção é o de completar os tratados ou os acordos multilaterais ou bilaterais em vigor entre as Partes, incluindo as disposições:

*a*) Da Convenção Europeia de Extradição, aberta à assinatura a 13 de Dezembro de 1957, em Paris (STE nº 24);

*b*) Da Convenção Europeia de Auxílio Judiciário Mútuo em Matéria Penal, aberta à assinatura a 20 de Abril de 1959, em Estrasburgo (STE nº 30);

*c*) Do Protocolo Adicional à Convenção Europeia de Auxílio Judiciário Mútuo em Matéria Penal, aberto à assinatura a 17 de Março de 1978, em Estrasburgo (STE nº 99).

2 – Se duas ou mais Partes já tiverem celebrado um acordo ou um tratado sobre as matérias tratadas na presente Convenção ou de outro modo tiverem estabelecido relações entre si sobre tais matérias, ou se assim procederem no futuro, podem também aplicar esse acordo ou tratado ou estabelecer essas relações em substituição da presente Convenção. Contudo, sempre que as Partes estabelecerem relações entre si relativamente às matérias tratadas na presente Convenção de um modo diferente do previsto na presente Convenção, deverão fazê-lo de uma forma que não seja incompatível com os objectivos e os princípios da Convenção.

3 – Nada na presente Convenção deverá afectar outros direitos, restrições, obrigações e responsabilidades de uma Parte.

### Artigo 40º - Declarações

Qualquer Estado pode, no momento da assinatura ou do depósito do seu instrumento de ratificação, aceitação, aprovação ou adesão, mediante notificação escrita dirigida ao Secretário-Geral do Conselho da Europa, declarar que se reserva a faculdade de exigir, se for caso disso, um ou mais elementos suplementares tal como previsto nos artigos 2º, 3º, na alínea b) do nº 1 do artigo 6º, no artigo 7º, no nº 3 do artigo 9º e na alínea e) do nº 9 do artigo 27º

### Artigo 41º - Cláusula federal

1 - Um Estado federal pode reservar-se o direito de assumir as obrigações previstas no capítulo II da presente Convenção que sejam compatíveis com os princípios fundamentais que regem as relações entre o seu governo central e os Estados constituintes ou outras entidades territoriais análogas, desde que se encontre em condições de cooperar ao abrigo do capítulo III.

2 - Ao formular uma reserva nos termos do nº 1, um Estado federal não a pode utilizar para suprimir ou diminuir de forma substancial as suas obrigações nos termos do capítulo II. Em qualquer caso, deverá dotar-se de meios amplos e eficazes que permitam adoptar essas medidas.

3 - Relativamente às disposições da presente Convenção, cuja aplicação é da competência legislativa de cada um dos Estados constituintes ou de outras entidades territoriais análogas que, por força do sistema constitucional da federação, não estão obrigados a adoptar medidas legislativas, o governo federal deverá informar as autoridades competentes desses Estados das referidas disposições e do seu parecer favorável, encorajando-os a adoptar as medidas adequadas para as aplicar.

### Artigo 42º - Reservas

Qualquer Estado pode, no momento da assinatura ou do depósito do seu instrumento de ratificação, aceitação, aprovação ou adesão, mediante notificação escrita dirigida ao Secretário-Geral do Conselho da Europa, declarar que se reserva a faculdade de utilizar a ou as reservas previstas no nº 2 do artigo 4º, nº 3 do artigo 6º, nº 4 do artigo 9º, nº 3 do artigo 10º, nº 3 do artigo 11º, nº 3 do artigo 14º, nº 2 do artigo 22º, nº 4 do artigo 29º, e nº 1 do artigo 41º

Nenhuma outra reserva pode ser formulada.

### Artigo 43º - Estatuto e retirada de reservas

1 - Uma Parte que tenha feito uma reserva nos termos do artigo 42º, pode retirá-la, no todo ou em parte, mediante notificação dirigida ao Secretário-Geral do Conselho da Europa. Essa retirada produz efeitos na data da recepção da referida notificação pelo Secretário-Geral. Se a notificação indicar que a retirada

de uma reserva produz efeitos na data nela indicada, e se essa data for posterior à da recepção da notificação pelo Secretário-Geral, a retirada produz efeitos nessa data posterior.

2 – Uma Parte que tenha feito uma reserva nos termos do artigo 42º, deverá retirá-la, no todo ou em parte, logo que as circunstâncias o permitam.

3 – O Secretário-Geral do Conselho da Europa pode-se informar periodicamente junto das Partes que tenham feito uma ou mais reservas nos termos do artigo 42º sobre as possibilidades de retirarem essa(s) reserva(s).

### Artigo 44º – Emendas

1 – Qualquer Parte pode propor emendas à presente Convenção, devendo o Secretário-Geral do Conselho da Europa transmiti-las aos Estados membros do Conselho da Europa, aos Estados não membros que tenham participado na elaboração da presente Convenção, bem como a qualquer Estado que a ela tenha aderido ou tenha sido convidado a aderir nos termos do artigo 37º

2 – Qualquer emenda proposta por uma Parte deverá ser comunicada ao Comité Europeu para os Problemas Criminais (CDPC), o qual deverá submeter a sua opinião sobre essa mesma proposta de emenda à apreciação do Comité de Ministros.

3 – O Comité de Ministros deverá examinar a emenda proposta bem como a opinião do Comité Europeu para os Problemas Criminais (CDPC) e, após consulta com os Estados não membros que são Partes na presente Convenção, poderá adoptar a referida emenda.

4 – O texto de qualquer emenda adoptada pelo Comité de Ministros em conformidade com o nº 3 do presente artigo deverá ser comunicado às Partes com vista à sua aceitação.

5 – Qualquer emenda adoptada em conformidade com o nº 3 do presente artigo entra em vigor no 30º dia após a data em que todas as Partes tenham comunicado ao Secretário-Geral a sua aceitação.

### Artigo 45º – Resolução de conflitos

1 – O Comité Europeu para os Problemas Criminais do Conselho da Europa deverá ser informado sobre a interpretação e a aplicação da presente Convenção.

2 – Em caso de conflito entre as Partes relativo à interpretação ou aplicação da presente Convenção, as mesmas deverão esforçar-se por resolvê-lo por negociação ou qualquer outro meio pacífico da sua escolha, incluindo a submissão do conflito ao Comité Europeu para os Problemas Criminais, a um tribunal arbitral cujas decisões sejam vinculativas para as Partes no conflito, ou ao Tribunal Internacional de Justiça, conforme acordado entre as Partes interessadas.

### Artigo 46º – Consultas entre as Partes

1 – Quando necessário, as Partes deverão consultar-se periodicamente a fim de facilitar a:

*a*) Aplicação e execução efectivas da presente Convenção, incluindo a identificação de quaisquer problemas por elas suscitados, bem como os efeitos de qualquer declaração ou reserva feita nos termos da presente Convenção;

*b*) Troca de informação sobre os desenvolvimentos jurídicos, políticos ou técnicos importantes no domínio da criminalidade informática e da recolha de provas sob a forma electrónica;

*c*) Avaliação da possibilidade de completar ou alterar a presente Convenção.

2 – O Comité Europeu para os Problemas Criminais (CDPC) deverá ser periodicamente informado do resultado das consultas referidas no nº 1.

3 – Quando necessário, o Comité Europeu para os Problemas Criminais (CDPC) deverá facilitar as consultas referidas no nº 1 e adoptar as medidas necessárias para auxiliar as Partes nos seus esforços para completar ou alterar a presente Convenção. O Comité Europeu para os Problemas Criminais (CDPC) deverá, o mais tardar três anos após a entrada em vigor da presente Convenção, em cooperação com as Partes, proceder a uma revisão de todas as disposições da presente Convenção e propor, se for caso disso, as emendas adequadas.

4 – As despesas ocasionadas pela aplicação do disposto no nº 1, à excepção das que são suportadas pelo Conselho da Europa, deverão ser suportadas pelas Partes, nos termos por elas definidos.

5 – As Partes deverão ser assistidas pelo Secretariado do Conselho da Europa no exercício das suas funções em conformidade com o presente artigo.

### Artigo 47º – Denúncia

1 – Qualquer Parte pode, em qualquer momento, denunciar a presente Convenção mediante notificação dirigida ao Secretário-Geral do Conselho da Europa.

2 – A denúncia produz efeitos no primeiro dia do mês seguinte ao termo de um período de três meses após a data de recepção da notificação pelo Secretário-Geral.

### Artigo 48º – Notificação

O Secretário-Geral do Conselho da Europa deverá notificar os Estados membros do Conselho da Europa, os Estados não membros que tenham participado na elaboração da presente Convenção e qualquer Estado que a ela tenha aderido ou tenha sido convidado a aderir:

*a*) De qualquer assinatura;

*b*) Do depósito de qualquer instrumento de ratificação, aceitação, aprovação ou adesão;

*c*) De qualquer data de entrada em vigor da presente Convenção em conformidade com os artigos 36º e 37º;

*d*) De qualquer declaração feita nos termos do artigo 40º, ou de qualquer reserva nos termos do artigo 42º;

*e*) De qualquer outro acto, notificação ou comunicação relacionados com a presente Convenção.

Em fé do que, os abaixo assinados, devidamente autorizados para o efeito, assinaram a presente Convenção.

Feito em Budapeste, em 23 de Novembro de 2001, num único original, nas línguas francesa e inglesa, fazendo ambos os textos igualmente fé. O original deverá ser depositado nos arquivos do Conselho da Europa. O Secretário-Geral do Conselho da Europa deverá remeter uma cópia autenticada a cada um dos Estados membros do Conselho da Europa, aos Estados não membros que tenham participado na elaboração da presente Convenção e a qualquer Estado convidado a aderir a ela.

Resolução da Assembleia da República nº 89/2009 Aprova as Emendas à Convenção Relativa à Criação do Centro Europeu de Previsão do Tempo a Médio Prazo e a Emenda ao

Protocolo sobre Privilégios e Imunidades do Centro Europeu de Previsão do Tempo a Médio Prazo, adoptadas em Reading, na Reunião Extraordinária do Conselho do Centro Europeu,

em 22 de Abril de 2005.

A Assembleia da República resolve, nos termos da alínea i) do artigo 161º e do nº 5 do artigo 166º da Constituição, aprovar as Emendas à Convenção relativa à Criação do Centro Europeu de Previsão do Tempo a Médio Prazo e a Emenda ao Protocolo sobre Privilégios e Imunidades do Centro Europeu de Previsão do Tempo a Médio Prazo, adoptadas em Reading, na Reunião Extraordinária do Conselho do Centro Europeu, em 22 de Abril de 2005, cujos textos, nas versões autenticadas em língua inglesa e a respectiva tradução em língua portuguesa, se publicam em anexo.

Aprovada em 23 de Julho de 2009.

O Presidente da Assembleia da República, *Jaime Gama*.

# 3. Protocolo adicional à Convenção sobre o Cibercrime relativo à incriminação de actos de natureza racista e xenófoba praticados através de sistemas informáticos * Estrasburgo, 28.I.2003

**Protocolo adicional à Convenção sobre o Cibercrime relativo à incriminação de actos de natureza racista e xenófoba praticados através de sistemas informáticos, Estrasburgo, 28.I.2003**

Os Estados-Membros do Conselho da Europa e os outros Estados Partes na Convenção sobre o Cibercrime, aberta à assinatura em Budapeste, a 23 de Novembro de 2001, signatários do presente Protocolo;

Considerando que objectivo do Conselho da Europa é o de realizar uma união mais estreita entre os seus membros;

Relembrando que todas as pessoas nascem livres e iguais em dignidade e direitos;

Realçando a necessidade de garantir uma integral e eficaz implementação de todos os direitos humanos sem discriminação ou distinção, conforme consignado nos instrumentos europeus e internacionais;

Convictos de que os actos de natureza racista e xenófoba constituem uma violação dos direitos humanos e uma ameaça ao Estado de Direito e à estabilidade democrática;

Considerando que os ordenamentos jurídicos nacionais e o direito internacional devem dispor de respostas jurídicas adequadas à propaganda de natureza racista e xenófoba através de sistemas informáticos;

Conscientes de que a difusão de tais actos é, frequentemente, objecto de incriminação nos ordenamentos jurídicos nacionais;

Considerando a Convenção sobre o Cibercrime, na qual se prevêem meios modernos e flexíveis de cooperação internacional e convictos da necessidade de harmonizar as disposições do direito substantivo relativas à luta contra a propaganda de natureza racista e xenófoba;

Conscientes de que os sistemas informáticos oferecem meios sem precedentes de liberdade de expressão e comunicação a nível planetário;

Reconhecendo que a liberdade de expressão constitui um dos pilares essenciais da sociedade democrática, sendo uma das condições fundamentais para o seu progresso e para o desenvolvimento do ser humano;

Preocupados, contudo, com o risco de uso indevido ou de abuso de tais sistemas informáticos para efeitos de difusão de propaganda de natureza racista e xenófoba;

Tendo presente a necessidade de garantir um equilíbrio adequado entre a liberdade de expressão e a luta eficaz contra actos de natureza racista e xenófoba;

Reconhecendo que o presente Protocolo não pretende colidir com os princípios consagrados nos ordenamentos jurídicos nacionais a propósito da liberdade de expressão;

Tendo em conta os instrumentos jurídicos internacionais relevantes nesta matéria, nomeadamente a Convenção para a Protecção dos Direitos do Homem e das Liberdades Fundamentais e o seu Protocolo nº 12 relativo à interdição geral de discriminação, bem como as Convenções do Conselho da Europa sobe cooperação em matéria penal, nomeadamente a Convenção sobre o Cibercrime, a Convenção Internacional das Nações Unidas sobre a Eliminação de Todas as Formas de Discriminação Racial, assinada a 21 de Dezembro de 1965, a Acção Comum da União Europeia, de 15 de Julho de 1996, adoptada pelo Conselho com base no Artigo K.3 do Tratado da União Europeia e relativa à acção a tomar para combater o racismo e a xenofobia;

Congratulando-se com os recentes desenvolvimentos destinados a aprofundar o entendimento e a cooperação internacionais com vista ao combate do racismo e da xenofobia;

Tendo em consideração o Plano de Acção adoptado pelos Chefes de Estado e de Governo do Conselho da Europa por ocasião da sua Segunda Cimeira (Estrasburgo, 10-11 de Outubro de 1997), visando obter respostas comuns face ao desenvolvimento das novas tecnologias de informação baseadas nas normas e nos valores do Conselho da Europa;

Acordaram no seguinte:

## CAPÍTULO I – Disposições comuns

### Artigo 1º – Objectivo

O objectivo do presente Protocolo é a complementaridade, pelas Partes no presente Protocolo, das disposições constantes da Convenção sobre o Cibercrime, aberta à assinatura em Budapeste, a 23 de Novembro de 2001, (adiante denominada "a Convenção") relativamente à incriminação de actos de natureza racista e xenófoba praticados através de sistemas informáticos.

### Artigo 2º - Definição

1 - Para os fins do presente Protocolo, a expressão:

"material racista e xenófobo" designa qualquer material escrito, imagem ou outra representação de ideias e teorias que preconize ou encoraje o ódio, a discriminação ou a violência contra qualquer pessoa ou grupo de pessoas, em função da sua raça, cor, ascendência ou origem nacional ou étnica, ou ainda da sua religião na medida em que esta sirva de pretexto a qualquer um dos outros elementos ou incite à prática de tais actos.

2 - As expressões e os termos utilizados do presente Protocolo serão interpretados da mesma maneira que os utilizados na Convenção.

## CAPÍTULO II - Medidas a tomar a nível nacional

### Artigo 3º - Difusão de material racista e xenófobo através de sistemas informáticos

1 - Cada Parte adoptará as medidas legislativas e outras que se revelem necessárias para tipificar, no seu direito interno, comi infracções penais, quando cometidas de forma intencional, as seguintes condutas:

A difusão ou outras formas de colocação à disposição do público, através de um sistema informático, de material racista e xenófobo.

2 - As Partes poderão reserva-se o direito de não incriminar as condutas previstas no nº 1 do presente artigo sempre que o material, conforme definido no nº 1 do artigo 2°, preconize, promova ou incite à discriminação não associada a ódio ou violência e desde que cobertos por outros mecanismos eficazes.

3 - Não obstante o disposto no nº 2 do presente artigo, as Partes poderão reservar-se o direito de não aplicar o disposto no nº 1 supra aos casos de discriminação relativamente aos quais não possam prever as sanções eficazes previstas no nº 2, por força dos princípios consagrados nos respectivos ordenamentos jurídicos no tocante à liberdade de expressão.

### Artigo 4º - Ameaça com motivação racista e xenófoba

Cada Parte adoptará as medidas legislativas e outras que se revelem necessárias para tipificar, no seu direito interno, como infracção penal, quando praticada intencional e ilegitimamente, a seguinte conduta:

Ameaça, através de um sistema informático, de cometer um crime grave conforme definido pelo ordenamento jurídico interno contra (i) uma pessoa por pertencer a um grupo que se caracterize pela sua raça, cor, ascendência ou origem nacional ou étnica, ou, ainda, pela sua religião, na medida em que esta sirva de pretexto a qualquer um dos outros elementos; (ii) um grupo de pessoas que se distinga por qualquer uma das referidas características.

**Artigo 5º – Insulto com motivação racista e xenófoba**

1 – Cada Parte adoptará as medidas legislativas e outras que se revelem necessárias para tipificar, no seu direito interno, como infracção penal, quando praticada intencional e ilegitimamente, a seguinte conduta:

Insulto público, através de um sistema informático, (i) dirigido a uma pessoa por pertencer a um grupo que se caracterize pela sua raça, cor, ascendência ou origem nacional ou étnica, ou, ainda pela sua religião, na medida em que esta sirva de pretexto a qualquer um dos outros elementos; (ii) dirigido a um grupo de pessoas que se distinga por qualquer uma das referidas características.

2 – As Partes poderão:

*a*) Exigir que a infracção prevista no nº 1 do presente artigo vise expor a pessoa ou o grupo de pessoas aí referidas ao ódio, ao desprezo ou ao ridículo; ou

*b*) Reservar-se o direito de não aplicar, no todo ou em parte, o disposto no nº 1 do presente artigo.

**Artigo 6º – Negação, minimização grosseira, aprovação ou justificação do genocídio ou dos crimes contra a humanidade**

1 – Cada Parte adoptará as medidas legislativas ou outras que se revelem necessárias para tipificar, no seu direito interno, como infracções penais, quando praticadas intencional e ilegitimamente, as seguintes condutas:

a difusão ou outras formas de colocação à disposição do público, através de um sistema informático, de material que negue, minimize de forma grosseira, aprove ou justifique actos constitutivos de genocídio ou de crimes contra a humanidade, conforme definidos pelo direito internacional e reconhecidos como tal por uma decisão definitiva emanada do Tribunal Militar Internacional estabelecido pelo Acordo de Londres, de 8 de Agosto de 1945, ou de qualquer outro tribunal internacional estabelecido por instrumentos internacionais pertinentes e cuja competência tenha sido reconhecida pela Parte interessada.

2 – As Partes poderão:

*a*) Prever que a negação ou a minimização grosseira, conforme prevista no nº 1 do presente artigo, seja praticada com a intenção de incitar ao ódio, à discriminação ou a violência contra uma pessoa ou um grupo de pessoas em função da sua raça, cor, ascendência ou origem nacional ou étnica ou, ainda, da sua religião, na medida em que esta sirva como pretexto a qualquer um dos outros elementos; ou *b*) Reservar-se o direito de não aplicar, no todo ou em parte, o disposto no nº 1 do presente artigo.

**Artigo 7º - Auxílio e cumplicidade**

Cada Parte adoptará as medidas legislativas e outras que se revelem necessárias para tipificar, no seu direito interno, como infracção penal, quando praticado intencional e ilegitimamente, o acto de auxiliar na prática de um crime conforme definido no presente Protocolo, ou de agir como cúmplice em tal prática, visando a prática efectiva de tal infracção.

## CAPÍTULO III - Relações entre a Convenção e o Protocolo

**Artigo 8º - Relações entre a Convenção e o presente Protocolo**

1 - Os artigos 1º, 12º, 13º, 22º, 41º, 44º, 45º, e 46º da Convenção serão correspondentemente aplicáveis ao presente Protocolo.

2 - As Partes tornarão extensível a aplicação das medidas estabelecidas nos artigos 14º a 21º e 23º a 35º da Convenção aos artigos 2º a 7º do presente Protocolo.

## CAPÍTULO IV - Disposições finais

**Artigo 9º - Expressão do consentimento em ficar vinculado**

1 - O presente Protocolo estará aberto à assinatura dos Estados signatários da Convenção, os quais poderão expressar o seu consentimento em ficarem vinculados por:

*a*) Assinatura, sem reserva de ratificação, aceitação ou aprovação; ou

*b*) Assinatura, sob reserva de ratificação, aceitação ou aprovação, seguida de ratificação, aceitação ou aprovação.

2 - Nenhum Estado poderá assinar o presente Protocolo sem reserva de ratificação, aceitação ou aprovação, nem depositar o seu instrumento de ratificação, aceitação ou aprovação se não tiver já depositado, ou não depositar em simultâneo, o seu instrumento de ratificação, aceitação ou aprovação da Convenção.

3 - Os instrumentos de ratificação, aceitação ou aprovação serão depositados junto do Secretário-Geral do Conselho da Europa.

**Artigo 10º - Entrada em vigor**

1 - O presente Protocolo entrará em vigor no primeiro dia do mês seguinte ao termo de um período de três meses a contar da data em que cinco Estados

tenham expresso o seu consentimento em ficarem vinculados pelo presente Protocolo, de acordo com o disposto no artigo 9º.

2 – Relativamente a qualquer Estado que expresse ulteriormente o seu consentimento em ficar vinculado pelo presente Protocolo, este entrará em vigor no primeiro dia dos mês seguinte ao termo de um período de três meses a contar da data de assinatura sem reserva de ratificação, aceitação ou aprovação, ou do depósito do seu instrumento de ratificação, aceitação ou aprovação.

**Artigo 11º – Adesão**

1 – Após a entrada em vigor do presente Protocolo, qualquer Estado que tenha aderido à Convenção poderá aderir, igualmente, ao presente Protocolo.

2 – A adesão será efectuada mediante o depósito, junto do Secretário-Geral do Conselho da Europa, de um instrumento de adesão, o qual produzirá efeitos no primeiro dia do mês seguinte ao termo de um período de três meses a contar da data do seu depósito.

**Artigo 12º – Reservas e Declarações**

1 – As reservas e as declarações formuladas por uma Parte relativamente a uma disposição da Convenção serão, igualmente, aplicáveis ao presente Protocolo, salvo se a referida Parte expresse intenção contrária no momento da assinatura ou do depósito do seu instrumento de ratificação, aceitação, aprovação ou adesão.

2 – Mediante notificação escrita dirigida ao Secretário-Geral do Conselho da Europa, qualquer Parte poderá, no momento da assinatura ou do depósito do seu instrumento de ratificação, aceitação, aprovação ou adesão, declarar que se fará prevalecer da reserva ou das reservas previstas nos artigos 3º, 5º e 6º do presente Protocolo. Uma Parte poderá, igualmente, formular, relativamente às disposições constantes do presente Protocolo, as reservas previstas no nº 2 do artigo 22º e no nº 1 do artigo 41º da Convenção, sem prejuízo da aplicação feita por essa Parte relativamente à Convenção. Nenhuma outra serva poderá ser formulada.

3 – Mediante notificação escrita dirigida ao Secretário-Geral do Conselho da Europa, qualquer Parte poderá, no momento da assinatura ou do depósito do seu instrumento de ratificação, aceitação, aprovação ou adesão, declarar que se reservar a possibilidade de exigir elementos adicionais conforme previstas no nº 2.a do artigo 5º e no nº 2.a do artigo 6º do presente Protocolo.

**Artigo 13º – Estatuto e retirada de reservas**

1 – A Parte que tenha formulado uma reserva em conformidade com o artigo 12º acima, pode retirá-la no todo ou em parte, logo que as circunstâncias o

permitam. A retirada produzirá efeito na data de recepção de uma notificação dirigida ao Secretário-Geral do Conselho da Europa. Se a notificação indicar que a retirada da reserva deve produzir efeito numa data precisa e essa data for posterior à da recepção da notificação pelo Secretário-Geral, a retirada produz efeito nessa data posterior.

2 – O Secretário-Geral do Conselho da Europa pode, periodicamente, pedir às Partes que formularam uma ou mais reservas no termos do artigo 12º informações sobre as perspectivas de levantamento dessas reservas.

### Artigo 14º – Aplicação territorial

1 – Qualquer Estado pode, no momento da assinatura ou no momento do depósito do seu instrumento de ratificação, aceitação, aprovação ou adesão, designar o, ou os territórios aos quais se aplicará a presente Protocolo.

2 – Cada Estado pode subsequentemente, em qualquer altura, mediante declaração dirigida ao Secretário-Geral do Conselho da Europa, alargar a aplicação da presente Protocolo a qualquer outro território designado na declaração. O Protocolo entrará em vigor relativamente a este território no primeiro dia do mês seguinte ao termo de um prazo de três meses após a data da recepção da declaração pelo Secretário-Geral.

3 – Qualquer declaração feita em conformidade com os dois números anteriores pode ser retirada, relativamente a qualquer um dos territórios nela designados, mediante notificação dirigida ao Secretário-Geral do Conselho da Europa. A retirada entrará em vigor no primeiro dia do mês seguinte ao termo de um prazo de três meses após a data da recepção da notificação pelo Secretário-Geral.

### Artigo 15º – Denúncia

1 – Qualquer Pare poderá, a todo o momento, denunciar o presente Protocolo mediante notificação ao Secretário-Geral do Conselho da Europa.

2 – Tal denúncia produzirá efeitos no primeiro dia do mês seguinte ao termo de um período de três meses a contar da data de recepção da notificação pelo Secretário-Geral.

### Artigo 16º – Notificação

O Secretário-Geral do Conselho da Europa notificará os Estados Membros do Conselho da Europa, os Estados não Membros que tenham participado na elaboração do presente Protocolo e qualquer Estado que a ele tenha aderido, ou tenha sido convidado a aderir, de:

*a*) Qualquer assinatura;

*b*) Depósito de qualquer instrumento de ratificação, aceitação, aprovação ou adesão;

*c*) Qualquer data de entrada em vigor do presente Protocolo em conformidade com os seus artigos 9º, 10º e 11º,

*d*) Qualquer outro acto, notificação ou comunicação relacionado com o presente Protocolo.

Em fé do que, os abaixo-assinados, devidamente autorizados para o efeito, assinaram o presente Protocolo.

Feito em Estrasburgo, a 28 de Janeiro de 2003, em francês e inglês, fazendo ambos os textos igualmente fé, num único exemplar que será depositado nos arquivos do Conselho da Europa.

O Secretário-Geral do Conselho da Europa transmitirá cópias autenticadas a cada um dos Estados Membros do Conselho da Europa, aos Estados não Membros que tenham participado na elaboração do presente Protocolo e a qualquer Estados convidado a aderir ao presente Protocolo.

# 4. Decisão-Quadro 2005/222/JAI do Conselho, de 24 de Fevereiro de 2005 relativa a ataques contra os sistemas de informação

Decisão-Quadro 2005/222/JAI do Conselho, de 24 de Fevereiro de 2005 relativa a ataques contra os sistemas de informação

O CONSELHO DA UNIÃO EUROPEIA,

Tendo em conta o Tratado da União Europeia, nomeadamente o artigo 29º, a alínea a) do nº 1 do artigo 30º, a alínea e) do n.o 1 do artigo 31º e a alínea b) do nº 2 do artigo 34º,

Tendo em conta a proposta da Comissão,

Tendo em conta o parecer do Parlamento Europeu,

Considerando o seguinte:

(1) A presente decisão-quadro tem por objectivo reforçar a cooperação entre as autoridades judiciárias e outras autoridades competentes, nomeadamente as autoridades policiais e outros serviços especializados responsáveis pela aplicação da lei nos Estados-Membros, mediante uma aproximação das suas disposições de direito penal em matéria dos ataques contra os sistemas de informação.

(2) Há provas de ataques contra os sistemas de informação, nomeadamente devido à ameaça que representa a criminalidade organizada, existindo uma crescente inquietação perante a eventualidade de ataques terroristas contra os sistemas de informação que constituem a infra-estrutura vital dos Estados-Membros. Esta ameaça poderá comprometer a instauração de uma sociedade da informação mais segura e de um espaço de liberdade, de segurança e de justiça, exigindo, portanto, uma resposta ao nível da União Europeia.

(3) Uma resposta eficaz a essas ameaças pressupõe uma abordagem global em matéria de segurança das redes e da informação, como foi sublinhado no Plano de Acção «eEurope», na Comunicação da Comissão intitulada «Segurança

das redes e da informação: proposta de abordagem de uma política europeia» e na Resolução do Conselho de 28 de Janeiro de 2002, sobre uma abordagem comum e acções específicas no domínio da segurança das redes e da informação.

(4) A necessidade de reforçar a sensibilização para os problemas associados à segurança da informação e de fornecer assistência prática foi igualmente sublinhada pela Resolução do Parlamento Europeu de 5 de Setembro de 2001.

(5) As consideráveis lacunas e diferenças entre as legislações dos Estados-Membros neste domínio podem entravar a luta contra a criminalidade organizada e o terrorismo e podem dificultar uma cooperação policial e judiciária eficaz no âmbito de ataques contra os sistemas de informação. A natureza transnacional e sem fronteiras dos modernos sistemas de informação implica que os ataques contra esses sistemas têm frequentemente uma dimensão transfronteiriça, evidenciando assim a necessidade urgente de prosseguir a harmonização das legislações penais neste domínio.

(6) O Plano de Acção do Conselho e da Comissão sobre a melhor forma de aplicar as disposições do Tratado de Amesterdão relativas à criação de um espaço de liberdade, de segurança e de justiça, o Conselho Europeu de Tampere, de 15 e 16 de Outubro de 1999, o Conselho Europeu de Santa Maria da Feira, de 19 e 20 de Junho de 2000, o Painel de Avaliação da Comissão e a Resolução do Parlamento Europeu de 19 de Maio de 2000 mencionam ou requerem medidas legislativas contra a criminalidade de alta tecnologia, nomeadamente definições, incriminação e sanções comuns.

(7) É necessário completar o trabalho realizado pelas organizações internacionais, especialmente ao nível do Conselho da Europa, no domínio da aproximação do direito penal e os trabalhos do G8 sobre cooperação transnacional no âmbito da criminalidade de alta tecnologia, propondo uma abordagem comum neste domínio ao nível da União Europeia. Este pedido foi desenvolvido na Comunicação que a Comissão dirigiu ao Conselho, ao Parlamento Europeu, ao Comité Económico reforçando a segurança das infra-estruturas da informação e lutando contra a cibercriminalidade.

(8) As disposições de direito penal em matéria de ataques contra os sistemas de informação devem ser harmonizadas, a fim de assegurar a melhor cooperação policial e judiciária possível no que diz respeito às infracções penais associadas a este tipo de ataques e contribuir para a luta contra a criminalidade organizada e o terrorismo.

(9) Todos os Estados-Membros ratificaram a Convenção do Conselho da Europa, de 28 de Janeiro de 1981, para a Protecção das Pessoas relativamente ao Tratamento Automatizado de Dados de Carácter Pessoal. Os dados de carácter pessoal, tratados no contexto da aplicação da presente decisão-quadro, serão protegidos em conformidade com os princípios estabelecidos na referida Convenção.

(10) É importante estabelecer definições comuns neste domínio, especialmente em relação aos sistemas de informação e aos dados informáticos, a fim de assegurar uma abordagem coerente da aplicação da presente decisão-quadro nos Estados-Membros.

(11) É necessário adoptar uma abordagem comum para os elementos constitutivos das infracções penais, prevendo infracções comuns por acesso ilegal a determinado sistema de informação, por interferência ilegal no sistema e por interferência ilegal nos dados.

(12) No interesse do combate à criminalidade informática, cada Estado-Membro deverá assegurar uma cooperação judiciária eficaz no que diz respeito às infracções baseadas nos tipos de comportamento a que se referem os artigos 2º, 3º, 4º e 5º

(13) É necessário evitar uma incriminação exorbitante, nomeadamente de casos insignificantes, bem como a incriminação de titulares de direitos e de pessoas autorizadas.

(14) É necessário que os Estados-Membros estabeleçam sanções para combater os ataques contra os sistemas de informação. Essas sanções deverão ser efectivas, proporcionadas e dissuasivas.

(15) É adequado prever penas mais severas nos casos em que um ataque contra determinado sistema de informação tenha sido praticado no âmbito de uma organização criminosa, tal como definida na Acção Comum 98/733/JAI do Conselho, de 21 de Dezembro de 1998, relativa à incriminação da participação numa organização criminosa nos Estados-Membros da União Europeia. É igualmente adequado prever penas mais severas quando um tal ataque tiver causado danos graves ou lesado interesses essenciais.

(16) Deverão ser igualmente adoptadas medidas de cooperação entre os Estados-Membros, a fim de assegurar uma acção eficaz contra os ataques que visem os sistemas de informação. Os Estados-Membros devem, pois, recorrer à actual rede de pontos de contacto operacionais referida na Recomendação do Conselho, de 25 de Junho de 2001, relativa a um serviço de 24 horas por dia de combate ao crime de alta tecnologia, para efeitos de troca de informações.

(17) Atendendo a que os objectivos da presente decisão-quadro, a saber, garantir que os ataques contra os sistemas de informação sejam puníveis em todos os Estados-Membros com sanções penais efectivas, proporcionadas e dissuasivas, bem como melhorar e favorecer a cooperação judiciária, suprimindo potenciais dificuldades, não podem ser suficientemente realizados pelos Estados-Membros, já que as normas devem ser comuns e compatíveis, e podem, pois, ser melhor alcançados ao nível da União, esta pode tomar medidas em conformidade com o princípio da subsidiariedade consagrado no artigo 5º do Tratado CE. Em conformidade com o princípio da proporcionalidade consagrado neste

mesmo artigo, a presente decisão-quadro não excede o necessário para alcançar aqueles objectivos.

(18) A presente decisão-quadro respeita os direitos fundamentais e os princípios reconhecidos pelo artigo 6º do Tratado União Europeia e reflectidos na Carta dos Direitos Fundamentais da União Europeia, designadamente nos capítulos II e VI,

**ADOPTOU A PRESENTE DECISÃO-QUADRO:**

**Artigo 1º – Definições**

Para efeitos da presente decisão-quadro, entende-se por:

*a*) «Sistema de informação», qualquer dispositivo ou qualquer grupo de dispositivos interligados ou associados, um ou vários dos quais executem, graças a um programa, o tratamento automático de dados informáticos, bem como dados informáticos por eles armazenados, tratados, recuperados ou transmitidos, tendo em vista o seu funcionamento, utilização, protecção e manutenção;

*b*) «Dados informáticos», qualquer representação de factos, informações ou conceitos, de forma a serem processados num sistema de informação, nomeadamente um programa capaz de permitir que um sistema de informação execute uma dada função;

*c*) «Pessoa colectiva», qualquer entidade que beneficie desse estatuto por força do direito aplicável, com excepção do Estado ou de outras entidades de direito público no exercício das suas prerrogativas de autoridade pública e das organizações internacionais de direito público;

*d*) «Não autorizado», acesso ou interferência não consentidos pelo proprietário, por outro titular do direito do sistema ou de parte dele, ou não permitidos nos termos do direito nacional.

**Artigo 2º – Acesso ilegal aos sistemas de informação**

1. Os Estados-Membros devem tomar as medidas necessárias para assegurar que o acesso intencional, não autorizado, à totalidade ou a parte de um sistema de informação seja punível como infracção penal, pelo menos nos casos que não sejam de menor gravidade.

2. Os Estados-Membros podem decidir que os comportamentos referidos no nº 1 são puníveis apenas quando a infracção tiver sido cometida em violação de uma medida de segurança.

**Artigo 3º – Interferência ilegal no sistema**

Cada Estado-Membro deve tomar as medidas necessárias para assegurar que o acto intencional e não autorizado de impedir ou interromper gravemente o funcionamento de um sistema de informação, introduzindo, transmitindo, danificando, apagando, deteriorando, alterando, suprimindo ou tornando inacessíveis os dados informáticos, seja punível como infracção penal, pelo menos nos casos que não sejam de menor gravidade.

**Artigo 4º – Interferência ilegal nos dados**

Cada Estado-Membro deve tomar as medidas necessárias para assegurar que o acto intencional e não autorizado de apagar, danificar, deteriorar, alterar, suprimir ou tornar inacessíveis os dados informáticos de um sistema de informação seja punível como infracção penal, pelo menos nos casos que não sejam de menor gravidade.

**Artigo 5º – Instigação, auxílio, cumplicidade e tentativa**

1. Cada Estado-Membro deve assegurar que a instigação, o auxílio e a cumplicidade na prática de alguma das infracções referidas nos artigos 2º, 3º e 4º sejam puníveis como infracção penal.

2. Cada Estado-Membro deve assegurar que a tentativa de prática das infracções referidas nos artigos 2º, 3º e 4º seja punível como infracção penal.

3. Cada Estado-Membro pode decidir não aplicar o nº 2 relativamente às infracções referidas no artigo 2º

**Artigo 6º – Sanções**

1. Cada Estado-Membro deve tomar as medidas necessárias para assegurar que as infracções referidas nos artigos 2º, 3º, 4º e 5º sejam passíveis de sanções penais efectivas, proporcionadas e dissuasivas.

2. Cada Estado-Membro deve tomar as medidas necessárias para assegurar que as infracções referidas nos artigos 3º e 4º sejam passíveis de pena privativa de liberdade com duração máxima de, pelo menos, um a três anos.

**Artigo 7º – Circunstâncias agravantes**

1. Cada Estado-Membro deve tomar as medidas necessárias para assegurar que a infracção referida no nº 2 do artigo 2º e as referidas nos artigos 3º e 4º sejam passíveis de pena privativa de liberdade com duração máxima de, pelo menos, dois a cinco anos quando forem praticadas no âmbito de uma organização criminosa, tal como definida na Acção Comum 98/733/JAI, independentemente do nível da pena nesta referido.

2. Um Estado-Membro pode também tomar as medidas a que se refere o nº 1 nos casos em que a infracção em causa tenha causado danos graves ou lesado interesses essenciais.

**Artigo 8º – Responsabilidade das pessoas colectivas**

1. Cada Estado-Membro deve tomar as medidas necessárias para assegurar que as pessoas colectivas possam ser consideradas responsáveis pelas infracções referidas nos artigos 2º, 3º, 4º e 5º, praticadas em seu benefício por qualquer pessoa, agindo individualmente ou enquanto integrando um órgão da pessoa colectiva, que nela ocupe uma posição dominante baseada:

*a*) Nos seus poderes de representação da pessoa colectiva; ou

*b*) No seu poder para tomar decisões em nome da pessoa colectiva; ou

*c*) Na sua autoridade para exercer controlo dentro da pessoa colectiva.

2. Para além dos casos previstos no nº 1, os Estados-Membros devem assegurar que uma pessoa colectiva possa ser considerada responsável sempre que a falta de vigilância ou de controlo por parte de uma pessoa referida no nº 1 tenha tornado possível a prática, por uma pessoa que lhe esteja subordinada, das infracções referidas nos artigos 2º, 3º, 4º e 5º, em benefício dessa pessoa colectiva.

3. A responsabilidade de uma pessoa colectiva nos termos dos nºs 1 e 2 não exclui a instauração de procedimento penal contra as pessoas singulares envolvidas na qualidade de autoras, instigadoras ou cúmplices nas infracções referidas nos artigos 2º, 3º, 4º e 5º

**Artigo 9º – Sanções aplicáveis às pessoas colectivas**

1. Cada Estado-Membro deve tomar as medidas necessárias para assegurar que uma pessoa colectiva considerada responsável nos termos do nº 1 do artigo 8º seja passível de sanções efectivas, proporcionadas e dissuasivas, incluindo multas ou coimas e eventualmente outras sanções, designadamente:

*a*) Exclusão do benefício de vantagens ou auxílios públicos;

*b*) Interdição temporária ou permanente de exercer actividade comercial;

*c*) Colocação sob vigilância judicial;

*d*) Dissolução por via judicial.

2. Cada Estado-Membro deve tomar as medidas necessárias para assegurar que uma pessoa colectiva considerada responsável nos termos do nº 2 do artigo 8º seja passível de sanções ou medidas efectivas, proporcionadas e dissuasivas.

**Artigo 10º – Competência**

1. Cada Estado-Membro deve definir a sua competência relativamente às infracções referidas nos artigos 2º, 3º, 4º e 5º, sempre que a infracção tiver sido praticada:

*a*) Total ou parcialmente no seu território; ou

*b*) Por um nacional seu; ou

*c*) Em benefício de uma pessoa colectiva com sede no seu território.

2. Ao definir a sua competência em conformidade com a alínea a) do nº 1, cada Estado-Membro deve assegurar que sejam incluídos os casos em que:

*a*) O autor praticou a infracção quando se encontrava fisicamente presente no território desse Estado-Membro, independentemente de a infracção visar ou não um sistema de informação situado no seu território; ou

*b*) A infracção foi praticada contra um sistema de informação situado no território desse Estado-Membro, independentemente de o autor da infracção se encontrar ou não fisicamente presente no seu território.

3. Qualquer Estado-Membro que, nos termos do seu direito, ainda não extradite ou entregue os seus nacionais, deve tomar as medidas necessárias para definir a sua competência e, eventualmente, para instaurar procedimento penal relativamente às infracções referidas nos artigos 2º, 3º, 4º e 5º, quando praticadas por um dos seus nacionais fora do seu território.

4. Sempre que uma infracção seja da competência de mais do que um Estado-Membro e qualquer um deles possa validamente instaurar procedimento penal com base nos mesmos factos, os Estados-Membros em causa devem cooperar para decidir qual deles moverá o procedimento contra os autores da infracção, tendo em vista centralizá-lo, se possível, num único Estado-Membro. Para o efeito, os Estados-Membros podem recorrer a qualquer órgão ou mecanismo instituído no seio da União Europeia para facilitar a cooperação entre as suas autoridades judiciais e a coordenação das respectivas acções. Serão tidos em conta, sucessivamente, os seguintes elementos:

– o Estado-Membro ser aquele em cujo território foram praticadas as infracções, nos termos da alínea a) do nº 1 e do nº 2,

– o Estado-Membro ser o da nacionalidade do autor,

– o Estado-Membro ser aquele em cujo território o autor foi encontrado.

5. Qualquer Estado-Membro pode decidir que não aplicará ou que só aplicará em casos ou condições específicos, as regras de competência estabelecidas nas alíneas b) e c) do nº 1.

6. Sempre que decidirem aplicar o nº 5, os Estados-Membros devem informar desse facto o Secretariado-Geral do Conselho e a Comissão, indicando, se necessário, os casos ou condições especiais em que a decisão se aplica.

### Artigo 11º – Intercâmbio de informações

1. Para efeitos da troca de informações relativa às infracções referidas nos artigos 2º, 3º, 4º e 5º e de acordo com as normas em matéria de protecção de dados, os Estados-Membros devem recorrer à rede existente de pontos de contacto operacionais, disponíveis 24 horas por dia e sete dias por semana.

2. Cada Estado-Membro deve notificar ao Secretariado-Geral do Conselho e à Comissão o ponto de contacto designado para efeitos de troca de infor-

mações sobre infracções relacionadas com ataques contra sistemas de informação. O Secretariado-Geral transmite essa informação aos restantes Estados-Membros.

### Artigo 12º – Transposição

1. Os Estados-Membros devem tomar as medidas necessárias para dar cumprimento às disposições da presente decisão-quadro até 16 de Março de 2007.

2. Os Estados-Membros devem transmitir ao Secretariado-Geral do Conselho e à Comissão, até 16 de Março de 2007, o texto das disposições que transpõem para o respectivo direito nacional as obrigações resultantes da presente decisão-quadro. Até 16 de Setembro de 2007, com base num relatório elaborado a partir daquelas informações e num relatório escrito apresentado pela Comissão, o Conselho verifica em que medida os Estados-Membros tomaram as medidas necessárias para dar cumprimento à presente decisão-quadro.

### Artigo 13º – Entrada em vigor

A presente decisão-quadro entra em vigor na data da sua publicação no Jornal Oficial da União Europeia.

Feito em Bruxelas, em 24 de Fevereiro de 2005.

Pelo Conselho

O Presidente
N. Schmit

# 5. Directiva do Conselho de 14 de Maio de 1991 relativa à protecção jurídica dos programas de computador (91/250/CEE)

**Directiva do Conselho de 14 de Maio de 1991 relativa à protecção jurídica dos programas de computador (91/250/CEE)**

**O CONSELHO DAS COMUNIDADES EUROPEIAS,**

Tendo em conta o Tratado que institui a Comunidade Económica Europeia e, nomeadamente, o seu artigo 100ºA,

Tendo em conta a proposta da Comissão),
Em cooperação com o Parlamento Europeu,
Tendo em conta o parecer do Comité Económico e Social,

Considerando que os programas de computador não estão hoje em dia claramente protegidos em todos os Estados-membros pela legislação vigente e que tal protecção, quando existe, apresenta diferentes características;

Considerando que o desenvolvimento de programas de computador requer o investimento de recursos humanos, técnicos e financeiros consideráveis, podendo esses programas ser reproduzidos a um custo que apenas representa uma fracção do custo do seu desenvolvimento independente;

Considerando que os programas de computador têm vindo a desempenhar um papel de importância crescente num vasto leque de indústrias e que a tecnologia dos programas de computador pode, por conseguinte, ser considerada de importância fundamental para o desenvolvimento da indústria;

Considerando que algumas das diferenças existentes na protecção jurídica dos programas de computador ao abrigo das legislações dos Estados-membros têm efeitos directos e negactivos no funcionamento do mercado comum no que respeita aos programas de computador, e que tais diferenças podem muito provavelmente aumentar à medida que os Estados-membros adoptarem nova legislação na matéria;

Considerando que é necessário eliminar as diferenças existentes que surtem tais efeitos e que se torna necessário evitar que surjam novas diferenças, ao passo que as diferenças que não afectam negativamente o funcionamento do mercado comum em medida considerável não necessitam ser eliminadas nem é indispensável que se evite o seu aparecimento;

Considerando que o enquadramento jurídico comunitário de protecção dos programas de computador pode, por conseguinte, numa primeira fase, limitar-se a determinar que os Estados-membros devem conceder protecção aos programas de computador ao abrigo dos direitos de autor, considerando-os como obras literárias, determinando subsequentemente quem e o que deve ser protegido, os direitos exclusivos que as pessoas protegidas podem invocar para poderem autorizar ou proibir certos actos e qual a duração da protecção;

Considerando que, para efeitos da presente directiva a expressão «programa de computador» inclui qualquer tipo de programa, mesmo os que estão incorporados no equipamento; que esta expressão inclui igualmente o trabalho de concepção preparatório conducente à elaboração de um programa de computador, desde que esse trabalho preparatório seja de molde a resultar num programa de computador numa fase posterior;

Considerando que, no tocante aos critérios a aplicar para apreciar se um programa de computador constitui ou não uma obra original, não se deverá recorrer a testes dos seus méritos qualitativos ou estéticos;

Considerando que a Comunidade se encontra profundamente empenhada na promoção da normalização internacional;

Considerando que a função de um programa de computador é comunicar e trabalhar com outros componentes de um sistema de computador e com os utilizadores e que, para este efeito, é necessária uma interconexão e uma interacção lógica e, quando necessário, física, no sentido de permitir o funcionamento de todos os elementos do suporte lógico e do equipamento com outros suportes lógicos e equipamentos e com os utilizadores, e todas as formas de funcionamento previstas;

Considerando que as partes do programa que permitem tal interconexão e interacção entre os componentes de um sistema são geralmente conhecidas como interfaces;

Considerando que esta interconexão e interacção funcionais são geralmente conhecidas como «interoperabilidade»; que esta interoperabilidade é definida como a capacidade de trocar informações e de reciprocamente utilizar as informações trocadas;

Considerando que, de forma a evitar qualquer dúvida, se tem de deixar claro que a protecção abrange unicamente a expressão de um programa de computador e que as ideias e princípios subjacentes a qualquer elemento de um programa, incluindo os subjacentes às suas interfaces, não são protegidos por direitos de autor ao abrigo da presente directiva;

Considerando que, de acordo com este princípio dos direitos de autor, as ideias e princípios eventualmente presentes na lógica, nos algoritmos e nas linguagens de programação não são protegidos ao abrigo da presente directiva;

Considerando que, de acordo com a legislação e a jurisprudência dos Estados-membros e com as convenções internacionais sobre direitos de autor, a expressão dessas ideias e princípios deve ser protegida por direitos de autor;

Considerando que, na acepção da presente directiva, se entende por «locação» a possibilidade de pôr à disposição para utilização, por um período determinado e com um intuito lucrativo, um programa de computador ou uma sua cópia; que este termo não inclui o empréstimo público que, por conseguinte, não é abrangido pelo âmbito da presente directiva;

Considerando que os direitos exclusivos do autor para impedir a reprodução não autorizada da sua obra devem ser sujeitos a uma excepção limitada no caso de se tratar de um programa de computador, de forma a permitir a reprodução tecnicamente necessária para a utilização daquele programa pelo seu adquirente legítimo; que tal significa que as acções de carregamento e funcionamento necessárias à utilização de uma cópia de um programa legalmente adquirido, incluindo a acção de correcção dos respectivos erros, não podem ser proibidas por contrato; que, na ausência de cláusulas contratuais específicas, nomeadamente quando uma cópia do programa tenha sido vendida, qualquer outra acção necessária à utilização de uma cópia de um programa poderá ser realizada de acordo com o fim a que se destina pelo adquirente legal dessa mesma cópia;

Considerando que as pessoas que têm direito a utilizar um programa de computador não podem ser impedidas de realizar os actos necessários de observação, estudo ou teste de funcionamento do programa, desde que estes actos não infrinjam os direitos de autor em relação ao programa;

Considerando que qualquer reprodução, tradução, adaptação ou transformação não autorizadas da forma do código em que uma cópia de um programa de computador foi criada constitui uma infracção aos direitos exclusivos do autor;

Considerando, no entanto, que em certas circunstâncias uma tal modificação da forma do código de um programa de computador no sentido da sua reprodução e tradução é, na acepção das alíneas a) e b) do artigo 4º, indispensável para obter as necessárias informações no sentido de conseguir a interoperabilidade de um programa independente com outros programas;

Considerando que se deve ter em conta que, em tais circunstâncias restritas, a realização de actos de reprodução e tradução para modificar a forma do código pela pessoa que tem o direito de usar uma cópia do programa, ou em seu nome, é legítima e compatível com uma prática leal, e deve, portanto, ser dispensada da solicitação do consentimento do titular do direito;

Considerando que um dos objectivos desta excepção é o de permitir a interacção de todos os elementos de um sistema informático, incluindo os de diferentes fabricantes, de forma a poderem funcionar conjuntamente;

Considerando que uma excepção deste tipo aos direitos exclusivos do autor não pode ser aplicada de forma a colidir com uma exploração normal do programa ou a prejudicar os interesses legítimos do titular do direito;

Considerando que, para assegurar a conformidade com as disposições da Convenção de Berna para a Protecção das Obras Literárias e Artísticas, a duração da protecção deve corresponder à vida do autor, acrescida de um período de cinquenta anos a contar do dia 1 de Janeiro do ano seguinte ao ano da sua morte, ou, no caso de uma obra de um autor anónimo ou sob pseudónimo, a cinquenta anos a contar do dia 1 de Janeiro do ano seguinte ao ano em que o trabalho foi publicado pela primeira vez.

Considerando que a protecção dos programas de computador ao abrigo dos direitos de autor não deve prejudicar, nos casos apropriados, a aplicação de outras formas de protecção; que se consideram, todavia, nulas quaisquer disposições contratuais contrárias ao artigo 6º ou às excepções previstas nos nºs 2 e 3 do artigo 5º;

Considerando que as disposições da presente directiva não prejudicam a aplicação das regras da concorrência fixadas nos artigos 85º e 86º do Tratado se um fornecedor importante recusar divulgar informações necessárias à interoperabilidade tal como é definida na presente directiva;

Considerando que as disposições da presente directiva não devem prejudicar as exigências da legislação comunitária já adoptada relativamente à publicação de interfaces no sector das telecomunicações ou as decisões do Conselho relativas à normalização no domínio da tecnologia da informação e das telecomunicações;

Considerando que a presente directiva não afecta as derrogações previstas nas legislações nacionais de acordo com a Convenção de Berna sobre pontos não abrangidos pela presente directiva,

ADOPTOU A PRESENTE DIRECTIVA:

### Artigo 1º – Objecto da protecção

1. De acordo com o disposto na presente directiva, os Estados-membros estabelecerão uma protecção jurídica dos programas de computador, mediante a

concessão de direitos de autor, enquanto obras literárias, na acepção da Convenção de Berna para a Protecção das Obras Literárias e Artísticas. Para efeitos da presente directiva, a expressão «programas de computador» inclui o material de concepção.

2. Para efeitos da presente directiva, a protecção abrange a expressão, sob qualquer forma, de um programa de computador. As ideias e princípios subjacentes a qualquer elemento de um programa de computador, incluindo os que estão na base das respectivas interfaces, não são protegidos pelos direitos de autor ao abrigo da presente directiva.

3. Um programa de computador será protegido se for original, no sentido em que é o resultado da criação intelectual do autor. Não serão considerados quaisquer outros critérios para determinar a sua susceptibilidade de protecção.

### Artigo 2º – Autoria dos programas

1. O autor de um programa de computador é a pessoa singular ou o grupo de pessoas singulares que criaram o programa ou, quando a legislação dos Estados-membros o permite, a pessoa colectiva indicada por aquela legislação como o titular dos direitos. Quando a legislação do Estado-membro reconhece obras colectivas, a pessoa tida pela legislação do Estado-membro como tendo criado a obra é considerada seu autor.

2. Caso um programa de computador tenha sido criado conjuntamente por um grupo de pessoas singulares, os direitos exclusivos pertencerão conjuntamente às mesmas.

3. Quando um programa de computador for criado por um trabalhador por conta de outrem, no exercício das suas funções ou por indicação do seu empregador, só o empregador ficará habilitado a exercer todos os direitos de natureza económica relativos ao programa assim criado, salvo disposição contratual em contrário.

### Artigo 3º – Beneficiários da protecção

A protecção será concedida a qualquer pessoa singular ou colectiva que preencha os requisitos necessários para beneficiar da legislação nacional sobre direitos de autor aplicável às obras literárias.

### Artigo 4º – Actos sujeitos a autorização

Sem prejuízo do disposto nos artigos 5º e 6º, os direitos exclusivos do titular, na acepção do artigo 2º, devem incluir o direito de efectuar ou autorizar:

*a*) A reprodução permanente ou transitória de um programa de computador, seja por que meio for, e independentemente da forma de que se revestir, no todo ou em parte. Se operações como o carregamento, visualização, execução, transmissão ou armazenamento de um programa de computador carecerem dessa reprodução, essas operações devem ser submetidas a autorização do titular do direito;

*b*) A tradução, adaptação, ajustamentos ou outras modificações do programa e a reprodução dos respectivos resultados, sem prejuízo dos direitos de autor da pessoa que altere o programa;

*c*) Qualquer forma de distribuição ao público, incluindo a locação, do original ou de cópias de um programa de computador. A primeira comercialização na Comunidade de uma cópia de um programa efectuada pelo titular dos direitos ou realizada com o seu consentimento extinguirá o direito de distribuição na Comunidade dessa mesma cópia, com excepção do direito de controlar a locação ulterior do programa ou de uma sua cópia.

### Artigo 5º – Excepções aos actos sujeitos a autorização

1. Salvo disposições contratuais específicas em contrário, os actos previstos nas alíneas a) e b) do artigo 4º não se encontram sujeitos à autorização do titular sempre que sejam necessários para a utilização do programa de computador pelo seu legítimo adquirente de acordo com o fim a que esse programa se destina, bem como para a correcção de erros.

2. O contrato não deve impedir a execução de uma cópia de apoio por uma pessoa que esteja autorizada a utilizar o programa na medida em que tal seja necessário para a sua utilização.

3. Quem tiver direito a utilizar uma cópia de um programa pode, sem necessidade de autorização do titular do direito, observar, estudar ou testar o funcionamento do programa a fim de apurar as ideias e princípios subjacentes a qualquer elemento do programa quando efectuar operações de carregamento, de visualização, de execução, de transmissão ou de armazenamento, em execução do seu contrato.

### Artigo 6º – Descompilação

1. Não é necessária a autorização do titular dos direitos quando a reprodução do código e a tradução da sua forma, na acepção das alíneas a) e b) do artigo 4º, forem indispensáveis para obter as informações necessárias à interoperabilidade de um programa de computador criado independentemente, com outros programas, uma vez preenchidas as seguintes condições:

*a*) Esses actos serem realizados pelo licenciado ou por outra pessoa que tenha o direito de utilizar uma cópia do programa, ou em seu nome por uma pessoa devidamente autorizada para o efeito;

*b*) Não se encontrarem já fácil e rapidamente à disposição das pessoas referidas na alínea a) as informações necessárias à interoperabilidade;

*c*) Esses actos limitarem-se a certas partes do programa de origem necessárias à interoperabilidade.

2. O disposto no nº 1 não permite que as informações obtidas através da sua aplicação:

*a*) Sejam utilizadas para outros fins que não o de assegurar a interoperabilidade de um programa criado independentemente;

*b*) Sejam transmitidas a outrem, excepto quando tal for necessário para a interoperabilidade do programa criado independentemente; ou

*c*) Sejam utilizadas para o desenvolvimento, produção ou comercialização de um programa substancialmente semelhante na sua expressão, ou para qualquer outro acto que infrinja os direitos de autor.

3. De acordo com o disposto na Convenção de Berna para a Protecção das Obras Literárias e Artísticas, as disposições do presente artigo não podem ser interpretadas no sentido de permitirem a sua aplicação de uma forma susceptível de lesar os legítimos interesses do titular de direitos ou que não se coadune com uma exploração normal do programa de computador.

### Artigo 7º – Medidas de protecção especiais

1. Sem prejuízo do disposto nos artigos 4º, 5º e 6º, os Estados-membros tomarão medidas adequadas, nos termos das respectivas legislações nacionais, contra as pessoas que pratiquem qualquer dos actos referidos nas alíneas a), b) e c) seguintes:

*a*) Ponham em circulação uma cópia de um programa de computador, conhecendo ou não podendo ignorar o seu carácter ilícito;

*b*) Estejam na posse, para fins comerciais, de uma cópia de um programa de computador, conhecendo ou não podendo ignorar o seu carácter ilícito;

*c*) Ponham em circulação ou estejam na posse, para fins comerciais, de meios cujo único objectivo seja facilitar a supressão não autorizada ou a neutralização de qualquer dispositivo técnico eventualmente utilizado para a protecção de um programa.

2. Qualquer cópia ilícita de um programa de computador poderá ser confiscada nos termos da legislação do Estado-membro em questão.

3. Os Estados-membros poderão prever a apreensão dos meios referidos na alínea c) do nº 1.

### Artigo 8º – Duração da protecção

1. A protecção será concedida durante a vida do autor e por um período de cinquenta anos após a sua morte ou após a morte do último autor vivo; se o programa de computador for uma obra anónima ou sob pseudónimo ou se a legislação nacional considerar que o seu autor é uma pessoa colectiva, nos termos do

nº 1 do artigo 2º, a protecção será concedida por um período de cinquenta anos a contar da data em que o programa de computador se tornar legitimamente acessível ao público. Presume-se que a protecção tem início no dia 1 de Janeiro do ano seguinte à ocorrência dos factos acima mencionados.

2. Os Estados-membros onde a duração de protecção é já superior à prevista no nº 1 poderão manter a duração actual, até uma harmonização mais geral por legislação comunitária, do período de protecção das obras sujeitas a direitos de autor.

**Artigo 9º – Manutenção de outras disposições jurídicas**

1. As disposições da presente directiva não prejudicam quaisquer outras disposições legais, nomeadamente as relativas a direitos de patente, a marcas, a concorrência desleal, a segredos comerciais, a protecção de produtos semicondutores ou ao direito dos contratos. Quaisquer disposições contratuais contrárias ao artigo 6º ou às execuções previstas nos nºs 2 e 3 do artigo 5º serão consideradas nulas.

2. O disposto na presente directiva é igualmente aplicável aos programas criados antes de 1 de Janeiro de 1993, sem prejuízo de quaisquer actos realizados e dos direitos adquiridos antes dessa data.

**Artigo 10º – Disposições finais**

1. Os Estados-membros porão em vigor as disposições legislativas, regulamentares ou administrativas necessárias para darem cumprimento à presente directiva até 1 de Janeiro de 1993.

Sempre que os Estados-membros adoptarem tais disposições, estas devem incluir uma referência à presente directiva ou ser acompanhadas dessa referência aquando da sua publicação oficial. As modalidades dessa referência serão adoptadas pelos Estados-membros.

2. Os Estados-membros comunicarão à Comissão as disposições de direito nacional que adoptarem para efeitos da transposição da presente directiva.

**Artigo 11º**

Os Estados-membros são os destinatários da presente directiva.

Feito em Bruxelas, em 14 de Maio de 1991.

Pelo Conselho

O Presidente
J. F. Poos

# 6. DL nº 252/94, de 20 de Outubro – Protecção Jurídica de Programas de Computador

O presente diploma transpõe para a ordem jurídica interna a Directiva nº 91/250/CEE, do Conselho, de 14 de Maio, relativa à protecção jurídica dos programas de computador.

De acordo com a melhor técnica decidiu-se criar um diploma próprio onde se condensem todas as normas específicas de protecção dos programas de computador, ao invés de se proceder a alterações no Código do Direito de Autor e dos Direitos Conexos.

Na verdade, os conceitos nucleares de protecção dos programas de computador transportam novas realidades que não são facilmente subsumíveis às existentes no direito de autor, muito embora a equiparação a obras literárias possa permitir, pontualmente, uma aproximação.

A transposição obedece também à consideração de que o ordenamento jurídico interno contém normas e princípios efectivos, com consagração no direito objectivo, que tornam dispensável uma mera tradução.

Assim:

No uso da autorização legislativa concedida pela Lei nº 21/94, de 17 de Junho, e nos termos das alíneas a) e b) do nº 1 do artigo 201º da Constituição, o Governo decreta o seguinte:

**Artigo 1º – Âmbito**

1 – O presente diploma transpõe para a ordem jurídica interna a Directiva nº 91/250/CEE, do Conselho, de 14 de Maio, relativa à protecção jurídica dos programas de computador.

2 – Aos programas de computador que tiverem carácter criativo é atribuída protecção análoga à conferida às obras literárias.

3 – Para efeitos de protecção, equipara-se ao programa de computador o material de concepção preliminar daquele programa.

### Artigo 2º – Objecto

1 – A protecção atribuída ao programa de computador incide sobre a sua expressão, sob qualquer forma.

2 – Esta tutela não prejudica a liberdade das ideias e dos princípios que estão na base de qualquer elemento do programa ou da sua interoperabilidade, como a lógica, os algoritmos ou a linguagem de programação.

### Artigo 3º – Autoria

1 – Aplicam-se ao programa de computador as regras sobre autoria e titularidade vigentes para o direito de autor.

2 – O programa que for realizado no âmbito de uma empresa presume-se obra colectiva.

3 – Quando um programa de computador for criado por um empregado no exercício das suas funções, ou segundo instruções emanadas do dador de trabalho, ou por encomenda, pertencem ao destinatário do programa os direitos a ele relativos, salvo estipulação em contrário ou se outra coisa resultar das finalidades do contrato.

4 – As regras sobre atribuição do direito ao programa aplicam-se sem prejuízo do direito a remuneração especial do criador intelectual quando se verificarem os pressupostos das alíneas a) e b) do nº 4 do artigo 14º do Código do Direito de Autor e dos Direitos Conexos.

5 – O nº 2 do artigo 15º daquele Código não é aplicável no domínio dos programas de computador.

### Artigo 4º – Duração

*Revogado pelo DL nº 334/97, 27 de Novembro*

### Artigo 5º – Reprodução e transformação

O titular do programa pode fazer ou autorizar:

*a*) A reprodução, permanente ou transitória, por qualquer processo ou forma, de todo ou de parte do programa;

*b*) Qualquer transformação do programa e a reprodução do programa derivado, sem prejuízo dos direitos de quem realiza a transformação.

### Artigo 6º – Direitos do utente

1 – Não obstante o disposto no artigo anterior, todo o utente legítimo pode, sem autorização do titular do programa:

*a*) Providenciar uma cópia de apoio no âmbito dessa utilização;

*b*) Observar, estudar ou ensaiar o funcionamento do programa, para determinar as ideias e os princípios que estiverem na base de algum dos seus elementos, quando efectuar qualquer operação de carregamento, visualização, execução, transmissão ou armazenamento.

2 – É nula qualquer estipulação em contrário ao disposto no número anterior.

3 – O utente legítimo de um programa pode sempre, para utilizar o programa ou para corrigir erros, carregá-lo, visualizá-lo, executá-lo, transmiti-lo e armazená-lo, mesmo se esses actos implicarem operações previstas no artigo anterior, salvo estipulação contratual referente a algum ponto específico.

**Artigo 7º – Descompilação**

1 – A descompilação das partes de um programa necessárias à interoperabilidade desse programa de computador com outros programas é sempre lícita, ainda que envolva operações previstas nos artigos anteriores, quando for a via indispensável para a obtenção de informações necessárias a essa interoperabilidade.

2 – Têm legitimidade para realizar a descompilação o titular da licença de utilização ou outra pessoa que possa licitamente utilizar o programa, ou pessoas por estes autorizadas, se essas informações não estiverem já fácil e rapidamente disponíveis.

3 – É nula qualquer estipulação em contrário ao disposto nos números anteriores.

4 – As informações obtidas não podem:

*a*) Ser utilizadas para um acto que infrinja direitos de autor sobre o programa originário;

*b*) Lesar a exploração normal do programa originário ou causar um prejuízo injustificado aos interesses legítimos do titular do direito;

*c*) Ser comunicadas a outrem quando não for necessário para a interoperabilidade do programa criado independentemente.

5 – O programa criado nos termos da alínea c) do número anterior não pode ser substancialmente semelhante, na sua expressão, ao programa originário.

**Artigo 8º – Direito de pôr em circulação**

1 – O titular do programa de computador tem o direito de pôr em circulação originais ou cópias desse programa e o direito de locação dos exemplares.

2 – Qualquer acto de disposição produz o esgotamento do direito de pôr em circulação, mas não afecta a subsistência do direito de locação do programa.

**Artigo 9º – Direitos do titular originário**

1 – São ainda garantidos ao titular originário do programa o direito à menção do nome no programa e o direito à reivindicação da autoria deste.

2 – Se o programa tiver um criador intelectual individualizável, cabe-lhe, em qualquer caso, o direito a ser reconhecido como tal e de ter o seu nome mencionado no programa.

### Artigo 10º – Limites

1 – Sempre que forem compatíveis, são aplicáveis aos programas de computador os limites estabelecidos para o direito de autor, nomeadamente os constantes do artigo 75º do Código do Direito de Autor e dos Direitos Conexos, mas o uso privado só será admitido nos termos do presente diploma.

2 – É livre a análise de programas como objecto de pesquisa científica ou de ensino.

3 – São aplicáveis aos programas de computador as utilizações permitidas em benefício de pessoas cegas, com deficiência visual ou com outras dificuldades de acesso a textos impressos, previstas no artigo 82º-B do Código de Direito de Autor e dos Direitos Conexos.

### Artigo 11º – Autonomia privada

1 – Os negócios relativos a direitos sobre programas de computador são disciplinados pelas regras gerais dos contratos e pelas disposições dos contratos típicos em que se integram ou com que ofereçam maior analogia.

2 – São aplicáveis a estes negócios as disposições dos artigos 40º, 45º a 51º e 55º do Código do Direito de Autor e dos Direitos Conexos.

3 – As estipulações contratuais são sempre entendidas de maneira conforme à boa fé e com o âmbito justificado pelas finalidades do contrato.

### Artigo 12º – Registo

É admitida a inscrição do programa no registo da propriedade literária, para efeitos daquele registo.

### Artigo 13º – Apreensão

1 – Aplicam-se à apreensão de cópias ilícitas de programas de computador as disposições relativas à apreensão de exemplares contrafeitos em matéria de direito de autor.

2 – Podem igualmente ser apreendidos dispositivos em comercialização que tenham por finalidade exclusiva facilitar a supressão não autorizada ou a neutralização de qualquer salvaguarda técnica eventualmente colocada para proteger um programa de computador.

3 – O destino dos objectos apreendidos será determinado na sentença final.

### Artigo 14º – Tutela penal

1 – Um programa de computador é penalmente protegido contra a reprodução não autorizada.

2 – É aplicável ao programa de computador o disposto no nº 1 do artigo 9º da Lei nº 109/91, de 17 de Agosto.

**Artigo 15º – Tutela por outras disposições legais**

A tutela instituída pelo presente diploma não prejudica a vigência de regras de diversa natureza donde possa resultar uma protecção do programa, como as emergentes da disciplina dos direitos de patente, marcas, concorrência desleal, segredos comerciais e das topografias dos semicondutores ou do direito dos contratos.

**Artigo 16º – Vigência**

1 – A protecção dos programas de computador inicia-se na data da entrada em vigor do presente diploma, mas os programas anteriormente criados são protegidos durante o tempo que gozariam ainda de protecção se esta lei fosse já vigente ao tempo da sua criação.

2 – A aplicação do presente diploma não prejudica os contratos concluídos nem os direitos adquiridos antes da sua entrada em vigor, mas as regras sobre a invalidade das estipulações aplicam-se também a estes contratos.

**Artigo 17º – Tutela internacional**

1 – A tutela internacional é subordinada à reciprocidade material.

2 – Na medida em que assim for estabelecido por convenção internacional, aplica-se o princípio do tratamento nacional.

3 – Os programas que nos países de origem respectivos tiverem tombado no domínio público não voltam a ser protegidos.

4 – É considerado autor quem assim for qualificado pela lei do país de origem respectivo; em caso de colisão de qualificações aplica-se a lei que se aproxime mais da lei portuguesa.

Visto e aprovado em Conselho de Ministros de 1 de Setembro de 1994. – *Aníbal António Cavaco Silva – Álvaro José Brilhante Laborinho Lúcio.*

Promulgado em 7 de Outubro de 1994.

Publique-se.

O Presidente da República, MÁRIO SOARES.

Referendado em 10 de Outubro de 1994.

O Primeiro-Ministro, *Aníbal António Cavaco Silva.*

# 7. Lei nº 5/2004, de 10 de Fevereiro – Lei das Comunicações Electrónicas

Lei nº 5/2004, de 10 de Fevereiro – Lei das Comunicações Electrónicas (versão dada pelo DL nº 49/2020, de 04/08)

A Assembleia da República decreta, nos termos da alínea c) do artigo 161º da Constituição, para valer como lei geral da República, o seguinte:

## TÍTULO I – Parte geral

### Artigo 1º – Objecto

A presente lei estabelece o regime jurídico aplicável às redes e serviços de comunicações electrónicas e aos recursos e serviços conexos e define as competências da autoridade reguladora nacional neste domínio, no âmbito do processo de transposição das Directivas nºs 2002/19/CE, 2002/20/CE e 2002/21/CE, todas do Parlamento Europeu e do Conselho, de 7 de Março, alteradas pela Directiva nº 2009/140/CE, do Parlamento Europeu e do Conselho, de 25 de Novembro, e das Directivas nºs 2002/22/CE, do Parlamento Europeu e do Conselho, de 7 de Março, alterada pela Directiva nº 2009/136/CE, do Parlamento Europeu e do Conselho, de 25 de Novembro, e 2002/77/CE, da Comissão Europeia, de 16 de Setembro.

### Artigo 2º – Âmbito

1 – Excluem-se do âmbito de aplicação da presente lei:

*a*) Os serviços da sociedade da informação, definidos no Decreto-Lei nº 58/2000, de 18 de Abril, que não consistam total ou principalmente no envio de sinais através de redes de comunicações electrónicas;

*b*) Os serviços que prestem ou exerçam controlo editorial sobre conteúdos transmitidos através de redes e serviços de comunicações electrónicas, incluindo os serviços de programas televisivos e de rádio e os serviços de audiotexto e de valor acrescentado baseados no envio de mensagem;

*c*) As redes privativas do Ministério da Defesa Nacional ou sob sua responsabilidade e das forças e serviços de segurança e de emergência, as quais se regem por legislação específica;

*d*) A rede informática do Governo, gerida pelo Centro de Gestão da Rede Informática do Governo (CEGER), bem como as redes criadas para prosseguir os fins previstos no nº 1 do artigo 1º do Decreto-Lei nº 163/2007, de 3 de Maio.

2 – O disposto na presente lei não prejudica:

*a*) O regime de livre circulação, colocação no mercado e colocação em serviço no território nacional dos equipamentos de rádio e equipamentos terminais de telecomunicações, bem como o regime da respectiva avaliação de conformidade e marcação, aprovado pelo Decreto-Lei nº 192/2000, de 18 de Agosto;

*b*) O regime aplicável à construção de infra-estruturas aptas ao alojamento de redes de comunicações electrónicas, à instalação de redes de comunicações electrónicas e à construção de infra-estruturas de telecomunicações em loteamentos, urbanizações e conjuntos de edifícios e edifícios, previsto no Decreto-Lei nº 123/2009, de 21 de Maio, alterado pelo Decreto-Lei nº 258/2009, de 25 de Setembro;

*c*) O regime aplicável às redes e estações de radiocomunicações, previsto no Decreto-Lei nº 151-A/2000, de 20 de Julho, alterado pelos Decretos-Leis nºs 167/2006, de 16 de Agosto, e 264/2009, de 28 de Setembro;

*d*) O regime aplicável à utilização do Serviço Rádio Pessoal – Banda do Cidadão (SRP-CB), previsto no Decreto-Lei nº 47/2000, de 24 de Março;

*e*) O regime jurídico aplicável aos radioamadores, previsto no Decreto-Lei nº 53/2009, de 2 de Março;

*f*) O regime jurídico aplicável aos serviços públicos essenciais, previsto na Lei nº 23/96, de 26 de Julho, alterado pelas Leis nºs 12/2008, de 26 de Fevereiro, 24/2008, de 2 de Junho, 6/2011, de 10 de Março, e 44/2011, de 22 de Junho;

*g*) O regime jurídico aplicável à prestação de serviços de promoção, informação e apoio aos consumidores e utentes, através de centros telefónicos de relacionamento (call centers), previsto no Decreto-Lei nº 134/2009, de 2 de Junho, alterado pelo Decreto-Lei nº 72-A/2010, de 18 de Junho;

*h*) O regime jurídico aplicável à cobrança de quantias pela prestação do serviço de desbloqueamento de equipamentos, previsto no Decreto-Lei nº 56/2010, de 1 de Junho.

3 – Em caso de conflito entre normas da presente lei e as normas estabelecidas na restante legislação sectorial aplicável, prevalecem as normas da presente lei, salvo quando de outra disposição resulte um regime mais exigente para as empresas que oferecem redes e serviços de comunicações electrónicas, caso em que será este o aplicável.

4 – O disposto na presente lei não prejudica as medidas adoptadas a nível comunitário ou nacional, com vista a prosseguir objectivos de interesse geral, em especial relacionados com a regulamentação de conteúdos e a política audiovisual.

5 – O disposto na presente lei não prejudica as medidas adoptadas a nível comunitário ou nacional, com vista a prosseguir objectivos de segurança e ordem pública, nomeadamente no sector ferroviário e rodoviário.

**Artigo 2º-A – Segurança e emergência**

1 – Compete ao Estado assegurar, nos termos da lei, a adequada coordenação das redes e serviços de comunicações electrónicas em situações de emergência, crise ou guerra.

2 – Incumbe à ARN:

*a*) Exercer as competências que lhe vierem a ser cometidas quanto às infra-estruturas críticas europeias no âmbito das comunicações electrónicas, nomeadamente nos termos do quadro legal de transposição da Directiva nº 2008/114/CE, do Conselho, de 8 de Dezembro, relativa à identificação e designação das infra-estruturas críticas europeias e à avaliação da necessidade de melhorar a sua protecção;

*b*) Exercer as competências que lhe vierem a ser cometidas quanto às infra-estruturas críticas nacionais no âmbito das comunicações electrónicas, quer no que se refere às empresas que oferecem redes e serviços de comunicações electrónicas quer aos proprietários ou detentores das referidas infra-estruturas;

*c*) Analisar e caracterizar, contando com a colaboração das empresas que oferecem redes e serviços de comunicações electrónicas e dos serviços e organismos competentes da administração directa e indirecta do Estado e das Regiões Autónomas, e propor, quando adequado:

*i*) As medidas necessárias para a salvaguarda de reserva de capacidade, por parte das empresas que oferecem redes e serviços de comunicações electrónicas, para comunicações de emergência de interesse público;

*ii*) As medidas necessárias em matéria de congestionamento de redes em situações de emergência, incluindo os procedimentos a cumprir pelas empresas que oferecem redes e serviços de comunicações electrónicas;

*d*) Desenvolver, nos termos da lei e em articulação com as demais entidades competentes, o planeamento, instalação e operacionalização do sistema de resposta a incidentes de segurança da informação, no âmbito das comunicações electrónicas;

*e*) Identificar e caracterizar, nos termos da lei e em articulação com as entidades competentes, os recursos de comunicações electrónicas com utilidade para a protecção civil.

### Artigo 3º – Definições

Para os efeitos do disposto na presente lei, entende-se por:

*a*) «Acesso» a disponibilização de recursos e ou serviços a outra empresa, segundo condições definidas, em regime de exclusividade ou não exclusividade, para efeitos de prestação de serviços de comunicações electrónicas, mesmo quando estes forem utilizados para a prestação dos serviços previstos nas alíneas a) e b) do nº 1 do artigo anterior, abrangendo, nomeadamente, o acesso a elementos da rede e recursos conexos, podendo incluir a ligação de equipamento, através de meios fixos ou não fixos (incluindo, em especial, o acesso ao lacete local e a recursos e serviços necessários para prestar serviços pelo lacete local); o acesso a infra-estruturas físicas, incluindo edifícios, condutas e postes; o acesso a sistemas de software pertinentes, incluindo sistemas de apoio operacional; o acesso a sistemas de informação ou bases de dados para pré-encomenda, aprovisionamento, encomenda, pedidos de manutenção e reparação, e facturação; o acesso à conversão numérica ou a sistemas que ofereçam uma funcionalidade equivalente; o acesso a redes fixas e móveis, em especial para fins de itinerância (roaming); o acesso a sistemas de acesso condicional para serviços de programas televisivos e de rádio digitais; o acesso aos serviços de rede virtual;

*b*) «Acesso desagregado ao lacete local» o acesso totalmente desagregado ao lacete local e o acesso partilhado ao lacete local; este acesso não implica a mudança de propriedade do lacete local;

*c*) «Acesso partilhado ao lacete local» o acesso ao lacete local ou ao sublacete local do operador com poder de mercado significativo, que permite a utilização, pelo beneficiário, de uma parte específica da capacidade total da infra-estrutura da rede de acesso local, como, por exemplo, parte do espectro de frequências ou equivalente;

*d*) «Acesso totalmente desagregado ao lacete local» o acesso ao lacete local ou ao sublacete local do operador com poder de mercado significativo, que permite a utilização de toda a capacidade da infra-estrutura da rede de acesso local;

*e*) «Assinante» a pessoa singular ou colectiva que é parte num contrato com um prestador de serviços de comunicações electrónicas acessíveis ao público para o fornecimento desses serviços;

*f*) «Atribuição de espectro» a designação de uma dada faixa de frequências para ser utilizada por um ou mais tipos de serviços de radiocomunicações, se necessário, em condições especificadas;

*g*) «Autoridade reguladora nacional (ARN)» a autoridade que desempenha as funções de regulação, supervisão, fiscalização e sancionamento no âmbito das redes e serviços de comunicações electrónicas, bem como dos recursos e serviços conexos, a qual é o ICP – Autoridade Nacional de Comunicações (ICP-ANACOM), cujos Estatutos são anexos ao Decreto-Lei nº 309/2001, de 7 de Dezembro;

*h*) «Autorização geral» o quadro regulamentar estabelecido pela presente lei e pelos regulamentos da autoridade reguladora nacional que garante os direitos relacionados com a oferta de serviços ou redes de comunicações electrónicas e que fixa obrigações sectoriais específicas que podem ser aplicadas a todos os tipos ou a tipos específicos de serviços e redes de comunicações electrónicas, em conformidade com a presente lei;

*i*) «Chamada» a ligação estabelecida através de um serviço de comunicações electrónicas acessível ao público que permite uma comunicação bidireccional;

*j*) «Consumidor» a pessoa singular que utiliza ou solicita um serviço de comunicações electrónicas acessível ao público para fins não profissionais;

*l*) «Equipamento avançado de televisão digital» os conversores para conexão a aparelhos de televisão ou aparelhos integrados de televisão digital capazes de receber serviços de televisão digital interactiva;

*m*) 'Fidelização' o período durante o qual o consumidor se compromete a não cancelar um contrato ou a alterar as condições acordadas;

*n*) «Interferência prejudicial» qualquer interferência que comprometa o funcionamento de um serviço de radionavegação ou qualquer outro serviço de segurança ou que de outra forma prejudique seriamente, obstrua ou interrompa repetidamente um serviço de radiocomunicações que opere de acordo com as normas internacionais, comunitárias ou nacionais aplicáveis;

*o*) «Interligação» a ligação física e lógica de redes de comunicações públicas utilizadas por uma mesma empresa ou por empresas diferentes de modo a permitir a utilizadores de uma empresa comunicarem com utilizadores desta ou de outras empresas ou acederem a serviços oferecidos por outra empresa. Os serviços podem ser oferecidos pelas partes envolvidas ou por terceiros que tenham acesso à rede. A interligação é um tipo específico de acesso implementado entre operadores de redes públicas;

*p*) «Interface de programas de aplicação (IPA)» o software de interface entre aplicações, disponibilizado por operadores de rádio, televisão ou de distribuição ou fornecedores de serviços, e os recursos no equipamento avançado de televisão digital para serviços de rádio e televisão digitais;

*q*) «Lacete local» o circuito físico que liga o ponto terminal da rede nas instalações do utilizador final a um repartidor ou ao recurso equivalente na rede fixa de comunicações electrónicas públicas;

*r*) «Mercados transnacionais» os mercados referidos no nº 5 do artigo 59º que abrangem a União Europeia ou uma parte substancial desta, localizados em mais de um Estado membro;

*s*) «Número» o recurso do Plano Nacional de Numeração ou o recurso de um plano internacional de numeração, em que a ARN tem competências nomeadamente de notificação, que serve para identificar assinantes, serviços ou aplicações, empresas que oferecem redes ou serviços, redes ou elementos de rede;

*t*) «Número geográfico» o número do Plano Nacional de Numeração que contém alguns dígitos com significado geográfico, cuja função é encaminhar as chamadas para o local físico do ponto de terminação de rede (PTR);

*u*) «Número não geográfico» o número do Plano Nacional de Numeração que não seja um número geográfico, incluindo, nomeadamente, os números móveis, de chamadas gratuitas para o chamador e de tarifa majorada;

*v*) «Oferta de rede de comunicações electrónicas» o estabelecimento, operação, controlo ou disponibilização da referida rede;

*x*) «Operador» uma empresa que oferece ou está autorizada a oferecer uma rede de comunicações pública ou um recurso conexo;

*z*) «Organismo de Reguladores Europeus das Comunicações Electrónicas (ORECE)» o organismo criado pelo Regulamento (CE) nº 1211/2009, do Parlamento Europeu e do Conselho, de 25 de Novembro;

*aa*) «Posto público» o equipamento terminal em local fixo acessível ao público em geral, cuja utilização pode ser paga com moedas e ou cartões de crédito/débito e ou cartões de pré-pagamento, incluindo cartões a utilizar com códigos de marcação;

*bb*) «Ponto de terminação de rede (PTR)» o ponto físico em que é fornecido ao assinante acesso à rede de comunicações públicas; no caso das redes que envolvem comutação ou encaminhamento, o PTR é identificado através de um endereço de rede específico, que pode estar associado ao número ou nome de um assinante;

*cc*) «Recursos conexos» os serviços associados, as infra-estruturas físicas e outros recursos ou elementos associados a uma rede de comunicações electrónicas e ou a um serviço de comunicações electrónicas que permitem e ou servem de suporte à oferta de serviços através dessa rede e ou serviço, ou têm potencial para fazê-lo, e incluem nomeadamente edifícios ou entradas de edifícios, cablagem de edifícios, antenas, torres e outras estruturas de apoio, condutas, tubagens, postes, câmaras de visita e armários;

*dd*) «Rede de comunicações electrónicas» os sistemas de transmissão e, se for o caso, os equipamentos de comutação ou encaminhamento e os demais recursos, nomeadamente elementos de rede que não se encontrem activos, que permitem o envio de sinais por cabo, meios radioeléctricos, meios ópticos, ou por outros meios electromagnéticos, incluindo as redes de satélites, as redes terrestres fixas (com comutação de circuitos ou de pacotes, incluindo a Internet) e móveis, os sistemas de cabos de electricidade, na medida em que sejam utilizados para a transmissão de sinais, as redes de radiodifusão sonora e televisiva e as redes de televisão por cabo, independentemente do tipo de informação transmitida;

*ee*) «Rede de comunicações públicas» a rede de comunicações electrónicas utilizada total ou principalmente para o fornecimento de serviços de comunicações electrónicas acessíveis ao público;

*ff*) «Serviço de comunicações electrónicas» o serviço oferecido em geral mediante remuneração, que consiste total ou principalmente no envio de sinais através de redes de comunicações electrónicas, incluindo os serviços de telecomunicações e os serviços de transmissão em redes utilizadas para a radiodifusão, sem prejuízo da exclusão referida nas alíneas a) e b) do nº 1 do artigo 2º;

*gg*) «Serviços conexos» os serviços associados a uma rede de comunicações electrónicas e ou a um serviço de comunicações electrónicas que permitem e ou servem de suporte à oferta de serviços através dessa rede e ou serviço, ou têm potencial para fazê-lo, e incluem nomeadamente os sistemas de conversão de números ou os sistemas que oferecem uma funcionalidade equivalente, os sistemas de acesso condicional e os guias electrónicos de programas, bem como outros serviços como o serviço de identidade, localização e presença;

*hh*) «Serviço de televisão de ecrã largo» um serviço de programas televisivo constituído, na totalidade ou em parte, por programas produzidos e editados para serem apresentados em todo um ecrã de formato largo, sendo o formato 16:9 o formato de referência para estes serviços;

*ii*) «Serviço telefónico acessível ao público» o serviço ao dispor do público que permite fazer e receber, directa ou indirectamente, chamadas nacionais ou nacionais e internacionais através de um número ou de números incluídos num plano nacional ou internacional de numeração;

*jj*) «Serviço universal» o conjunto mínimo de serviços, definido na presente lei, de qualidade especificada, disponível para todos os utilizadores, independentemente da sua localização geográfica e, em função das condições nacionais, a um preço acessível;

*ll*) «Sistema de acesso condicional» qualquer medida e ou disposição técnica, por meio da qual o acesso, de forma inteligível, a um serviço de programas televisivos ou de rádio protegido fica condicionado a uma assinatura ou a qualquer outra forma de autorização prévia individual;

*mm*) «Sublacete local» um lacete local parcial que liga o ponto terminal da rede nas instalações do utilizador final a um ponto de concentração ou a um repartidor intermédio especificado na rede fixa de comunicações electrónicas públicas;

*nn*) «Utilizador» a pessoa singular ou colectiva que utiliza ou solicita um serviço de comunicações electrónicas acessível ao público;

*oo*) «Utilizador final» o utilizador que não oferece redes de comunicações públicas ou serviços de comunicações electrónicas acessíveis ao público.

Contém as alterações dos seguintes diplomas:

# TÍTULO II – Autoridade reguladora nacional e princípios de regulação

## CAPÍTULO I – Disposições gerais e princípios de regulação

### Artigo 4º – Autoridade Reguladora Nacional

1 – Compete à ARN desempenhar as funções de regulação, supervisão, fiscalização e sancionamento previstas na presente lei, nos termos das suas atribuições.

2 – É garantida pela presente lei e pelos Estatutos da ARN:

*a*) A independência como entidade orgânica, financeira e funcionalmente separada do Governo, dotada dos recursos financeiros e humanos necessários e adequados ao desempenho das suas funções, incluindo a participação activa no ORECE;

*b*) A independência como entidade orgânica, financeira e funcionalmente separada das empresas que oferecem redes e serviços de comunicações electrónicas e equipamento;

*c*) A separação efectiva entre as funções de regulação e as competências ligadas à propriedade ou à direcção das empresas do sector sobre as quais o Estado detenha a propriedade ou o controlo.

3 – A ARN deve exercer as suas competências de forma imparcial, transparente e tempestiva.

### Artigo 5º – Objectivos de regulação

1 – Constituem objectivos de regulação das comunicações electrónicas a prosseguir pela ARN:

*a*) Promover a concorrência na oferta de redes e serviços de comunicações electrónicas, de recursos e serviços conexos;

*b*) Contribuir para o desenvolvimento do mercado interno da União Europeia;

*c*) Defender os interesses dos cidadãos, nos termos da presente lei.

2 – Para efeitos do disposto na alínea a) do número anterior, incumbe à ARN, nomeadamente:

*a*) Assegurar que os utilizadores, incluindo os utilizadores com deficiência, os utilizadores idosos e os utilizadores com necessidades sociais especiais, obtenham o máximo benefício em termos de escolha, preço e qualidade;

*b*) Assegurar a inexistência de distorções ou entraves à concorrência no sector das comunicações electrónicas, incluindo no âmbito das redes e serviços de comunicações electrónicas utilizados para a prestação dos serviços referidos nas alíneas a) e b) do nº 1 do artigo 2º;

*c*) *(Revogada.)*

*d*) Incentivar uma utilização efectiva e assegurar uma gestão eficiente das frequências e dos recursos de numeração.

3 – Para efeitos do disposto na alínea b) do nº 1, incumbe à ARN, nomeadamente:

*a*) Eliminar os obstáculos existentes à oferta de redes de comunicações electrónicas, de recursos e serviços conexos e de serviços de comunicações electrónicas a nível europeu;

*b*) Encorajar a criação e o desenvolvimento de redes transeuropeias, a interoperabilidade dos serviços pan-europeus e a conectividade de extremo-a-extremo;

*c*) *(Revogada.)*

*d*) Cooperar, de modo transparente, com a Comissão Europeia, com o ORECE e com as outras autoridades reguladoras das comunicações dos outros Estados membros da União Europeia com o objectivo de garantir o desenvolvimento de uma prática reguladora e uma aplicação coerente do quadro regulamentar comum para as redes e serviços de comunicações electrónicas.

4 – Para efeitos do disposto na alínea c) do nº 1, incumbe à ARN, nomeadamente:

*a*) Assegurar que todos os cidadãos tenham acesso ao serviço universal definido na presente lei;

*b*) Assegurar um elevado nível de protecção dos consumidores no seu relacionamento com as empresas que oferecem redes e serviços de comunicações electrónicas, através, designadamente, do estabelecimento de procedimentos de resolução de conflitos simples e pouco dispendiosos, executados por organismo independente das partes em conflito;

*c*) Contribuir para garantir um elevado nível de protecção dos dados pessoais e da privacidade;

*d*) Promover a prestação de informações claras, exigindo, especialmente, transparência nas tarifas e nas condições de utilização dos serviços de comunicações electrónicas acessíveis ao público;

*e*) Responder às necessidades de grupos sociais específicos, nomeadamente os utilizadores com deficiência, os utilizadores idosos e os utilizadores com necessidades sociais especiais;

*f*) Assegurar que seja mantida a integridade e a segurança das redes de comunicações públicas;

*g*) Fomentar a capacidade dos utilizadores finais de acederem e divulgarem informação e de utilizarem as aplicações e os serviços à sua escolha.

5 – Para concretização dos objectivos referidos no nº 1, em todas as decisões e medidas adoptadas, a ARN deve aplicar princípios de regulação objectivos, transparentes, não discriminatórios e proporcionais, incumbindo-lhe nomeadamente:

*a*) Promover a previsibilidade da regulação, garantindo uma abordagem regulatória coerente e com períodos de revisão apropriados;

*b*) Assegurar que, em circunstâncias análogas, não haja discriminação no tratamento das empresas que oferecem redes e serviços de comunicações electrónicas;

*c*) Salvaguardar a concorrência em benefício dos consumidores e promover, sempre que apropriado, a concorrência baseada nas infra-estruturas;

*d*) Promover o investimento eficiente e a inovação em infra-estruturas novas e melhoradas, designadamente garantindo que qualquer obrigação de acesso tenha em devida conta o risco de investimento incorrido pelas empresas e permitindo que acordos de cooperação entre estas e os requerentes de acesso diversifiquem o risco de investimento, assegurando, em simultâneo, que a concorrência no mercado e o princípio da não discriminação são salvaguardados;

*e*) Considerar devidamente a variedade de condições existentes, no que se refere à concorrência e aos consumidores, nas diferentes áreas geográficas nacionais;

*f*) Impor obrigações de regulação ex ante apenas quando não exista uma concorrência efectiva e sustentável e atenuá-las ou suprimi-las logo que essa condição se verifique.

6 – Compete à ARN adoptar todas as medidas razoáveis e proporcionadas necessárias para garantir que qualquer empresa possa fornecer os serviços de comunicações electrónicas ou estabelecer, alargar ou oferecer redes de comunicações electrónicas.

7 – As decisões e medidas adoptadas pela ARN devem ser sempre fundamentadas à luz do disposto nos números anteriores.

8 – Salvo disposição em contrário decorrente do regime previsto nos artigos 15º e 16º-A, deve ser tida em conta a conveniência de elaborar legislação e regulamentação tecnologicamente neutras, competindo à ARN no âmbito das suas atribuições de regulação, consagradas nesta lei, nomeadamente das destinadas a assegurar uma concorrência efectiva, proceder do mesmo modo.

9 – A ARN pode contribuir, no âmbito das suas atribuições, para assegurar a implementação de políticas destinadas a promover a diversidade cultural e linguística e o pluralismo, nomeadamente dos meios de comunicação social.

10 – Todas as entidades e autoridades públicas devem, na prossecução das respectivas atribuições, concorrer igualmente para a realização dos objectivos de regulação das comunicações electrónicas.

### Artigo 6º – Consolidação do mercado interno

1 – A ARN, no exercício das suas competências, deve contribuir para o desenvolvimento do mercado interno, cooperando com as outras autoridades

reguladoras nacionais, com a Comissão Europeia e com o ORECE de forma transparente, por forma a assegurar a aplicação coerente do quadro regulamentar aplicável às comunicações electrónicas.

2 – A ARN deve, em particular:

*a*) Apoiar os objectivos do ORECE de promoção de maior coordenação e coerência regulatórias, devendo, nas suas decisões de definição e análise de mercados relevantes, ter em conta os pareceres, as orientações e as posições comuns emitidas por este organismo;

*b*) Cooperar com a Comissão Europeia e com o ORECE para identificar os tipos de instrumentos e obrigações regulamentares mais adequados para resolver determinados tipos de situações existentes no mercado.

3 – Para efeitos do disposto nos números anteriores, devem, nomeadamente, ser seguidos, nos casos previstos na presente lei, os procedimentos previstos nos artigos 57º e 57º-A.

4 – A ARN deve, no desempenho das suas funções, ter em conta as recomendações da Comissão Europeia sobre a aplicação harmonizada do quadro regulamentar aplicável às comunicações electrónicas, tendo em vista a prossecução dos objectivos de regulação previstos no artigo 5º, devendo informar de forma fundamentada a Comissão Europeia caso decida não seguir uma recomendação.

## Artigo 7º – Cooperação

1 – A ARN e as autoridades e serviços competentes, nomeadamente na área da defesa dos consumidores, devem cooperar entre si, sempre que necessário, em matérias de interesse comum.

2 – Em matérias relacionadas com a aplicação do regime jurídico da concorrência no sector das comunicações electrónicas, devem a ARN e a Autoridade da Concorrência cooperar entre si.

3 – Nos casos referidos nos artigos 34º e 61º, deve a ARN solicitar parecer prévio à Autoridade da Concorrência.

4 – Quando, no âmbito da cooperação prevista nos números anteriores, a ARN e as outras entidades competentes, nomeadamente em matéria de concorrência, troquem informações, devem assegurar o mesmo nível de confidencialidade a que cada uma está obrigada, podendo a ARN e a Autoridade da Concorrência utilizar as referidas informações no exercício das suas competências.

5 – A ARN pode promover a cooperação entre as empresas que oferecem redes ou serviços de comunicações electrónicas e outras entidades públicas envolvidas na promoção da transmissão de conteúdos lícitos através das redes e serviços de comunicações electrónicas, visando, designadamente, a divulgação de informação de interesse público a prestar nos termos previstos nos nºs 4, 6 e 7 do artigo 47º-A.

### Artigo 8º – Procedimento geral de consulta

1 – Sempre que, no exercício das competências previstas na presente lei, a ARN pretenda adoptar medidas com impacte significativo no mercado em causa, incluindo as restrições estabelecidas ao abrigo do artigo 16º-A, deve publicitar o respectivo projecto, dando aos interessados a possibilidade de se pronunciarem em prazo fixado para o efeito, o qual não pode ser inferior a 20 dias.

2 – Para efeitos do disposto no número anterior, a ARN deve publicitar os procedimentos de consulta adoptados.

### Artigo 9º – Medidas urgentes

1 – Sem prejuízo do disposto na lei geral, a ARN pode, em circunstâncias excepcionais, adoptar medidas imediatas, proporcionadas e provisórias sem recurso aos procedimentos previstos nos artigos 8º e 57º, conforme os casos, quando considerar necessária uma actuação urgente para salvaguarda da concorrência ou defesa dos interesses dos utilizadores.

2 – Nas situações referidas no número anterior, a ARN deve informar, com a maior brevidade possível, a Comissão Europeia, as outras autoridades reguladoras nacionais e o ORECE das medidas adoptadas e respectiva fundamentação.

3 – Quando a ARN decidir transformar a medida provisória em definitiva ou prorrogar o seu prazo de aplicação, é aplicável o procedimento previsto no artigo 57º

### Artigo 10º – Resolução administrativa de litígios

1 – Compete à ARN, a pedido de qualquer das partes, resolver, através de decisão vinculativa, quaisquer litígios relacionados com as obrigações decorrentes da presente lei, entre empresas a elas sujeitas, no território nacional, ou entre estas e outras empresas que beneficiam de obrigações de acesso no território nacional, sem prejuízo da possibilidade de recurso aos tribunais.

2 – A intervenção da ARN deve ser solicitada no prazo máximo de um ano a contar da data do início do litígio.

3 – A decisão da ARN, salvo em circunstâncias excepcionais, deve ser proferida num prazo não superior a quatro meses a contar da data da formulação do pedido e notificada às partes interessadas com a respectiva fundamentação, devendo ser publicada desde que salvaguardado o sigilo comercial.

4 – Na resolução de litígios a que se refere o presente artigo, a ARN deve decidir de acordo com o disposto na presente lei e tendo em vista a prossecução dos objectivos de regulação estabelecidos no artigo 5º

5 – No decurso da resolução de um litígio devem todas as empresas que oferecem redes e serviços de comunicações electrónicas cooperar plenamente com a ARN, designadamente no cumprimento do que neste âmbito lhes seja solicitado.

6 – Das decisões da ARN proferidas ao abrigo do presente artigo cabe recurso nos termos do nº 2 do artigo 13º

7 – Às decisões adoptadas ao abrigo do presente artigo não é aplicável o procedimento previsto no artigo 8º

### Artigo 11º – Recusa do pedido de resolução de litígios

1 – A ARN apenas pode recusar um pedido de resolução de litígio formulado nos termos do artigo anterior nos seguintes casos:

*a*) Quando não esteja em causa o cumprimento de obrigações decorrentes da presente lei;

*b*) Quando tenha decorrido o prazo previsto no nº 2 do artigo anterior;

*c*) Quando a ARN entender que existem outros meios, incluindo a mediação, mais adequados para a resolução do litígio em tempo útil, em conformidade com o disposto no artigo 5º

2 – A ARN deve notificar as partes, com a maior brevidade possível, da recusa do pedido e, no caso previsto na alínea c) do número anterior, de qual o meio mais adequado para a resolução do litígio.

3 – Se, no caso previsto na alínea c) do nº 1, decorridos quatro meses sobre a notificação das partes, o litígio não estiver resolvido e não houver sido intentada uma acção em tribunal com esse objectivo, pode a ARN, a pedido de qualquer das partes, dar início ao processo previsto no artigo anterior, extinguindo-se o processo de resolução de litígios anteriormente iniciado.

4 – Das decisões da ARN proferidas ao abrigo do presente artigo cabe recurso nos termos do nº 2 do artigo 13º

### Artigo 12º – Resolução de litígios transfronteiriços

1 – Em caso de litígio surgido no âmbito das obrigações decorrentes do quadro regulamentar relativo às comunicações electrónicas, entre empresas a elas sujeitas, estabelecidas em Estados membros diferentes e da competência de autoridades reguladoras de mais de um Estado membro, qualquer das partes pode submeter o litígio às autoridades reguladoras em causa, sem prejuízo da possibilidade de recurso aos tribunais.

2 – No caso a que se refere o número anterior, as autoridades reguladoras nacionais envolvidas devem coordenar a sua intervenção a fim de resolver o litígio de acordo com o disposto no artigo 5º, conformando as decisões proferidas com o quadro regulamentar relativo às comunicações electrónicas.

3 – Qualquer das autoridades reguladoras nacionais competentes pode, no sentido de obter uma resolução do litígio coerente, solicitar ao ORECE a emissão de um parecer sobre as medidas que devem ser tomadas para a resolução do litígio, em conformidade com o quadro regulamentar relativo às comunicações electrónicas.

4 – No caso previsto no número anterior, qualquer autoridade reguladora nacional com competência em qualquer aspecto do litígio deve aguardar o parecer do ORECE antes de adoptar medidas para a resolução do litígio, sem prejuízo da possibilidade de adoptar medidas urgentes, quando necessárias.

5 – Na resolução do litígio, as autoridades reguladoras nacionais competentes devem ter na melhor conta o parecer emitido pelo ORECE.

6 – As autoridades reguladoras nacionais podem decidir em conjunto recusar o pedido de resolução de litígio, nos termos da alínea c) do nº 1 e dos nºs 2 e 3 do artigo anterior, aplicáveis com as necessárias adaptações.

7 – Às decisões adoptadas ao abrigo do presente artigo não é aplicável o procedimento previsto no artigo 8º

**Artigo 13º – Controlo jurisdicional**

1 – As decisões, despachos ou outras medidas adoptados pela ARN no âmbito de processos de contra-ordenação decorrentes da aplicação do regime jurídico das comunicações electrónicas são impugnáveis junto do tribunal da concorrência, regulação e supervisão.

2 – Os restantes actos praticados pela ARN são impugnáveis junto dos tribunais administrativos, nos termos da legislação aplicável.

3 – A impugnação das decisões proferidas pela ARN que, no âmbito de processos de contra-ordenação, determinem a aplicação de coimas ou de sanções acessórias têm efeito suspensivo.

4 – A impugnação das demais decisões, despachos ou outras medidas, incluindo as decisões de aplicação de sanções pecuniárias compulsórias, adoptados no âmbito de processos de contra-ordenação instaurados pela ARN têm efeito meramente devolutivo.

5 – Aos processos de contra-ordenação instaurados no âmbito da presente lei aplica-se o disposto nos números seguintes e, subsidiariamente, o regime geral das contra-ordenações.

6 – Interposto o recurso de uma decisão proferida pela ARN, esta remete os autos ao Ministério Público no prazo de 20 dias úteis, podendo juntar alegações.

7 – Sem prejuízo do disposto no artigo 70º do Decreto-Lei nº 433/82, de 27 de Outubro, na redacção resultante do Decreto-Lei nº 244/95, de 14 de Setembro, a ARN pode, ainda, juntar outros elementos ou informações que considere relevantes para a decisão da causa, bem como oferecer meios de prova.

8 – A ARN, o Ministério Público e os arguidos podem opor-se a que o tribunal decida por despacho, sem audiência de julgamento.

9 – Em sede de recurso de decisão proferida em processo de contra-ordenação, a desistência da acusação pelo Ministério Público depende da concordância da ARN.

10 – Se houver lugar a audiência de julgamento, o tribunal decide com base na prova realizada na audiência, bem como na prova produzida na fase administrativa do processo de contra-ordenação.

11 – A ARN tem legitimidade para recorrer autonomamente das decisões proferidas no processo de impugnação que admitam recurso.

12 – As decisões do tribunal da concorrência, regulação e supervisão que admitam recurso, nos termos previstos no regime geral das contra-ordenações, são impugnáveis junto do tribunal da Relação territorialmente competente para a área da sede do tribunal da concorrência, regulação e supervisão.

13 – O tribunal da Relação, no âmbito da competência prevista no número anterior, decide em última instância, não cabendo recurso ordinário dos seus acórdãos.

14 – A ARN deve manter informação actualizada sobre os recursos das decisões previstas no nº 2, nomeadamente sobre o número de pedidos de recurso, o seu objecto e a duração dos respectivos processos, bem como sobre o número de decisões que imponham medidas cautelares, devendo, mediante pedido devidamente fundamentado, disponibilizar estes dados à Comissão Europeia e ao ORECE.

## CAPÍTULO II – Frequências, números e mercados

### Artigo 14º – Domínio público radioeléctrico

O espaço pelo qual podem propagar-se as ondas radioeléctricas constitui domínio público do Estado.

### Artigo 15º – Frequências

1 – Compete à ARN assegurar a gestão eficiente do espectro, entendido como o conjunto de frequências associadas às ondas radioeléctricas, tendo em conta o importante valor social, cultural e económico destas frequências.

2 – Compete à ARN, no âmbito da gestão do espectro, planificar as frequências em conformidade com os seguintes critérios:

*a*) Disponibilidade do espectro radioeléctrico;

*b*) Garantia de condições de concorrência efectiva nos mercados relevantes;

*c*) Utilização efectiva e eficiente das frequências;

*d*) Ponderação dos interesses dos utilizadores de espectro.

3 – A ARN deve cooperar com a Comissão e com as entidades competentes pela gestão de espectro dos outros Estados membros no planeamento estratégico, na coordenação da política de espectro e na harmonização da utilização

de frequências na União Europeia, designadamente no âmbito dos programas plurianuais relativos à política do espectro aprovados pelo Parlamento Europeu e pelo Conselho, tendo em conta, nomeadamente, os aspectos económicos, de segurança, de saúde, de interesse público, de liberdade de expressão, culturais, científicos, sociais e técnicos das políticas da União Europeia, bem como os diversos interesses dos utilizadores de espectro.

4 – A ARN deve promover a harmonização da utilização de frequências na União Europeia de um modo coerente com a necessidade de garantir a sua utilização efectiva e eficiente e prosseguir o objectivo de obtenção de benefícios para os consumidores, tais como economias de escala e a interoperabilidade de serviços, nos termos do disposto no número anterior, bem como na Decisão nº 676/2002/CE, do Parlamento Europeu e do Conselho, de 7 de Março, relativa a um quadro regulamentar para a política do espectro de radiofrequências na Comunidade Europeia (decisão espectro de radiofrequências).

5 – Compete à ARN proceder à atribuição de espectro e à consignação de frequências, as quais obedecem a critérios objectivos, transparentes, não discriminatórios e de proporcionalidade.

**Artigo 16º – Quadro Nacional de Atribuição de Frequências**

1 – Compete à ARN publicitar e manter actualizado o Quadro Nacional de Atribuição de Frequências (QNAF), o qual deve incluir:

*a*) A tabela de atribuição de frequências, correspondendo às subdivisões do espectro radioeléctrico, discriminando para cada faixa de frequências os serviços de radiocomunicações de acordo com as atribuições do Regulamento das Radiocomunicações da UIT aplicáveis a Portugal;

*b*) As faixas de frequências e o espectro atribuído às empresas que oferecem redes de comunicações públicas ou serviços de comunicações electrónicas acessíveis ao público, incluindo a data de revisão da atribuição;

*c*) As faixas de frequência reservadas e a disponibilizar no âmbito das redes e serviços de comunicações electrónicas, acessíveis e não acessíveis ao público, especificando, em cada faixa, os casos em que são exigíveis direitos de utilização, bem como o respectivo processo de atribuição;

*d*) Os direitos de utilização de frequências insusceptíveis de transmissão e locação, bem como as faixas para as quais não são admissíveis a transmissão e a locação, nos termos do artigo 34º

2 – As frequências cuja gestão esteja, em cada momento, delegada às Forças Armadas e às forças e serviços de segurança são excluídas da publicitação a que se refere o número anterior.

3 – O QNAF pode assumir a forma de um portal online.

## Artigo 16º-A – Neutralidade tecnológica e de serviços na gestão do espectro

1 – Compete à ARN, no âmbito das suas competências de gestão do espectro e sem prejuízo das restrições estabelecidas no presente artigo, garantir os seguintes princípios:

*a*) Neutralidade tecnológica, nos termos do qual todos os tipos de tecnologia usados para os serviços de comunicações electrónicas podem ser utilizados nas faixas de frequência declaradas disponíveis para os serviços de comunicações electrónicas e como tal publicitadas no QNAF;

*b*) Neutralidade de serviços, nos termos do qual nas faixas de frequências declaradas disponíveis para os serviços de comunicações electrónicas e como tal publicitadas no QNAF podem ser prestados todos os tipos de serviços de comunicações electrónicas.

2 – A ARN pode estabelecer restrições proporcionais, não discriminatórias e justificadas quanto à tecnologia utilizada para os serviços de comunicações electrónicas sempre que tal seja necessário para:

*a*) Evitar interferências prejudiciais;

*b*) Proteger a população da exposição a campos electromagnéticos;

*c*) Garantir a qualidade técnica do serviço;

*d*) Garantir a maximização da partilha das frequências;

*e*) Salvaguardar a utilização eficiente do espectro;

*f*) Assegurar o cumprimento de um objectivo específico de interesse geral definido nos termos da lei.

3 – A ARN pode estabelecer restrições proporcionais e não discriminatórias quanto aos tipos de serviços de comunicações electrónicas a oferecer, nomeadamente, tendo em vista, sempre que necessário, o cumprimento de requisitos previstos nos regulamentos das radiocomunicações da União Internacional das Telecomunicações (UIT).

4 – No âmbito das restrições à neutralidade de serviços, a ARN pode adoptar medidas que imponham:

*a*) Que um serviço de comunicações electrónicas seja oferecido numa faixa de frequências específica, disponível para serviços de comunicações electrónicas, desde que justificado com a necessidade de assegurar o cumprimento de um objectivo específico de interesse geral definido nos termos do nº 5;

*b*) A oferta de um determinado serviço de comunicações electrónicas numa faixa de frequências específica com exclusão de qualquer outro serviço, desde que justificada com a necessidade de proteger serviços de segurança da vida humana ou, excepcionalmente, para satisfazer outros objectivos de interesse geral previstos na lei.

5 – Consideram-se «objectivos específicos de interesse geral», para os efeitos das alíneas f) do nº 2 e a) do nº 4, nomeadamente, a segurança da vida humana,

a promoção da coesão social, regional ou territorial, a prevenção de utilizações ineficientes das frequências, bem como a promoção da diversidade cultural e linguística e do pluralismo dos meios de comunicação, designadamente através do fornecimento de serviços de programas televisivos ou de rádio.

6 – As restrições previstas nos nºs 2 a 4 devem ser publicitadas no âmbito do QNAF, devendo a ARN proceder a uma reavaliação, pelo menos anual, da necessidade da sua manutenção.

**Artigo 17º – Numeração**

1 – É garantida a disponibilidade de recursos de numeração adequados para todas as redes e serviços de comunicações electrónicas acessíveis ao público.

2 – Compete à ARN:

*a*) Definir as linhas orientadoras e os princípios gerais do Plano Nacional de Numeração;

*b*) Gerir o Plano Nacional de Numeração segundo os princípios da transparência, eficácia, igualdade e não discriminação, incluindo a definição das condições de atribuição e de utilização dos recursos nacionais de numeração;

*c*) Atribuir os recursos de numeração através de procedimentos objectivos, transparentes e não discriminatórios;

*d*) Publicar as linhas orientadoras e os princípios gerais, bem como os principais elementos do Plano Nacional de Numeração, subsequentes aditamentos ou alterações e os processos de atribuição e recuperação, sob reserva unicamente de limitações impostas por motivos de segurança nacional;

*e*) Assegurar que uma empresa à qual tenha sido concedido o direito de utilização de uma série de números não discrimine outros prestadores de serviços de comunicações electrónicas no que respeita às sequências de números utilizadas para dar acesso aos seus serviços;

*f*) Apoiar a harmonização de números específicos ou séries de números específicas na União Europeia quando tal promova o funcionamento do mercado interno e o desenvolvimento de serviços pan-europeus, bem como coordenar a sua posição com as outras entidades competentes da União no âmbito de organizações e instâncias internacionais em que sejam tomadas decisões sobre questões de numeração, sempre que tal seja adequado para garantir a interoperabilidade global dos serviços.

3 – Pode ser prevista a atribuição de recursos de numeração a serviços de comunicações electrónicas não acessíveis ao público se tal se vier a mostrar necessário e sem prejuízo da garantia da disponibilidade de recursos de numeração para os serviços acessíveis ao público nos termos dos números anteriores.

4 – As entidades a quem compete a atribuição de nomes e endereços de redes e serviços de comunicações electrónicas devem coordenar as suas

posições com as outras entidades competentes da União Europeia nas organizações e instâncias internacionais em que sejam tomadas decisões nessa matéria, sempre que tal seja adequado para garantir a interoperabilidade global dos serviços.

### Artigo 18º – Mercados

Compete à ARN, nos termos previstos na presente lei, definir e analisar os mercados relevantes, declarar as empresas com poder de mercado significativo e determinar as medidas adequadas às empresas que oferecem redes e serviços de comunicações electrónicas.

## TÍTULO III – Oferta de redes e serviços de comunicações electrónicas

## CAPÍTULO I – Disposições gerais

### Artigo 19º – Oferta de redes e serviços

1 – É garantida a liberdade de oferta de redes e serviços de comunicações electrónicas.

2 – Sem prejuízo do disposto no número seguinte, a oferta de redes e serviços de comunicações electrónicas, acessíveis ou não ao público, está apenas sujeita ao regime de autorização geral, não podendo estar dependente de qualquer decisão ou acto prévios da ARN.

3 – A utilização de números e frequências está sujeita ao regime de autorização geral nos termos do número anterior e depende, adicionalmente, da atribuição pela ARN de direitos de utilização, em todos os casos para os números e a título excepcional para as frequências.

4 – A utilização de frequências para serviços de comunicações electrónicas, esteja ou não dependente da atribuição de direitos de utilização, está sujeita às condições de utilização do espectro previstas no Decreto-Lei nº 151-A/2000, de 20 de Julho, alterado pelos Decretos-Lei nº 167/2006, de 16 de Agosto, e 264/2009, de 28 de Setembro.

5 – *(Revogado.)*

6 – *(Revogado.)*

7 – *(Revogado.)*

### Artigo 20º – Alteração dos direitos e obrigações

1 – As condições, os direitos e os procedimentos aplicáveis ao exercício da actividade, incluindo aos direitos de utilização e aos direitos de instalar recursos, podem ser alterados em casos objectivamente justificados e de acordo com o

princípio da proporcionalidade, mediante lei, regulamento ou acto administrativo conforme os casos.

2 – As alterações aos direitos de utilização de frequências previstas no número anterior devem ter em conta as condições específicas aplicáveis aos direitos transmissíveis, nos termos do artigo 34º

3 – As alterações a adoptar ao abrigo do presente artigo estão sujeitas ao procedimento geral de consulta a que se refere o artigo 8º, sendo concedido aos interessados, nomeadamente aos utilizadores e consumidores, um prazo suficiente para se pronunciarem sobre as alterações propostas, o qual, salvo em circunstâncias excepcionais devidamente justificadas, não deve ser inferior a 20 dias.

4 – Excepcionam-se do número anterior os casos de alterações pouco significativas, em que a natureza substancial das autorizações gerais e dos direitos de utilização não seja modificada, nomeadamente não criando vantagens comparativas, e que tenham sido acordadas com o titular da autorização geral ou dos direitos de utilização.

## CAPÍTULO II – Regime de autorização geral

### Artigo 21º – Procedimentos

1 – As empresas que pretendam oferecer redes e serviços de comunicações electrónicas estão obrigadas a enviar previamente à ARN uma descrição sucinta da rede ou serviço cuja oferta pretendem iniciar e a comunicar a data prevista para o início da actividade, transmitindo ainda os elementos que permitam a sua identificação completa nos termos a definir pela ARN.

2 – Sem prejuízo de outros elementos exigidos pela ARN nos termos da parte final do número anterior, as empresas devem obrigatoriamente comunicar o respectivo endereço, bem como, no prazo de 30 dias, quaisquer alterações do mesmo endereço, o qual se destina a ser usado nas notificações e outras comunicações a efectuar pela ARN.

3 – As empresas a que se refere o nº 1 devem obter prova da comunicação realizada, mediante qualquer aviso de recepção legalmente reconhecido, nomeadamente postal ou electrónico.

4 – Após a comunicação, as empresas podem iniciar de imediato a sua actividade, com as limitações decorrentes da atribuição de direitos de utilização de frequências e números.

5 – Compete à ARN, no prazo de cinco dias a contar da recepção da comunicação, emitir declaração que confirme a sua entrega e que descreva em detalhe os direitos em matéria de acesso e interligação e de instalação de recursos

previstos na presente lei tendo em vista a sua apresentação de modo a facilitar o exercício destes direitos.

6 – O disposto nos números anteriores é aplicável sempre que haja alterações dos elementos previamente fornecidos.

7 – As empresas que cessem a oferta de redes e ou serviços de comunicações electrónicas devem comunicar esse facto à ARN com uma antecedência mínima de 15 dias.

**Artigo 21º-A – Registo das empresas**

1 – Compete à ARN manter um registo das empresas que oferecem redes e serviços de comunicações electrónicas, do qual devem constar, nomeadamente, a sua identificação completa, o endereço e as actividades desenvolvidas.

2 – A inscrição das empresas no registo é cancelada pela ARN sempre que:

*a*) As empresas comuniquem a cessação da sua actividade, nos termos do nº 7 do artigo anterior;

*b*) Se verifique a impossibilidade de notificação das empresas por prazo superior a 90 dias, sem prejuízo da liquidação e cobrança imediata das taxas que forem devidas e da aplicação das sanções a que houver lugar.

**Artigo 22º – Direitos das empresas que oferecem redes ou serviços acessíveis ao público**

Constituem direitos das empresas que oferecem redes de comunicações públicas ou serviços de comunicações electrónicas acessíveis ao público:

*a*) Negociar a interligação e obter o acesso ou a interligação de outras empresas que oferecem redes de comunicações públicas e serviços de comunicações electrónicas acessíveis ao público nas condições e nos termos previstos na presente lei;

*b*) Poder ser designadas para oferecer alguma das prestações de serviço universal e ou para cobrir diferentes zonas do território nacional, em conformidade com o disposto na presente lei.

**Artigo 23º – Direitos das empresas que oferecem redes ou serviços não acessíveis ao público**

Não podem ser impostas restrições que impeçam empresas ou operadores de negociar entre si acordos sobre modalidades técnicas e comerciais de acesso e interligação relativas a redes e serviços não acessíveis ao público.

**Artigo 24º – Direitos de passagem**

1 – Às empresas que oferecem redes de comunicações públicas e serviços de comunicações electrónicas acessíveis ao público é garantido:

*a*) O direito de requerer, nos termos da lei geral, a expropriação e a constituição de servidões administrativas indispensáveis à instalação, protecção e conservação dos respectivos sistemas, equipamentos e demais recursos;

*b*) O direito de utilização do domínio público, em condições de igualdade, para a implantação, a passagem ou o atravessamento necessários à instalação de sistemas, equipamentos e demais recursos.

2 – Às empresas que oferecem redes e serviços de comunicações electrónicas não acessíveis ao público é garantido o direito de requerer a utilização do domínio público para instalação de sistemas, equipamentos e demais recursos.

3 – Todas as autoridades com jurisdição sobre o domínio público devem elaborar e publicitar procedimentos para a atribuição dos direitos referidos nos números anteriores, os quais devem ser eficientes, simples, transparentes e adequadamente publicitados, não discriminatórios e céleres, não podendo entre a data da apresentação do pedido e a sua decisão decorrer mais de seis meses, excepto se em causa estiver um processo de expropriação.

4 – As condições aplicáveis ao exercício dos direitos referidos nos nºs 1 e 2 obedecem aos princípios da transparência e da não discriminação.

5 – Deve ser garantida uma separação estrutural efectiva entre as competências de atribuição ou definição das condições para o exercício dos direitos previstos no presente artigo e as competências ligadas à propriedade ou ao controlo das empresas do sector sobre as quais as autoridades públicas, incluindo as locais, detenham a propriedade ou o controlo.

6 – O direito concedido para a utilização do domínio público nos termos deste artigo não pode ser extinto antes de expirado o prazo para o qual foi atribuído, excepto em casos justificados e sem prejuízo das regras aplicáveis em matéria de indemnização.

### Artigo 25º – Partilha de locais e recursos

1 – Nos casos a que se refere o nº 1 do artigo anterior, devem as empresas promover entre si a celebração de acordos com vista à partilha dos locais e dos recursos instalados ou a instalar, os quais devem ser comunicados à ARN.

2 – Sem prejuízo das competências das autarquias locais, a ARN, após período de consulta às partes interessadas nos termos do artigo 8º, pode, por razões relacionadas com a protecção do ambiente, saúde ou segurança públicas, ou para satisfazer objectivos do ordenamento do território e defesa da paisagem urbana e rural, determinar a partilha de recursos ou propriedades, incluindo edifícios, entradas de edifícios, postes, antenas, torres, estruturas de apoio, condutas, tubagens, câmaras de visita, armários ou outras instalações existentes no local, independentemente de os seus titulares serem empresas que oferecem redes ou serviços de comunicações electrónicas, assegurando-se que, em qualquer caso,

as medidas determinadas são objectivas, transparentes, não discriminatórias e compatíveis com o princípio da proporcionalidade.

3 – As determinações emitidas ao abrigo do número anterior podem incluir normas de repartição de custos.

4 – Nos casos de partilha, a ARN pode adoptar medidas condicionantes do funcionamento dos recursos a instalar, designadamente uma limitação dos níveis máximos de potência de emissão.

### Artigo 25º-A – Instalação de infra-estruturas aptas ao alojamento de redes de comunicações electrónicas

Estão sujeitas ao regime da construção de infra-estruturas aptas ao alojamento de redes de comunicações electrónicas e à construção de infra-estruturas de telecomunicações em loteamentos, urbanizações, conjuntos de edifícios e edifícios, aprovado pelo Decreto-Lei nº 123/2009, de 21 de Maio, alterado pelo Decreto-Lei nº 258/2009, de 25 de Setembro:

*a*) A coordenação das obras destinadas à construção ou ampliação de infra-estruturas aptas ao alojamento de redes de comunicações electrónicas;

*b*) A partilha de infra-estruturas de telecomunicações em edifícios, urbanizações ou conjuntos de edifícios;

*c*) A prestação de informações sobre infra-estruturas aptas ao alojamento de redes de comunicações electrónicas, bem como a elaboração dos cadastros das referidas infra-estruturas, incluindo o Sistema de Informação Centralizado (SIC).

### Artigo 26º – Acesso às condutas

*(Revogado.)*

### Artigo 27º – Condições gerais

1 – Sem prejuízo de outras condições previstas na lei geral, as empresas que oferecem redes e serviços de comunicações electrónicas apenas podem estar sujeitas na sua actividade às seguintes condições:

*a*) Interoperabilidade dos serviços e interligação das redes;

*b*) Obrigações de acesso que não incluam as condições específicas previstas no artigo 28º, podendo incluir, entre outras, regras relativas às restrições da oferta;

*c*) Obrigações de transparência dos operadores de redes de comunicações públicas que oferecem serviços de comunicações electrónicas acessíveis ao público a fim de garantir a conectividade de extremo-a-extremo, em conformidade com os objectivos e os princípios estabelecidos no artigo 5º, a divulgação de todas as condições que limitam o acesso e ou a utilização de serviços e aplicações quando essas condições são autorizadas nos termos da lei e, quando necessário e proporcional, o acesso por parte da ARN à informação necessária para comprovar a exactidão dessa divulgação;

*d*) Manutenção da integridade das redes públicas, nomeadamente mediante condições que impeçam a interferência electromagnética entre redes e ou serviços de comunicações electrónicas, nos termos do Decreto-Lei nº 325/2007, de 28 de Setembro, alterado pelo Decreto-Lei nº 20/2009, de 19 de Janeiro;

*e*) Condições de utilização para as comunicações das autoridades públicas com o público em geral para avisos de ameaças iminentes e atenuar as consequências de grandes catástrofes, bem como condições de utilização durante grandes catástrofes ou emergências nacionais, para garantir as comunicações entre os serviços de emergência e as autoridades;

*f*) Segurança das redes públicas contra o acesso não autorizado nos termos da legislação aplicável à protecção de dados pessoais e da privacidade no domínio das comunicações electrónicas;

*g*) Requisitos de protecção do ambiente ou de ordenamento urbano e territorial, assim como requisitos e condições associados à concessão de acesso a terrenos públicos ou privados e condições associadas à partilha de locais e recursos, incluindo, sempre que apropriado, todas as garantias financeiras e técnicas necessárias para assegurar a correcta execução dos trabalhos de infra-estrutura;

*h*) Protecção dos dados pessoais e da privacidade no domínio específico das comunicações electrónicas, em conformidade com a legislação aplicável à protecção de dados pessoais e da privacidade;

*i*) Condições de utilização das frequências, nos termos do Decreto-Lei nº 151-A/2000, de 20 de Julho, alterado pelos Decretos-Leis nºs 167/2006, de 16 de Agosto, e 264/2009, de 28 de Setembro, sempre que essa utilização não esteja sujeita a atribuição de direitos de utilização, nos termos publicitados no QNAF;

*j*) Acesso dos utilizadores finais aos números do Plano Nacional de Numeração, aos números do espaço europeu de numeração telefónica, aos números verdes internacionais universais e, quando for técnica e economicamente viável, aos planos de numeração de outros Estados membros, e respectivas condições, em conformidade com a presente lei;

*l*) Regras de protecção dos consumidores, específicas do sector das comunicações electrónicas, incluindo condições em conformidade com a presente lei, designadamente condições relativas à acessibilidade para os utilizadores deficientes, de acordo com o artigo 91º;

*m*) Medidas relativas à limitação da exposição da população aos campos electromagnéticos criados pelas redes de comunicações electrónicas, de acordo com a legislação aplicável;

*n*) Medidas destinadas a garantir a conformidade com as normas e ou especificações constantes do artigo 29º;

*o*) Instalação, a expensas próprias, e disponibilização de sistemas de intercepção legal às autoridades nacionais competentes bem como fornecimento dos meios de desencriptação ou decifração sempre que ofereçam essas facilidades, em conformidade com a legislação aplicável à protecção de dados pessoais e da privacidade no domínio das comunicações electrónicas;

*p*) Obrigação de transporte, em conformidade com o artigo 43º;

*q*) Restrições respeitantes à transmissão de conteúdos ilegais, em conformidade com o Decreto-Lei nº 7/2004, de 7 de Janeiro, alterado pelo Decreto-Lei nº 62/2009, de 10 de Março, e à transmissão de conteúdos lesivos, em conformidade com a Lei nº 27/2007, de 30 de Julho, alterada pela Lei nº 8/2011, de 11 de Abril;

*r*) Contribuições financeiras para o financiamento do serviço universal, em conformidade com os artigos 95º a 97º;

*s*) Taxas, em conformidade com o artigo 105º;

*t*) Informações a fornecer nos termos do procedimento de comunicação previsto no artigo 21º e para os fins previstos no artigo 109º

2 – Compete à ARN especificar, de entre as referidas no número anterior, as condições aplicáveis às redes e serviços de comunicações electrónicas, podendo para o efeito identificar categorias.

3 – As condições a definir pela ARN nos termos do número anterior devem ser objectivamente justificadas em relação à rede ou serviço em causa, nomeadamente quanto à sua acessibilidade ao público, não discriminatórias, proporcionadas e transparentes.

4 – *(Revogado.)*

## Artigo 28º – Condições específicas

A definição de condições nos termos do artigo anterior não prejudica a imposição às empresas que oferecem redes e serviços de comunicações electrónicas de obrigações específicas nas situações e de acordo com as regras previstas na presente lei:

*a*) Em matéria de acesso e interligação, nos termos do nº 1 do artigo 63º e dos artigos 66º, 73º, 77º e 78º;

*b*) Em matéria de controlos nos mercados retalhistas, nos termos do artigo 85º;

*c*) Em matéria de serviço universal, aos respectivos prestadores;

*d*) *(Revogada.)*

### Artigo 29º – Normalização

1 – Sem prejuízo das normas definidas como obrigatórias ao nível da União Europeia, a ARN, na medida do estritamente necessário para assegurar a interoperabilidade dos serviços e aumentar a liberdade de escolha dos utilizadores, deve, a fim de encorajar a oferta harmonizada de redes e serviços de comunicações electrónicas e recursos e serviços conexos, incentivar a utilização de normas técnicas não imperativas e especificações, tendo por base a lista elaborada pela Comissão Europeia e publicada no Jornal Oficial da União Europeia, nos termos da Directiva nº 2002/21/CE, do Parlamento Europeu e do Conselho, de 7 de Março, alterada pela Directiva nº 2009/140/CE, do Parlamento Europeu e do Conselho, de 25 de Novembro.

2 – Compete à ARN promover a publicitação no seu sítio na Internet da referência à publicação no Jornal Oficial da União Europeia das listas de normas e especificações relativas à oferta harmonizada de redes e serviços de comunicações electrónicas e recursos e serviços conexos e referidas na parte final do número anterior.

3 – Enquanto não for publicada a lista a que se refere o nº 1, a ARN deve incentivar a aplicação de normas e especificações adoptadas pelas organizações europeias de normalização.

4 – Na falta das normas referidas no número anterior, a ARN deve incentivar a aplicação de normas ou recomendações internacionais aprovadas pela UIT, pela Conferência Europeia das Administrações dos Correios e Telecomunicações (CEPT), pela Organização Internacional de Normalização (ISO) ou pela Comissão Electrotécnica Internacional (CEI).

5 – Sem prejuízo das normas e especificações referidas nos números anteriores, podem ser emitidas especificações técnicas a nível nacional.

6 – As autoridades nacionais competentes devem incentivar as organizações europeias de normalização a utilizar normas internacionais, quando existam, ou a utilizar os seus elementos pertinentes como base para as normas que elaborarem, excepto quando forem ineficazes.

## CAPÍTULO III – Direitos de utilização

### Artigo 30º – Atribuição de direitos de utilização de frequências

1 – A utilização de frequências está dependente da atribuição de direitos de utilização apenas quando tal seja necessário para:

*a*) Evitar interferências prejudiciais;

*b*) Assegurar a qualidade técnica do serviço;

*c*) Salvaguardar a utilização eficiente do espectro;

*d*) Realizar outros objectivos de interesse geral definidos na lei.

2 – Os direitos de utilização de frequências podem ser atribuídos quer às empresas que oferecem redes ou serviços de comunicações electrónicas quer às empresas que utilizam essas redes ou serviços, nos termos da legislação aplicável.

3 – Sem prejuízo dos critérios e procedimentos específicos para a atribuição de direitos de utilização de frequências aos operadores de televisão e de distribuição e aos operadores de rádio, para alcançar objectivos de interesse geral, os direitos de utilização devem ser atribuídos através de procedimentos abertos, objectivos, transparentes, proporcionais, não discriminatórios e de acordo com o disposto no artigo 16º-A.

4 – Nos casos em que se demonstre que a atribuição de direitos de utilização de frequências aos operadores de televisão e de distribuição e aos operadores de rádio é necessária para realizar um objectivo de interesse geral definido na lei, pode ser estabelecida, pela ARN, uma excepção ao requisito do estabelecimento de procedimentos abertos.

5 – A atribuição de direitos de utilização de frequências pode decorrer no regime de acessibilidade plena ou estar sujeita a procedimentos de selecção por concorrência ou comparação, nomeadamente leilão ou concurso.

6 – A atribuição de direitos de utilização de frequências está dependente de pedido, nos seguintes termos:

*a*) Nos casos de acessibilidade plena, o pedido deve ser apresentado à ARN instruído com os elementos necessários para provar a capacidade do requerente para cumprir as condições associadas ao direito de utilização, estabelecidas no artigo 32º, nos termos a definir pela ARN;

*b*) Nos casos de procedimento de selecção concorrencial ou por comparação nos termos previstos no artigo seguinte, o pedido deve ser apresentado em conformidade com os requisitos fixados nos regulamentos de atribuição de direitos de utilização respectivos.

7 – Compete ao membro do Governo responsável pela área das comunicações aprovar os regulamentos de atribuição de direitos de utilização de frequências sempre que envolvam procedimentos de selecção concorrencial ou por comparação e se refiram a frequências acessíveis, pela primeira vez, no âmbito das comunicações electrónicas ou, não o sendo, se destinem a ser utilizadas para novos serviços.

8 – Compete à ARN aprovar os regulamentos de atribuição de direitos de utilização de frequências nos casos não abrangidos pelo número anterior.

9 – A decisão sobre a atribuição de direitos de utilização de frequências deve ser proferida, comunicada e tornada pública nos seguintes prazos:

*a*) Nos casos de acessibilidade plena, no prazo máximo de 30 dias, sem prejuízo dos acordos internacionais aplicáveis à utilização de frequências ou de posições orbitais;

*b*) Nos casos de procedimentos de selecção concorrencial ou por comparação, no prazo que for necessário para garantir que os procedimentos sejam justos, razoáveis, abertos e transparentes para todas as partes interessadas, até ao máximo de oito meses, sem prejuízo dos acordos internacionais aplicáveis à utilização de frequências e à coordenação de redes de satélites.

10 – Quando a utilização de frequências tenha sido harmonizada na União Europeia e, nesse contexto, tenham sido acordadas as condições e procedimentos de acesso e seleccionadas as empresas às quais são atribuídas as frequências, em conformidade com acordos internacionais e regras comunitárias, a ARN deve atribuir os direitos de utilização dessas frequências de acordo com tais disposições e, sem prejuízo do cumprimento de todas as condições impostas a nível nacional associadas à sua utilização, não podem ser impostas quaisquer outras condições, critérios adicionais ou procedimentos que restrinjam, alterem ou atrasem a correcta implementação da atribuição dessas frequências no âmbito de um procedimento de selecção comum.

**Artigo 31º – Limitação do número de direitos de utilização de frequências**

1 – A limitação do número de direitos de utilização a atribuir apenas é admissível quando tal seja necessário para garantir a utilização eficiente das frequências.

2 – Quando a ARN pretender limitar o número de direitos de utilização a atribuir, deve, nomeadamente, considerar a necessidade de maximizar os benefícios para os utilizadores e facilitar o desenvolvimento da concorrência.

3 – Nos casos previstos no número anterior, sem prejuízo de outras medidas que considere adequadas, deve a ARN:

*a*) Promover o procedimento geral de consulta previsto no artigo 8º, ouvindo nomeadamente os utilizadores e consumidores;

*b*) Publicar uma decisão, devidamente fundamentada, de limitar o número de direitos de utilização a atribuir, definindo simultaneamente o procedimento de atribuição, o qual pode ser de acessibilidade plena ou de selecção por concorrência ou comparação, nomeadamente leilão ou concurso;

*c*) Dar início ao procedimento para apresentação de candidaturas a direitos de utilização nos termos definidos.

4 – Quando o número de direitos de utilização de frequências for limitado, os procedimentos e critérios de selecção devem ser objectivos, transparentes, não discriminatórios e proporcionais, devendo ter em conta os objectivos constantes do artigo 5º, bem como o regime estabelecido no artigo 16º-A.

5 – A ARN, periodicamente ou na sequência de um pedido razoável das entidades interessadas, deve rever a limitação do número de direitos de utilização nos termos dos artigos 16º e 16º-A e, sempre que concluir que podem ser

atribuídos novos direitos de utilização, deve publicitar essa decisão e dar início ao procedimento para atribuição desses direitos nos termos do nº 3.

### Artigo 32º – Condições associadas aos direitos de utilização de frequências

1 – Sem prejuízo de outras condições que resultem da lei geral e das constantes do nº 1 do artigo 27º, os direitos de utilização de frequências apenas podem estar sujeitos às seguintes condições:

*a*) Obrigação de fornecer um serviço ou de utilizar um tipo de tecnologia incluindo, se for caso disso, exigências de cobertura e qualidade;

*b*) Utilização efectiva e eficiente das frequências, em conformidade com o artigo 15º, incluindo, quando adequado, nomeadamente para evitar situações de açambarcamento de frequências, a fixação de prazos de exploração efectiva dos direitos de utilização pelo respectivo titular;

*c*) Condições técnicas e operacionais necessárias à não produção de interferências prejudiciais e à limitação da exposição da população aos campos electromagnéticos se essas condições forem diferentes das referidas na alínea m) do nº 1 do artigo 27º;

*d*) Duração máxima, em conformidade com o artigo seguinte, sob reserva de quaisquer alterações introduzidas no QNAF;

*e*) Transmissibilidade dos direitos, por iniciativa do respectivo titular, e condições dessa transmissibilidade, em conformidade com o artigo 34º;

*f*) Taxas, em conformidade com o artigo 105º;

*g*) Eventuais compromissos que a empresa que obtém os direitos de utilização tenha assumido no decurso de um procedimento de selecção por concorrência ou por comparação das ofertas;

*h*) Obrigações decorrentes dos acordos internacionais aplicáveis em matéria de utilização de frequências;

*i*) Obrigações específicas para utilização experimental de frequências.

2 – As condições dos direitos de utilização de frequências devem cumprir o disposto no artigo 16º-A e o regime previsto nos nºs 2 e 3 do artigo 27º

### Artigo 33º – Prazo e renovação dos direitos de utilização de frequências

1 – Os direitos de utilização de frequências são atribuídos por um prazo de 15 anos, podendo, em situações devidamente fundamentadas, consoante o serviço em causa e tendo em conta o objectivo pretendido bem como a necessidade de permitir um período adequado para a amortização do investimento, ser atribuídos pela ARN por um prazo diferente, com um mínimo de 10 anos e um máximo de 20.

2 – Os direitos de utilização são renováveis, pelos prazos previstos no número anterior e atentos os critérios da sua fixação, mediante pedido do respectivo

titular apresentado à ARN com uma antecedência mínima de um ano sobre o termo do respectivo prazo de vigência.

3 – No caso referido no número anterior, a ARN deve responder ao titular no prazo máximo de seis meses, promovendo para o efeito o procedimento geral de consulta previsto no artigo 8º, e pode:

*a*) Opor-se à renovação do direito de utilização através de decisão devidamente fundamentada;

*b*) Deferir o pedido de renovação nas mesmas condições especificadas na atribuição inicial do direito de utilização, incluindo o prazo de validade do direito;

*c*) Deferir o pedido de renovação com imposição de condições distintas das especificadas nesse direito.

4 – O silêncio da ARN, após o decurso do prazo previsto no número anterior, vale como deferimento tácito.

5 – Os direitos de utilização de frequências não podem ser restringidos ou revogados antes de expirado o respectivo prazo de validade, salvo em casos devidamente justificados e, se aplicável, em conformidade com as condições fixadas no artigo anterior e sem prejuízo do regime do Decreto-Lei nº 151-A/2000, de 20 de Julho, alterado pelos Decretos-Leis n.os 167/2006, de 18 de Agosto, e 264/2009, de 28 de Setembro.

### Artigo 34º – Transmissão e locação dos direitos de utilização de frequências

1 – É admissível a transmissão ou a locação dos direitos de utilização de frequências entre empresas, de acordo com as condições associadas a esses direitos de utilização e com os procedimentos estabelecidos no presente artigo, sempre que a transmissão ou locação desses direitos não seja expressamente interdita pela ARN e publicitada no QNAF.

2 – A interdição a que se refere o número anterior pode ser estabelecida para todo o prazo de vigência do direito de utilização ou por um período inferior.

3 – A ARN não pode inibir a transmissão e a locação dos direitos de utilização atribuídos nas faixas para as quais a transmissão e locação estejam previstas em medidas de execução aprovadas para o efeito pela Comissão Europeia, nos termos da Directiva nº 2002/21/CE, do Parlamento Europeu e do Conselho, de 7 de Março, alterada pela Directiva nº 2009/140/CE, do Parlamento Europeu e do Conselho, de 25 de Novembro.

4 – Os titulares dos direitos de utilização de frequências devem comunicar à ARN a intenção de transmitir ou locar esses direitos e as condições em que o pretendem fazer.

5 – Nos casos de transmissão ou locação de direitos de utilização de frequências a que se refere o número anterior, incumbe à ARN garantir que:

*a*) A intenção de transmitir ou locar direitos de utilização bem como a concretização da transmissão ou locação são tornadas públicas;

*b*) A transmissão ou a locação não provoca distorções de concorrência, designadamente pela acumulação de direitos de utilização;

*c*) As frequências sejam utilizadas de forma efectiva e eficiente;

*d*) A utilização a que estão destinadas as frequências é respeitada sempre que a mesma tenha sido harmonizada mediante a aplicação da Decisão nº 676/2002/CE, do Parlamento Europeu e do Conselho, de 7 de Março (decisão espectro de radiofrequências), ou outras medidas comunitárias;

*e*) As restrições previstas na lei em matéria de televisão e rádio sejam salvaguardadas.

6 – Nos casos de transmissão ou locação de direitos de utilização, compete à ARN pronunciar-se no prazo máximo de 45 dias sobre o conteúdo da comunicação prevista no nº 4, podendo fundamentadamente opor-se à transmissão ou locação de direitos de utilização projectada, bem como impor condições necessárias ao cumprimento do disposto no número anterior.

7 – Nos casos referidos no número anterior, a ARN deve solicitar previamente parecer à Autoridade da Concorrência, o qual deve ser emitido no prazo de 10 dias contado da respectiva solicitação, podendo ser prorrogado em casos cuja complexidade o justifique.

8 – O silêncio da ARN, após o decurso do prazo estabelecido no nº 6, vale como não oposição à transmissão ou locação dos direitos de utilização, não dispensando, contudo, a obrigação de comunicação da transmissão ou locação concretizada.

9 – A transmissão e a locação de direitos de utilização não suspendem nem interrompem o prazo pelo qual foram atribuídos os direitos de utilização, sem prejuízo da sua renovação nos termos do artigo anterior.

10 – As condições associadas aos direitos de utilização de frequências mantêm-se aplicáveis após a transmissão ou a locação dos referidos direitos, salvo decisão em contrário da ARN.

11 – A ARN pode, após o procedimento geral de consulta previsto no artigo 8º, determinar regras aplicáveis à transmissão e à locação de direitos de utilização de frequências.

12 – Sempre que um direito de utilização de frequências não seja transmissível ou passível de locação nos termos do presente artigo, compete à ARN assegurar que os fundamentos que determinaram a exigibilidade da atribuição do direito de utilização, bem como a insusceptibilidade de transmissão ou locação, se mantêm justificáveis ao longo de todo o período de vigência do mesmo.

13 – Para efeitos do disposto no número anterior, nos casos em que os fundamentos para a exigibilidade de atribuição do direito de utilização de frequências

ou para a insusceptibilidade de transmissão ou locação deixem de se justificar, a ARN deve, designadamente mediante pedido fundamentado do titular do direito, adoptar as medidas necessárias à revogação do direito de utilização, ficando a utilização de frequências sujeita ao regime de autorização geral, ou à alteração do referido direito de utilização, eliminando a impossibilidade de transmissão ou locação.

14 – Nos casos previstos no número anterior, a ARN deve seguir o procedimento previsto no artigo 20º

### Artigo 35º – Acumulação de direitos de utilização de frequências

1 – Compete à ARN assegurar que a flexibilidade no uso das frequências decorrente, nomeadamente, da eliminação de restrições às neutralidades tecnológica e de serviços, bem como a acumulação de direitos de utilização de frequências, resultante de transmissões ou locações, não provocam distorções de concorrência.

2 – Para efeitos do número anterior, a ARN pode adoptar medidas adequadas, nomeadamente:

*a*) Impor condições associadas aos direitos de utilização de frequências, nos termos do artigo 32º, incluindo fixação de prazos para a exploração efectiva dos direitos de utilização por parte do respectivo titular;

*b*) Determinar ao respectivo titular, e num caso concreto, a transmissão ou locação de direitos de utilização de frequências;

*c*) Limitar a quantidade de espectro a atribuir a um mesmo titular em procedimentos de atribuição de direitos de utilização de frequências.

3 – As medidas impostas ao abrigo do número anterior devem ser aplicadas de forma proporcional, não discriminatória e transparente.

4 – Sem prejuízo de outros mecanismos sancionatórios aplicáveis, o incumprimento das medidas previstas no presente artigo pode determinar a revogação, parcial ou total, pela ARN dos respectivos direitos de utilização de frequências, seguindo, para o efeito, o procedimento previsto no artigo 110º

### Artigo 36º – Atribuição de direitos de utilização de números

1 – A utilização de números está dependente da atribuição de direitos de utilização.

2 – Os direitos de utilização de números podem ser atribuídos quer às empresas que oferecem redes ou serviços de comunicações electrónicas quer às empresas que utilizam essas redes ou serviços, nos termos da legislação aplicável.

3 – Os direitos de utilização de números devem ser atribuídos através de procedimentos abertos, objectivos, transparentes, não discriminatórios e proporcionais.

4 – Sem prejuízo do disposto no número anterior, pode a ARN decidir, após o procedimento geral de consulta nos termos do artigo 8º, que os direitos de utilização de números de valor económico excepcional sejam atribuídos através de procedimentos de selecção concorrenciais ou por comparação, nomeadamente concurso ou leilão, devendo identificá-los nos termos da alínea d) do nº 2 do artigo 17º

5 – A decisão sobre a atribuição de direitos de utilização de números deve ser proferida, comunicada e tornada pública nos seguintes prazos máximos:

*a*) 15 dias, no caso de números atribuídos para fins específicos no âmbito do Plano Nacional de Numeração;

*b*) 30 dias, nos casos em que a atribuição de direitos de utilização esteja sujeita a procedimentos de selecção concorrenciais ou por comparação.

**Artigo 37º – Condições associadas aos direitos de utilização de números**

1 – Sem prejuízo de outras condições que resultem da lei geral e das constantes do nº 1 do artigo 27º, os direitos de utilização de números apenas podem estar sujeitos às seguintes condições:

*a*) Designação do serviço para o qual o número deve ser utilizado e eventuais requisitos ligados à oferta desse serviço, incluindo princípios de fixação de preços e preços máximos que podem aplicar-se na série específica de números tendo em vista garantir a protecção dos consumidores;

*b*) Utilização efectiva e eficiente dos números, em conformidade com a alínea b) do nº 2 do artigo 17º;

*c*) Exigências relativas à portabilidade dos números, em conformidade com o artigo 54º;

*d*) Obrigações em matéria de serviços de listas para efeitos dos artigos 50º e 89º;

*e*) Transmissibilidade dos direitos, por iniciativa do respectivo titular, e condições dessa transmissibilidade, com base no artigo 38º;

*f*) Taxas, em conformidade com o artigo 105º;

*g*) Eventuais compromissos que a empresa que obtém os direitos de utilização tenha assumido no decurso de um procedimento de selecção por concorrência ou por comparação das ofertas;

*h*) Obrigações decorrentes dos acordos internacionais aplicáveis em matéria de utilização de números.

2 – É aplicável aos direitos de utilização de números o disposto nos nºs 2 e 3 do artigo 27º

**Artigo 38º – Transmissibilidade dos direitos de utilização de números**

Os direitos de utilização de números são transmissíveis nos termos e condições a definir pela ARN, os quais devem prever mecanismos destinados a salvaguardar, nomeadamente, a utilização efectiva e eficiente dos números e os direitos dos utilizadores.

## CAPÍTULO IV – Regras de exploração aplicáveis às empresas que oferecem redes de comunicações públicas e serviços acessíveis ao público

### Artigo 39º – Defesa dos utilizadores e assinantes

1 – Constituem direitos dos utilizadores, nos termos da presente lei:

*a*) Aceder, em termos de igualdade, às redes e serviços oferecidos;

*b*) Dispor, em tempo útil e previamente à celebração de qualquer contrato, de informação escrita sobre as condições de acesso e utilização do serviço nos termos do artigo 47º;

*c*) Serem informados, com uma antecedência mínima de 15 dias, da cessação da oferta.

2 – Constituem direitos dos utilizadores finais, nos termos da presente lei:

*a*) Dispor de informação sobre a qualidade de serviço, conforme previsto no artigo 40º;

*b*) Dispor de informação sobre os indicativos telefónicos de acesso europeu, nos termos do artigo 44º;

*c*) Recorrer aos procedimentos de tratamento de reclamações, em conformidade com o artigo 48º-A;

*d*) Aceder aos serviços de informações de listas, nos termos do nº 2 do artigo 50º;

*e*) Aceder aos serviços de emergência, nos termos do artigo 51º;

*f*) Dispor, sempre que técnica e economicamente viável, dos recursos adicionais previstos no nº 1 do artigo 53º;

*g*) Recorrer aos mecanismos de resolução extrajudicial de conflitos.

3 – Constituem direitos dos assinantes, nos termos da presente lei:

*a*) Serem informados por escrito da suspensão da prestação do serviço e da resolução do contrato em caso de não pagamento de facturas, nos termos previstos nos artigos 52º e 52º-A;

*b*) Aceder aos serviços contratados de forma contínua, sem interrupções ou suspensões indevidas;

*c*) Obter facturação detalhada, quando solicitada;

*d*) Dispor do barramento selectivo de comunicações bem como ao acesso aos serviços de audiotexto, nos termos do artigo 45º;

*e*) Receber, tempestivamente, todas as informações relacionadas com a base de assinantes que não tenham satisfeito as suas obrigações de pagamento, de acordo com o previsto no artigo 46º;

*f*) Ser informado nos termos previstos no artigo 47º-A;

*g*) Celebrar contratos com a especificação exigida no artigo 48º;

*h*) Figurar nas listas e serviços de informações de listas, como previsto no nº 1 do artigo 50º;

*i*) Serem informados, nos termos previstos nos artigos 52º e 52º-A, da suspensão e extinção do serviço nas situações não abrangidas na alínea a);

*j*) Dispor da portabilidade dos números, nos termos do artigo 54º

4 – A informação a que se refere a alínea c) do nº 1 deve igualmente ser comunicada à ARN dentro do mesmo prazo.

5 – Para efeitos do disposto na alínea c) do nº 3, e sem prejuízo do disposto na legislação relativa ao tratamento de dados pessoais e à protecção da privacidade no sector das comunicações electrónicas, a ARN pode definir o nível mínimo de detalhe e informação que, sem quaisquer encargos, as empresas devem assegurar aos assinantes que solicitem facturação detalhada.

6 – Compete à ARN determinar às empresas que oferecem redes de comunicações públicas ou serviços de comunicações electrónicas acessíveis ao público a observância de requisitos e exigências necessárias a assegurar que os utilizadores finais com deficiência obtenham acesso a serviços de comunicações electrónicas de nível equivalente ao disponibilizado à maioria dos utilizadores finais e beneficiem da escolha de empresas e serviços a que têm acesso a maioria dos utilizadores, bem como, quando adequado e na medida em que seja proporcional, a disponibilização à generalidade dos utilizadores dos serviços e recursos adicionais previstos nas alíneas c), d), f) e g) do nº 1 do artigo 94º

**Artigo 40º – Qualidade de serviço**

1 – As empresas que oferecem redes de comunicações públicas ou serviços de comunicações electrónicas acessíveis ao público estão obrigadas a publicar e a disponibilizar aos utilizadores finais informações comparáveis, claras, completas e actualizadas sobre a qualidade de todos os serviços que disponibilizam, bem como das ofertas destinadas a assegurar aos utilizadores finais com deficiência um acesso equivalente ao dos demais utilizadores finais.

2 – Para efeitos do número anterior, a ARN, após realização do procedimento geral de consulta referido no artigo 8º, pode definir, entre outros, os parâmetros de qualidade dos serviços a medir e o seu conteúdo, o formato e o modo de publicação das informações, podendo ainda definir eventuais mecanismos de certificação da qualidade destinados a garantir que os utilizadores finais, incluindo os utilizadores finais com deficiência, tenham acesso a informações claras, completas, fiáveis e comparáveis.

3 – Para efeitos do disposto no número anterior, a ARN, quando considere adequado, pode seguir o anexo ao presente diploma.

4 – Sempre que seja justificado para evitar a degradação dos serviços ou o bloqueio ou abrandamento do tráfego nas redes, a ARN pode fixar às empresas que oferecem redes de comunicações públicas requisitos mínimos de qualidade de serviço.

5 – A fixação dos requisitos previstos no número anterior é precedida de comunicação à Comissão Europeia e ao ORECE, com a qual, para além do projecto de medida a adoptar, a ARN deve apresentar um resumo dos motivos que a fundamentam.

6 – Na fixação dos requisitos de qualidade, a ARN deve ter em conta as observações e recomendações apresentadas pela Comissão Europeia para garantir que as medidas previstas não afectam negativamente o bom funcionamento do mercado interno.

7 – As empresas devem disponibilizar regularmente à ARN informações actualizadas sobre a qualidade de serviço que praticam, em conformidade com o artigo 108º

### Artigo 41º – Separação contabilística

1 – As empresas que ofereçam redes de comunicações públicas ou serviços de comunicações electrónicas acessíveis ao público e usufruam de direitos especiais ou exclusivos para o fornecimento de serviços noutros sectores, no mesmo ou noutro Estado membro, devem dispor de um sistema de contabilidade separada para as actividades de oferta de redes ou serviços de comunicações electrónicas, o qual deve ser submetido a uma auditoria independente, a realizar por entidade a designar pela ARN ou por esta aceite, ou criar entidades juridicamente distintas para as correspondentes actividades.

2 – As empresas cujo volume de negócios anual seja inferior a 50 milhões de euros podem ser dispensadas pela ARN das obrigações previstas no número anterior.

3 – As empresas que ofereçam redes de comunicações públicas ou serviços de comunicações electrónicas acessíveis ao público que, nos termos da legislação específica que lhes é aplicável, não estejam sujeitas a controlo contabilístico devem elaborar e submeter anualmente os respectivos relatórios financeiros a uma auditoria independente e publicá-los.

### Artigo 42º – Separação estrutural e outras medidas

1 – As empresas que ofereçam redes de comunicações públicas devem explorar a sua rede de televisão por cabo através de entidades juridicamente distintas sempre que:

*a*) Sejam controladas por um Estado membro ou beneficiem de direitos especiais;

*b*) Tenham uma posição dominante numa parte substancial do mercado a nível da oferta de redes de comunicações electrónicas públicas e da prestação de serviços telefónicos acessíveis ao público;

*c*) Explorem uma rede de televisão por cabo criada ao abrigo de direitos especiais ou exclusivos na mesma área geográfica.

2 – Para efeitos do disposto na alínea b) do número anterior, são considerados «serviços telefónicos acessíveis ao público» os serviços oferecidos comercialmente para o transporte directo da voz em tempo real por intermédio da rede ou redes comutadas públicas por forma que qualquer utilizador possa servir-se de equipamento ligado a um ponto de terminação da rede num local fixo para comunicar com outro utilizador de equipamento ligado a outro ponto de terminação.

3 – As empresas públicas que tenham estabelecido as suas redes ao abrigo de direitos especiais ou exclusivos, que sejam verticalmente integradas e que detenham posição dominante ficam sujeitas às medidas da ARN adequadas para garantir o princípio da não discriminação.

### Artigo 43º – Obrigações de transporte

1 – Compete à ARN impor às empresas que oferecem redes de comunicações públicas utilizadas para a distribuição ao público de serviços de programas televisivos e de rádio obrigações de transporte desses serviços de programas específicos e de serviços complementares, em particular serviços de acessibilidade de modo a permitir um acesso adequado aos utilizadores finais com deficiência, especificados nos termos da lei pela entidade competente na área da comunicação social, quando um número significativo de utilizadores finais dessas redes as utilize como meio principal de recepção de emissões de rádio e televisão.

2 – As obrigações previstas no número anterior apenas podem ser impostas quando tal seja necessário para a realização de objectivos de interesse geral claramente definidos e devem ser razoáveis, proporcionadas, transparentes e sujeitas a uma revisão periódica.

3 – A ARN pode determinar uma remuneração adequada como contrapartida das obrigações de transporte impostas, a qual deve ser aplicada de modo proporcionado e transparente, competindo-lhe ainda garantir que, em circunstâncias análogas, não haja discriminação no tratamento das empresas que oferecem redes de comunicações electrónicas.

### Artigo 44º – Indicativos telefónicos de acesso europeu

1 – As empresas que oferecem serviços de comunicações electrónicas e chamadas internacionais devem utilizar o prefixo «00» como indicativo uniformizado de acesso internacional.

2 – Compete à ARN garantir que todas as empresas que ofereçam serviços telefónicos acessíveis ao público e chamadas internacionais tratem todas as chamadas originadas no ou destinadas ao espaço europeu de numeração telefónica (EENT), aplicando-lhes preços similares aos aplicáveis às chamadas com origem e destino noutros Estados membros.

3 – Sempre que seja técnica e economicamente viável, e sem prejuízo do disposto no número seguinte, as empresas que detenham números do Plano Nacional de Numeração no território nacional devem:

*a*) Garantir o acesso a todos os números fornecidos na União Europeia, independentemente da tecnologia e dos dispositivos utilizados pelo prestador, nomeadamente os incluídos nos planos nacionais de numeração dos Estados membros, os do EENT e os números universais de chamada livre internacional (UIFN);

*b*) Garantir o acesso e a utilização de serviços através de números não geográficos por parte dos utilizadores finais no interior da União Europeia.

4 – O disposto no número anterior não é aplicável quando o destinatário, por motivos comerciais, limite o acesso de chamadas provenientes de áreas geográficas específicas.

5 – Os preços aplicáveis às chamadas para números não geográficos podem ser diferenciados consoante tenham origem no território nacional ou no seu exterior.

**Artigo 44º-A – Números harmonizados destinados a serviços de valor social**

1 – Compete à ARN garantir que a gama de numeração «116» do PNN seja reservada para a prestação de serviços harmonizados de valor social, nos termos da Decisão nº 2007/116/CE, da Comissão Europeia, de 15 de Fevereiro, designadamente uma linha de comunicação de casos de crianças desaparecidas acessível através do número «116000».

2 – Compete à ARN determinar medidas que assegurem que os utilizadores finais com deficiência, incluindo os nacionais de outros Estados membros quando se encontrem em território nacional, possam aceder ao máximo aos serviços prestados através das gamas de numeração «116» de forma equivalente aos demais utilizadores finais, baseando-se, para o efeito, nas normas e especificações aplicáveis nos termos do disposto no artigo 29º

3 – Constitui direito dos utilizadores finais, incluindo os cidadãos de outros Estados membros quando se encontrem em território nacional, obter informações adequadas acerca da existência e utilização dos serviços prestados pela gama de numeração «116».

**Artigo 45º – Barramento selectivo de comunicações**

1 – As empresas que oferecem redes de comunicações públicas ou serviços de comunicações electrónicas acessíveis ao público que sirvam de suporte à prestação de serviços de audiotexto devem garantir, como regra, que o acesso a estes serviços se encontre barrado sem quaisquer encargos, só podendo aquele ser activado, genérica ou selectivamente, após pedido escrito efectuado pelos respectivos assinantes.

2 – *(Revogado.)*

3 – As empresas que oferecem redes de comunicações públicas ou serviços de comunicações electrónicas acessíveis ao público que sirvam de suporte à prestação de serviços de valor acrescentado baseados no envio de mensagem, incluindo SMS (short message service) ou MMS (multimedia messaging service), devem garantir que se encontre barrado, sem quaisquer encargos, o acesso a:

*a*) Serviços que impliquem o envio de mais de uma mensagem ou o envio de mensagens de forma periódica ou continuada; ou

*b*) Serviços que tenham conteúdo erótico ou sexual.

4 – O acesso aos serviços referidos no número anterior só pode ser activado, genérica ou selectivamente, após pedido escrito efectuado pelos respectivos assinantes ou através de outro suporte durável à sua disposição.

5 – A pedido dos respectivos assinantes, as empresas que oferecem redes de comunicações públicas ou serviços de comunicações electrónicas acessíveis ao público que sirvam de suporte à prestação de serviços de valor acrescentado baseados no envio de mensagem devem, sem quaisquer encargos, barrar as comunicações, para tais serviços, independentemente da existência de contrato com o prestador desses serviços ou da sua eventual resolução.

6 – Para efeitos do número anterior, o barramento deve ser efectuado até 24 horas após a solicitação do assinante, por escrito ou através de outro suporte durável à sua disposição e facilmente utilizável, não lhe podendo ser imputados quaisquer custos associados à prestação dos serviços cujo barramento foi solicitado, após esse prazo.

7 – A ARN pode fixar os elementos necessários exigíveis para fazer prova da legitimidade para requerer o barramento ou desbloqueio dos serviços previstos nos números anteriores.

8 – Sempre que considere adequado, a ARN pode determinar às empresas que oferecem redes de comunicações públicas ou serviços de comunicações electrónicas acessíveis ao público que, a pedido dos respectivos assinantes, assegurem o barramento selectivo e gratuito de comunicações, de saída ou de entrada, de aplicações análogas às referidas no nº 3 ou para outros tipos definidos de números.

9 – Sempre que lhes seja determinado pelas autoridades competentes, com fundamento na existência de fraude ou utilização abusiva, as empresas que oferecem redes de comunicações públicas ou serviços de comunicações electrónicas acessíveis ao público devem bloquear, caso a caso, o acesso a determinados números ou serviços e reter as receitas provenientes da interligação com os mesmos.

**Artigo 46º – Mecanismos de prevenção de contratação**

1 – As empresas que oferecem redes e serviços de comunicações electrónicas ficam habilitadas por esta lei, directamente ou por intermédio das suas associações representativas, a criar e a gerir mecanismos que permitam identificar os assinantes que não tenham satisfeito as suas obrigações de pagamento relativamente aos contratos celebrados, nomeadamente através da criação de uma base de dados partilhada.

2 – A entidade gestora da base de dados deve elaborar as respectivas condições de funcionamento, solicitando o parecer prévio da ARN, e submetê-las a aprovação da Comissão Nacional de Protecção de Dados (CNPD).

3 – Os mecanismos instituídos devem respeitar as seguintes condições, sem prejuízo do regime aplicável à protecção de dados pessoais e da privacidade:

*a*) Os dados a incluir devem circunscrever-se aos elementos absolutamente essenciais à identificação dos assinantes incumpridores;

*b*) Garantia do direito de acesso, rectificação e actualização dos dados pelo respectivo titular;

*c*) Obrigação de informação nos contratos ou de advertência expressa aos assinantes que já tenham contrato celebrado da possibilidade da inscrição dos seus dados na base de dados em caso de incumprimento das obrigações contratuais, explicitando o montante da dívida a partir do qual se processa a inscrição dos dados dos assinantes naquela base e os mecanismos que podem ser usados para impedir aquela inclusão;

*d*) Garantia de que previamente à inclusão de dados dos assinantes na base estes são notificados para, em prazo não inferior a cinco dias, sanar o incumprimento contratual, regularizar o seu saldo devedor ou demonstrar a sua inexistência ou inexigibilidade;

*e*) Obrigação de informar os assinantes, no prazo de cinco dias, de que os seus dados foram incluídos na base de dados;

*f*) As empresas que pretendam aceder aos elementos disponibilizados devem igualmente fornecer os elementos necessários relativos aos contratos por si celebrados em que existam quantias em dívida;

*g*) Todos os elementos recebidos devem ser exclusivamente utilizados pelas empresas participantes nos mecanismos instituídos, sendo vedada a sua transmissão, total ou parcial, a terceiros, bem como a sua utilização para fins diversos dos previstos no número anterior;

*h*) Eliminação imediata de todos os elementos relativos ao assinante após o pagamento das dívidas em causa ou quando o seu valor seja inferior ao previsto na alínea a) do nº 4;

*i*) Não inclusão de dados relativos a assinantes que tenham apresentado comprovativo da **inexistência** ou inexigibilidade da dívida ou enquanto decorrer a análise, pelo operador ou prestador do serviço, dos argumentos apresentados para contestação da existência do saldo devedor ou durante o cumprimento de acordo destinado ao seu pagamento ou ainda de dados relativos a assinantes que tenham invocado excepção de não cumprimento do contrato ou que tenham reclamado ou impugnado a facturação apresentada;

*j*) Garantia do direito a indemnização do assinante, nos termos da lei geral, em caso de inclusão indevida dos seus elementos nos mecanismos instituídos.

4 – As condições de funcionamento da base de dados devem garantir o disposto no número anterior e delas devem constar nomeadamente o seguinte:

*a*) Montante mínimo de crédito em dívida para que o assinante seja incluído na base de dados, o qual não pode ser inferior a 20% da remuneração mínima mensal garantida;

*b*) Identificação das situações de incumprimento susceptíveis de registo na base de dados, com eventual distinção de categorias de assinantes atento o montante em dívida;

*c*) Fixação de um período de mora a partir do qual se permite a integração na base de dados;

*d*) Identificação dos dados susceptíveis de inclusão;

*e*) Período de permanência máximo de dados na base.

5 – As empresas que oferecem redes e serviços de comunicações electrónicas podem recusar a celebração de um contrato relativamente a um assinante que tenha quantias em dívida respeitantes a contratos anteriores celebrados com a mesma ou outra empresa, salvo se o assinante tiver invocado excepção de não cumprimento do contrato ou tiver reclamado ou impugnado a facturação apresentada.

6 – O regime previsto no número anterior não é aplicável aos prestadores de serviço universal, os quais não podem recusar-se a contratar no âmbito do serviço universal, sem prejuízo do direito de exigir a prestação de garantias.

### Artigo 47º – Obrigação de publicar informações

1 – As empresas que oferecem redes de comunicações públicas ou serviços de comunicações electrónicas acessíveis ao público são obrigadas a disponibilizar ao público, bem como a quem manifeste intenção de subscrever um contrato

de prestação de serviços por elas prestado, informações adequadas, transparentes, comparáveis e actualizadas sobre os termos e condições habituais em matéria de acesso e utilização dos serviços que prestam aos utilizadores finais e aos consumidores, explicitando, detalhadamente, os seus preços e demais encargos, bem como, quando aplicável, os relativos à cessação dos contratos.

2 – Para efeitos do disposto no número anterior, devem aquelas empresas publicar e assegurar que se encontram disponíveis e facilmente acessíveis nos seus sítios na Internet e nos pontos de venda dos serviços, de acordo com o definido pela ARN, as seguintes informações, que devem também ser entregues, previamente, a quem com elas pretenda celebrar um contrato de prestação de serviços:

*a*) Identificação do prestador, indicando nome, forma de contacto e endereço da sede da empresa que fornece redes de comunicações públicas ou serviços acessíveis ao público;

*b*) Serviços de comunicações electrónicas acessíveis ao público que oferecem, contendo, entre outros, os seguintes elementos:

*i*) Descrição dos serviços oferecidos, bem como das várias prestações e funcionalidades que nos mesmos se incluem, indicando a área geográfica em que os mesmos se encontram disponíveis;

*ii*) Níveis de qualidade de serviço oferecidos;

*c*) Preços normais, explicitando os valores devidos por cada um dos serviços prestados e o conteúdo de cada elemento do preço, abrangendo, designadamente:

*i*) Encargos relativos à activação do serviço e acesso, utilização e manutenção;

*ii*) Informações detalhadas sobre os descontos normais aplicados e sistemas tarifários especiais ou específicos, eventuais encargos adicionais;

*iii*) Custos relativos a equipamentos terminais alugados ou cuja propriedade transite para o cliente;

*iv*) Encargos decorrentes da cessação do contrato, incluindo a devolução de equipamentos ou com penalizações por cessação antecipada por iniciativa dos assinantes;

*d*) Sistemas de indemnizações ou reembolsos, incluindo informações específicas sobre as respectivas modalidades, quando existentes;

*e*) Tipos de serviços de manutenção oferecidos;

*f*) Condições contratuais típicas, incluindo eventuais períodos contratuais mínimos, condições de cessação do contrato, procedimentos e encargos relacionados com a portabilidade dos números e outros identificadores, quando existentes, bem como a indicação das formalidades e documentos a apresentar com o pedido de portabilidade para a denúncia do contrato;

*g*) Mecanismos de resolução de conflitos, incluindo os criados pela empresa que oferece a rede ou o serviço.

3 – As empresas obrigadas a publicar e disponibilizar as informações referidas nos números anteriores devem comunicá-las à ARN.

4 – As informações publicadas pelas empresas nos termos dos números anteriores podem ser utilizadas gratuitamente para efeitos de venda ou disponibilização de guias interactivos ou outros mecanismos de informação e comparação de condições de oferta que permitam aos consumidores e demais utilizadores finais uma avaliação isenta do custo de padrões alternativos de consumo.

5 – A ARN pode promover ou assegurar a disponibilização ao público dos mecanismos referidos no número anterior, nomeadamente quando verifique que os mesmos não estão disponíveis gratuitamente ou a um preço acessível.

**Artigo 47º-A – Obrigação de prestar informações aos assinantes**

1 – Sem prejuízo das informações publicadas nos termos do artigo 47º, a ARN pode determinar às empresas que oferecem redes de comunicações públicas ou serviços de comunicações electrónicas acessíveis ao público a prestação de informações aos assinantes sobre:

*a*) Os preços aplicáveis a comunicações dirigidas a determinados números ou serviços sujeitos a condições tarifárias especiais;

*b*) Qualquer mudança no acesso aos serviços de emergência ou na disponibilização de informação sobre a localização da pessoa que efectua a chamada;

*c*) Qualquer mudança das condições relativas à restrição do acesso ou da utilização dos serviços e aplicações;

*d*) Eventuais procedimentos instaurados pela empresa para medir e condicionar o tráfego de modo a evitar que seja esgotada a capacidade num segmento de rede ou impedir que a capacidade contratada seja ultrapassada, indicando as repercussões desta medida na qualidade do serviço oferecido;

*e*) O direito de inclusão, ou não, dos seus dados pessoais em listas;

*f*) Características dos produtos e serviços destinados a assinantes portadores de deficiência, quando aplicável.

*g*) A duração remanescente do contrato, sempre que haja períodos de fidelização, bem como os encargos associados à cessação antecipada do mesmo por iniciativa do assinante.

2 – Compete à ARN fixar a forma e periodicidade da comunicação ao assinante das informações referidas no número anterior, podendo determinar, no caso das informações previstas na alínea a), que, relativamente a certas categorias de serviços, a comunicação dos preços é assegurada imediatamente antes de a chamada ser efectuada.

3 – As empresas referidas no nº 1 que estabeleçam com os seus assinantes períodos de fidelização são obrigadas a fornecer-lhes, através dos meios que habitualmente utilizam na sua comunicação regular com os mesmos, no momento e sempre que tal seja solicitado, toda a informação relativa à duração remanescente do seu contrato, bem como o valor associado à rescisão antecipada do mesmo.

4 – As empresas referidas no nº 1 são obrigadas a fornecer aos assinantes, mediante solicitação das autoridades públicas competentes, sem quaisquer encargos e quando adequado, informações de interesse público, utilizando os meios que habitualmente utilizam na sua comunicação regular com esses assinantes.

5 – Em relação ao contrato que estabeleça um período de fidelização, inicial ou sucessivo, as empresas referidas no nº 1 devem:

*a*) Conservar, no caso de celebração por telefone, a gravação das chamadas telefónicas durante todo o período de vigência acordado, inicial ou sucessivo, acrescido do correspondente prazo de prescrição e caducidade;

*b*) Assegurar, no caso das vendas presenciais, através de qualquer meio escrito, que o assinante é convenientemente informado dos períodos de vigência acordados.

6 – As informações a que se refere o nº 4 devem ser prestadas pelas autoridades públicas competentes num formato normalizado e podem abranger, nomeadamente, informação sobre as consequências legais que podem advir da utilização dos serviços de comunicações electrónicas para a prática de actos ilícitos, divulgação de conteúdos nocivos, incluindo violação de direitos de autor e direitos conexos, assim como informação sobre os meios de protecção contra riscos para a segurança pessoal, para a privacidade e para os dados pessoais na utilização dos serviços de comunicações electrónicas.

7 – As informações referidas nos nºs 4 e 6 são da exclusiva responsabilidade da autoridade pública que solicita a sua divulgação e estão circunscritas ao espaço definido pelas empresas obrigadas à sua publicitação, não podendo estas obstaculizar ou impedir a clara percepção das informações relativas às condições de oferta dos serviços de comunicações electrónicas.

### Artigo 48º - Contratos

1 – Sem prejuízo da legislação aplicável à defesa do consumidor, a oferta de redes de comunicações públicas ou serviços de comunicações electrónicas acessíveis ao público é objecto de contrato, do qual devem obrigatoriamente constar, de forma clara, exaustiva e facilmente acessível, os seguintes elementos:

*a*) A identidade e o endereço do fornecedor;

*b*) Os serviços fornecidos, os respectivos níveis de qualidade mínima, designadamente o tempo necessário para a ligação inicial, bem como os níveis para os demais parâmetros de qualidade de serviço que sejam fixados nos termos do artigo 40º;

*c*) Restrições impostas à utilização de equipamentos terminais fornecidos, eventuais limitações no acesso e à utilização de serviços, bem como medidas implementadas para condicionar o tráfego de modo a evitar esgotar ou ultrapassar a capacidade contratada, indicando, neste caso, o modo como esses procedimentos se poderão repercutir na qualidade do serviço;

*d*) Informação sobre a disponibilização, ou falta de disponibilização, do acesso aos serviços de emergência e à informação de localização da pessoa que efectua a chamada, bem como sobre a existência de quaisquer limitações à oferta dos serviços de emergência, nos termos do artigo 51º;

*e*) Os tipos de serviços de apoio e manutenção oferecidos, bem como as formas de os contactar;

*f*) Os detalhes dos preços e os meios de obtenção de informações actualizadas sobre todos os preços e encargos de manutenção aplicáveis, bem como as formas de pagamento e eventuais encargos ou penalizações inerentes a cada uma delas;

*g*) A duração do contrato, as condições de renovação, de suspensão e de cessação dos serviços e do contrato;

*h*) Os sistemas de indemnização ou de reembolso dos assinantes, aplicáveis em caso de incumprimento dos níveis de qualidade de serviço previstos no contrato;

*i*) Quando seja o caso, a existência do direito de livre resolução do contrato, o respectivo prazo e o procedimento para o exercício do direito, nos termos do Decreto-Lei nº 24/2014, de 14 de Fevereiro;

*j*) As condições em que é disponibilizada a facturação detalhada;

*l*) Indicação expressa da vontade do assinante sobre a inclusão ou não dos respectivos elementos pessoais nas listas telefónicas e sua divulgação através dos serviços informativos, envolvendo ou não a sua transmissão a terceiros, nos termos da legislação relativa à protecção de dados pessoais;

*m*) Indicação da possibilidade de inscrição dos dados do assinante na base de dados prevista no artigo 46º;

*n*) Medidas que o fornecedor poderá adoptar na sequência de incidentes relativos à segurança ou à integridade da rede ou para reagir a ameaças ou situações de vulnerabilidade;

*o*) Medidas de protecção do assinante contra riscos para a segurança pessoal, para a privacidade e para os dados pessoais.

2 – A informação relativa à duração dos contratos, incluindo as condições da sua renovação e cessação, deve ser clara, perceptível, disponibilizada em suporte duradouro e incluir as seguintes indicações:

*a*) Eventual período de fidelização, cuja existência depende da atribuição de qualquer vantagem ao consumidor, identificada e quantificada, associada à subsidiação de equipamentos terminais, à instalação e activação do serviço ou a outras condições promocionais;

*b*) Eventuais encargos decorrentes da portabilidade dos números e outros identificadores;

*c*) Eventuais encargos decorrentes da cessação antecipada do contrato durante o período de fidelização, por iniciativa do assinante, nomeadamente em consequência da recuperação de custos associados à subsidiação de equipamentos terminais, à instalação e activação do serviço ou a outras condições promocionais.

3 – Quando o contrato a que se refere o nº 1 for celebrado por telefone ou através de outro meio de comunicação à distância, o prestador do serviço, ou seu representante, deve facultar ao consumidor, antes da celebração do contrato, sob pena de nulidade deste, todas as informações referidas nos nºs 1 e 2, ficando o consumidor vinculado apenas depois de assinar proposta contratual ou enviar o seu consentimento escrito ao fornecedor de bens ou prestador de serviços, excepto nos casos em que o primeiro contacto telefónico seja efectuado pelo próprio consumidor.

4 – É interdito às empresas que oferecem redes e ou serviços de comunicações electrónicas opor-se à denúncia dos contratos por iniciativa dos assinantes, com fundamento na existência de um período de fidelização, ou exigirem quaisquer encargos por incumprimento de um período de fidelização, se não possuírem prova da manifestação de vontade do consumidor referida no número anterior.

5 – A duração total do período de fidelização nos contratos de prestação de serviços de comunicações electrónicas celebrados com consumidores não pode ser superior a 24 meses, sem prejuízo do disposto no número seguinte.

6 – Excepcionalmente, podem estabelecer-se períodos adicionais de fidelização, até ao limite de 24 meses, desde que, cumulativamente:

*a*) As alterações contratuais impliquem a actualização de equipamentos ou da infra-estrutura tecnológica;

*b*) Haja uma expressa aceitação por parte do consumidor.

7 – Qualquer suporte duradouro, incluindo gravação telefónica, relacionado com a celebração, alteração ou cessação do contrato de comunicações electrónicas deve ser conservado pelas empresas pelo período previsto na alínea a) do nº 5 do artigo 47º-A e disponibilizado à ARN ou ao assinante sempre que tal seja requerido por uma ou outro.

8 – As empresas que prestam serviços de comunicações electrónicas acessíveis ao público devem oferecer a todos os utilizadores a possibilidade de celebrarem contratos sem qualquer tipo de fidelização, bem como contratos com 6 e 12 meses de período de fidelização, por cada benefício concedido ao utilizador, devendo publicitar:

*a*) Nos mesmos suportes em que seja publicitada a oferta com fidelização, de forma claramente legível, a oferta sem fidelização;

*b*) De forma facilmente acessível pelos consumidores, no caso de existir fidelização, a relação entre custo e benefício associada às diferentes ofertas comerciais, permitindo a comparação da mesma oferta com diferentes períodos de fidelização, sempre que existam.

9 – A ARN pode solicitar às empresas, nos termos do artigo 108º, que demonstrem o valor conferido à vantagem justificativa do período de fidelização identificada e quantificada nos termos da alínea a) do nº 2.

10 – Sem prejuízo da existência de períodos de fidelização, iniciais ou posteriores, nos termos da presente lei, as empresas não devem estabelecer condições contratuais desproporcionadas ou procedimentos de resolução dos contratos excessivamente onerosos e desincentivadores da mudança de prestador de serviço por parte do assinante, cabendo a fiscalização das mesmas à ARN.

11 – Durante o período de fidelização, os encargos para o assinante, decorrentes da resolução do contrato por sua iniciativa, não podem ultrapassar os custos que o fornecedor teve com a instalação da operação, sendo proibida a cobrança de qualquer contrapartida a título indemnizatório ou compensatório.

12 – Os encargos pela cessação antecipada do contrato com período de fidelização, por iniciativa do assinante, devem ser proporcionais à vantagem que lhe foi conferida e como tal identificada e quantificada no contrato celebrado, não podendo em consequência corresponder automaticamente à soma do valor das prestações vincendas à data da cessação.

13 – Para efeitos do disposto no número anterior, no caso de subsidiação de equipamentos terminais, os encargos devem ser calculados nos termos da legislação aplicável e, nas demais situações, não podem ser superiores ao valor da vantagem conferida que, na proporção do período da duração do contrato fixada, ainda esteja por recuperar pela empresa que presta o serviço, na data em que produz efeitos a sua cessação antecipada.

14 – Findo o período de fidelização e na ausência de acordo relativamente ao estabelecimento de um novo período de fidelização nos termos do número seguinte, o valor a fixar como contrapartida pela prestação dos serviços não pode ser superior aos preços normais que pelo mesmo são devidos àquela data, abrangendo, apenas, os encargos relativos ao acesso, utilização e manutenção.

15 – No decurso do período de fidelização ou no seu termo não pode ser estabelecido novo período de fidelização, excepto se, por vontade do assinante validamente expressa nos termos do nº 3, for contratada a disponibilização subsidiada de novos equipamentos terminais ou a oferta de condições promocionais devidamente identificadas e quantificadas e que, em caso algum, podem abranger vantagens cujos custos já foram recuperados em período de fidelização anterior.

16 – Sempre que a empresa proceda por sua iniciativa a uma alteração de qualquer das condições contratuais referidas no nº 1, deve comunicar por escrito aos assinantes a proposta de alteração, por forma adequada, com uma antecedência mínima de 30 dias, devendo simultaneamente informar os assinantes do seu direito de rescindir o contrato sem qualquer encargo, no caso de não aceitação das novas condições, no prazo fixado no contrato, salvo nos casos em que as alterações sejam propostas exclusiva e objectivamente em benefício dos assinantes.

17 – A ARN pode especificar os termos em que as empresas procedem à comunicação prevista no número anterior, bem como a forma e o suporte em que são disponibilizadas as informações a que alude o nº 2.

18 – As empresas que oferecem redes de comunicações públicas ou serviços de comunicações electrónicas acessíveis ao público devem depositar na ARN e na Direcção-Geral do Consumidor (DGC) um exemplar dos contratos que envolvam, ainda que parcialmente, a adesão a cláusulas contratuais gerais que utilizem para a oferta de redes e serviços.

19 – O depósito a que se refere o número anterior deve ser realizado no prazo máximo de dois dias úteis sobre a data em que for iniciada a utilização do contrato de adesão e, sempre que este se destine a substituir um contrato anteriormente utilizado, deve indicar qual o modelo que o contrato depositado visa substituir.

20 – A ARN determina, seguindo, para o efeito, o procedimento previsto no artigo 110º, a imediata cessação da utilização de práticas e dos contratos em uso pelas empresas que oferecem redes de comunicações públicas ou serviços de comunicações electrónicas acessíveis ao público ou a sua adaptação, quando verifique:

*a*) A sua desconformidade com as regras fixadas na legislação cuja aplicação lhe cabe supervisionar ou com qualquer determinação proferida no âmbito das suas competências;

*b*) A manifesta desproporcionalidade das práticas e dos contratos face aos serviços disponibilizados no momento da celebração, renovação ou alteração de contratos, nomeadamente quanto aos respectivos prazos de duração.

### Artigo 48º-A – Reclamações de utilizadores finais

1 – As empresas de comunicações electrónicas devem implementar procedimentos adequados ao tratamento célere e harmonizado de reclamações que lhes sejam apresentadas pelos utilizadores finais.

2 – A ARN pode definir requisitos a observar nos procedimentos referidos no número anterior.

3 – A ARN deve ordenar a investigação de queixas ou reclamações de que tome conhecimento no exercício das suas funções e, nos casos em que esteja em causa o incumprimento de disposições cuja observância lhe caiba supervisionar, pode ordenar a adopção de medidas correctivas.

4 – A ARN publica um relatório no seu sítio na Internet com informação sobre as reclamações e demais solicitações apresentadas pelos utilizadores finais relativamente aos serviços oferecidos pelas empresas de comunicações electrónicas, abrangendo todo o tipo de reclamações, independentemente do modo e forma de apresentação.

5 – O relatório a que alude o número anterior deve conter, entre outros elementos, informação sobre o volume de reclamações e solicitações recebidas pela ARN, identificar os prestadores e os serviços em causa e, dentro de cada serviço, as matérias que são objecto de reclamação.

6 – O relatório referido no número anterior deve ser publicado, no mínimo, com uma periodicidade anual.

### Artigo 48º-B – Resolução extrajudicial de conflitos

1 – Sem prejuízo do recurso aos tribunais e às entidades responsáveis pela defesa e promoção dos direitos dos consumidores, os utilizadores finais podem submeter os conflitos surgidos com as empresas de comunicações electrónicas aos mecanismos de resolução extrajudicial de conflitos legalmente constituídos.

2 – Compete à ARN fomentar o desenvolvimento de mecanismos simples, transparentes, económicos em função dos diversos tipos de utilizadores finais e não discriminatórios para a resolução célere, equitativa e imparcial de conflitos, nomeadamente os relacionados com condições contratuais ou execução de contratos que titulam o fornecimento de redes ou serviços de comunicações electrónicas entre as empresas de comunicações electrónicas e os utilizadores finais.

3 – Para efeitos do disposto no número anterior, a ARN pode estabelecer acordos de cooperação ou participar na constituição de entidades que tenham por objecto assegurar os referidos mecanismos.

### Artigo 49º – Disponibilidade dos serviços

1 – As empresas que oferecem serviços telefónicos acessíveis ao público através de redes de comunicações públicas devem assegurar a maior disponibilidade

possível dos serviços em situações de ruptura da rede, situações de emergência ou de força maior.

2 – As empresas que prestam serviços telefónicos acessíveis ao público devem tomar todas as medidas necessárias para assegurar o acesso ininterrupto aos serviços de emergência.

3 – *(Revogado.)*

### Artigo 50º – Serviços de informações de listas telefónicas

1 – Os assinantes dos serviços telefónicos acessíveis ao público têm o direito de figurar na lista completa à disposição do público, prevista na alínea a) do nº 1 do artigo 89º, e que os seus dados pessoais sejam disponibilizados aos prestadores de serviços de informações de listas e de listas acessíveis ao público.

2 – Os utilizadores finais dos serviços telefónicos acessíveis ao público têm o direito de acesso aos serviços de informações de listas disponibilizados ao público em geral, competindo à ARN, quando necessário para garantir aquele direito, determinar a adopção de medidas, designadamente impondo obrigações, nos termos previstos no artigo 77º

3 – Não podem ser impostas restrições regulamentares que impeçam os utilizadores finais de um Estado membro de acederem directamente aos serviços de informações de listas de outro Estado membro através de comunicações vocais ou por SMS.

4 – As empresas que atribuem números de telefone a assinantes devem satisfazer todos os pedidos razoáveis de fornecimento de informações pertinentes sobre os respectivos assinantes, solicitadas para efeitos de oferta de serviços de informações de listas e de listas acessíveis ao público, mediante um formato acordado e em condições justas, objectivas, orientadas para os custos e não discriminatórias.

5 – O disposto no presente artigo fica sujeito às normas aplicáveis à protecção de dados pessoais e da privacidade, em particular no domínio das comunicações electrónicas.

### Artigo 51º – Serviços de emergência e número único de emergência europeu

1 – Constitui direito dos utilizadores finais de serviços de comunicações electrónicas que permitam efectuar chamadas nacionais para números incluídos no Plano Nacional de Numeração, incluindo os utilizadores de postos públicos, aceder gratuitamente e sem ter de recorrer a qualquer meio de pagamento aos serviços de emergência utilizando o número único de emergência europeu «112» e qualquer outro número nacional de emergência especificado pela ARN, devidamente identificado no referido Plano.

2 – As empresas que fornecem um serviço de comunicações electrónicas que permite efectuar chamadas para um número ou números incluídos no Plano Nacional de Numeração devem assegurar o direito de acesso referido no número anterior e disponibilizar gratuitamente à autoridade responsável pelo tratamento das chamadas de emergência as informações sobre a localização da pessoa que efectua a chamada, no momento em que esta é recebida, no que respeita a todas as chamadas para o número único de emergência europeu.

3 – Compete à ARN estabelecer, por regulamento, os critérios de precisão e de fiabilidade da informação sobre a localização a fornecer à autoridade responsável pelo tratamento das chamadas de emergência.

4 – A entidade responsável pelo atendimento e tratamento das chamadas de emergência deve adoptar as medidas necessárias a garantir a adequada divulgação, em Portugal, da existência e da utilização do número único europeu de chamadas de emergência, designadamente através de iniciativas destinadas a cidadãos estrangeiros que se encontrem em viagem no território nacional, bem como assegurar o apropriado e eficiente atendimento e tratamento das chamadas efectuadas para o número único europeu de emergência «112» ou para o número ou números nacionais de emergência que permaneçam em actividade.

5 – As empresas referidas no nº 2 devem disponibilizar aos utilizadores finais com deficiência o acesso aos serviços de emergência de nível equivalente ao dos restantes utilizadores finais, devendo sempre que possível seguir as normas e especificações europeias publicadas nos termos previstos no artigo 29º, sem prejuízo da adopção de requisitos suplementares mais exigentes destinados a assegurar o acesso aos referidos serviços.

### Artigo 52º – Suspensão e extinção do serviço prestado a assinantes não consumidores

1 – As empresas que oferecem redes de comunicações públicas ou serviços de comunicações electrónicas acessíveis ao público apenas podem suspender a prestação dos serviços que prestam a assinantes que não sejam consumidores após pré-aviso adequado ao assinante, salvo caso fortuito ou de força maior.

2 – Em caso de não pagamento de facturas, a suspensão apenas pode ocorrer após advertência por escrito ao assinante, com a antecedência mínima de 20 dias, que justifique o motivo da suspensão e informe o assinante dos meios ao seu dispor para a evitar.

3 – Nos casos referidos no número anterior, o assinante tem a faculdade de pagar e obter quitação de apenas parte das quantias constantes da factura, devendo, sempre que tecnicamente possível, a suspensão limitar-se ao serviço em causa, excepto em situações de fraude ou de pagamento sistematicamente atrasado ou em falta.

4 - Durante o período de suspensão e até à extinção do serviço, deve ser garantido ao assinante o acesso a chamadas que não impliquem pagamento, nomeadamente as realizadas para o número único de emergência europeu.

5 - A extinção do serviço por não pagamento de facturas apenas pode ter lugar quando a dívida seja exigível e após aviso adequado, de oito dias, ao assinante.

**Artigo 52º-A – Suspensão e extinção do serviço prestado a assinantes consumidores**

1 - Quando esteja em causa a prestação de serviços a assinantes que sejam consumidores, as empresas que oferecem redes de comunicações públicas ou serviços de comunicações electrónicas acessíveis ao público devem, na falta de pagamento dos valores constantes da factura, emitir um pré-aviso ao consumidor, concedendo-lhe um prazo adicional para pagamento, de 30 dias, sob pena de suspensão do serviço e de, eventualmente, haver lugar à resolução automática do contrato, nos termos do nºs 3 e 7, respectivamente.

2 - O pré-aviso a que se refere o número anterior é comunicado por escrito ao consumidor no prazo de 10 dias após a data de vencimento da factura, devendo indicar especificamente a consequência do não pagamento, nomeadamente a suspensão do serviço e a resolução automática do contrato, e informá-lo dos meios ao seu dispor para as evitar.

3 - As empresas que oferecem redes de comunicações públicas ou serviços de comunicações electrónicas acessíveis ao público devem obrigatoriamente, no prazo de 10 dias após o fim do prazo adicional previsto no nº 1, suspender o serviço, por um período de 30 dias, sempre que, decorrido aquele prazo, o consumidor não tenha procedido ao pagamento ou não tenha celebrado com a empresa qualquer acordo de pagamento por escrito com vista à regularização dos valores em dívida.

4 - A suspensão do serviço não tem lugar nas situações em que os valores da factura sejam objecto de reclamação por escrito junto da empresa, com fundamento na inexistência ou na inexigibilidade da dívida, até à data em que deverá ter início a suspensão.

5 - À suspensão prevista no presente artigo é aplicável o disposto nos nºs 3 e 4 do artigo anterior.

6 - O consumidor pode fazer cessar a suspensão, procedendo ao pagamento dos valores em dívida ou à celebração de um acordo de pagamento por escrito com a empresa que oferece redes de comunicações públicas ou serviços de comunicações electrónicas acessíveis ao público, casos em que esta deve repor a prestação do serviço imediatamente ou, quando tal não seja tecnicamente

possível, no prazo de cinco dias úteis a contar da data do pagamento ou da celebração do acordo de pagamento, consoante aplicável.

7 – Findo o período de 30 dias de suspensão sem que o consumidor tenha procedido ao pagamento da totalidade dos valores em dívida ou sem que tenha sido celebrado um acordo de pagamento por escrito, o contrato considera-se automaticamente resolvido.

8 – A resolução prevista no número anterior não prejudica a cobrança de uma contrapartida a título indemnizatório ou compensatório pela resolução do contrato durante o período de fidelização, nos termos e com os limites do disposto no Decreto-Lei nº 56/2010, de 1 de Junho.

9 – A falta de pagamento de qualquer das prestações acordadas no acordo de pagamento importa obrigatoriamente a resolução do contrato, mediante pré-aviso escrito ao consumidor com a antecedência prevista no nº 5 do artigo 52º, aplicando-se o disposto no número anterior.

10 – O incumprimento do disposto no presente artigo por parte da empresa que oferece redes de comunicações públicas ou serviços de comunicações electrónicas acessíveis ao público, nomeadamente a continuação da prestação do serviço em violação do disposto no nº 3 ou a emissão de facturas após o momento em que a prestação do serviço deve ser suspensa, determina a não exigibilidade, ao consumidor, das contraprestações devidas pela prestação do serviço e a responsabilidade pelo pagamento das custas processuais devidas pela cobrança do crédito.

11 – O disposto no número anterior não é aplicável à emissão de facturas após a suspensão da prestação do serviço que respeitem a serviços efectivamente prestados em momento anterior à suspensão ou às contrapartidas legalmente previstas em caso de resolução antecipada do contrato.

12 – Aplica-se à suspensão do serviço por motivos não relacionados com o não pagamento de facturas o disposto no nº 1 do artigo 52º

## Artigo 53º – Oferta de recursos adicionais

1 – As empresas que oferecem redes de comunicações públicas ou serviços telefónicos acessíveis ao público estão obrigadas a disponibilizar aos utilizadores finais, sempre que técnica e economicamente viável, os seguintes recursos:

*a*) Marcação em multifrequência – DTMF, garantindo que a rede de comunicações pública ou os serviços telefónicos acessíveis ao público suportem a utilização das tonalidades DTMF definidas na ETSI ETR 207, para a sinalização de extremo-a-extremo através da rede;

*b*) Identificação da linha chamadora, em conformidade com as normas aplicáveis à protecção de dados pessoais e da privacidade, nomeadamente as especificamente aplicáveis ao domínio das comunicações electrónicas.

2 – Compete à ARN, decorrido o procedimento geral de consulta previsto no artigo 8º, dispensar o cumprimento do disposto no número anterior, na totalidade ou em parte do território nacional, sempre que considere verificada a existência de acesso suficiente aos recursos aí referidos.

**Artigo 54º – Portabilidade dos números**

1 – Sem prejuízo de outras formas de portabilidade que venham a ser determinadas, é garantido a todos os assinantes com números incluídos no Plano Nacional de Numeração que o solicitem o direito de manter o seu número ou números, no âmbito do mesmo serviço, independentemente da empresa que o oferece, no caso de números geográficos, num determinado local, e no caso dos restantes números, em todo o território nacional.

2 – As empresas responsáveis pela execução da portabilidade devem assegurar que a transferência de um assinante de uma empresa para outra, com implementação da portabilidade, se conclua no prazo mais curto possível e com respeito pela vontade expressa do assinante.

3 – Quando o assinante conclua um acordo para a transferência do número, a transferência efectiva do número para a nova empresa deve ocorrer no prazo máximo de um dia útil, não podendo a perda de serviço exceder esse período.

4 – Os preços grossistas relacionados com a oferta da portabilidade dos números devem obedecer ao princípio da orientação para os custos, não devendo os eventuais encargos directos para os assinantes desincentivar a mudança de prestador de serviços.

5 – Compete à ARN garantir que as empresas disponibilizem aos assinantes informações adequadas e transparentes sobre os preços aplicáveis às operações de portabilidade, bem como às chamadas para números portados.

6 – Não podem ser impostos pela ARN preços de retalho para operações de portabilidade dos números que possam causar distorções da concorrência, como sejam preços de retalho específicos ou comuns.

7 – Compete à ARN, após o procedimento geral de consulta previsto no artigo 8º, determinar as regras necessárias à execução da portabilidade, incluindo a definição do processo global de portabilidade dos números, tendo em conta as disposições nacionais sobre contratos, a viabilidade técnica e a necessidade de assegurar a continuidade do serviço ao assinante, bem como mecanismos de protecção dos assinantes, nomeadamente a fixação de compensações a pagar pelas empresas, em caso de atraso na portabilidade do número ou de portabilidade indevida.

## CAPÍTULO V – Segurança e integridade das redes e serviços

### Artigo 54º-A – Obrigações das empresas em matéria de segurança e integridade

1 – As empresas que oferecem redes de comunicações públicas ou serviços de comunicações electrónicas acessíveis ao público devem adoptar as medidas técnicas e organizacionais adequadas à prevenção, gestão e redução dos riscos para a segurança das redes e serviços visando, em especial, impedir ou minimizar o impacte dos incidentes de segurança nas redes interligadas, a nível nacional e internacional, e nos utilizadores.

2 – As empresas que oferecem redes de comunicações públicas são obrigadas a adoptar as medidas adequadas para garantir a integridade das respectivas redes, assegurando a continuidade da prestação dos serviços que se suportam nas referidas redes.

3 – As medidas previstas no nº 1 devem ser adequadas aos riscos existentes tendo em conta o estado da técnica.

### Artigo 54º-B – Obrigações de notificação

As empresas que oferecem redes de comunicações públicas ou serviços de comunicações electrónicas acessíveis ao público estão obrigadas a notificar a ARN das violações de segurança ou das perdas de integridade com impacte significativo no funcionamento das redes e serviços.

### Artigo 54º-C – Medidas de execução

1 – Para efeitos de disposto no artigo 54º-A, a ARN pode aprovar e impor às empresas que oferecem redes de comunicações públicas ou serviços de comunicações electrónicas acessíveis ao público medidas técnicas de execução.

2 – Para efeitos do disposto no artigo 54º-B, compete à ARN aprovar as medidas que definam as circunstâncias, o formato e os procedimentos aplicáveis às exigências de comunicação de violações de segurança ou perdas de integridade das redes.

3 – As medidas de execução previstas nos números anteriores devem ser conformes com as decisões da Comissão Europeia adoptadas ao abrigo do procedimento previsto no artigo 13º-A da Directiva nº 2002/21/CE, do Parlamento Europeu e do Conselho, de 7 de Março, alterada pela Directiva nº 2009/140/CE, do Parlamento Europeu e do Conselho, de 25 de Novembro, e, na sua ausência, devem basear-se nas normas europeias e internacionais existentes sobre a matéria.

4 – A adopção das medidas de execução referidas nos nºs 1 e 2 está sujeita ao procedimento geral de consulta previsto no artigo 8º

### Artigo 54º-D – Requisitos adicionais

Para além das medidas técnicas de execução previstas no artigo anterior, a ARN, para efeitos do disposto no artigo 54º-A, pode fixar às empresas que oferecem redes de comunicações públicas ou serviços de comunicações electrónicas acessíveis ao público requisitos adicionais mais exigentes, nomeadamente, determinando o seguinte:

*a*) A indicação de um ponto de contacto permanente, para efeitos do disposto no presente capítulo;

*b*) A elaboração de um plano actualizado que contemple todas as medidas técnicas e organizacionais adoptadas;

*c*) A realização de exercícios de avaliação e melhoria das medidas técnicas e organizacionais adoptadas, bem como a participação em exercícios conjuntos;

*d*) A elaboração e apresentação à ARN de relatório anual nos termos a fixar, incluindo, nomeadamente, a experiência recolhida com incidentes de segurança.

### Artigo 54º-E – Obrigações de informação da ARN

Compete à ARN:

*a*) Informar as autoridades reguladoras competentes dos demais Estados membros e a Agência Europeia para a Segurança das Redes e da Informação (ENISA) sempre que entenda que a dimensão ou gravidade das violações de segurança ou das perdas de integridade comunicadas nos termos do artigo 54º-B o justificam;

*b*) Informar o público pelos meios mais adequados das violações de segurança ou das perdas de integridade ou determinar às empresas que oferecem redes de comunicações públicas ou serviços de comunicações electrónicas acessíveis ao público que o façam quando tal seja considerado pela ARN como de interesse público;

*c*) Apresentar, anualmente, à Comissão Europeia e à ENISA um relatório resumido sobre as comunicações de violações de segurança ou de perdas de integridade, efectuadas nos termos do artigo 54º-B, bem como das medidas tomadas.

### Artigo 54º-F – Auditorias e prestação de informações

1 – Compete à ARN determinar às empresas que oferecem redes de comunicações públicas ou serviços de comunicações electrónicas acessíveis ao público a realização, através de entidades auditoras independentes e a expensas suas, de auditoria à segurança das suas redes e serviços, bem como o envio à ARN de relatório com os resultados da mesma.

2 – Para efeitos do disposto no número anterior:

*a*) Compete à ARN estabelecer os requisitos a que devem obedecer as auditorias previstas no número anterior, nomeadamente quanto ao seu âmbito, periodicidade, procedimentos e normas de referência, bem como quanto aos requisitos aplicáveis às entidades auditoras;

*b*) As empresas que oferecem redes de comunicações públicas ou serviços de comunicações electrónicas acessíveis ao público devem:

*i*) Submeter previamente à ARN a aprovação da entidade auditora;

*ii*) Enviar à ARN, em prazo razoável, o plano de correcção das não conformidades constantes do relatório de auditoria.

3 – Pode ainda a ARN, ou outra entidade independente por si designada, efectuar auditoria de segurança às redes e aos serviços, nomeadamente em caso de violação de segurança ou perda de integridade.

4 – Tendo em vista avaliar a segurança ou a integridade das redes e serviços, compete à ARN, nos termos dos artigos 108º e 109º, exigir às empresas referidas no nº 1 a prestação de todas as informações necessárias, incluindo documentação referente a políticas de segurança.

### Artigo 54º-G – Instruções vinculativas e investigação

1 – Para efeitos do disposto nos artigos 54º-A e 54º-B e no âmbito das medidas técnicas de execução e dos requisitos adicionais adoptados, a ARN pode emitir instruções vinculativas às empresas que oferecem redes de comunicações públicas ou serviços de comunicações electrónicas acessíveis ao público, incluindo a fixação de prazos de execução.

2 – Compete à ARN investigar os casos de incumprimento das disposições e obrigações constantes do presente capítulo e seus efeitos sobre a segurança e integridade das redes.

## TÍTULO IV – Análise de mercados e controlos regulamentares

## CAPÍTULO I – Procedimento de análise de mercado e de imposição de obrigações

### Artigo 55º – Âmbito e princípios gerais

1 – O presente título aplica-se às empresas que oferecem redes e serviços acessíveis ao público.

2 – A análise de mercado e a imposição de obrigações regulamentares específicas devem obedecer ao princípio da fundamentação plena da aplicação de obrigações regulamentares específicas.

3 – Na fundamentação das decisões de aplicação de obrigações regulamentares específicas deve a ARN, cumulativamente, demonstrar que a obrigação imposta:

*a*) É adequada ao problema identificado, proporcional e justificada à luz dos objectivos básicos consagrados no artigo 5º do presente diploma;

*b*) É objectivamente justificável em relação às redes, serviços ou infra-estruturas a que se refere;

*c*) Não origina uma discriminação indevida relativamente a qualquer entidade;

*d*) É transparente em relação aos fins a que se destina.

**Artigo 56º – Competência**

Compete à ARN, de acordo com as regras previstas no presente título:

*a*) Definir os mercados relevantes de produtos e serviços, tendo em conta a recomendação da Comissão Europeia emitida ao abrigo da Directiva nº 2002/21/CE, do Parlamento Europeu e do Conselho, de 7 de Março, alterada pela Directiva nº 2009/140/CE, do Parlamento Europeu e do Conselho, de 25 de Novembro, adiante designada por recomendação da Comissão Europeia, bem como outros mercados relevantes nela não previstos;

*b*) Determinar se um mercado relevante é ou não efectivamente concorrencial;

*c*) Declarar as empresas com poder de mercado significativo nos mercados relevantes;

*d*) Impor, manter, alterar ou suprimir obrigações às empresas com ou sem poder de mercado significativo, incluindo a imposição de condições técnicas ou operacionais aplicáveis ao fornecedor e ou beneficiário do acesso.

**Artigo 57º – Procedimento específico de consulta**

1 – Sempre que as decisões a adoptar nos termos do artigo anterior sejam susceptíveis de afectar o comércio entre os Estados membros, deve a ARN, após a conclusão do procedimento geral de consulta previsto no artigo 8º, observar o seguinte procedimento destinado à consolidação do mercado interno:

*a*) Tornar acessível por meio adequado, simultaneamente à Comissão Europeia, ao ORECE e às autoridades reguladoras nacionais dos restantes Estados membros, o projecto de decisão fundamentado indicando as informações que sejam confidenciais;

*b*) Notificar a Comissão Europeia, o ORECE e as autoridades reguladoras nacionais dos restantes Estados membros de que o projecto de decisão se encontra acessível e qual o meio disponibilizado para o acesso.

2 – A Comissão Europeia, o ORECE e as autoridades reguladoras nacionais podem pronunciar-se sobre o projecto de decisão no prazo de um mês, o qual não pode ser prorrogado.

3 – A ARN, após análise das observações recebidas, as quais devem ser tidas em conta, ou na ausência das mesmas, pode aprovar a decisão definitiva, comunicando-a à Comissão Europeia e ao ORECE.

4 – Exceptuam-se do disposto no número anterior os projectos de decisão da ARN relativos às seguintes matérias sempre que se verifique alguma das condições referidas no nº 5:

*a*) Definição de mercados relevantes diferentes dos indicados na recomendação da Comissão Europeia;

*b*) Designação ou não de uma empresa com poder de mercado significativo, quer individual quer conjuntamente com outras.

5 – Quando esteja em causa um projecto de decisão referido no número anterior que afecte o comércio entre os Estados membros e sempre que a Comissão Europeia, no âmbito do procedimento previsto no nº 2, tenha informado a ARN que considera que o projecto de decisão é susceptível de criar um entrave ao mercado interno, ou que tem sérias dúvidas quanto à sua compatibilidade com o direito comunitário, designadamente com os objectivos de regulação enunciados no artigo 5º, a ARN deve adiar a aprovação do projecto de decisão por um prazo adicional de dois meses, improrrogável.

6 – Quando, no prazo de dois meses referido no número anterior, a Comissão Europeia, após parecer do ORECE e nos termos do procedimento previsto na Directiva nº 2002/21/CE, do Parlamento Europeu e do Conselho, de 7 de Março, alterada pela Directiva nº 2009/140/CE, do Parlamento Europeu e do Conselho, de 25 de Novembro, solicitar fundamentadamente à ARN que retire o projecto de decisão, indicando propostas específicas de alteração, a ARN, no prazo de seis meses a contar da data de notificação dessa decisão, deve:

*a*) Retirar o projecto de decisão, comunicando essa decisão à Comissão Europeia e ao ORECE;

*b*) Alterar o projecto de decisão, submetendo-o novamente aos procedimentos geral e específico de consulta, previstos, respectivamente, no artigo 8º e no presente artigo.

7 – Se, no prazo de dois meses previsto no número anterior, a Comissão Europeia decidir retirar as suas reservas sobre o projecto de decisão, pode a ARN adoptar a decisão definitiva, comunicando-a à Comissão Europeia e ao ORECE.

8 – O procedimento estabelecido no presente artigo pode não ser aplicado nos casos previstos nas recomendações ou orientações da Comissão Europeia, aprovadas ao abrigo do procedimento previsto na Directiva nº 2002/21/CE, do Parlamento Europeu e do Conselho, de 7 de Março, alterada pela Directiva nº 2009/140/CE, do Parlamento Europeu e do Conselho, de 25 de Novembro.

### Artigo 57º-A – Procedimento para aplicação coerente de obrigações regulamentares

1 – Sempre que o projecto de medida sujeito ao procedimento específico de consulta vise impor, manter, alterar ou suprimir obrigações a empresas com ou

sem poder de mercado significativo previstas na alínea d) do artigo 56º e a ARN seja notificada fundamentadamente pela Comissão Europeia, no prazo de um mês previsto no nº 2 do artigo anterior, de que esta considera que o projecto criaria um obstáculo ao mercado único ou que tem sérias dúvidas quanto à sua compatibilidade com o direito comunitário, a ARN deve adiar a aprovação do projecto de decisão por um prazo de três meses a contar da notificação da Comissão Europeia.

2 – Durante o prazo referido no número anterior, a Comissão Europeia, o ORECE e a ARN cooperam estreitamente com o objectivo de identificar a medida mais apropriada e eficaz à luz dos objectivos de regulação estabelecidos no artigo 5º, tendo em conta, simultaneamente, os pontos de vista dos intervenientes no mercado, que se pronunciaram no âmbito do respectivo procedimento geral de consulta, e a necessidade de garantir o desenvolvimento de uma prática reguladora coerente.

3 – Quando, no prazo de seis semanas a contar do início do período de três meses referido no nº 1, o ORECE emitir e publicitar um parecer sobre a notificação da Comissão Europeia indicando que partilha das suas dúvidas sobre o projecto de decisão da ARN e que este deve ser alterado ou retirado, apresentando propostas específicas de alteração, a ARN deve cooperar estreitamente com o ORECE tendo em vista identificar a medida mais apropriada e eficaz, podendo, antes do final do mesmo período de três meses, tomar uma das seguintes decisões:

*a*) Alterar ou retirar o projecto de decisão, tendo em conta a notificação da Comissão Europeia prevista no nº 1, bem como o parecer e cooperação do ORECE;

*b*) Manter o projecto de decisão.

4 – Quando o ORECE não partilhar das dúvidas da Comissão Europeia, não emitir parecer ou a ARN alterar ou mantiver o projecto de decisão, tudo nos termos do número anterior, e a Comissão Europeia, no prazo de um mês após o termo do período de três meses referido no nº 1, emitir uma recomendação à ARN no sentido de alterar ou retirar o projecto de decisão, incluindo propostas específicas, ou decidir retirar as suas reservas, a ARN deve, no prazo de um mês a contar da adopção da referida recomendação ou decisão, comunicar à Comissão Europeia e ao ORECE a decisão definitiva aprovada, acompanhada de uma justificação fundamentada quando não tenha acolhido a recomendação da Comissão Europeia.

5 – O prazo de um mês previsto na segunda parte do número anterior pode ser prorrogado nos casos em que a ARN, previamente à aprovação da sua decisão definitiva, submeta o projecto de decisão alterado ao procedimento geral de consulta previsto no artigo 8º

6 – A ARN pode retirar o projecto de medida em qualquer fase do procedimento.

## CAPÍTULO II – Definição e análise de mercado

### Artigo 58º – Definição de mercados

1 – Compete à ARN definir os mercados relevantes de produtos e serviços do sector das comunicações electrónicas, incluindo os mercados geográficos relevantes, em conformidade com os princípios do direito da concorrência.

2 – Na definição de mercados, deve a ARN, em função das circunstâncias nacionais, ter em conta a recomendação da Comissão Europeia que identifica, de acordo com os princípios do direito da concorrência, os mercados relevantes de produtos e serviços cujas características podem justificar a imposição de obrigações regulamentares específicas e as «linhas de orientação para a análise de mercado e avaliação do poder de mercado significativo», adiante designadas por linhas de orientação.

3 – A ARN pode definir mercados diferentes dos constantes da recomendação da Comissão Europeia, sendo aplicável o procedimento previsto no artigo 57º

4 – *(Revogado.)*

### Artigo 59º – Análise dos mercados

1 – Compete à ARN analisar os mercados relevantes definidos nos termos do artigo anterior, tendo em conta as linhas de orientação.

2 – No âmbito da análise dos mercados, compete à ARN determinar se cada um dos mercados é ou não efectivamente concorrencial para efeitos da imposição, manutenção, alteração ou supressão de obrigações previstas no presente título.

3 – Caso a ARN conclua que um mercado é efectivamente concorrencial deve abster-se de impor qualquer obrigação regulamentar específica e, se estas existirem, deve suprimi-las, informando antecipadamente do facto as partes abrangidas.

4 – Caso a ARN determine que um mercado relevante não é efectivamente concorrencial, compete-lhe determinar quais as empresas que, individualmente ou em conjunto com outras, têm poder de mercado significativo nesse mercado e impor-lhes as obrigações regulamentares específicas adequadas ou manter ou alterar essas obrigações caso já existam.

5 – Caso a Comissão Europeia, mediante decisão tomada nos termos da Directiva nº 2002/21/CE, do Parlamento Europeu e do Conselho, de 7 de Março, alterada pela Directiva nº 2009/140/CE, do Parlamento Europeu e do Conselho,

de 25 de Novembro, identifique mercados transnacionais, a ARN deve proceder, juntamente com as demais autoridades reguladoras nacionais envolvidas, a uma análise conjunta do mercado ou mercados em causa, tendo em conta as linhas de orientação, de modo a pronunciarem-se sobre a imposição, manutenção, alteração ou supressão das obrigações previstas no presente título.

6 – *(Revogado.)*

### Artigo 59º-A – Revisão da análise de mercados

1 – A ARN deve proceder à análise dos mercados, no prazo de dois anos a contar da aprovação, pela Comissão Europeia, de uma recomendação revista sobre os mercados relevantes, no caso de mercados que a ARN não tenha notificado previamente à Comissão Europeia ao abrigo do artigo 57º

2 – A análise dos mercados deve ser revista:

*a*) No prazo de três anos a contar da aprovação da análise mais recente do mercado em causa;

*b*) Quando a ARN entenda justificável.

3 – O prazo previsto na alínea a) do número anterior pode ser excepcionalmente prorrogado por um período adicional de três anos, mediante a apresentação, pela ARN à Comissão Europeia, de uma proposta de prorrogação devidamente justificada, relativamente à qual a Comissão Europeia não levante objecções no prazo de um mês a contar da sua apresentação.

4 – Quando a ARN não conclua a análise de um mercado relevante nos prazos previstos nos números anteriores, consoante os casos, deve solicitar a assistência do ORECE de modo que, no prazo de seis meses, a respectiva análise e imposição de obrigações regulamentares esteja concluída e seja notificada ao abrigo do artigo 57º

### Artigo 60º – Poder de mercado significativo

1 – Para efeitos do disposto na presente lei, considera-se que uma empresa tem poder de mercado significativo se, individualmente ou em conjunto com outras, gozar de uma posição equivalente a uma posição dominante, ou seja, de uma posição de força económica que lhe permita agir, em larga medida, independentemente dos concorrentes, dos clientes e dos consumidores.

2 – A ARN, ao avaliar se duas ou mais empresas gozam de uma posição dominante conjunta num mercado, deve deliberar em conformidade com o direito comunitário e tomar em conta as linhas de orientação.

3 – A ARN pode considerar que duas ou mais empresas gozam de uma posição dominante conjunta quando, mesmo na ausência de relações estruturais ou outras entre elas, operam num mercado que se caracteriza por uma falta de

concorrência efectiva e no qual nenhuma empresa comum tenha poder de mercado significativo.

4 – Sem prejuízo da jurisprudência do Tribunal de Justiça das Comunidades Europeias sobre dominância conjunta, a ARN deve, na sua avaliação, utilizar critérios baseados em determinadas características do mercado em análise em termos de concentração, ponderando designadamente os seguintes factores:

*a*) *(Revogada.)*

*b*) *(Revogada.)*

*c*) Pouca elasticidade da procura;

*d*) *(Revogada.)*

*e*) *(Revogada.)*

f) Quotas de mercado semelhantes;

g) *(Revogada.)*

*h*) Integração vertical com recusa colectiva de fornecimento;

*i*) Barreiras legais ou económicas elevadas ao acesso;

*j*) Falta de um contrapoder dos compradores;

*l*) Falta de concorrência potencial;

*m*) *(Revogada.)*

*n*) *(Revogada.)*

*o*) *(Revogada)*.

5 – Caso uma empresa tenha um poder de mercado significativo num mercado específico, pode considerar-se que também o detém num mercado adjacente se as ligações entre os dois mercados forem de molde a permitir a essa empresa utilizar neste mercado adjacente, por alavancagem, o poder detido no primeiro reforçando o seu poder de mercado.

6 – Nos casos previstos no número anterior, a ARN pode impor, no mercado adjacente, obrigações destinadas a impedir o efeito de alavancagem, em conformidade com os artigos 67º, 68º, 69º, 70º, 71º, 74º, 75º e 76º e, se estas se revelarem insuficientes, em conformidade com o artigo 85º

### Artigo 61º – Cooperação com a Autoridade da Concorrência

Os projectos de decisão da ARN relativos à análise dos mercados e à determinação de detenção ou não de poder de mercado significativo estão sujeitos a parecer prévio da Autoridade da Concorrência, o qual deve ser emitido no prazo de 30 dias contados da respectiva solicitação.

## CAPÍTULO III - Acesso e interligação

### SECÇÃO I - Disposições gerais

#### Artigo 62º - Liberdade de negociação

As empresas que oferecem redes e serviços de comunicações electrónicas podem negociar e acordar entre si modalidades técnicas e comerciais de acesso e interligação, sem prejuízo das competências da ARN previstas no presente capítulo.

#### Artigo 63º - Competências da ARN

1 - No exercício das competências previstas no presente capítulo, a ARN deve, em conformidade com os objectivos de regulação previstos no artigo 5º, incentivar e, quando oportuno, garantir o acesso e a interligação adequados, bem como a interoperabilidade de serviços, com vista a promover a eficiência, a concorrência sustentável, o investimento eficiente e a inovação e a proporcionar o máximo benefício aos utilizadores finais.

2 - Compete à ARN:

*a*) Determinar obrigações em matéria de acesso e interligação às empresas que oferecem redes e serviços de comunicações electrónicas;

*b*) Intervir por iniciativa própria quando justificado, incluindo em acordos já celebrados, ou, na falta de acordo entre as empresas, a pedido de qualquer das partes envolvidas nos termos dos artigos 10º a 12º, a fim de garantir os objectivos estabelecidos no artigo 5º, de acordo com o disposto na presente lei.

3 - Os operadores devem cumprir as obrigações na forma, no modo e no prazo determinados pela ARN.

#### Artigo 64º - Condições de acesso e interligação

1 - Os termos e condições de oferta de acesso e interligação devem respeitar as obrigações impostas pela ARN nesta matéria.

2 - Os operadores têm o direito e, quando solicitados por outros no exercício do direito previsto na alínea a) do artigo 22º, a obrigação de negociar a interligação entre si com vista à prestação dos serviços de comunicações electrónicas acessíveis ao público por forma a garantir a oferta e interoperabilidade de serviços.

3 - A propriedade do tráfego pertence à empresa que explora a rede ou presta o serviço onde o tráfego é originado, salvo acordo em contrário, podendo o respectivo encaminhamento, bem como o ponto de entrega, ser livremente negociado entre as partes.

4 - No caso de acordos transfronteiriços, a empresa que requer o acesso ou a interligação não necessita de estar abrangida pelo regime de autorização geral

previsto na presente lei desde que não ofereça redes e serviços de comunicações electrónicas em território nacional.

### Artigo 65º - Confidencialidade

1 - As empresas devem respeitar a confidencialidade das informações recebidas, transmitidas ou armazenadas antes, no decurso ou após os processos de negociação e celebração de acordos de acesso ou interligação e utilizá-las exclusivamente para os fins a que se destinam.

2 - As informações recebidas não devem ser transmitidas a outras partes, incluindo outros departamentos, filiais ou empresas associadas, relativamente às quais o conhecimento destas possa constituir uma vantagem competitiva.

3 - O disposto nos números anteriores não prejudica o exercício dos poderes de supervisão e fiscalização da ARN, nomeadamente quanto às informações exigidas nos termos do artigo 108º

## SECÇÃO II - Obrigações aplicáveis a empresas com poder de mercado significativo

### Artigo 66º - Imposição, manutenção, alteração ou supressão de obrigações

1 - Compete à ARN determinar a imposição, manutenção, alteração ou supressão das seguintes obrigações em matéria de acesso ou interligação aplicáveis às empresas declaradas com poder de mercado significativo:

*a*) Obrigação de transparência na publicação de informações, incluindo propostas de referência, nos termos dos artigos 67º a 69º;

*b*) Obrigação de não discriminação na oferta de acesso e interligação e na respectiva prestação de informações, nos termos do artigo 70º;

*c*) Obrigação de separação de contas quanto a actividades específicas relacionadas com o acesso e ou a interligação, nos termos do artigo 71º;

*d*) Obrigação de dar resposta aos pedidos razoáveis de acesso, nos termos do artigo 72º;

*e*) Obrigação de controlo de preços e de contabilização de custos, nos termos dos artigos 74º a 76º;

*f*) Obrigação de separação funcional, nos termos do artigo 76º-A.

2 - Para efeitos do disposto no número anterior, a ARN deve impor as obrigações adequadas atendendo à natureza do problema identificado, as quais devem ser proporcionadas e justificadas relativamente aos objectivos fixados no artigo 5º

3 - As obrigações referidas no nº 1 não podem ser impostas a empresas sem poder de mercado significativo, salvo nos casos previstos na presente lei ou quando tal seja necessário para respeitar compromissos internacionais.

4 – Excepcionalmente e quando adequado, a ARN pode impor aos operadores declarados com poder de mercado significativo obrigações para além das previstas nas alíneas a) a e) do nº 1, mediante autorização prévia da Comissão Europeia, nos termos da Directiva nº 2002/19/CE, do Parlamento Europeu e do Conselho, de 7 de Março, alterada pela Directiva nº 2009/140/CE, do Parlamento Europeu e do Conselho, de 25 de Novembro, para o que deve submeter-lhe previamente um projecto de decisão.

**Artigo 67º – Obrigação de transparência**

1 – A obrigação de transparência consiste na exigência de publicitar, de forma adequada, as informações relativas à oferta de acesso e interligação do operador, nomeadamente informações contabilísticas, especificações técnicas, características da rede, termos e condições de oferta e utilização, incluindo preços e todas as condições que limitam o acesso ou a utilização de serviços e aplicações, desde que permitidas pela lei ou pela regulamentação aplicáveis.

2 – Para efeitos do disposto no número anterior, compete à ARN definir as informações a publicitar, bem como a forma e o modo da sua publicitação.

**Artigo 68º – Ofertas de referência**

1 – A ARN pode determinar, nomeadamente aos operadores que estejam também sujeitos a obrigações de não discriminação, a publicação de ofertas de referência de acesso ou interligação, consoante os casos, as quais devem:

*a*) Ser suficientemente desagregadas de modo a assegurar que as empresas não sejam obrigadas a pagar por recursos que não sejam necessários para o serviço requerido;

*b*) Apresentar uma descrição das ofertas pertinentes repartidas por componentes, de acordo com as necessidades do mercado;

*c*) Apresentar a descrição dos termos e condições associadas, incluindo os preços.

2 – Para efeitos do disposto no número anterior, a ARN pode determinar os elementos mínimos que devem constar das ofertas de referência, especificando as informações exactas a disponibilizar, o nível de pormenor exigido e o modo de publicitação.

3 – A ARN pode ainda determinar:

*a*) Alterações às ofertas de referência publicitadas, a qualquer tempo e se necessário com efeito retroactivo, por forma a tornar efectivas as obrigações impostas em conformidade com o disposto no artigo 66º;

*b*) A incorporação imediata nos acordos celebrados das alterações impostas desde que as mesmas sejam de conteúdo certo e suficiente.

**Artigo 69º – Elementos mínimos a incluir nas ofertas de referência**

1 – Sempre que um operador esteja sujeito à obrigação de oferta de acesso grossista à infra-estrutura de rede, incluindo o acesso desagregado ao lacete local, deve publicar uma oferta de referência contendo, no mínimo, os seguintes elementos, sem prejuízo do disposto no nº 2 do artigo anterior:

*a*) Condições para o acesso desagregado ao lacete local;

*b*) Partilha de locais;

*c*) Sistemas de informação;

*d*) Condições de oferta.

2 – Para efeitos do disposto na alínea a) do número anterior, deve ser especificado o seguinte:

*a*) Informação detalhada, incluindo localização, relativa aos pontos de acesso físico e elementos da rede que são objecto da oferta de acesso, incluindo os equipamentos associados, abrangendo, em especial, o acesso desagregado (incluindo a disponibilidade dos lacetes e sublacetes locais), completo e partilhado, os armários e os repartidores das centrais, e incluindo, quando for o caso, o acesso a recursos e infra-estruturas que permitam a instalação de redes de acesso e transporte por parte dos beneficiários, como condutas e infra-estrutura associada, e caminhos de cabos no interior das centrais locais ou dos pontos de atendimento;

*b*) *(Revogada.)*

*c*) Condições técnicas relacionadas com o acesso e a utilização dos lacetes e sublacetes locais, incluindo as características técnicas do acesso metálico e ou da fibra óptica e ou equivalente, dos repartidores de cabos, dos serviços conexos e, quando for o caso, condições técnicas de acesso às condutas e infra-estrutura associada;

*d*) Procedimentos de encomenda e oferta e restrições de utilização.

3 – Para efeitos do disposto na alínea b) do nº 1, deve ser especificado o seguinte:

*a*) Informações actualizadas sobre os locais existentes relevantes do operador com poder de mercado significativo ou localizações dos equipamentos e actualização prevista dos mesmos, podendo a disponibilidade destas informações limitar-se exclusivamente às partes interessadas por razões de segurança pública;

*b*) Opções de co-instalação nos locais identificados na alínea anterior, incluindo a co-instalação física (em espaço aberto) e, se adequado, a co-instalação remota e a partilha virtual;

*c*) Características do equipamento, incluindo eventuais restrições aos equipamentos que podem ser instalados em regime de co-instalação;

*d*) Normas de segurança, incluindo medidas adoptadas pelos operadores notificados para garantir a segurança das suas instalações;

*e*) Condições de acesso do pessoal dos operadores beneficiários do acesso, incluindo as condições para que os beneficiários possam visitar os locais em que é possível a co-instalação ou os locais cuja co-instalação foi recusada por motivos de falta de capacidade;

*f*) *(Revogada.)*

*g*) Regras para a repartição de espaço a partilhar quando o mesmo é limitado;

*h*) *(Revogada.)*

4 – Para efeitos do disposto na alínea c) do nº 1, devem ser especificadas as condições de acesso aos sistemas de apoio operacional do operador notificado, sistemas de informação ou bases de dados para pré-encomenda, aprovisionamento, encomenda, pedidos de manutenção e reparação e facturação.

5 – Para efeitos do disposto na alínea d) do nº 1, deve ser especificado o seguinte:

*a*) Tempo necessário para responder aos pedidos de fornecimento de serviços e recursos, acordos de nível de serviço, resolução de deficiências, procedimentos de reposição do nível normal de serviço e parâmetros de qualidade do serviço;

*b*) Termos contratuais habituais, incluindo, sempre que adequado, compensações pela incapacidade de cumprir os prazos de resposta aos pedidos;

*c*) Preços ou fórmulas de fixação de preços para cada característica, função e recurso previstos.

### Artigo 70º – Obrigação de não discriminação

A imposição da obrigação de não discriminação consiste, nomeadamente, na exigência de, em circunstâncias equivalentes, aplicar condições equivalentes a outras empresas que ofereçam serviços equivalentes e prestar serviços e informações a terceiros em condições e com qualidade idênticas às dos serviços e informações oferecidos aos seus próprios departamentos ou aos departamentos das suas filiais ou empresas associadas.

### Artigo 71º – Obrigação de separação de contas

1 – A imposição da obrigação de separação de contas relativamente a actividades específicas relacionadas com o acesso e interligação consiste, nomeadamente, na exigência de os operadores, em especial os verticalmente integrados, apresentarem os seus preços por grosso e os seus preços de transferência interna de forma transparente com o objectivo, entre outros, de garantir o cumprimento da obrigação de não discriminação, quando aplicável, ou se necessário para impedir subvenções cruzadas.

2 – Para efeitos do disposto no número anterior, a ARN pode especificar o formato e a metodologia contabilística a utilizar.

3 – Os operadores estão obrigados a disponibilizar à ARN, mediante pedido, os seus registos contabilísticos, incluindo os dados sobre receitas provenientes de terceiros, tendo em vista a verificação do cumprimento das obrigações de transparência e não discriminação.

4 – A ARN pode publicar as informações que lhe foram disponibilizadas ao abrigo do disposto no número anterior na medida em que contribuam para um mercado aberto e concorrencial e respeitando a confidencialidade comercial das mesmas.

### Artigo 72º – Obrigações de acesso e utilização de recursos de rede específicos

1 – A ARN pode impor aos operadores a obrigação de dar resposta aos pedidos razoáveis de acesso e utilização de elementos de rede específicos e recursos conexos, nomeadamente nas situações em que a recusa de acesso ou a fixação de condições não razoáveis prejudicariam a emergência de um mercado concorrencial sustentável a nível retalhista ou os interesses dos utilizadores finais.

2 – No exercício da competência prevista no número anterior, a ARN pode, nomeadamente, impor aos operadores as seguintes obrigações:

*a*) Conceder a terceiros o acesso a elementos e ou recursos de rede específicos, incluindo o acesso a elementos da rede que não se encontrem activos e ou o acesso desagregado ao lacete local;

*b*) Não retirar o acesso já concedido a determinados recursos;

*c*) Interligar redes ou recursos de rede;

*d*) Proporcionar a partilha de locais ou outras formas de partilha de recursos, incluindo a partilha de condutas, edifícios ou postes;

*e*) Oferecer serviços específicos a fim de garantir aos utilizadores a interoperabilidade de serviços de extremo-a-extremo, incluindo recursos para serviços de rede inteligentes ou itinerância (roaming) em redes móveis;

*f*) Conceder acesso aberto às interfaces técnicas, protocolos ou outras tecnologias chave que sejam indispensáveis para a interoperabilidade dos serviços ou serviços de rede virtuais;

*g*) Oferecer serviços grossistas específicos para revenda por terceiros;

*h*) Oferecer acesso a sistemas de apoio operacional ou a sistemas de software similares necessários para garantir uma concorrência leal no fornecimento de serviços;

*i*) Oferecer acesso a serviços associados, tais como identidade, localização e serviço de presença;

*j*) Permitir a selecção e pré-selecção de operador e ou a oferta de re-aluguer da linha de assinante;

*l*) Negociar de boa-fé com as empresas que pedem acesso.

3 – A imposição das obrigações previstas no número anterior pode ser acompanhada da previsão pela ARN de condições de justiça, razoabilidade e oportunidade no seu cumprimento.

4 – Na decisão de impor ou não as obrigações previstas nos números anteriores, nomeadamente na avaliação da proporcionalidade da sua aplicação face aos objectivos de regulação previstos no artigo 5º, a ARN deve ter especialmente em conta os seguintes factores:

*a*) Viabilidade técnica e económica da utilização ou instalação de recursos concorrentes, em função do ritmo de desenvolvimento do mercado, tendo em conta a natureza e o tipo da interligação e ou do acesso em causa, incluindo a viabilidade de outros produtos de acesso a montante, tais como o acesso a infra-estrutura, nomeadamente a condutas;

*b*) Viabilidade de oferta do acesso proposto face à capacidade disponível;

*c*) Investimento inicial do proprietário dos recursos, tendo em conta o investimento público realizado e os riscos envolvidos na realização do investimento;

*d*) Necessidade de salvaguarda da concorrência a longo prazo, atribuindo particular atenção a uma concorrência eficiente em termos económicos, a nível das infra-estruturas;

*e*) Eventuais direitos de propriedade intelectual pertinentes, quando adequado;

*f*) Oferta de serviços pan-europeus.

### Artigo 73º – Condições técnicas e operacionais

1 – Quando necessário para garantir o funcionamento normal da rede, ao impor as obrigações previstas no artigo anterior, a ARN pode estabelecer condições técnicas ou operacionais aplicáveis ao fornecedor e ou ao beneficiário do acesso.

2 – Quando as condições impostas nos termos do número anterior se refiram à aplicação de normas ou especificações técnicas específicas, devem obedecer às regras aplicáveis em matéria de normalização, nos termos do artigo 29º

### Artigo 74º – Obrigação de controlo de preços e de contabilização de custos

1 – Quando uma análise de mercado indique que uma potencial falta de concorrência efectiva implica que os operadores possam manter os preços a um nível excessivamente elevado ou possam aplicar uma compressão da margem de preços em detrimento dos utilizadores finais, a ARN pode impor obrigações de amortização de custos e controlo de preços, incluindo a obrigação de orientação dos preços para os custos e a obrigação de adoptar sistemas de contabilização de custos, para fins de oferta de tipos específicos de acesso ou interligação.

2 – Ao impor as obrigações referidas no número anterior, a ARN deve:

*a*) Ter em consideração o investimento realizado pelo operador, nomeadamente nas redes de nova geração, permitindo-lhe uma taxa razoável de rentabilidade sobre o capital investido, que reflicta todos os riscos inerentes a um novo projecto de investimento em redes;

*b*) Assegurar que os mecanismos de amortização de custos ou as metodologias obrigatórias em matéria de fixação de preços promovam a eficiência e a concorrência sustentável e maximizem os benefícios para o consumidor, podendo também ter em conta nesta matéria os preços disponíveis nos mercados concorrenciais comparáveis.

### Artigo 75º – Demonstração da orientação para os custos

1 – Os operadores sujeitos à obrigação de orientação dos preços para os custos devem demonstrar que os encargos se baseiam nos custos, incluindo uma taxa razoável de rentabilidade sobre os investimentos realizados.

2 – A ARN pode exigir ao operador que justifique plenamente os seus preços e, quando adequado, pode determinar o seu ajustamento.

3 – A ARN pode utilizar métodos contabilísticos independentes dos adoptados pelos operadores para efeitos do cálculo do custo da prestação eficiente dos serviços.

### Artigo 76º – Verificação dos sistemas de contabilização de custos

1 – Compete à ARN, ou a outra entidade independente por si designada, efectuar uma auditoria anual ao sistema de contabilização de custos destinado a permitir o controlo de preços de modo a verificar a sua conformidade, bem como emitir e publicar a respectiva declaração.

2 – Compete à ARN disponibilizar ao público a descrição dos sistemas de contabilização de custos referidos no número anterior, apresentando, no mínimo, as categorias principais nas quais os custos são agrupados e as regras utilizadas para a respectiva imputação.

### Artigo 76º-A – Obrigação de separação funcional

1 – Quando a ARN conclua que as obrigações impostas nos termos dos artigos 67º a 76º não permitiram garantir uma concorrência eficaz e que persistem problemas de concorrência ou falhas de mercado relevantes em relação ao fornecimento grossista de determinados mercados de produtos de acesso, a ARN pode, como medida excepcional, nos termos do nº 4 do artigo 66º, impor às empresas verticalmente integradas a obrigação de afectarem as actividades relacionadas com o fornecimento grossista de produtos de acesso relevantes a uma entidade empresarial operacionalmente independente.

2 – A entidade operacionalmente independente referida no número anterior deve fornecer produtos e serviços de acesso a todas as empresas, incluindo a outras entidades empresariais da empresa-mãe, nos mesmos prazos, termos e condições, nomeadamente no que respeita a preços e níveis de serviço, e através dos mesmos sistemas e processos.

3 – Sempre que pretenda impor uma obrigação de separação funcional, a ARN deve apresentar uma proposta à Comissão Europeia, da qual devem constar os seguintes elementos:

*a*) Provas que justifiquem as conclusões da ARN referidas no nº 1;

*b*) Demonstração de que, num prazo razoável, existem poucas ou nenhumas perspectivas de concorrência a nível das infra-estruturas;

*c*) Análise do impacte previsto na ARN, na empresa, em particular na força de trabalho da empresa operacionalmente independente e no sector das comunicações electrónicas no seu conjunto, e nos seus incentivos para investir na própria rede, e do impacte noutros interessados, incluindo o impacte previsto na concorrência entre infra-estruturas, e dos eventuais efeitos daí decorrentes para os consumidores;

*d*) Análise das razões que justificam que esta obrigação é a forma mais eficiente de aplicar soluções destinadas a corrigir as deficiências ou os problemas identificados.

4 – Juntamente com a proposta referida no número anterior, a ARN deve submeter à Comissão Europeia o projecto de decisão que pretende adoptar, o qual deve incluir os seguintes elementos:

*a*) Natureza exacta e nível de separação, precisando, nomeadamente, o estatuto jurídico da entidade empresarial operacionalmente independente;

*b*) Identificação dos activos da entidade separada e dos produtos ou serviços a fornecer por esta;

*c*) Disposições de governação que garantam a independência dos trabalhadores da entidade empresarial operacionalmente independente e a correspondente estrutura de incentivos;

*d*) Regras para garantir o cumprimento das obrigações;

e) Regras para garantir a transparência dos procedimentos operacionais, nomeadamente em relação aos outros interessados;

*f*) Programa de monitorização para garantir a observância da medida a impor, incluindo a publicação de um relatório anual.

5 – Após a decisão da Comissão Europeia sobre o projecto de medida, tomada nos termos do nº 4 do artigo 66º, a ARN efectua uma análise coordenada dos diferentes mercados relacionados com a rede de acesso, de acordo com o procedimento previsto no artigo 59º, com base na qual impõe, mantém, altera ou suprime obrigações, em conformidade com os artigos 8º, 57º e 57º-A.

6 – Para efeitos do número anterior, uma empresa à qual seja imposta a separação funcional pode estar sujeita a qualquer das obrigações previstas nos artigos 67º a 76º, em qualquer mercado específico em que tenha sido designada com poder de mercado significativo pela ARN, em conformidade com o artigo 59º, ou a quaisquer outras obrigações autorizadas pela Comissão Europeia, nos termos do nº 4 do artigo 66º

**Artigo 76º-B – Separação funcional voluntária**

1 – As empresas verticalmente integradas designadas com poder de mercado significativo num ou em vários mercados relevantes, em conformidade com o artigo 59º, devem informar prévia e atempadamente a ARN quando pretenderem transferir os seus activos da rede de acesso local ou uma parte substancial dos mesmos para uma entidade jurídica separada de propriedade distinta ou estabelecer uma entidade empresarial separada para oferecerem a todos os fornecedores retalhistas, incluindo às suas próprias divisões de retalho, produtos de acesso totalmente equivalentes.

2 – As empresas a que se refere o número anterior devem igualmente informar a ARN, previamente e de forma atempada, de qualquer alteração da intenção comunicada, bem como do resultado final do processo de separação.

3 – Compete à ARN avaliar o efeito da transacção pretendida nas obrigações regulamentares impostas à empresa verticalmente integrada, ao abrigo do artigo 66º, através de uma análise coordenada dos diferentes mercados relacionados com a rede de acesso, nos termos do artigo 59º

4 – Após a conclusão do processo de separação, a ARN, com base na avaliação realizada nos termos do número anterior, impõe, mantém, altera ou suprime obrigações, em conformidade com os artigos 8º, 57º e 57º-A.

5 – A entidade separada pode estar sujeita a qualquer das obrigações previstas nos artigos 67º a 76º, em qualquer mercado específico em que tenha sido designada com poder de mercado significativo pela ARN, em conformidade com o artigo 59º, ou a quaisquer outras obrigações autorizadas pela Comissão Europeia, nos termos do nº 4 do artigo 66º

## SECÇÃO III – Obrigações aplicáveis a todas as empresas

**Artigo 77º – Imposição de obrigações de acesso e interligação**

1 – Compete à ARN impor obrigações de acesso e interligação a qualquer empresa, independentemente de ter ou não poder de mercado significativo, nos seguintes termos:

*a*) Às empresas que controlam o acesso aos utilizadores finais, na medida do necessário para garantir a ligação de extremo-a-extremo, incluindo, quando justificado, a obrigação de interligarem as suas redes;

*b*) Às empresas que controlam o acesso aos utilizadores finais, quando justificado e na medida do necessário para garantir a interoperabilidade dos seus serviços;

*c*) De oferta de acesso às IPA (interfaces de programas de aplicações) e às GEP (guias electrónicos de programas), em condições justas, razoáveis e não discriminatórias, na medida do necessário para garantir a acessibilidade dos utilizadores finais aos serviços de programas televisivos e de rádio digitais especificados nos termos da lei pelas autoridades competentes.

2 – *(Revogado.)*

3 – As obrigações impostas nos termos do nº 1 devem ser objectivas, transparentes, proporcionais e não discriminatórias e ser aplicadas em conformidade com os artigos 8º, 57º e 57º-A.

### Artigo 78º – Prestação de acesso condicional

1 – Todos os operadores de serviços de acesso condicional que, independentemente dos meios de transmissão, oferecem acesso a serviços de programas televisivos e de rádio digitais, e dos quais dependam os operadores de televisão e de rádio para atingir qualquer grupo de potenciais espectadores ou ouvintes, devem:

*a*) Oferecer a todos os operadores de televisão e de rádio, mediante condições justas, razoáveis e não discriminatórias compatíveis com o direito comunitário da concorrência, serviços técnicos que permitam que os serviços de programas televisivos e de rádio digitais sejam recebidos pelos telespectadores ou ouvintes devidamente autorizados através de descodificadores geridos pelos operadores de serviços de acesso condicional, bem como respeitar o direito comunitário da concorrência;

*b*) Dispor de contabilidade separada relativa à actividade de fornecimento de acesso condicional.

2 – Tendo em conta o disposto na alínea a) do número anterior, as condições de oferta, incluindo preços, divulgadas pelos operadores de distribuição devem especificar o fornecimento ou não de materiais associados ao acesso condicional.

3 – Os operadores referidos no nº 1 devem comunicar à ARN, no prazo de cinco dias a contar da sua implementação, os procedimentos técnicos adoptados para assegurar a interoperabilidade dos diferentes sistemas de acesso condicional.

4 – Para efeitos do número anterior, compete à ARN publicar no respectivo sítio na Internet, as referências das especificações técnicas aplicáveis.

**Artigo 79º – Transferência de controlo**

1 – Os operadores que prestam acesso condicional devem adoptar sistemas com capacidade técnica adequada a uma transferência de controlo com uma boa relação custo-eficácia, a acordar com os operadores de rede de suporte.

2 – A transferência referida no número anterior deve permitir o pleno controlo pelos operadores de rede, a nível local ou regional, dos serviços que utilizam os sistemas de acesso condicional.

**Artigo 80º – Direitos de propriedade industrial**

1 – Sem prejuízo da legislação aplicável, os titulares de direitos de propriedade industrial relativos a sistemas e produtos de acesso condicional ao licenciarem os fabricantes de equipamentos de utilizador devem fazê-lo mediante condições justas, razoáveis e não discriminatórias.

2 – O licenciamento referido no número anterior, no qual são também considerados factores de ordem técnica e comercial, não pode ser submetido a condições que proíbam, inibam ou desencorajem a inclusão no mesmo produto de:

*a*) Um interface comum que permita a ligação a outros sistemas de acesso condicional que não o do titular do direito de propriedade industrial;

*b*) Meios próprios de outro sistema de acesso condicional, desde que o beneficiário da licença respeite as condições razoáveis e adequadas que garantam, no que lhe diz respeito, a segurança das transacções dos operadores de sistemas de acesso condicional.

**Artigo 81º – Alteração ou supressão das obrigações de acesso condicional**

1 – A ARN pode proceder a uma análise de mercado, nos termos previstos na presente lei, tendo em vista decidir sobre a oportunidade da alteração ou supressão das obrigações de acesso condicional previstas nos artigos 78º a 80º

2 – Quando, em resultado da análise de mercado, a ARN verifique que um ou mais operadores não têm poder de mercado significativo, pode determinar a alteração ou supressão das obrigações de acesso condicional respeitantes a esses operadores desde que não afectem negativamente:

*a*) A acessibilidade dos utilizadores finais às emissões de rádio e televisão e aos serviços especificados no artigo 43º; e

*b*) As perspectivas de concorrência efectiva nos mercados de retalho de serviços de difusão digital de rádio e televisão e de sistemas de acesso condicional e outros recursos conexos.

3 – A ARN deve informar antecipadamente os interessados que sejam afectados pela alteração ou supressão das obrigações.

4 – O disposto no presente artigo não prejudica a possibilidade de imposição de obrigações relativamente à apresentação de guias electrónicos de programas e recursos equivalentes de navegação e listagem nos termos da lei.

## CAPÍTULO IV - Controlos nos mercados retalhistas

### Artigo 82º - Conjunto mínimo de circuitos alugados

*(Revogado.)*

### Artigo 83º - Condições de oferta de circuitos alugados

*(Revogado.)*

### Artigo 84º - Selecção e pré-selecção

*(Revogado.)*

### Artigo 85º - Controlos nos mercados retalhistas

1 - Compete à ARN impor às empresas declaradas com poder de mercado significativo num determinado mercado retalhista, previamente definido e analisado nos termos da presente lei, obrigações regulamentares adequadas sempre que, cumulativamente:

*a*) Verifique a inexistência de concorrência efectiva nesse mercado retalhista;

*b*) Considere que da imposição das obrigações previstas nos artigos 67º a 76º não resultaria a realização dos objectivos de regulação fixados no artigo 5º

2 - As obrigações regulamentares a que se refere o número anterior devem atender à natureza do problema identificado, ser proporcionadas e justificadas relativamente aos objectivos fixados no artigo 5º e podem incluir, nomeadamente, a exigência de que as empresas identificadas:

*a*) Não imponham preços excessivamente altos;

*b*) Não inibam a entrada no mercado ou restrinjam a concorrência através de preços predatórios;

*c*) Não mostrem preferência indevida por utilizadores finais específicos;

*d*) Não agreguem excessivamente os serviços.

3 - No que se refere especificamente aos preços praticados por essas empresas e tendo em vista a protecção dos interesses dos utilizadores finais e a promoção de uma concorrência efectiva, a ARN pode aplicar medidas adequadas de imposição de preços máximos, de controlo individual dos preços ou medidas destinadas a orientar os preços para os custos ou para preços de mercados comparáveis.

4 - Sem prejuízo do disposto nos artigos 93º e 94º, a ARN não deve aplicar os mecanismos de controlo de retalho previstos no presente artigo aos mercados geográficos ou de utilizadores quando estiver segura que existe uma concorrência efectiva.

5 - As empresas que estejam sujeitas a regulação de preços nos termos do presente artigo ou a outro tipo de controlo relevante do retalho devem

implementar sistemas de contabilidade analítica adequados à aplicação das medidas impostas.

6 – Compete à ARN, ou a outra entidade independente por si designada, efectuar uma auditoria anual ao sistema de contabilização de custos destinada a permitir o controlo de preços, de modo a verificar a sua conformidade, bem como emitir e publicar a respectiva declaração.

7 – *(Revogado.)*

## TÍTULO V – Serviço universal e serviços obrigatórios adicionais

### CAPÍTULO I – Serviço universal

#### SECÇÃO I – Âmbito do serviço universal

##### Artigo 86º – Conceito

1 – O serviço universal consiste no conjunto mínimo de prestações definido no presente capítulo, de qualidade especificada, disponível para todos os utilizadores finais, independentemente da sua localização geográfica e a um preço acessível.

2 – O âmbito de serviço universal deve evoluir por forma a acompanhar o progresso da tecnologia, o desenvolvimento do mercado e as modificações da procura por parte dos utilizadores, sendo o seu âmbito modificado sempre que tal evolução o justifique.

3 – Compete ao Governo e à ARN, na prossecução das respectivas atribuições:

*a*) Adoptar as soluções mais eficientes e adequadas para assegurar a realização do serviço universal no respeito pelos princípios da objectividade, transparência, não discriminação e proporcionalidade;

*b*) Reduzir ao mínimo as distorções de mercado, em especial a prestação de serviços a preços ou em termos e condições que se afastem das condições comerciais normais, sem prejuízo da salvaguarda do interesse público.

##### Artigo 87º – Âmbito do serviço universal

O conjunto mínimo de prestações que deve estar disponível no âmbito do serviço universal é o seguinte:

*a*) Ligação a uma rede de comunicações pública num local fixo e a prestação de um serviço telefónico acessível ao público através daquela ligação;

*b*) Disponibilização de uma lista telefónica completa e de um serviço completo de informações de listas;

*c*) Oferta adequada de postos públicos.

### Artigo 88º – Ligação à rede e prestação de serviço telefónico num local fixo

1 – Os prestadores de serviço universal devem satisfazer todos os pedidos razoáveis de ligação a uma rede de comunicações pública num local fixo, bem como de prestação de um serviço telefónico acessível ao público através daquela ligação.

2 – A ligação à rede de comunicações pública referida no número anterior deve permitir que os utilizadores finais estabeleçam e recebam comunicações vocais, comunicações fac-símile e comunicações de dados, com débitos suficientes para viabilizar o acesso funcional à Internet, tendo em conta as tecnologias prevalecentes utilizadas pela maioria dos assinantes e a viabilidade tecnológica.

3 – O serviço telefónico a que alude o nº 1 deve permitir que assinantes e utilizadores efectuem e recebam chamadas nacionais e internacionais e acedam, através do número nacional de socorro definido no Plano Nacional de Numeração, aos vários sistemas de emergência.

4 – Compete ao membro do Governo responsável pela área das comunicações aprovar, tendo em conta as circunstâncias específicas do mercado nacional, após parecer da ARN, os débitos mínimos necessários que o acesso à rede disponibilizado no âmbito do serviço universal deve suportar para viabilizar o acesso funcional à Internet referido no nº 2.

### Artigo 89º – Lista e serviço de informações

1 – Constituem obrigações de serviço universal no âmbito da lista e serviço de informações:

*a*) Elaborar, publicar e disponibilizar aos utilizadores finais uma lista telefónica completa sob a forma impressa e ou em suporte electrónico que, sem prejuízo do disposto em matéria de privacidade e protecção de dados pessoais, abranja todos os assinantes de serviços telefónicos acessíveis ao público;

*b*) Actualizar e disponibilizar anualmente a lista a que se refere a alínea anterior;

*c*) Prestar aos utilizadores finais um serviço de informações, através de um número curto, envolvendo a divulgação dos dados constantes da lista telefónica a que se refere a alínea a);

*d*) Respeitar o princípio da não discriminação no tratamento e apresentação das informações que lhe são fornecidas, incluindo por outras empresas.

2 – Para efeitos do número anterior, as empresas que oferecem serviços telefónicos acessíveis ao público devem acordar com os prestadores de serviço universal o formato e as condições em que lhes fornecem as informações pertinentes sobre os respectivos assinantes, as quais devem ser justas, objectivas, orientadas para os custos e não discriminatórias.

3 – Na falta de acordo e em caso de incumprimento dos termos acordados ou da obrigação estabelecida no número anterior, a ARN pode exigir que as empresas que oferecem serviços telefónicos acessíveis ao público lhe entreguem as informações referidas no número anterior, determinando, se necessário, o formato e as condições de fornecimento por forma a disponibilizá-las aos prestadores de serviço universal para cumprimento das obrigações previstas nas alíneas a) a c) do nº 1.

4 – A ARN fica habilitada por esta lei a criar e gerir, directamente ou por intermédio de entidade independente por si designada, uma base de dados contendo as informações recebidas nos termos do número anterior, aprovando para o efeito as respectivas condições de funcionamento, mediante parecer prévio da CNPD.

5 – Compete à ARN aprovar e divulgar a forma e as condições de disponibilização aos utilizadores finais das listas a que se refere o presente artigo.

**Artigo 90º – Postos públicos**

1 – Compete à ARN definir, após consulta nos termos do artigo 8º, as obrigações dos prestadores de serviço universal aplicáveis na oferta de postos públicos ou outros pontos de acesso aos serviços de telefonia vocal acessíveis ao público de modo a assegurar a satisfação das necessidades razoáveis das populações, incluindo os utilizadores finais com deficiência.

2 – As obrigações definidas pela ARN devem ter em consideração a eventual disponibilidade de recursos ou serviços comparáveis e atender às necessidades dos utilizadores finais em termos de dispersão geográfica, densidade populacional e qualidade de serviço, podendo abranger nomeadamente a determinação de diferentes modalidades de pagamento.

3 – Sem prejuízo do disposto nos números anteriores, os postos públicos oferecidos pelos prestadores de serviço universal devem permitir:

*a*) O estabelecimento de chamadas telefónicas locais e nacionais, envolvendo números geográficos e não geográficos, em conformidade com o Plano Nacional de Numeração, e chamadas telefónicas internacionais;

*b*) O acesso gratuito aos vários sistemas de emergência, através do número único de emergência europeu «112» ou de outros números de emergência e de socorro definidos no Plano Nacional de Numeração, sem necessidade de utilização de moedas, cartões ou outros meios de pagamento;

*c*) O acesso a um serviço completo de informações de listas nos termos definidos na alínea c) do nº 1 do artigo 89º

4 – Os cartões telefónicos pré-comprados para acesso aos serviços telefónicos acessíveis ao público através de postos explorados pelos prestadores de serviço universal devem obedecer a um único tipo por forma a viabilizar a sua utilização em qualquer posto público disponibilizado no âmbito do serviço universal.

5 – Os prestadores de serviço universal devem cumprir as normas técnicas sobre acessibilidade das edificações urbanas, constantes de diploma próprio, por forma a garantir o acesso ao serviço por parte de utilizadores finais com deficiência.

### Artigo 91º – Medidas específicas para utilizadores com deficiência

1 – Os prestadores de serviço universal devem disponibilizar ofertas específicas por forma a garantir o acesso dos utilizadores finais com deficiência de modo equivalente aos restantes utilizadores finais, aos serviços telefónicos acessíveis ao público, incluindo o acesso aos serviços de emergência e à lista telefónica e serviço de informações de listas.

2 – Sem prejuízo do que for determinado pela ARN nos termos do número seguinte, o prestador do serviço universal deve assegurar a disponibilização a título gratuito das seguintes ofertas específicas, sem prejuízo do nº 3 do artigo 86º:

*a*) Equipamento amplificador de microtelefone, de forma a aumentar o volume de som no auscultador, para pessoas com deficiências auditivas;

*b*) Avisador luminoso de chamadas, que consiste num dispositivo que activa um sinal visual quando o equipamento terminal recebe uma chamada;

*c*) Factura simples em braille;

*d*) Linha com destino fixo, que permita o estabelecimento automático de chamadas para um determinado destino definido pelo cliente;

*e*) Possibilidade de fazer chamadas até um número predefinido de chamadas gratuitas para o serviço de informação de listas.

3 – Compete à ARN, após o procedimento geral de consulta previsto no artigo 8º, avaliar a necessidade de disponibilização pelos prestadores do serviço universal de ofertas específicas para utilizadores com deficiência, bem como decidir sobre os termos e as condições das ofertas a disponibilizar.

4 – Para efeitos do disposto no número anterior, a ARN não deve impor aos prestadores de serviço universal a disponibilização de ofertas específicas para os utilizadores com deficiência quando, em resultado de obrigações impostas às empresas que oferecem serviços de comunicações electrónicas acessíveis ao público, sejam alcançados os objectivos previstos no nº 1.

5 – A ARN pode tomar medidas específicas para garantir que os utilizadores finais com deficiência possam também beneficiar da escolha de prestadores de serviços que existe para a maioria dos utilizadores finais.

6 – Na adopção das medidas previstas nos números anteriores, a ARN deve obedecer ao disposto no artigo 29º

### Artigo 92º – Qualidade de serviço

1 – Os prestadores de serviço universal estão obrigados a disponibilizar aos utilizadores finais, bem como à ARN, informações adequadas e actualizadas

sobre o seu desempenho na prestação do serviço universal, com base nos parâmetros de qualidade do serviço, definições e métodos de medição estabelecidos no anexo.

2 – A ARN pode especificar, nomeadamente, normas suplementares de qualidade dos serviços para avaliar o desempenho dos prestadores de serviço universal na prestação de serviços aos utilizadores finais e consumidores com deficiência nos casos em que tenham sido definidos parâmetros relevantes.

3 – As informações sobre o desempenho dos prestadores de serviço universal relativamente aos parâmetros referidos no número anterior devem igualmente ser disponibilizadas aos utilizadores finais e à ARN.

4 – A ARN pode ainda especificar o conteúdo, a forma e o modo como as informações a que se referem os números anteriores devem ser disponibilizadas a fim de assegurar que os consumidores e outros utilizadores finais tenham acesso a informações claras, completas e comparáveis.

5 – Sem prejuízo do disposto nos números anteriores, a ARN pode, após o procedimento geral de consulta previsto no artigo 8º, fixar objectivos de desempenho aplicáveis às diversas obrigações de serviço universal.

6 – A ARN pode determinar auditorias independentes ou outros mecanismos de verificação do desempenho obtido pelos prestadores de serviço universal, a expensas destes, a fim de garantir a exactidão e comparabilidade dos dados disponibilizados pelos prestadores.

## SECÇÃO II – Preços

### Artigo 93º – Regime de preços

1 – Compete à ARN zelar por que seja garantida a acessibilidade dos preços das prestações do serviço universal, tendo em conta em especial os preços nacionais no consumidor e o rendimento nacional.

2 – A ARN deve acompanhar a evolução dos preços cobrados pelas várias prestações identificadas no artigo 87º, disponibilizados pelas entidades designadas para a prestação do serviço universal ou pela generalidade das empresas, quando tal designação não tenha ocorrido.

3 – Para efeitos do disposto no nº 1, a ARN deve avaliar e decidir sobre os meios mais adequados à garantia da acessibilidade dos preços, podendo determinar:

*a*) A disponibilização de opções ou pacotes tarifários diferentes dos oferecidos em condições comerciais normais, sobretudo para assegurar que os consumidores com baixos rendimentos ou necessidades sociais especiais não sejam impedidos de aceder a uma rede de comunicações electrónicas num local fixo ou de utilizar qualquer dos serviços incluídos no serviço universal;

*b*) A imposição de limites máximos de preços e a aplicação de tarifas comuns, incluindo o nivelamento geográfico dos preços, em todo o território;

*c*) Outros regimes semelhantes.

4 – Sempre que tenha sido imposta alguma das medidas referidas no número anterior, a ARN deve garantir que as condições praticadas sejam totalmente transparentes e publicadas, bem como aplicadas de acordo com o princípio da não discriminação.

5 – A ARN pode, a qualquer tempo, determinar a alteração ou a eliminação das condições praticadas pelos prestadores de serviço universal.

6 – Sem prejuízo do disposto nos números anteriores, pode ser criado, em alternativa ou cumulativamente, outro tipo de medidas de apoio aos consumidores identificados como tendo baixos rendimentos ou necessidades sociais especiais.

**Artigo 94º – Controlo de despesas**

1 – Para que os assinantes possam verificar e controlar os seus encargos de utilização da rede de comunicações pública e dos serviços telefónicos acessíveis ao público a ela associados, os prestadores de serviço universal devem disponibilizar o seguinte conjunto mínimo de recursos e mecanismos:

*a*) Facturação detalhada;

*b*) Barramento selectivo e gratuito de chamadas de saída de tipos ou para tipos definidos de números e de SMS ou de MMS de tarifa majorada ou outros serviços ou aplicações de valor acrescentado baseados no envio de mensagens, mediante pedido do assinante, sem prejuízo do disposto no artigo 45º;

*c*) Sistemas de pré-pagamento do acesso à rede de comunicações pública e da utilização dos serviços telefónicos acessíveis ao público;

*d*) Pagamento escalonado do preço de ligação à rede de comunicações pública;

*e*) Medidas aplicáveis às situações de não pagamento de facturas telefónicas nos termos dos artigos 52º e 52º-A;

*f*) Serviço de aconselhamento tarifário que permita aos assinantes obter informação sobre eventuais tarifas alternativas inferiores ou mais vantajosas;

*g*) Controlo de custos dos serviços telefónicos, incluindo alertas gratuitos aos consumidores que apresentem padrões de consumo anormais, que reflictam um aumento significativo dos valores de consumo médios habituais.

2 – Para efeitos do disposto na alínea a) do número anterior, é garantido gratuitamente o seguinte nível mínimo de detalhe, sem prejuízo da legislação aplicável em matéria de protecção de dados pessoais e da privacidade:

*a*) Preço inicial de ligação à rede de comunicações pública num local fixo e para a prestação do serviço telefónico através daquela rede, quando aplicável;

*b*) Preço de assinatura, quando aplicável;

*c*) Preço de utilização, identificando as diversas categorias de tráfego, indicando cada chamada e o respectivo custo;

*d*) Preço periódico de aluguer de equipamento, quando aplicável;

*e*) Preço de instalação de material e equipamento acessório requisitado posteriormente ao início da prestação do serviço;

*f*) Débitos do assinante;

*g*) Compensação decorrente de reembolso.

3 – Os prestadores de serviço universal podem, a pedido do assinante, oferecer facturação detalhada com níveis de discriminação superiores ao estabelecido no número anterior, a título gratuito ou mediante um preço razoável, não devendo, em qualquer caso, ser incluído no detalhe das facturas a informação das chamadas facultadas ao assinante a título gratuito, nomeadamente as chamadas para serviços de assistência.

4 – Para efeitos do disposto na alínea b) do nº 1, compete à ARN definir os tipos de chamadas ou comunicações susceptíveis de barramento, ouvidos os prestadores de serviço universal.

5 – Compete à ARN dispensar a aplicação do nº 1 quando verifique que os interesses tutelados pela disponibilização dos recursos e mecanismos nele previstos estão suficientemente acautelados.

6 – Quando os prestadores de serviço universal ofereçam recursos e serviços adicionais para além dos previstos no artigo 87º ou na alínea a) do nº 3 do artigo 93º, devem estabelecer termos e condições de modo que os assinantes não sejam obrigados a pagar recursos ou serviços desnecessários para o serviço pedido.

## SECÇÃO III – Financiamento do serviço universal

### Artigo 95º – Compensação do custo líquido

1 – Sempre que a ARN considere que a prestação do serviço universal pode constituir um encargo excessivo para os respectivos prestadores, calcula os custos líquidos das obrigações de serviço universal de acordo com um dos seguintes procedimentos:

*a*) Calcular o custo líquido da obrigação de serviço universal tendo em conta quaisquer vantagens de mercado adicionais de que beneficiem os prestadores;

*b*) Recorrer ao custo líquido da prestação do serviço universal identificado no âmbito de um mecanismo de designação previsto no presente diploma.

2 – A ARN deve definir o conceito de «encargo excessivo», bem como os termos que regem a sua determinação, nomeadamente a periodicidade das avaliações e os critérios utilizados.

### Artigo 96º – Cálculo do custo líquido

1 – Havendo lugar ao cálculo do custo líquido nos termos da alínea a) do artigo anterior, aplicam-se os seguintes pressupostos:

*a*) Devem ser analisados todos os meios para assegurar incentivos adequados de modo que os prestadores cumpram as obrigações de serviço universal de forma economicamente eficiente;

*b*) O custo das obrigações do serviço universal é calculado como a diferença entre os custos líquidos, para uma organização, do funcionamento com as obrigações de serviço universal e do funcionamento sem essas obrigações, quer a rede esteja plenamente desenvolvida quer esteja ainda em fase de desenvolvimento e expansão, havendo ainda que avaliar correctamente os custos que os prestadores teriam decidido evitar se não existisse qualquer obrigação de serviço universal;

*c*) Devem ser tidos em conta os benefícios, incluindo os benefícios não materiais, obtidos pelos prestadores de serviço universal;

*d*) O cálculo do custo líquido de aspectos específicos das obrigações de serviço universal é efectuado separadamente e por forma a evitar a dupla contabilização de quaisquer benefícios e custos directos ou indirectos;

*e*) O custo líquido das obrigações de serviço universal é calculado como a soma dos custos líquidos das componentes específicas das obrigações de serviço universal.

2 – O cálculo baseia-se nos custos imputáveis:

*a*) Aos elementos dos serviços determinados que serão forçosamente oferecidos com prejuízo ou em condições de custo que não se insiram nas práticas comerciais normais, podendo incluir, nomeadamente, o acesso a serviços telefónicos de emergência, a oferta de determinados postos públicos ou a oferta de determinados serviços e equipamentos para utilizadores com deficiência;

*b*) A utilizadores finais ou grupos de utilizadores finais específicos, que, atendendo ao custo da oferta da rede e serviço especificados, às receitas geradas e ao eventual nivelamento geográfico dos preços imposto pela ARN, só podem ser servidos com prejuízo ou em condições de custo que não se insiram nas práticas comerciais normais.

3 – Para efeitos do disposto na alínea b) do número anterior, consideram-se incluídos nesta categoria os utilizadores finais ou grupos de utilizadores finais que não seriam servidos por um operador comercial que não tivesse a obrigação de prestar o serviço universal.

4 – Os prestadores de serviço universal devem disponibilizar todas as contas e informações pertinentes para o cálculo referido no presente artigo, as quais são objecto de auditoria efectuada pela ARN ou por outra entidade independente das partes interessadas e posteriormente aprovadas pela ARN.

5 – Compete à ARN manter disponíveis os resultados dos cálculos e da auditoria a que se refere o presente artigo.

**Artigo 97º – Financiamento**

1 – Verificada a existência de custos líquidos do serviço universal e que sejam considerados excessivos pela ARN, compete ao Governo, mediante pedido dos respectivos prestadores, promover a compensação adequada através de um ou ambos os seguintes mecanismos:

*a*) Compensação a partir de fundos públicos;

*b*) Repartição do custo pelas outras empresas que ofereçam, no território nacional, redes de comunicações públicas e serviços de comunicações electrónicas acessíveis ao público.

2 – Sempre que haja lugar à aplicação do mecanismo previsto na alínea b) do número anterior, deve ser estabelecido um fundo de compensação, para o qual contribuem as empresas que oferecem redes de comunicações públicas ou serviços de comunicações electrónicas acessíveis ao público administrado pela ARN ou por outro organismo independente designado pelo Governo, neste caso sob supervisão da ARN.

3 – Os critérios de repartição do custo líquido do serviço universal entre as empresas obrigadas a contribuir são definidos pelo Governo, respeitando os princípios da transparência, da mínima distorção do mercado, da não discriminação e da proporcionalidade.

4 – Para efeitos do número anterior, a entidade que administra o fundo deve:

*a*) Receber as respectivas contribuições, utilizando um meio transparente e neutro para a cobrança, por forma a evitar uma dupla imposição de contribuições;

*b*) Supervisionar as transferências e os pagamentos a efectuar aos prestadores de serviço universal;

*c*) Desagregar e identificar separadamente para cada empresa os encargos relativos à repartição do custo das obrigações de serviço universal.

5 – O Governo pode optar por dispensar de contribuir para o fundo de compensação as empresas que não atinjam um determinado volume de negócios, para o que deve fixar um limite mínimo.

6 – A ARN deve garantir que os critérios de repartição dos custos e os elementos constituintes do mecanismo utilizado estejam acessíveis ao público.

### Artigo 98º - Relatório

Sem prejuízo da matéria confidencial, se se verificar a existência de custos líquidos do serviço universal, a ARN elabora e publica anualmente um relatório contendo o custo calculado das obrigações de serviço universal, indicando as contribuições efectuadas para o fundo de compensação por todas as empresas envolvidas e identificando quaisquer vantagens de mercado que possam ter resultado para os prestadores de serviço universal, caso tenha sido instituído um fundo de compensação e este esteja efectivamente em funcionamento.

## SECÇÃO IV - Designação dos prestadores de serviço universal

### Artigo 99º - Prestadores de serviço universal

1 - O serviço universal pode ser prestado por mais de uma empresa, quer distinguindo as prestações que o integram quer as zonas geográficas, sem prejuízo da sua prestação em todo o território nacional.

2 - O processo de designação dos prestadores deve ser eficaz, objectivo, transparente e não discriminatório, assegurando que à partida todas as empresas possam ser designadas.

3 - Compete ao Governo, por resolução do Conselho de Ministros, designar a empresa ou empresas responsáveis pela prestação do serviço universal na sequência de concurso, cujo regulamento é aprovado por portaria dos membros do Governo com competência nas áreas das finanças e das comunicações electrónicas.

4 - Os termos do concurso devem assegurar a oferta do serviço universal de modo economicamente eficiente e podem ser utilizados como meio para determinar o custo líquido das obrigações de serviço universal, nos termos da alínea b) do artigo 95º

5 - Os termos do concurso devem ainda prever o regime de manutenção das obrigações de serviço universal em caso de cisão, fusão ou transmissão da posição contratual do prestador.

6 - A cedência da totalidade ou parte substancial dos activos da rede de acesso por parte dos prestadores do serviço universal é obrigatoriamente comunicada à ARN com uma antecedência mínima de 90 dias relativamente à data prevista para a sua realização.

7 - Com a notificação prevista no número anterior, os prestadores do serviço universal devem facultar à ARN a identificação do beneficiário ou beneficiários da cedência, os termos e condições contratuais a que a mesma está sujeita, a indicação da forma como se propõem assegurar o cumprimento das suas obrigações de serviço universal, bem como quaisquer informações adicionais que

sejam solicitadas pela ARN nos termos do artigo 108º para apreciação da operação comunicada.

8 – Compete à ARN avaliar os efeitos da cedência referida nos números anteriores no fornecimento do acesso à rede e aos serviços previstos no artigo 88º, podendo, quando justificado e sem prejuízo das competências do Governo, impor, alterar ou suprimir obrigações.

## CAPÍTULO II – Serviços obrigatórios adicionais

### Artigo 100º – Serviços obrigatórios adicionais

O Governo pode decidir que devem ser disponibilizados outros serviços para além das obrigações de serviço universal, os quais não podem ser compensados através do mecanismo de repartição do respectivo custo pelas empresas que oferecem redes e serviços de comunicações electrónicas.

## TÍTULO VI – Televisão digital e acesso condicional

### Artigo 101º – Serviços de televisão de ecrã largo

As empresas que estabelecem redes de comunicações públicas para a distribuição de serviços de televisão digital devem garantir que essas redes tenham capacidade para distribuir serviços de programas televisivos de ecrã largo, devendo os operadores de rede que recebem e redistribuem esses serviços e programas manter o mesmo formato.

### Artigo 102º – Interoperabilidade dos serviços de televisão digital interactiva

1 – Tendo em vista promover o livre fluxo de informações, o pluralismo dos meios de comunicação e a diversidade cultural:

*a*) Os fornecedores de serviços de televisão digital interactiva ao público, através de plataformas digitais e interactivas de televisão e independentemente do modo da sua transmissão, devem favorecer a utilização de uma IPA aberta;

*b*) Os fornecedores de todo o equipamento avançado de televisão digital utilizado para a recepção de serviços de televisão digital interactiva, em plataformas digitais de televisão, devem favorecer a conformidade com uma IPA aberta de acordo com os requisitos mínimos das normas ou especificações pertinentes;

*c*) Os fornecedores de serviços e equipamentos de televisão digital devem cooperar na oferta de serviços de televisão interoperáveis para os utilizadores finais com deficiência.

2 – Para efeitos do número anterior, as entidades devem cumprir as regras em matéria de normalização de acordo com o disposto no artigo 29º e comunicar à ARN as soluções técnicas adoptadas.

3 – Sem prejuízo da imposição de acesso obrigatório nos termos da alínea b) do nº 1 do artigo 77º, os detentores de IPA devem cooperar com os fornecedores de serviços de televisão digital interactiva facultando, de forma justa, razoável, não discriminatória e mediante remuneração adequada, todas as informações necessárias de modo a permitir que estes ofereçam os respectivos serviços suportados pela IPA e de forma plenamente funcional.

### Artigo 103º – Interoperabilidade dos equipamentos de televisão digital de consumo

1 – Os equipamentos de consumo destinados à recepção de sinais de televisão digital com capacidade para descodificar aqueles sinais, colocados no mercado para venda, aluguer ou postos à disposição de qualquer outra forma, devem possuir capacidade para:

*a*) Permitir a descodificação dos sinais de televisão digital de acordo com o algoritmo de cifragem comum europeu administrado por um organismo de normalização europeu reconhecido;

*b*) Reproduzir sinais que tenham sido transmitidos sem codificação desde que, no caso de o equipamento ser alugado, o locatário respeite o contrato de aluguer em causa.

2 – Os aparelhos de televisão analógica com um ecrã de diagonal visível superior a 42 cm que sejam colocados no mercado para venda ou aluguer devem estar equipados com, pelo menos, uma tomada de interface aberta, normalizada por um organismo de normalização europeu reconhecido, que permita a ligação simples de periféricos, nomeadamente descodificadores adicionais e receptores digitais.

3 – Os aparelhos de televisão digital com um ecrã de diagonal visível superior a 30 cm que sejam colocados no mercado para venda ou aluguer devem estar equipados com, pelo menos, uma tomada de interface aberta que permita a ligação simples de periféricos e esteja em condições de transmitir todos os elementos de um sinal de televisão digital, incluindo os sinais de vídeo e áudio, informações relativas a serviços interactivos e de acesso condicional, informações sobre a interface de programa de aplicação, bem como informações sobre protecção contra cópias.

4 – A tomada de interface referida no número anterior deve ser normalizada ou conforme com a norma adoptada por um organismo de normalização europeu reconhecido, podendo em alternativa ser conforme com uma especificação utilizada pela indústria.

5 – Compete à ARN publicitar no respectivo sítio na Internet as referências das normas mencionadas nos nºs 2 e 4.

### Artigo 104º – Dispositivos ilícitos

1 – São proibidas as seguintes actividades:

*a*) Fabrico, importação, distribuição, venda, locação ou detenção, para fins comerciais, de dispositivos ilícitos;

*b*) Instalação, manutenção ou substituição, para fins comerciais, de dispositivos ilícitos;

*c*) Utilização de comunicações comerciais para a promoção de dispositivos ilícitos;

*d*) Aquisição, utilização, propriedade ou mera detenção, a qualquer título, de dispositivos ilícitos para fins privados do adquirente, do utilizador, do proprietário ou do detentor, bem como de terceiro.

2 – Para efeitos do disposto no número anterior, entende-se por:

*a*) «Dispositivo ilícito» um equipamento ou programa informático concebido ou adaptado com vista a permitir o acesso a um serviço protegido, sob forma inteligível, sem autorização do prestador do serviço;

*b*) «Dispositivo de acesso condicional» um equipamento ou programa informático concebido ou adaptado com vista a permitir o acesso, sob forma inteligível, a um serviço protegido;

*c*) «Serviço protegido» qualquer serviço de programas televisivo, de rádio ou da sociedade da informação desde que prestado mediante remuneração e com base em acesso condicional ou o fornecimento de acesso condicional aos referidos serviços considerado como um serviço em si mesmo.

3 – Os actos previstos na alínea a) do nº 1 constituem crime punível com pena de prisão até 3 anos ou com pena de multa se ao caso não for aplicável pena mais grave.

4 – A tentativa é punível.

5 – O procedimento criminal depende de queixa.

## TÍTULO VII – Taxas, supervisão e fiscalização

## CAPÍTULO I – Taxas

### Artigo 105º – Taxas

1 – Estão sujeitos a taxa:

*a*) As declarações comprovativas dos direitos emitidas pela ARN nos termos do nº 5 do artigo 21º;

*b*) O exercício da actividade de fornecedor de redes e serviços de comunicações electrónicas, com periodicidade anual;

*c*) A atribuição de direitos de utilização de frequências;

*d*) A atribuição de direitos de utilização de números e a sua reserva;

*e*) A utilização de números;

*f*) A utilização de frequências.

2 – Os montantes das taxas referidas nas alíneas a) a e) do número anterior são fixados por portaria do membro do Governo responsável pela área das comunicações, constituindo receita da ARN.

3 – A utilização de frequências, abrangida ou não por um direito de utilização, está sujeita às taxas fixadas nos termos do Decreto-Lei nº 151-A/2000, alterado pelos Decretos-Leis n.os 167/2006, de 16 de Agosto, e 264/2009, de 28 de Setembro.

4 – Os montantes das taxas referidas nas alíneas a) a d) do nº 1 são determinados em função dos custos administrativos decorrentes da gestão, controlo e aplicação do regime de autorização geral, bem como dos direitos de utilização e das condições específicas referidas no artigo 28º, os quais podem incluir custos de cooperação internacional, harmonização e normalização, análise de mercados, vigilância do cumprimento e outros tipos de controlo do mercado, bem como trabalho de regulação que envolva a preparação e execução de legislação derivada e decisões administrativas, como decisões em matéria de acesso e interligação, devendo ser impostos às empresas de forma objectiva, transparente e proporcionada, que minimize os custos administrativos adicionais e os encargos conexos.

5 – A ARN deve publicar um relatório anual dos seus custos administrativos e do montante total resultante da cobrança das taxas a que se referem as alíneas a) a d) do nº 1 por forma a proceder aos devidos ajustamentos em função da diferença entre o montante total das taxas e os custos administrativos.

6 – As taxas referidas nas alíneas e) e f) do nº 1 devem reflectir a necessidade de garantir a utilização óptima das frequências e dos números e devem ser objectivamente justificadas, transparentes, não discriminatórias e proporcionadas relativamente ao fim a que se destinam, devendo ainda ter em conta os objectivos de regulação fixados no artigo 5º

### Artigo 106º – Taxas pelos direitos de passagem

1 – As taxas pelos direitos de passagem devem reflectir a necessidade de garantir a utilização óptima dos recursos e ser objectivamente justificadas, transparentes, não discriminatórias e proporcionadas relativamente ao fim a que se destinam, devendo, ainda, ter em conta os objectivos de regulação fixados no artigo 5º

2 – Os direitos e encargos relativos à implantação, passagem e atravessamento de sistemas, equipamentos e demais recursos das empresas que oferecem redes e serviços de comunicações electrónicas acessíveis ao público, em local fixo, dos domínios público e privado municipal podem dar origem ao estabelecimento de uma taxa municipal de direitos de passagem (TMDP) e à remuneração prevista no Decreto-Lei nº 123/2009, de 21 de Maio, pela utilização de infra-estruturas aptas ao alojamento de redes de comunicações electrónicas que pertençam ao domínio público ou privativo das autarquias locais.

3 – A TMDP obedece aos seguintes princípios:

*a*) A taxa municipal de direitos de passagem (TMDP) é determinada com base na aplicação de um percentual sobre o total da facturação mensal emitida pelas empresas que oferecem redes e serviços de comunicações electrónicas acessíveis ao público, em local fixo, para todos os clientes finais do correspondente município;

*b*) O percentual referido na alínea anterior é aprovado anualmente por cada município até ao fim do mês de Dezembro do ano anterior a que se destina a sua vigência e não pode ultrapassar os 0,25 /prct..

4 – Nos municípios em que seja cobrada a TMDP, as empresas que oferecem redes e serviços de comunicações electrónicas acessíveis ao público em local fixo são as responsáveis pelo seu pagamento.

5 – O Estado e as Regiões Autónomas não cobram às empresas que oferecem redes e serviços de comunicações electrónicas acessíveis ao público taxas ou quaisquer outros encargos pela implantação, passagem ou atravessamento de sistemas, equipamentos e demais recursos físicos necessários à sua actividade, à superfície ou no subsolo, dos domínios público e privado do Estado e das Regiões Autónomas.

## CAPÍTULO II – Supervisão e fiscalização

### Artigo 107º – Resolução extrajudicial de conflitos

*(Revogado.)*

### Artigo 108º – Prestação de informações

1 – As entidades que estão sujeitas a obrigações nos termos da presente lei devem prestar à ARN todas as informações relacionadas com a sua actividade, incluindo informações financeiras e informações sobre os futuros desenvolvimentos das redes ou dos serviços que possam ter impacte nos serviços grossistas que disponibilizam aos concorrentes, para que a ARN possa exercer todas as competências previstas na lei.

2 – Para além do disposto no nº 1, as entidades com poder de mercado significativo nos mercados grossistas devem ainda prestar à ARN informação sobre os dados contabilísticos respeitantes aos mercados retalhistas associados a esses mercados grossistas.

3 – Para efeitos dos números anteriores, as entidades devem identificar, de forma fundamentada, as informações que consideram confidenciais e devem juntar, caso se justifique, uma cópia não confidencial dos documentos em que se contenham tais informações.

4 – Os pedidos de informações da ARN devem obedecer a princípios de adequabilidade ao fim a que se destinam e de proporcionalidade e devem ser devidamente fundamentados.

5 – As informações solicitadas devem ser prestadas dentro dos prazos, na forma e com o grau de pormenor exigidos pela ARN, podendo ser estabelecidas as situações e a periodicidade do seu envio.

6 – Quando a ARN faculte à Comissão Europeia, ao ORECE ou à ENISA, por solicitação destas entidades, informações obtidas nos termos dos números anteriores, deve informar desse facto as empresas envolvidas e pode solicitar àquelas entidades expressa e fundamentadamente que as não disponibilizem a outras autoridades reguladoras.

7 – As informações prestadas à ARN nos termos do presente artigo podem ser comunicadas ao ORECE e às autoridades reguladoras de outros Estados membros, na sequência de um pedido fundamentado, quando necessário, para que possam exercer as respectivas responsabilidades nos termos do direito comunitário.

8 – Sem prejuízo do disposto na parte final do nº 6, deve ser assegurada pela Comissão Europeia, pelo ORECE, pela ENISA e pelas autoridades reguladoras nacionais dos restantes Estados membros a confidencialidade da informação disponibilizada pela ARN quando esta a tenha identificado como tal nos termos da legislação aplicável.

### Artigo 109º – Fins do pedido de informação

1 – A ARN pode solicitar informações especialmente para os seguintes fins:

*a*) Procedimentos e avaliação dos pedidos de atribuição de direitos de utilização;

*b*) Análises de mercado;

*c*) Verificação caso a caso do respeito das condições estabelecidas nos artigos 27º, 32º e 37º, quer quando tenha sido recebida uma queixa quer por sua própria iniciativa;

*d*) Verificação, sistemática ou caso a caso, do cumprimento das condições previstas nos artigos 28º, 97º e 105º;

*e*) Publicação de relatórios comparativos da qualidade e dos preços dos serviços para benefício dos consumidores;

*f*) Fins estatísticos claramente definidos;

*g*) Salvaguardar uma utilização efectiva e assegurar uma gestão eficiente das frequências;

*h*) Avaliar a evolução futura a nível das redes ou serviços que possam ter impacte nos serviços grossistas disponibilizados aos concorrentes;

*i*) Avaliar a segurança e integridade das redes e serviços no âmbito das políticas de segurança adoptadas.

2 – As informações referidas nas alíneas b) a i) do número anterior não podem ser exigidas antecipadamente ou como condição de exercício da actividade.

## Artigo 110º – Incumprimento

1 – Sem prejuízo de outros mecanismos sancionatórios aplicáveis, sempre que a ARN verificar que uma empresa não respeita uma ou mais das condições referidas nos artigos 27º, 28º, 32º e 37º, deve notificar a empresa desse facto e dar-lhe a possibilidade de se pronunciar num prazo não inferior a 10 dias.

2 – Após ter procedido à audiência nos termos do número anterior, a ARN pode exigir à empresa que cesse o incumprimento imediatamente ou num prazo razoável, que a ARN fixa para o efeito.

3 – Para efeitos do disposto no número anterior, a ARN pode:

*a*) Aplicar sanções pecuniárias compulsórias nos termos previstos no presente diploma;

*b*) Emitir ordens de cessação ou de adiamento da prestação de serviços ou pacotes de serviços, cuja disponibilização seja susceptível de causar prejuízos significativos para a concorrência, a vigorar enquanto não forem cumpridas as obrigações em matéria de acesso, impostas nos termos do artigo 66º

4 – As medidas impostas e a respectiva fundamentação são comunicadas pela ARN à empresa em causa, no prazo de dois dias após a sua aprovação.

5 – Em caso de incumprimento grave ou reiterado das condições referidas nos artigos 27º, 28º, 32º e 37º, quando as medidas impostas nos termos dos nºs 3 e 4 não tenham conduzido ao cumprimento pretendido, a ARN pode desde logo determinar a suspensão da actividade da empresa ou proceder à suspensão, até um máximo de dois anos, ou à revogação, total ou parcial, dos respectivos direitos de utilização.

## Artigo 111º – Medidas provisórias

1 – Quando tenha provas de qualquer incumprimento das condições referidas nos artigos 27º, 28º, 32º e 37º que represente uma ameaça imediata e grave à segurança pública ou à saúde pública ou que crie sérios problemas económicos

ou operacionais aos outros fornecedores ou utilizadores de serviços ou redes de comunicações electrónicas ou outros utilizadores do espectro radioeléctrico ou de recursos de numeração, pode a ARN tomar medidas provisórias urgentes para sanar a situação antes de tomar uma decisão final, fixando o prazo da sua vigência, o qual não pode exceder três meses.

2 – Nos casos referidos no número anterior, a ARN deve, após a adopção das medidas, dar à empresa em causa a oportunidade de se pronunciar, nomeadamente apresentando propostas.

3 – Após a audição prevista no número anterior, a ARN pode confirmar as medidas provisórias, cuja vigência pode ser prorrogada por mais três meses, no máximo, no caso de a decisão final não estar tomada.

4 – O disposto nos números anteriores não prejudica a aplicação do regime de medidas provisórias previsto no Código do Procedimento Administrativo.

### Artigo 112º – Fiscalização

1 – Compete à ARN a fiscalização do cumprimento do disposto na presente lei e respectivos regulamentos, através dos seus agentes de fiscalização ou de mandatários devidamente credenciados pelo conselho de administração, sem prejuízo das competências atribuídas a outras entidades, nomeadamente à Autoridade de Segurança Alimentar e Económica (ASAE), à Direcção-Geral das Alfândegas (DGA), à CNPD, à DGC e às autoridades competentes em matéria de concorrência.

2 – As entidades destinatárias da actividade da ARN devem prestar toda a colaboração que esta lhes solicite para o cabal desempenho das suas funções de fiscalização, designadamente:

*a*) Sujeitando-se a e colaborando com os procedimentos de fiscalização, previstos nos artigos 12º e 44º dos Estatutos da ANACOM, aprovados pelo Decreto-Lei nº 39/2015, de 16 de Março;

*b*) Preservando, pelo prazo de três anos, adequados registos das queixas e reclamações dos consumidores e outros utilizadores finais e disponibilizando-os à ARN sempre que requerido, nos termos previstos na alínea j) do nº 1 do artigo 9º dos Estatutos da ANACOM.

### Artigo 113º – Contra-ordenações e coimas

1 – Sem prejuízo de outras sanções aplicáveis, constituem contra-ordenações leves:

*a*) O incumprimento da obrigação de comunicação dos acordos, prevista no nº 1 do artigo 25º;

*b*) O incumprimento de normas e especificações obrigatórias, em violação dos nºs 1 e 5 do artigo 29º;

*c*) *(Revogada.)*

*d*) A violação da obrigação prevista no nº 4 do artigo 39º;

*e*) A violação da obrigação definida nos termos dos nºs 1, 2 e 4 do artigo 40º;

*f*) A violação dos direitos dos assinantes, previstos no nº 1 do artigo 50º;

*g*) O incumprimento da obrigação prevista no nº 1 do artigo 53º;

*h*) A violação das obrigações previstas nos nºs 2 e 3 do artigo 78º;

*i*) O incumprimento da obrigação prevista no nº 1 do artigo 79º;

*j*) O incumprimento das condições previstas nos nºs 1 e 2 do artigo 80º

2 – Sem prejuízo de outras sanções aplicáveis, constituem contra-ordenações graves:

*a*) A falta de cooperação com a ARN, em violação do nº 5 do artigo 10º;

*b*) O incumprimento das obrigações previstas nos nºs 1, 2, 6 e 7 do artigo 21º;

*c*) A violação dos termos do artigo 23º;

*d*) O incumprimento da determinação de partilha a que se refere o nº 2, bem como o desrespeito das condições determinadas nos termos dos nºs 3 e 4 do artigo 25º;

*e*) O incumprimento das regras estabelecidas na oferta referida no nº 4 do artigo 26º;

*f*) O incumprimento das condições fixadas nos termos das alíneas b) a f), h) a q), s) e t) do nº 1 e do nº 2 do artigo 27º;

*g*) O incumprimento de qualquer das obrigações específicas previstas no artigo 28º;

*h*) O incumprimento de qualquer das condições definidas nos termos dos nºs 1 e 2 do artigo 37º, com excepção da constante da alínea f) do nº 1 do mesmo artigo;

*i*) A transmissão de direitos de utilização de números, em violação dos termos e condições definidos pela ARN, nos termos previstos no artigo 38º;

*j*) A violação dos direitos dos utilizadores, dos utilizadores finais e dos assinantes, em incumprimento dos nºs 1 a 3 do artigo 39º;

*l*) O incumprimento da obrigação prevista no nº 5 do artigo 39º;

*m*) O incumprimento dos requisitos e exigências determinadas pela ARN ao abrigo do nº 6 do artigo 39º;

*n*) O incumprimento das obrigações previstas nos nºs 1 a 3 do artigo 44º;

*o*) A violação do direito dos utilizadores finais, previsto no nº 2 do artigo 44º-A;

*p*) O incumprimento da obrigação de barramento, em violação dos nºs 1 a 6, 8 e 9 do artigo 45º;

*q*) A recusa de contratar, em violação do nº 5 do artigo 46º;

*r*) O incumprimento de qualquer das obrigações previstas nos nºs 1 e 2 do artigo 47º;

*s*) A violação do dever de comunicação previsto no nº 3 do artigo 47º;

*t*) O impedimento da utilização de informação, em violação do nº 4 do artigo 47º;

*t*) A violação das obrigações de prestação de informação previstas nos nºs 1 a 3 do artigo 47º-A;

*u*) O incumprimento das determinações da ARN emitidas ao abrigo dos nºs 1 e 2 do artigo 47º-A;

*v*) A violação das obrigações de prestação de informação previstas nos nºs 3, 4 e 7 do artigo 47º-A;

*x*) A violação de qualquer das obrigações e requisitos previstos nos nºs 1 a 8, 10 a 16, 18 e 19 do artigo 48º;

*z*) A violação de qualquer determinação emitida nos termos do nº 17 do artigo 48º;

*aa*) A violação das obrigações e requisitos previstos nos nºs 1 e 2 do artigo 48º-A;

*bb*) A violação dos direitos dos utilizadores finais, previstos no nº 2 do artigo 50º;

*cc*) A violação das regras relativas à suspensão ou à extinção do serviço previstas nos artigos 52º e 52º-A, incluindo a não suspensão do serviço pelo não pagamento de facturas nos casos em que tal suspensão deva ocorrer, a emissão de facturas após o momento em que o serviço deve ser suspenso e a não reposição do serviço, nos termos aí previstos;

*dd*) A violação do direito dos assinantes à portabilidade previsto no nº 1 do artigo 54º, o incumprimento das obrigações previstas nos nºs 2, 3 e 4 do artigo 54º e das obrigações estabelecidas nos termos dos nºs 5 e 7 do artigo 54º;

*ee*) O incumprimento das medidas a que se refere o nº 2 do artigo 54º-C;

*ff*) O incumprimento dos requisitos adicionais a que se refere o artigo 54º-D;

*gg*) O incumprimento das obrigações determinadas ao abrigo da alínea b) do artigo 54º-E;

*hh*) A oposição ou a criação de obstáculos à auditoria prevista no nº 1 do artigo 76º;

*ii*) A violação das obrigações previstas nos nºs 1 e 2 do artigo 76º-B;

*jj*) O incumprimento das obrigações previstas nos nºs 1 a 4 do artigo 92º;

*ll*) A oposição ou a criação de obstáculos à auditoria prevista no nº 6 do artigo 92º;

*mm*) O incumprimento das obrigações previstas nos nºs 1 e 6 do artigo 94º;

*nn*) A violação das obrigações previstas nos nºs 1 a 4 do artigo 103º;

*oo*) A prática das actividades previstas na alínea d) do nº 1 do artigo 104º;

*pp*) A violação do disposto nos nºs 1 a 3 e 5 do artigo 108º

3 – Sem prejuízo de outras sanções aplicáveis, constituem contra-ordenações muito graves:

*a*) O incumprimento da decisão da ARN tomada no processo de resolução de litígios, em violação dos nºs 1 do artigo 10º e 2 do artigo 12º;

*b*) O incumprimento da obrigação prevista no nº 1 do artigo 26º;

*c*) O incumprimento de decisão fundamentada proferida nos termos do nº 3 do artigo 26º;

*d*) O incumprimento da obrigação de disponibilização da oferta prevista no nº 4 do artigo 26º, de acordo com as condições de acesso e de utilização definidas pela ARN;

*e*) O incumprimento das condições fixadas nos termos das alíneas a) e g) do nº 1 e do nº 2 do artigo 27º;

*f*) A utilização de frequências sem obtenção do respectivo direito de utilização, quando exigível, ou em desconformidade com os seus termos, em violação do nº 1 do artigo 30º;

*g*) O incumprimento de qualquer das condições definidas nos termos dos nºs 1 e 2 do artigo 32º, com excepção da constante da alínea f) do nº 1 do mesmo artigo;

*h*) A transmissão ou locação de direitos de utilização de frequências sem comunicação, em violação do nº 4 e ou do nº 8 do artigo 34º, bem como a transmissão ou locação desses direitos em violação do nº 6 e das regras fixadas ao abrigo do nº 11 do mesmo artigo;

*i*) O incumprimento de qualquer das condições ou medidas impostas ao abrigo do nº 2 do artigo 35º;

*j*) A utilização de números sem obtenção do respectivo direito de utilização ou em desconformidade com os seus termos, em violação do nº 1 do artigo 36º;

*l*) O incumprimento das obrigações previstas nos nºs 1 e 3 do artigo 41º;

*m*) O incumprimento das medidas previstas nos nºs 1 e 3 do artigo 42º;

*n*) O incumprimento da obrigação de transporte prevista no nº 1 e nos termos do nº 3 do artigo 43º;

*o*) O incumprimento das condições previstas nos nºs 3 e 4 do artigo 46º;

*p*) A recusa de contratar, em violação do nº 6 do artigo 46º;

*q*) Não cumprir as determinações da ARN emitidas nos termos do nº 20 do artigo 48º;

*r*) O incumprimento das obrigações previstas nos nºs 1 e 2 do artigo 49º;

*s*) A violação da obrigação prevista no nº 4 do artigo 50º;

*t*) A violação do direito dos utilizadores a que se refere o nº 1 e a violação da obrigação prevista nos nºs 2, 3 e 5 do artigo 51º;

*u*) O incumprimento das obrigações previstas no artigo 54º-A;

*v*) O incumprimento da obrigação prevista no artigo 54º-B;

*x*) O incumprimento das medidas técnicas de execução a que se refere o nº 1 do artigo 54º-C;

*z*) O incumprimento das obrigações previstas nos nºs 1, 2 e 4 do artigo 54º-F;

*aa*) A oposição ou a criação de obstáculos à auditoria prevista no nº 3 do artigo 54º-F;

*bb*) O incumprimento das instruções vinculativas previstas no nº 1 do artigo 54º-G;

*cc*) O incumprimento das obrigações nos termos previstos no nº 3 do artigo 63º;

*dd*) O incumprimento das obrigações previstas nos nºs 1 e 2 do artigo 64º;

*ee*) A violação das obrigações de confidencialidade previstas nos nºs 1 e 2 do artigo 65º;

*ff*) O incumprimento de qualquer das obrigações impostas nos termos dos nºs 1, 3 e 4 do artigo 66º;

*gg*) O incumprimento das condições impostas ao abrigo do nº 1 do artigo 73º;

*hh*) A violação das obrigações impostas nos termos do nº 4 do artigo 76º-B;

*ii*) A violação das obrigações impostas nos termos do nº 1 do artigo 77º;

*jj*) A violação da obrigação prevista no nº 1 do artigo 78º;

*ll*) O incumprimento das obrigações impostas nos termos dos nºs 1, 3 e 5 do artigo 85º;

*mm*) A oposição ou a criação de obstáculos à auditoria prevista no nº 6 do artigo 85º;

*nn*) A violação das obrigações previstas nos nºs 1 a 3 do artigo 88º;

*oo*) A violação das obrigações e condições previstas nos nºs 1 a 3 e nos termos do nº 5 do artigo 89º;

*pp*) O incumprimento das obrigações definidas nos termos dos nºs 1, 3 e 4 do artigo 90º;

*qq*) O incumprimento das obrigações impostas nos termos dos nºs 1, 2, 3 e 5 do artigo 91º;

*rr*) O incumprimento de objectivos de desempenho fixados nos termos do nº 5 do artigo 92º;

*ss*) O incumprimento das determinações emitidas nos termos dos nºs 3 e 5 e das obrigações impostas ao abrigo do nº 4 do artigo 93º;

*tt*) O incumprimento da obrigação de contribuição em violação do nº 2 do artigo 97º;

*uu*) O incumprimento das obrigações previstas nos nºs 6, 7 e 8 do artigo 99º;

*vv*) A violação das obrigações previstas no artigo 101º;

*xx*) O incumprimento das obrigações previstas nos nºs 1 a 3 do artigo 102º;

*zz*) A prática das actividades previstas nas alíneas b) e c) do nº 1 do artigo 104º;

*aaa*) O desrespeito por decisões que decretem medidas provisórias, nos termos dos nºs 1 e 3 do artigo 111º;

*bbb*) O incumprimento de ordens ou mandados legítimos da ARN regularmente comunicados aos seus destinatários.

*ccc*) A violação das obrigações previstas no nº 2 do artigo 112º

4 – Constituem contra-ordenações graves, no âmbito do Regulamento (UE) nº 531/2012, do Parlamento Europeu e do Conselho, de 13 de Junho de 2012, com as alterações introduzidas pelo Regulamento (UE) nº 2015/2120, do Parlamento Europeu e do Conselho, de 25 de Novembro de 2015, e pelo Regulamento (UE) nº 2017/920, do Parlamento Europeu e do Conselho, de 17 de Maio de 2017:

*a*) A violação das obrigações decorrentes do nº 7 do artigo 3º, dos nºs 1 a 3 do artigo 4º, do nº 1 do artigo 5º, do nº 4 do artigo 6º-E, dos nºs 1 a 4 do artigo 14º e dos nºs 1, 2 e 5 do artigo 15º do referido regulamento;

*b*) A violação da obrigação de informação prevista no nº 4 do artigo 16º do referido regulamento.

5 – Constituem contra-ordenações muito graves, no âmbito do regulamento referido no número anterior:

*a*) A violação das obrigações decorrentes do nº 7 do artigo 1º, dos nºs 1, 2 e 5 do artigo 3º, do artigo 6º-A, do nº 1 do artigo 6º-B, do nº 1 do artigo 6º-C, do nº 5 do artigo 6º-D, dos nºs 1 e 3 do artigo 6º-E, dos nºs 1 e 2 do artigo 7º, dos nºs 1, 2 e 4 do artigo 9º, do artigo 11º, dos nºs 1 e 2 do artigo 12º, do nº 2-A do artigo 14º e dos nºs 2-A, 3 e 6 do artigo 15º do referido regulamento;

*b*) A violação das determinações emitidas pela ARN no uso dos poderes conferidos pela parte final do nº 6 do artigo 3º e pelos nºs 5 e 6 do artigo 16º do referido regulamento.

6 – Constituem contra-ordenações graves, no âmbito do Regulamento (UE) nº 2015/2120, do Parlamento Europeu e do Conselho, de 25 de Novembro de 2015, alterado pelo Regulamento (UE) nº 2018/1971, do Parlamento Europeu e do Conselho, de 11 de Dezembro de 2018:

*a*) A violação das obrigações decorrentes dos nºs 4 e 5 do artigo 3º e do nº 2 do artigo 4º do referido regulamento;

*b*) A violação das obrigações de informação previstas no nº 1 do artigo 4º e no nº 2 do artigo 5º do referido regulamento.

7 – Constituem contra-ordenações muito graves, no âmbito do regulamento referido no número anterior:

*a*) A violação das obrigações decorrentes dos nºs 1 a 3 do artigo 3º e dos nºs 1 a 5 do artigo 5º-A do referido regulamento;

*b*) A violação de determinações emitidas pela ARN no uso dos poderes conferidos pelo nº 1 do artigo 5º e pelo nº 6 do artigo 5º-A do referido regulamento.

8 – Constitui contra-ordenação a adopção pelas empresas que oferecem redes e ou serviços de comunicações electrónicas acessíveis ao público de comportamentos habituais ou padronizados, bem como a emissão de orientações, recomendações ou instruções aos trabalhadores, agentes ou parceiros de negócios, cuja aplicação seja susceptível de conduzir à violação de regras legais ou de determinações da ARN, contra-ordenação que é muito grave sempre que daqueles actos resulte ou possa resultar infracção muito grave ou grave, sendo grave nos restantes casos.

9 – As contra-ordenações leves são puníveis com as seguintes coimas:

*a*) Se praticadas por pessoa singular, de (euro) 100 a (euro) 2500;

*b*) Se praticadas por microempresa, de (euro) 200 a (euro) 5000;

*c*) Se praticadas por pequena empresa, de (euro) 500 a (euro) 10 000;

*d*) Se praticadas por média empresa, de (euro) 1000 a (euro) 20 000;

*e*) Se praticadas por grande empresa, de (euro) 2000 a (euro) 100 000.

10 – As contra-ordenações graves são puníveis com as seguintes coimas:

*a*) Se praticadas por pessoa singular, de (euro) 250 a (euro) 7500;

*b*) Se praticadas por microempresa, de (euro) 1000 a (euro) 10 000;

*c*) Se praticadas por pequena empresa, de (euro) 2000 a (euro) 25 000;

*d*) Se praticadas por média empresa, de (euro) 4000 a (euro) 50 000;

*e*) Se praticadas por grande empresa, de (euro) 10 000 a (euro) 1 000 000.

11 – As contra-ordenações muito graves são puníveis com as seguintes coimas:

*a*) Se praticadas por pessoa singular, de (euro) 750 a (euro) 20 000;

*b*) Se praticadas por microempresa, de (euro) 2000 a (euro) 50 000;

*c*) Se praticadas por pequena empresa, de (euro) 6000 a (euro) 150 000;

*d*) Se praticadas por média empresa, de (euro) 10 000 a (euro) 450 000;

*e*) Se praticadas por grande empresa, de (euro) 20 000 a (euro) 5 000 000.

12 – Sempre que a contra-ordenação resulte da omissão do cumprimento de um dever jurídico ou de uma ordem emanada da ARN, a aplicação das sanções ou o seu cumprimento não dispensam o infractor do cumprimento do dever ou da ordem, se este ainda for possível.

13 – Nos casos referidos no número anterior, o infractor pode ser sujeito pela ARN à injunção de cumprir o dever ou a ordem em causa, cujo incumprimento no prazo fixado pode determinar a aplicação de uma sanção pecuniária compulsória, nos termos do artigo 116º

14 – Nas contra-ordenações previstas na presente lei, são puníveis a tentativa e a negligência.

### Artigo 114º – Sanções acessórias

1 – Para além das coimas fixadas no artigo anterior, podem ainda ser aplicadas, sempre que a gravidade da infracção e a culpa do agente o justifique, as seguintes sanções acessórias:

*a*) Perda a favor do Estado de objectos, equipamentos e dispositivos ilícitos, nas contra-ordenações previstas nas alíneas ll) e jj) do nº 2 e zz) do nº 3 do artigo anterior;

*b*) Interdição do exercício da respectiva actividade até ao máximo de dois anos, nas contra-ordenações previstas nas alíneas f) do nº 2 e a), e), f), h), j), m), n) e bb) do nº 3 do artigo anterior;

*c*) Privação do direito de participar em concursos ou arrematações promovidos no âmbito do presente diploma até ao máximo de dois anos, nas contra-ordenações previstas nas alíneas f), h), m) e n) do nº 3 do artigo anterior.

2 – Quando seja declarada a perda de objectos, equipamentos ou dispositivos ilícitos a favor do Estado, nos termos da alínea a) do número anterior, o respectivo proprietário ou detentor fica obrigado a proceder à sua entrega na ARN, no prazo de 30 dias úteis a contar da notificação da decisão que a determine.

## Artigo 115º – Processamento e aplicação

1 – A aplicação de admoestações e das coimas e sanções acessórias previstas na presente lei bem como o arquivamento dos processos de contra-ordenação são da competência do conselho de administração da ARN.

2 – A instauração dos processos de contra-ordenação é da competência do conselho de administração da ARN, cabendo a instrução dos mesmos aos respectivos serviços.

3 – As competências previstas nos números anteriores podem ser delegadas.

4 – O montante das coimas reverte para o Estado em 60% e para a ARN em 40%.

5 – *(Revogado.)*

6 – Exceptua-se do disposto nos números anteriores o incumprimento das condições previstas nos nºs 3 e 4 do artigo 46º, cabendo à CNPD a instauração e instrução do processo de contra-ordenação, bem como a aplicação das respectivas coimas, cujo montante reverte em 40% para esta entidade.

## Artigo 116º – Sanções pecuniárias compulsórias

1 – Sem prejuízo de outras sanções aplicáveis, em caso de incumprimento de decisões da ARN que imponham sanções administrativas ou ordenem, no exercício dos poderes que legalmente lhe assistem, a adopção de comportamentos ou de medidas determinadas às empresas que oferecem redes e serviços de comunicações electrónicas, pode esta, quando tal se justifique, impor uma sanção pecuniária compulsória, nomeadamente nos casos referidos nas alíneas a) e g) do nº 1, d), e), jj) e nn) do nº 2, a), b), c), d), h), i), m), n), q), s), bb), cc), ff), hh), ii), jj), ll), mm), oo), qq), ss), tt), aaa), bbb) e ccc) do nº 3 e b) dos nºs 4 e 5, todos do artigo 113º

2 – A sanção pecuniária compulsória consiste na imposição à empresa que oferece redes ou serviços de comunicações electrónicas do pagamento de uma quantia pecuniária por cada dia de atraso que, para além do prazo fixado para o cumprimento da obrigação, se verifique.

3 – A sanção a que se referem os números anteriores é fixada segundo critérios de razoabilidade e proporcionalidade, atendendo ao volume de negócios do infractor realizado no ano civil anterior e ao impacte negativo causado no mercado e nos utilizadores pelo incumprimento, podendo o seu montante diário oscilar entre (euro) 2000 e (euro) 100 000.

4 – Os montantes fixados nos termos do número anterior podem ser variáveis para cada dia de incumprimento no sentido crescente, não podendo ultrapassar o montante máximo de (euro) 3 000 000 e um período máximo de 30 dias.

5 – O montante da sanção aplicada reverte para o Estado em 60 /prct. e para a ARN em 40 /prct..

6 – Dos actos da ARN praticados ao abrigo do presente artigo cabe recurso para o tribunal da concorrência, regulação e supervisão, quando praticados no âmbito de um processo de contra-ordenação, e para os tribunais administrativos, nos restantes casos.

### Artigo 117º – Notificações

*(Revogado.)*

### Artigo 118º – Auto de notícia

*(Revogado.)*

### Artigo 119º – Perda a favor do Estado

*(Revogado.)*

## CAPÍTULO III – Disponibilização de informações pela ARN

### Artigo 120º – Publicação de informações

1 – Compete à ARN disponibilizar e manter actualizadas informações que contribuam para um mercado aberto e concorrencial, designadamente as relativas às seguintes matérias:

*a*) Aplicação do presente quadro regulamentar;

*b*) Procedimentos de consulta em curso nos termos dos artigos 8º, 57º e 57º-A, bem como os resultados dos processos concluídos, salvo informações confidenciais;

*c*) Direitos, condições, procedimentos, taxas e decisões referentes às autorizações gerais e aos direitos de utilização e de instalação de recursos;

*d*) Transmissão de direitos de utilização;

*e*) Registo das empresas que oferecem redes e serviços de comunicações electrónicas;

*f*) Obrigações impostas às empresas nos termos dos capítulos III e IV do título IV, identificando os respectivos mercados, com salvaguarda das informações confidenciais ou que constituam segredo comercial;

*g*) Informação sobre os direitos no âmbito do serviço universal, incluindo os previstos no artigo 94º, e condições de oferta de todos os serviços acessíveis ao público de modo a permitir aos consumidores avaliar as alternativas disponíveis, nomeadamente através de guias interactivos;

*h*) Um relatório relativo aos custos do serviço universal nos termos do artigo 98º;

*i*) Resultado do cálculo do custo líquido do serviço universal e da auditoria efectuada nos termos do artigo 96º;

*j*) Mecanismos de arbitragem e mediação existentes nos termos do nº 1 do artigo 48º-B.

2 – As informações referidas no número anterior podem ser disponibilizadas, nomeadamente, em formato digital na Internet, na sede da ARN e em todas as suas delegações, bem como na sua publicação oficial, conforme a natureza da matéria o aconselhe.

3 – Para efeitos da alínea c) do nº 1, quando as informações respeitarem a diferentes sectores da Administração Pública, compete à ARN realizar todos os esforços razoáveis para dar uma visão global dessas informações de modo acessível ao utilizador, especialmente tendo em vista facilitar a apresentação de pedidos de direitos de instalação de recursos, sempre que considere que tal é possível sem custos desproporcionados.

4 – Compete à ARN transmitir à Comissão Europeia o seguinte:

*a*) Cópia de todas as informações publicadas referidas na alínea f) do nº 1;

*b*) Notificação das empresas que forem consideradas detentoras de poder de mercado significativo e respectivas alterações que ocorram;

*c*) Identificação das empresas designadas como prestadores de serviço universal, bem como as obrigações impostas às referidas empresas;

*d*) Todas as informações que lhe sejam solicitadas pela Comissão Europeia tendo em vista o reexame periódico da aplicação das directivas das comunicações electrónicas.

## TÍTULO VIII - Disposições transitórias e finais

### Artigo 121º - Reavaliação de direitos de utilização de frequências

1 - Os titulares de direitos de utilização de frequências atribuídos antes de 25 de Maio de 2011 e que se mantenham válidos até 25 de Maio de 2016 podem até esta mesma data apresentar à ARN um pedido de reavaliação das restrições de neutralidade tecnológica e de serviços aos seus direitos, enquadráveis nas restrições previstas nos nºs 2 a 5 do artigo 16º-A.

2 - A ARN, na análise dos pedidos de reavaliação das restrições aos direitos de utilização que lhe são apresentados nos termos do número anterior, deve adoptar as medidas adequadas para promover a lealdade da concorrência.

3 - A ARN deve notificar o titular do direito de utilização do resultado da sua reavaliação, dando-lhe a possibilidade de, num prazo não inferior a 10 dias, se pronunciar ou retirar o pedido.

4 - Se o titular do direito de utilização retirar o pedido, o direito de utilização mantém-se inalterado até à data da sua caducidade ou até 25 de Maio de 2016, consoante o que ocorrer mais cedo.

5 - Após 25 de Maio de 2016, a ARN deve adoptar as medidas necessárias para garantir a aplicabilidade do artigo 16º-A a todas as autorizações gerais, direitos de utilização de frequências e atribuições de espectro utilizadas para serviços de comunicações electrónicas existentes em 25 de Maio de 2011.

6 - *(Revogado.)*

### Artigo 121º-A - Itinerância internacional nas redes telefónicas móveis públicas da comunidade

*(Revogado.)*

### Artigo 122º - Manutenção de direitos e obrigações

1 - As empresas mantêm os direitos de utilização dos recursos de numeração e frequências atribuídos antes da publicação da presente lei até ao termo do prazo fixado no respectivo título de atribuição, quando tal prazo exista.

2 - Mantêm-se ainda aplicáveis todas as obrigações assumidas pelas empresas licenciadas em concursos realizados antes da publicação da presente lei, pelo que se mantêm em vigor na parte relevante os respectivos instrumentos de concurso.

3 - Sem prejuízo do disposto no artigo 43º, não devem ser mantidas as medidas legislativas ou administrativas que obriguem os operadores, ao concederem acesso ou interligação, a oferecerem condições diferentes a diferentes empresas por serviços equivalentes e ou imponham obrigações que não estejam relacionadas com o acesso e os serviços de interligação efectivamente prestados, neste caso sem prejuízo das condições fixadas nos artigos 27º, 32º e 37º

### Artigo 123º – Normas transitórias

1 – As obrigações previstas no artigo 43º são objecto de revisão até 25 de Maio de 2012, mediante especificação, por parte da Entidade Reguladora para a Comunicação Social, dos serviços de programas televisivos e de rádio que devem ser objecto de obrigação de transporte pelas empresas que oferecem redes e serviços de comunicações electrónicas.

2 – A adaptação dos mecanismos de prevenção de contratação está sujeita ao procedimento previsto no nº 2 do artigo 46º

3 – A ARN publicará, no prazo máximo de 60 dias a contar da data de publicação da presente lei, um regulamento no qual definirá os procedimentos a adoptar pelas empresas que oferecem redes e serviços de comunicações electrónicas acessíveis ao público em local fixo, da cobrança e entrega mensais, aos municípios, das receitas provenientes da aplicação da TMDP.

### Artigo 124º – Concessionária

*(Revogado.)*

### Artigo 125º – Regulamentos

1 – Compete à ARN publicar os regulamentos necessários à execução da presente lei, nomeadamente os que envolvem as matérias referidas nos nºs 1 do artigo 21º, 2 dos artigos 27º, 32º, 37º e 40º, 3 do artigo 51º, 7 do artigo 54º, 2 e 4 do artigo 92º e 5 do artigo 108º, sem prejuízo da competência estatutária da ARN para emitir regulamentos sempre que tal se mostre indispensável ao exercício das suas atribuições.

2 – Sem prejuízo do disposto no número anterior, mantêm-se em vigor todas as medidas e determinações adoptadas pela ARN ao abrigo da legislação revogada pela presente lei.

### Artigo 126º – Contagem de prazos

1 – À contagem de prazos previstos na presente lei aplicam-se as regras constantes do artigo 72º do Código do Procedimento Administrativo.

2 – Os prazos previstos nos artigos 57º e 57º-A contam-se de acordo com as regras estabelecidas pela Comissão Europeia nas recomendações ou orientações aprovadas ao abrigo do procedimento previsto na Directiva nº 2002/21/CE, do Parlamento Europeu e do Conselho, de 7 de Março, alterada pela Directiva nº 2009/140/CE, do Parlamento Europeu e do Conselho, de 25 de Novembro.

### Artigo 127º – Norma revogatória

1 – São revogados os seguintes diplomas:

*a*) Lei nº 91/97, de 1 de Agosto, com a redacção que lhe foi dada pelo artigo 1º da Lei nº 29/2002, de 6 de Dezembro, com excepção dos nºs 2 e 3 do artigo 12º;

*b*) Decreto-Lei nº 230/96, de 29 de Novembro;
*c*) Decreto-Lei nº 241/97, de 18 de Setembro;
*d*) Decreto-Lei nº 381-A/97, de 30 de Dezembro;
*e*) Decreto-Lei nº 415/98, de 31 de Dezembro;
*f*) Decreto-Lei nº 290-A/99, de 30 de Julho, com as alterações introduzidas pelo Decreto-Lei nº 249/2001, de 21 de Setembro;
*g*) Decreto-Lei nº 290-B/99, de 30 de Julho;
*h*) Decreto-Lei nº 290-C/99, de 30 de Julho;
*i*) Decreto-Lei nº 458/99, de 5 de Novembro;
*j*) Decreto-Lei nº 474/99, de 8 de Novembro, com as alterações introduzidas pela Lei nº 95/2001, de 20 de Agosto;
*l*) Decreto-Lei nº 287/2001, de 8 de Novembro;
*m*) Decreto-Lei nº 133/2002, de 14 de Maio.

2 – *(Revogado.)*

3 – A concessionária do serviço público de telecomunicações é excluída do âmbito de aplicação da alínea e) do nº 1 do artigo 7º do Decreto-Lei nº 555/99, de 16 de Dezembro, na redacção que lhe foi dada pelo Decreto-Lei nº 26/2010, de 30 de Março.

4 – A Portaria nº 791/98, de 22 de Setembro, aprovada ao abrigo do Decreto-Lei nº 241/97, de 18 de Setembro, mantém-se em vigor.

### Artigo 128º – Entrada em vigor

1 – A presente lei entra em vigor no dia seguinte ao da sua publicação.

2 – A TMDP, consagrada no artigo 106º, entra em vigor nos 90 dias seguintes à publicação da presente lei.

## ANEXO
## Parâmetros de qualidade do serviço

Parâmetros de tempo de fornecimento e qualidade do serviço, definições e métodos previstos nos artigos 40º e 92º

# 8. Lei nº 58/2019, de 8 de Agosto – Lei da Protecção de Dados Pessoais

Lei nº 58/2019, de 8 de Agosto – Assegura a execução, na ordem jurídica nacional, do Regulamento (UE) 2016/679 do Parlamento e do Conselho, de 27 de Abril de 2016, relativo à protecção das pessoas singulares no que diz respeito ao tratamento de dados pessoais e à livre circulação desses dados A Assembleia da República decreta, nos termos da alínea c) do artigo 161º da Constituição, o seguinte:

## CAPÍTULO I – Disposições gerais

### Artigo 1º – Objecto

A presente lei assegura a execução, na ordem jurídica interna, do Regulamento (UE) 2016/679 do Parlamento Europeu e do Conselho, de 27 de Abril de 2016, relativo à protecção das pessoas singulares no que diz respeito ao tratamento de dados pessoais e à livre circulação desses dados, doravante designado abreviadamente por Regulamento Geral de Protecção de Dados (RGPD).

### Artigo 2º – Âmbito de aplicação

1 – A presente lei aplica-se aos tratamentos de dados pessoais realizados no território nacional, independentemente da natureza pública ou privada do responsável pelo tratamento ou do subcontratante, mesmo que o tratamento de dados pessoais seja efectuado em cumprimento de obrigações legais ou no âmbito da prossecução de missões de interesse público, aplicando-se todas as exclusões previstas no artigo 2º do RGPD.

2 – A presente lei aplica-se ainda aos tratamentos de dados pessoais realizados fora do território nacional quando:

*a*) Sejam efectuados no âmbito da actividade de um estabelecimento situado no território nacional; ou *b*) Afectem titulares de dados que se encontrem no território nacional, quando as actividades de tratamento estejam subordinadas ao disposto no nº 2 do artigo 3º do RGPD; ou

*c*) Afectem dados que estejam inscritos nos postos consulares de que sejam titulares portugueses residentes no estrangeiro.

3 – A presente lei não se aplica aos ficheiros de dados pessoais constituídos e mantidos sob a responsabilidade do Sistema de Informações da República Portuguesa, que se rege por disposições específicas, nos termos da lei.

## CAPÍTULO II – Comissão Nacional de Protecção de Dados

### Artigo 3º – Autoridade de controlo nacional

A Comissão Nacional de Protecção de Dados (CNPD) é a autoridade de controlo nacional para efeitos do RGPD e da presente lei.

### Artigo 4º – Natureza e independência

1 – A CNPD é uma entidade administrativa independente, com personalidade jurídica de direito público e poderes de autoridade, dotada de autonomia administrativa e financeira, que funciona junto da Assembleia da República.

2 – A CNPD controla e fiscaliza o cumprimento do RGPD e da presente lei, bem como das demais disposições legais e regulamentares em matéria de protecção de dados pessoais, a fim de defender os direitos, liberdades e garantias das pessoas singulares no âmbito dos tratamentos de dados pessoais.

3 – A CNPD age com independência na prossecução das suas atribuições e no exercício dos poderes que lhe são atribuídos pela presente lei.

4 – Os membros da CNPD ficam sujeitos ao regime de incompatibilidades estabelecido para os titulares de altos cargos públicos, não podendo, durante o seu mandato, desempenhar outra actividade, remunerada ou não, com excepção da actividade de docência no ensino superior e de investigação.

### Artigo 5º – Composição e funcionamento

A composição, o modo de designação e o estatuto remuneratório dos membros da CNPD, bem como a respectiva orgânica e quadro de pessoal, são aprovados por lei da Assembleia da República.

### Artigo 6º – Atribuições e competências

1 – Para além do disposto no artigo 57º do RGPD, a CNPD prossegue as seguintes atribuições:

*a*) Pronunciar-se, a título não vinculativo, sobre as medidas legislativas e regulamentares relativas à protecção de dados pessoais, bem como sobre instrumentos jurídicos em preparação, em instituições europeias ou internacionais, relativos à mesma matéria;

*b*) Fiscalizar o cumprimento das disposições do RGPD e das demais disposições legais e regulamentares relativas à protecção de dados pessoais e dos direitos, liberdades e garantias dos titulares dos dados, e corrigir e sancionar o seu incumprimento;

*c*) Disponibilizar uma lista de tratamentos sujeitos à avaliação do impacto sobre a protecção de dados, nos termos do nº 4 do artigo 35º do RGPD, definindo igualmente critérios que permitam densificar a noção de elevado risco prevista nesse artigo;

*d*) Elaborar e apresentar ao Comité Europeu para a Protecção de Dados, previsto no RGPD, os projectos de critérios para a acreditação dos organismos de monitorização de códigos de conduta e dos organismos de certificação, nos termos dos artigos 41º e 43º do RGPD, e assegurar a posterior publicação dos critérios, caso sejam aprovados;

*e*) Cooperar com o Instituto Português de Acreditação, I. P. (IPAC, I. P.), relativamente à aplicação do disposto no artigo 14º da presente lei, bem como na definição de requisitos adicionais de acreditação, tendo em vista a salvaguarda da coerência de aplicação do RGPD;

2 – A CNPD exerce as competências previstas no artigo 58º do RGPD.

### Artigo 7º – Avaliações prévias de impacto

1 – Nos termos do nº 5 do artigo 35º do RGPD, a CNPD difunde uma lista de tipos de tratamentos de dados cuja avaliação prévia de impacto não é obrigatória.

2 – O disposto no número anterior não impede os responsáveis pelo tratamento de efectuar uma avaliação prévia de impacto por iniciativa própria.

3 – As listas referidas nos nºs 4 e 5 do artigo 35º do RGPD são publicitadas no sítio da CNPD na Internet.

### Artigo 8º – Dever de colaboração

1 – As entidades públicas e privadas devem prestar a sua colaboração à CNPD, facultando-lhe todas as informações que por esta lhes sejam solicitadas, no exercício das suas atribuições e competências.

2 – O dever de colaboração é assegurado, designadamente, quando a CNPD tiver necessidade, para o cabal exercício das suas funções, de examinar o sistema informático e os ficheiros de dados pessoais, bem como toda a documentação relativa ao tratamento e transmissão de dados pessoais.

3 – Os membros da CNPD, bem como os seus trabalhadores, prestadores de serviços ou pessoas por si mandatadas, estão obrigados ao dever de sigilo profissional, nomeadamente quanto aos dados pessoais, segredo profissional, segredo industrial ou comercial ou informações confidenciais a que tenham acesso no exercício das suas funções.

4 – O dever de sigilo mantém-se após o termo das respectivas funções.

5 – O dever de colaboração previsto nos números anteriores, bem como os poderes de fiscalização da CNPD, não prejudicam o dever de segredo a que o responsável pelo tratamento esteja obrigado nos termos da lei ou de normas internacionais.

## CAPÍTULO III – Encarregado de protecção de dados

### Artigo 9º – Disposição geral

1 – O encarregado de protecção de dados é designado com base nos requisitos previstos no nº 5 do artigo 37º do RGPD, não carecendo de certificação profissional para o efeito.

2 – Independentemente da natureza da sua relação jurídica, o encarregado de protecção de dados exerce a sua função com autonomia técnica perante a entidade responsável pelo tratamento ou subcontratante.

### Artigo 10º – Dever de sigilo e confidencialidade

1 – De acordo com o disposto no nº 5 do artigo 38º do RGPD, o encarregado de protecção de dados está obrigado a um dever de sigilo profissional em tudo o que diga respeito ao exercício dessas funções, que se mantém após o termo das funções que lhes deram origem.

2 – O encarregado de protecção de dados, bem como os responsáveis pelo tratamento de dados, incluindo os subcontratantes, e todas as pessoas que intervenham em qualquer operação de tratamento de dados, estão obrigados a um dever de confidencialidade que acresce aos deveres de sigilo profissional previsto na lei.

### Artigo 11º – Funções do encarregado de protecção de dados

Para além do disposto nos artigos 37º a 39º do RGPD, são funções do encarregado de protecção de dados:

*a*) Assegurar a realização de auditorias, quer periódicas, quer não programadas;

*b*) Sensibilizar os utilizadores para a importância da detecção atempada de incidentes de segurança e para a necessidade de informar imediatamente o responsável pela segurança;

*c*) Assegurar as relações com os titulares dos dados nas matérias abrangidas pelo RGPD e pela legislação nacional em matéria de protecção de dados.

**Artigo 12º – Encarregados de protecção de dados em entidades públicas**

1 – Nos termos da alínea a) do nº 1 do artigo 37º do RGPD, é obrigatória a designação de encarregados de protecção de dados nas entidades públicas, de acordo com o disposto nos números seguintes.

2 – Para efeitos do número anterior, entende-se por entidades públicas:

*a*) O Estado;

*b*) As regiões autónomas;

*c*) As autarquias locais e as entidades supranacionais previstas na lei;

*d*) As entidades administrativas independentes e o Banco de Portugal;

*e*) Os institutos públicos;

*f*) As instituições de ensino superior públicas, independentemente da sua natureza;

*g*) As empresas do sector empresarial do Estado e dos sectores empresariais regionais e locais;

*h*) As associações públicas.

3 – Independentemente de quem seja responsável pelo tratamento, existe pelo menos um encarregado de protecção de dados:

*a*) Por cada ministério ou área governativa, no caso do Estado, sendo designado pelo respectivo ministro, com faculdade de delegação em qualquer secretário de Estado que o coadjuvar;

*b*) Por cada secretaria regional, no caso das regiões autónomas, sendo designado pelo respectivo secretário regional, com faculdade de delegação em dirigente superior de 1º grau;

*c*) Por cada município, sendo designado pela câmara municipal, com faculdade de delegação no presidente e subdelegação em qualquer vereador;

*d*) Nas freguesias em que tal se justifique, nomeadamente naquelas com mais de 750 habitantes, sendo designado pela junta de freguesia, com faculdade de delegação no presidente;

*e*) Por cada entidade, no caso das demais entidades referidas no número anterior, sendo designada pelo respectivo órgão executivo, de administração ou gestão, com faculdade de delegação no respectivo presidente.

4 – Nos termos do nº 3 do artigo 37º do RGPD, pode ser designado o mesmo encarregado de protecção de dados para vários ministérios ou áreas governativas, secretarias regionais, autarquias locais ou outras pessoas colectivas públicas.

5 – Cabe a cada entidade a designação do encarregado de protecção de dados, não sendo obrigatório o exercício de funções em regime de exclusividade.

6 – O encarregado de protecção de dados de uma entidade pública que tenha atribuições de regulação ou controlo não pode exercer essas funções simultaneamente em entidade sujeita ao controlo, ou inserida no perímetro regulatório daquela entidade.

**Artigo 13º – Encarregados de protecção de dados em entidades privadas**

O responsável pelo tratamento e o subcontratante designam um encarregado de protecção de dados sempre que a actividade privada desenvolvida, a título principal, implique:

*a*) Operações de tratamento que, devido à sua natureza, âmbito e ou finalidade, exijam um controlo regular e sistemático dos titulares dos dados em grande escala; ou

*b*) Operações de tratamento em grande escala das categorias especiais de dados nos termos do artigo 9º do RGPD, ou de dados pessoais relacionados com condenações penais e contra-ordenacionais nos termos do artigo 10º do RGPD.

## CAPÍTULO IV – Acreditação, certificação e códigos de conduta

### Artigo 14º – Acreditação e certificação

1 – Nos termos da alínea b) do nº 1 do artigo 43º do RGPD, a autoridade competente para a acreditação dos organismos de certificação em matéria de protecção de dados é o IPAC, I. P.

2 – O acto de acreditação emitido pelo IPAC, I. P., deve tomar em consideração os requisitos previstos no RGPD, bem como os requisitos adicionais estabelecidos pela CNPD.

3 – A certificação, bem como a emissão de selos e marcas de protecção de dados, é efectuada por organismos de certificação acreditados nos termos do nº 1, destinando-se a atestar que os procedimentos implementados cumprem o disposto no RGPD e na presente lei.

### Artigo 15º – Códigos de conduta

1 – Compete à CNPD fomentar a elaboração de códigos de conduta que regulem actividades determinadas, os quais devem tomar em atenção as necessidades específicas das micro, pequenas e médias empresas.

2 – O tratamento de dados pessoais pela administração directa e indirecta do Estado é objecto de códigos de conduta próprios.

## CAPÍTULO V - Disposições especiais

### Artigo 16º - Consentimento de menores

1 - Nos termos do artigo 8º do RGPD, os dados pessoais de crianças só podem ser objecto de tratamento com base no consentimento previsto na alínea a) do nº 1 do artigo 6º do RGPD e relativo à oferta directa de serviços da sociedade de informação quando as mesmas já tenham completado 13 anos de idade.

2 - Caso a criança tenha idade inferior a 13 anos, o tratamento só é lícito se o consentimento for dado pelos representantes legais desta, de preferência com recurso a meios de autenticação segura.

### Artigo 17º - Protecção de dados pessoais de pessoas falecidas

1 - Os dados pessoais de pessoas falecidas são protegidos nos termos do RGPD e da presente lei quando se integrem nas categorias especiais de dados pessoais a que se refere o nº 1 do artigo 9º do RGPD, ou quando se reportem à intimidade da vida privada, à imagem ou aos dados relativos às comunicações, ressalvados os casos previstos no nº 2 do mesmo artigo.

2 - Os direitos previstos no RGPD relativos a dados pessoais de pessoas falecidas, abrangidos pelo número anterior, nomeadamente os direitos de acesso, rectificação e apagamento, são exercidos por quem a pessoa falecida haja designado para o efeito ou, na sua falta, pelos respectivos herdeiros.

3 - Os titulares dos dados podem igualmente, nos termos legais aplicáveis, deixar determinada a impossibilidade de exercício dos direitos referidos no número anterior após a sua morte.

### Artigo 18º - Portabilidade e interoperabilidade dos dados

1 - O direito de portabilidade dos dados, previsto no artigo 20º do RGPD, abrange apenas os dados fornecidos pelos respectivos titulares.

2 - A portabilidade dos dados deve, sempre que possível, ter lugar em formato aberto.

3 - No âmbito da Administração Pública, sempre que a interoperabilidade dos dados não seja tecnicamente possível, o titular dos dados tem o direito de exigir que os mesmos lhe sejam entregues num formato digital aberto, de acordo com o Regulamento Nacional de Interoperabilidade Digital em vigor.

### Artigo 19º - Videovigilância

1 - Sem prejuízo das disposições legais específicas que imponham a sua utilização, nomeadamente por razões de segurança pública, os sistemas de videovigilância cuja finalidade seja a protecção de pessoas e bens asseguram os requisitos previstos no artigo 31º da Lei nº 34/2013, de 16 de Maio, com os limites definidos no número seguinte.

2 – As câmaras não podem incidir sobre:

*a*) Vias públicas, propriedades limítrofes ou outros locais que não sejam do domínio exclusivo do responsável, excepto no que seja estritamente necessário para cobrir os acessos ao imóvel;

*b*) A zona de digitação de códigos de caixas multibanco ou outros terminais de pagamento ATM;

*c*) O interior de áreas reservadas a clientes ou utentes onde deva ser respeitada a privacidade, designadamente instalações sanitárias, zonas de espera e provadores de vestuário;

*d*) O interior de áreas reservadas aos trabalhadores, designadamente zonas de refeição, vestiários, ginásios, instalações sanitárias e zonas exclusivamente afectas ao seu descanso.

3 – Nos estabelecimentos de ensino, as câmaras de videovigilância só podem incidir sobre os perímetros externos e locais de acesso, e ainda sobre espaços cujos bens e equipamentos requeiram especial protecção, como laboratórios ou salas de informática.

4 – Nos casos em que é admitida a videovigilância, é proibida a captação de som, excepto no período em que as instalações vigiadas estejam encerradas ou mediante autorização prévia da CNPD.

### Artigo 20º - Dever de segredo

1 – Os direitos de informação e de acesso a dados pessoais previstos nos artigos 13º a 15º do RGPD não podem ser exercidos quando a lei imponha ao responsável pelo tratamento ou ao subcontratante um dever de segredo que seja oponível ao próprio titular dos dados.

2 – O titular dos dados pode solicitar à CNPD a emissão de parecer quanto à oponibilidade do dever de segredo, sem prejuízo do disposto no Capítulo VII.

### Artigo 21º - Prazo de conservação de dados pessoais

1 – O prazo de conservação de dados pessoais é o que estiver fixado por norma legal ou regulamentar ou, na falta desta, o que se revele necessário para a prossecução da finalidade.

2 – Quando, pela natureza e finalidade do tratamento, designadamente para fins de arquivo de interesse público, fins de investigação científica ou histórica ou fins estatísticos, não seja possível determinar antecipadamente o momento em que o mesmo deixa de ser necessário, é lícita a conservação dos dados pessoais, desde que sejam adoptadas medidas técnicas e organizativas adequadas a garantir os direitos do titular dos dados, designadamente a informação da sua conservação.

3 – Quando os dados pessoais sejam necessários para o responsável pelo tratamento, ou o subcontratante, comprovar o cumprimento de obrigações contratuais ou de outra natureza, os mesmos podem ser conservados enquanto não decorrer o prazo de prescrição dos direitos correspectivos.

4 – Quando cesse a finalidade que motivou o tratamento, inicial ou posterior, de dados pessoais, o responsável pelo tratamento deve proceder à sua destruição ou anonimização.

5 – Nos casos em que existe um prazo de conservação de dados imposto por lei, só pode ser exercido o direito ao apagamento previsto no artigo 17º do RGPD findo esse prazo.

6 – Os dados relativos a declarações contributivas para efeitos de aposentação ou reforma podem ser conservados sem limite de prazo, a fim de auxiliar o titular na reconstituição das carreiras contributivas, desde que sejam adoptadas medidas técnicas e organizativas adequadas a garantir os direitos do titular dos dados.

### Artigo 22º – Transferências de dados

As transferências de dados para países terceiros à União Europeia ou organizações internacionais, efectuadas no cumprimento de obrigações legais, por entidades públicas no exercício de poderes de autoridade, são consideradas de interesse público para efeitos do disposto no nº 4 do artigo 49º do RGPD.

### Artigo 23º – Tratamento de dados pessoais por entidades públicas para finalidades diferentes

1 – O tratamento de dados pessoais por entidades públicas para finalidades diferentes das determinadas pela recolha tem natureza excepcional e deve ser devidamente fundamentado com vista a assegurar a prossecução do interesse público que de outra forma não possa ser acautelado, nos termos da alínea e) do nº 1, do nº 4 do artigo 6º e da alínea g) do nº 2 do artigo 9º do RGPD.

2 – A transmissão de dados pessoais entre entidades públicas para finalidades diferentes das determinadas pela recolha tem natureza excepcional, deve ser devidamente fundamentada nos termos referidos no número anterior e deve ser objecto de protocolo que estabeleça as responsabilidades de cada entidade interveniente, quer no acto de transmissão, quer em outros tratamentos a efectuar.

## CAPÍTULO VI – Situações específicas de tratamento de dados pessoais

### Artigo 24º – Liberdade de expressão e informação

1 – A protecção de dados pessoais, nos termos do RGPD e da presente lei, não prejudica o exercício da liberdade de expressão, informação e imprensa,

incluindo o tratamento de dados para fins jornalísticos e para fins de expressão académica, artística ou literária.

2 – O exercício da liberdade de informação, especialmente quando revele dados pessoais previstos no nº 1 do artigo 9º do RGPD e no artigo 17º da presente lei, deve respeitar o princípio da dignidade da pessoa humana previsto na Constituição da República Portuguesa, bem como os direitos de personalidade nela e na legislação nacional consagrados.

3 – O tratamento para fins jornalísticos deve respeitar a legislação nacional sobre acesso e exercício da profissão.

4 – O exercício da liberdade de expressão não legitima a divulgação de dados pessoais como moradas e contactos, à excepção daqueles que sejam de conhecimento generalizado.

### Artigo 25º – Publicação em jornal oficial

1 – A publicação de dados pessoais em jornais oficiais deve obedecer ao artigo 5º do RGPD, nomeadamente aos princípios da finalidade e da minimização.

2 – Sempre que o dado pessoal «nome» seja suficiente para garantir a identificação do titular e a eficácia do tratamento, não devem ser publicados outros dados pessoais.

3 – Os dados pessoais publicados em jornal oficial não podem, em circunstância alguma, ser alterados, rasurados ou ocultados.

4 – O direito ao apagamento de dados pessoais publicados em jornal oficial tem natureza excepcional e só se pode concretizar nas condições previstas no artigo 17º do RGPD, nos casos em que essa seja a única forma de acautelar o direito ao esquecimento e ponderados os demais interesses em presença.

5 – O disposto no número anterior realiza-se através da desindexação dos dados pessoais em motores de busca, sempre sem eliminação da publicação que faz fé pública.

6 – Em caso de publicação de dados pessoais em jornais oficiais, considera-se responsável pelo tratamento a entidade que manda proceder à publicação, ou, no caso dos gabinetes dos membros do Governo, as respectivas secretarias-gerais.

### Artigo 26º – Acesso a documentos administrativos

O acesso a documentos administrativos que contenham dados pessoais rege-se pelo disposto na Lei nº 26/2016, de 22 de Agosto.

### Artigo 27º – Publicação de dados no âmbito da contratação pública

No âmbito da contratação pública, e caso seja necessária a publicação de dados pessoais, não devem ser publicados outros dados pessoais para além do nome, sempre que este seja suficiente para garantir a identificação do contraente público e do co-contratante.

### Artigo 28º – Relações laborais

1 – O empregador pode tratar os dados pessoais dos seus trabalhadores para as finalidades e com os limites definidos no Código do Trabalho e respectiva legislação complementar ou noutros regimes sectoriais, com as especificidades estabelecidas no presente artigo.

2 – O número anterior abrange igualmente o tratamento efectuado por subcontratante ou contabilista certificado em nome do empregador, para fins de gestão das relações laborais, desde que realizado ao abrigo de um contrato de prestação de serviços e sujeito a iguais garantias de sigilo.

3 – Salvo norma legal em contrário, o consentimento do trabalhador não constitui requisito de legitimidade do tratamento dos seus dados pessoais:

*a*) Se do tratamento resultar uma vantagem jurídica ou económica para o trabalhador; ou

*b*) Se esse tratamento estiver abrangido pelo disposto na alínea b) do nº 1 do artigo 6º do RGPD.

4 – As imagens gravadas e outros dados pessoais registados através da utilização de sistemas de vídeo ou outros meios tecnológicos de vigilância à distância, nos termos previstos no artigo 20º do Código do Trabalho, só podem ser utilizados no âmbito do processo penal.

5 – Nos casos previstos no número anterior, as imagens gravadas e outros dados pessoais podem também ser utilizados para efeitos de apuramento de responsabilidade disciplinar, na medida em que o sejam no âmbito do processo penal.

6 – O tratamento de dados biométricos dos trabalhadores só é considerado legítimo para controlo de assiduidade e para controlo de acessos às instalações do empregador, devendo assegurar-se que apenas se utilizem representações dos dados biométricos e que o respectivo processo de recolha não permita a reversibilidade dos referidos dados.

### Artigo 29º – Tratamento de dados de saúde e dados genéticos

1 – Nos tratamentos de dados de saúde e de dados genéticos, o acesso a dados pessoais rege-se pelo princípio da necessidade de conhecer a informação.

2 – Nos casos previstos nas alíneas h) e i) do nº 2 do artigo 9º do RGPD, o tratamento dos dados previstos no nº 1 do mesmo artigo deve ser efectuado por um profissional obrigado a sigilo ou por outra pessoa sujeita a dever de confidencialidade, devendo ser garantidas medidas adequadas de segurança da informação.

3 – O acesso aos dados a que alude o número anterior é feito exclusivamente de forma electrónica, salvo impossibilidade técnica ou expressa indicação em contrário do titular dos dados, sendo vedada a sua divulgação ou transmissão posterior.

4 – Os titulares de órgãos, trabalhadores e prestadores de serviços do responsável pelo tratamento de dados de saúde e de dados genéticos, o encarregado de protecção de dados, os estudantes e investigadores na área da saúde e da genética e todos os profissionais de saúde que tenham acesso a dados relativos à saúde estão obrigados a um dever de sigilo.

5 – O dever de sigilo referido no número anterior é também aplicável a todos os titulares de órgãos e trabalhadores que, no contexto do acompanhamento, financiamento ou fiscalização da actividade de prestação de cuidados de saúde, tenham acesso a dados relativos à saúde.

6 – O titular dos dados deve ser notificado de qualquer acesso realizado aos seus dados pessoais, cabendo ao responsável pelo tratamento assegurar a disponibilização desse mecanismo de rastreabilidade e notificação.

7 – As medidas e os requisitos técnicos mínimos de segurança inerentes ao tratamento de dados a que alude o nº 1 são aprovados por portaria dos membros do Governo responsáveis pelas áreas da saúde e da justiça, que deve regulamentar, nomeadamente, as seguintes matérias:

*a*) Estabelecimento de permissões de acesso aos dados pessoais diferenciados, em razão da necessidade de conhecer e da segregação de funções;

*b*) Requisitos de autenticação prévia de quem acede;

*c*) Registo electrónico dos acessos e dos dados acedidos.

### Artigo 30º – Bases de dados ou registos centralizados de saúde

1 – Os dados relativos à saúde podem ser organizados em bases de dados ou registos centralizados assentes em plataformas únicas, quando tratados para efeitos das finalidades legalmente previstas no RGPD e na legislação nacional.

2 – As bases de dados de saúde ou registos centralizados assentes nas plataformas únicas referidas no número anterior devem preencher os requisitos de segurança e de inviolabilidade previstos no RGPD.

### Artigo 31º – Tratamentos para fins de arquivo de interesse público, fins de investigação científica ou histórica ou fins estatísticos

1 – O tratamento para fins de arquivo de interesse público, fins de investigação científica ou histórica ou fins estatísticos deve respeitar o princípio da minimização dos dados e incluir a anonimização ou a pseudonimização dos mesmos sempre que os fins visados possam ser atingidos por uma destas vias.

2 – Quando os dados pessoais sejam tratados para fins de arquivo de interesse público, fins de investigação científica ou histórica ou fins estatísticos, ficam prejudicados os direitos de acesso, rectificação, limitação do tratamento e de oposição previstos nos artigos 15º, 16º, 18º e 21º do RGPD, na medida do necessário, se esses direitos forem susceptíveis de tornar impossível ou prejudicar gravemente a realização desses fins.

3 – Ao tratamento de dados pessoais para fins de arquivo de interesse público é aplicável o Decreto-Lei nº 16/93, de 23 de Janeiro, na sua redacção actual.

4 – O consentimento relativo ao tratamento de dados para fins de investigação científica pode abranger diversas áreas de investigação ou ser dado unicamente para determinados domínios ou projectos de investigação específicos, devendo em qualquer caso ser respeitados os padrões éticos reconhecidos pela comunidade científica.

5 – Sem prejuízo do disposto na Lei do Sistema Estatístico Nacional, os dados pessoais tratados para fins estatísticos devem ser anonimizados ou pseudonimizados, de modo a acautelar a tutela dos titulares dos dados, nomeadamente no que respeita à impossibilidade de reidentificação logo que concluída a operação estatística.

## CAPÍTULO VII – Tutela administrativa e jurisdicional

### SECÇÃO I – Disposições gerais

#### Artigo 32º – Tutela administrativa

Sem prejuízo do direito de apresentação de queixa à CNPD, qualquer pessoa pode recorrer a meios de tutela administrativa, designadamente de cariz petitório ou impugnatório, para garantir o cumprimento das disposições legais em matéria de protecção de dados pessoais, nos termos previstos no Código do Procedimento Administrativo.

#### Artigo 33º – Responsabilidade civil

1 – Qualquer pessoa que tenha sofrido um dano devido ao tratamento ilícito de dados ou a qualquer outro acto que viole disposições do RGPD ou da lei nacional em matéria de protecção de dados pessoais, tem o direito de obter do responsável ou subcontratante a reparação pelo dano sofrido.

2 – O responsável pelo tratamento e o subcontratante não incorrem em responsabilidade civil se provarem que o facto que causou o dano não lhes é imputável.

3 – À responsabilidade do Estado e demais pessoas colectivas públicas é aplicável o regime previsto na Lei nº 67/2007, de 31 de Dezembro, alterado pela Lei nº 31/2008, de 17 de Julho.

### Artigo 34º – Tutela jurisdicional

1 – Qualquer pessoa, de acordo com as regras gerais de legitimidade processual, pode propor acções contra as decisões, nomeadamente de natureza contra-ordenacional, e omissões da CNPD, bem como acções de responsabilidade civil pelos danos que tais actos ou omissões possam ter causado.

2 – As acções propostas contra a CNPD são da competência dos tribunais administrativos.

3 – O titular dos dados pode propor acções contra o responsável pelo tratamento ou o subcontratante, incluindo acções de responsabilidade civil.

4 – As acções intentadas contra o responsável pelo tratamento ou um subcontratante são propostas nos tribunais nacionais se o responsável ou subcontratante tiver estabelecimento em território nacional ou se o titular dos dados aqui residir habitualmente.

### Artigo 35º – Representação dos titulares dos dados

Sem prejuízo da observância das regras relativas ao patrocínio judiciário, o titular dos dados tem o direito de mandatar um organismo, uma organização ou uma associação sem fins lucrativos constituída em conformidade com o direito nacional, cujos fins estatutários sejam de interesse público e cuja actividade abranja a defesa dos direitos, liberdades e garantias do titular dos dados quanto à protecção de dados pessoais para, em seu nome, exercer os direitos previstos nos artigos 77º, 78º, 79º e 82º do RGPD.

### Artigo 36º – Legitimidade da CNPD

A CNPD tem legitimidade para intervir em processos judiciais no caso de violação das disposições do RGPD e da presente lei, e deve denunciar ao Ministério Público as infracções penais de que tiver conhecimento, no exercício das suas funções e por causa delas, bem como praticar os actos cautelares necessários e urgentes para assegurar os meios de prova.

## SECÇÃO II – Contra-ordenações

### Artigo 37º – Contra-ordenações muito graves

1 – Constituem contra-ordenações muito graves:

*a*) Os tratamentos de dados pessoais com inobservância dolosa dos princípios consagrados no artigo 5º do RGDP;

*b*) Os tratamentos de dados pessoais que não tenham por base o consentimento ou outra condição de legitimidade, nos termos do artigo 6º do RGPD ou de norma nacional;

*c*) O incumprimento das regras relativas à prestação do consentimento previstas no artigo 7º do RGPD;

*d*) Os tratamentos de dados pessoais previstos no nº 1 do artigo 9º do RGPD sem que se verifique uma das circunstâncias previstas no nº 2 do mesmo artigo;

*e*) Os tratamentos de dados pessoais previstos no artigo 10º do RGPD que contrariem as regras aí previstas;

*f*) A exigência do pagamento de uma quantia em dinheiro fora dos casos previstos no nº 5 do artigo 12º do RGPD;

*g*) A exigência do pagamento de uma quantia em dinheiro, nos casos previstos no nº 5 do artigo 12º do RGPD, que exceda os custos necessários para satisfazer o direito do titular dos dados;

*h*) A não prestação de informação relevante nos termos dos artigos 13º e 14º do RGPD, o que ocorre nas seguintes circunstâncias:

*i*) Omissão de informação das finalidades a que se destina o tratamento;

*ii*) Omissão de informação acerca dos destinatários ou categorias de destinatários dos dados pessoais;

*iii*) Omissão de informação acerca do direito de retirar o consentimento nos casos previstos na alínea a) do nº 1 do artigo 6º e na alínea a) do nº 2 do artigo 9º do RGPD;

*i*) Não permitir, não assegurar ou dificultar o exercício dos direitos previstos nos artigos 15º a 22º do RGPD;

*j*) A transferência internacional de dados pessoais em violação do disposto nos artigos 44º a 49º do RGPD;

*k*) O incumprimento das decisões da autoridade de controlo previstas no nº 2 do artigo 58º do RGPD, ou recusa da colaboração que lhe seja exigida pela CNPD, no exercício dos seus poderes;

*l*) A violação das regras previstas no capítulo vi da presente lei.

2 – As contra-ordenações referidas no número anterior são punidas com coima:

*a*) De 5000 (euro) a 20 000 000 (euro) ou 4 /prct. do volume de negócios anual, a nível mundial, conforme o que for mais elevado, tratando-se de grande empresa;

*b*) De 2000 (euro) a 2 000 000 (euro) ou 4 /prct. do volume de negócios anual, a nível mundial, conforme o que for mais elevado, tratando-se de PME;

*c*) De 1000 (euro) a 500 000 (euro), no caso de pessoas singulares.

### Artigo 38º – Contra-ordenações graves

1 – Constituem contra-ordenações graves:

*a*) A violação do disposto no artigo 8º do RGPD;

*b*) A não prestação da restante informação prevista nos artigos 13º e 14º do RGPD;

*c*) A violação do disposto nos artigos 24º e 25º do RGPD;

*d*) A violação das obrigações previstas no artigo 26º do RGPD;

*e*) A violação do disposto no artigo 27º do RGPD;

*f*) A violação das obrigações previstas no artigo 28º do RGPD;

*g*) A violação do disposto no artigo 29º do RGPD;

*h*) A ausência de registo dos tratamentos de dados pessoais em violação do disposto no artigo 30º do RGPD;

*i*) A violação das regras de segurança previstas no artigo 32º do RGPD;

*j*) O incumprimento dos deveres previstos no artigo 33º do RGPD;

*k*) O incumprimento do dever de informar o titular dos dados pessoais nas situações previstas no artigo 34º do RGPD;

*l*) O incumprimento da obrigação de realizar avaliações de impacto nos casos previstos no artigo 35º do RGPD;

*m*) O incumprimento da obrigação de consultar a autoridade de controlo previamente à realização de operações de tratamento de dados nos casos previstos no artigo 36º do RGPD;

*n*) O incumprimento dos deveres previstos no artigo 37º do RGPD;

*o*) A violação do disposto no artigo 38º do RGPD, nomeadamente no que respeita às garantias de independência do encarregado de protecção de dados;

*p*) O incumprimento dos deveres previstos no artigo 39º do RGPD;

*q*) A prática de actos de supervisão de códigos de conduta por organismos não acreditados pela autoridade de controlo nos termos do artigo 41º do RGPD;

*r*) O incumprimento, por parte dos organismos de supervisão de códigos de conduta, do previsto no nº 4 do artigo 41º do RGPD;

*s*) A utilização de selos ou marcas de protecção de dados que não tinham sido emitidos por organismos de certificação devidamente acreditados nos termos dos artigos 42º e 43º do RGPD;

*t*) O incumprimento, por parte dos organismos de certificação, dos deveres previstos no artigo 43º do RGPD;

*u*) A violação do disposto no artigo 19º da presente lei.

2 – As contra-ordenações referidas no número anterior são punidas com coima de:

*a*) De 2500 (euro) a 10 000 000 (euro) ou 2 /prct. do volume de negócios anual, a nível mundial, conforme o que for mais elevado, tratando-se de grande empresa;

*b*) De 1000 (euro) a 1 000 000 (euro) ou 2 /prct. do volume de negócios anual, a nível mundial, conforme o que for mais elevado, tratando-se de PME;

*c*) De 500 (euro) a 250 000 (euro), no caso de pessoas singulares.

**Artigo 39º – Determinação da medida da coima**

1 – Na determinação da medida da coima, a CNPD tem em conta, para além dos critérios estabelecidos no nº 2 do artigo 83º do RGPD:

*a*) A situação económica do agente, no caso de pessoa singular, ou o volume de negócios e o balanço anual, no caso de pessoa colectiva;

*b*) O carácter continuado da infracção;

*c*) A dimensão da entidade, tendo em conta o número de trabalhadores e a natureza dos serviços prestados.

2 – Para efeitos da aplicação do disposto nos artigos anteriores, os conceitos de pequenas e médias empresas (PME) e grande empresa são os definidos na Recomendação nº 2003/361/CE, da Comissão Europeia, de 6 de Maio de 2003.

3 – Excepto em caso de dolo, a instauração de processo de contra-ordenação depende de prévia advertência do agente, por parte da CNPD, para cumprimento da obrigação omitida ou reintegração da proibição violada em prazo razoável.

**Artigo 40º – Prescrição do procedimento por contra-ordenação**

O procedimento por contra-ordenação extingue-se por efeito da prescrição logo que sobre a prática da contra-ordenação hajam decorrido os seguintes prazos:

*a*) Três anos, quando se trate de contra-ordenação muito grave;

*b*) Dois anos, quando se trate de contra-ordenação grave.

**Artigo 41º – Prazo de prescrição das coimas**

As coimas previstas na presente lei prescrevem nos seguintes prazos:

*a*) Três anos, no caso de coimas de montante superior a 100 000 (euro);

*b*) Dois anos, no caso de coimas de montante igual ou inferior a 100 000 (euro).

**Artigo 42º – Destino das coimas**

O montante das coimas cobradas reverte em 60 /prct. para o Estado e em 40 /prct. para a CNPD.

**Artigo 43º – Cumprimento do dever omitido**

Sempre que a contra-ordenação resulte da omissão de um dever, a aplicação da sanção e o pagamento da coima não dispensam o infractor do seu cumprimento se este ainda for possível.

### Artigo 44º – Âmbito de aplicação das contra-ordenações

1 – As coimas previstas no RGPD e na presente lei aplicam-se de igual modo às entidades públicas e privadas.

2 – Nos termos do disposto no nº 7 do artigo 83º do RGPD, as entidades públicas, mediante pedido devidamente fundamentado, podem solicitar à CNPD a dispensa da aplicação de coimas durante o prazo de três anos a contar da entrada em vigor da presente lei.

3 – As entidades públicas estão sujeitas aos poderes de correcção da CNPD, tal como previstos no RGPD e na presente lei, com excepção da aplicação de coimas nos termos definidos no número anterior.

### Artigo 45º – Regime subsidiário

Em tudo o que não esteja previsto na presente lei em matéria contra-ordenacional, aplica-se o disposto no regime geral do ilícito de mera ordenação social.

## SECÇÃO III – Crimes

### Artigo 46º – Utilização de dados de forma incompatível com a finalidade da recolha

1 – Quem utilizar dados pessoais de forma incompatível com a finalidade determinante da recolha é punido com pena de prisão até um ano ou com pena de multa até 120 dias.

2 – A pena é agravada para o dobro nos seus limites quando se tratar dos dados pessoais a que se referem os artigos 9º e 10º do RGPD.

### Artigo 47º – Acesso indevido

1 – Quem, sem a devida autorização ou justificação, aceder, por qualquer modo, a dados pessoais é punido com pena de prisão até 1 ano ou com pena de multa até 120 dias.

2 – A pena é agravada para o dobro nos seus limites quando se tratar dos dados pessoais a que se referem os artigos 9º e 10º do RGPD.

3 – A pena é também agravada para o dobro nos seus limites quando o acesso:

*a*) For conseguido através de violação de regras técnicas de segurança; ou

*b*) Tiver proporcionado ao agente ou a terceiros benefício ou vantagem patrimonial.

### Artigo 48º – Desvio de dados

1 – Quem copiar, subtrair, ceder ou transferir, a título oneroso ou gratuito, dados pessoais sem previsão legal ou consentimento, independentemente da

finalidade prosseguida, é punido com pena de prisão até 1 ano ou com pena de multa até 120 dias.

2 – A pena é agravada para o dobro nos seus limites quando se tratar dos dados pessoais a que se referem os artigos 9º e 10º do RGPD.

3 – A pena é também agravada para o dobro nos seus limites quando o acesso:

*a*) For conseguido através de violação de regras técnicas de segurança; ou

*b*) Tiver proporcionado ao agente ou a terceiros benefício ou vantagem patrimonial.

**Artigo 49º – Viciação ou destruição de dados**

1 – Quem, sem a devida autorização ou justificação, apagar, destruir, danificar, ocultar, suprimir ou modificar dados pessoais, tornando-os inutilizáveis ou afectando o seu potencial de utilização, é punido com pena de prisão até 2 anos ou com pena de multa até 240 dias.

2 – A pena é agravada para o dobro nos seus limites se o dano produzido for particularmente grave.

3 – Nas situações previstas nos números anteriores, se o agente actuar com negligência é punido com pena de prisão:

*a*) Até 1 ano ou multa até 120 dias, no caso previsto no nº 1;

*b*) Até 2 anos ou multa até 240 dias, no caso previsto no nº 2.

**Artigo 50º – Inserção de dados falsos**

1 – Quem inserir ou facilitar a inserção de dados pessoais falsos, com a intenção de obter vantagem indevida para si ou para terceiro, ou para causar prejuízo, é punido com pena de prisão até 2 anos ou com pena de multa até 240 dias.

2 – A pena é agravada para o dobro nos seus limites se da inserção referida no número anterior resultar um prejuízo efectivo.

**Artigo 51º – Violação do dever de sigilo**

1 – Quem, obrigado a sigilo profissional nos termos da lei, sem justa causa e sem o devido consentimento, revelar ou divulgar no todo ou em parte dados pessoais é punido com pena de prisão até 1 ano ou com pena de multa até 120 dias.

2 – A pena é agravada para o dobro nos seus limites se o agente:

*a*) For trabalhador em funções públicas ou equiparado, nos termos da lei penal;

*b*) For encarregado de protecção de dados;

*c*) For determinado pela intenção de obter qualquer vantagem patrimonial ou outro benefício ilegítimo;

*d*) Puser em perigo a reputação, a honra ou a intimidade da vida privada de terceiros.

3 – A negligência é punível com pena de prisão até 6 meses ou com pena de multa até 60 dias.

### Artigo 52º – Desobediência

1 – Quem não cumprir as obrigações previstas no RGPD e na presente lei, depois de ultrapassado o prazo que tiver sido fixado pela CNPD para o respectivo cumprimento, é punido com pena de prisão até 1 ano ou com pena de multa até 120 dias.

2 – A pena é agravada para o dobro nos seus limites se, depois de notificado para o efeito, o agente:

*a*) Não interromper, cessar ou bloquear o tratamento ilícito de dados;

*b*) Não proceder ao apagamento ou destruição dos dados quando legalmente exigível, ou findo o prazo de conservação fixado nos termos da presente lei; ou

*c*) Recusar, sem justa causa, a colaboração que lhe for exigida nos termos do artigo 8º da presente lei.

### Artigo 53º – Punibilidade da tentativa

Nos crimes previstos na presente secção, a tentativa é sempre punível.

### Artigo 54º – Responsabilidade das pessoas colectivas

As pessoas colectivas e entidades equiparadas, com excepção do Estado, de pessoas colectivas no exercício de prerrogativas de poder público e de organizações de direito internacional público, são responsáveis pelos crimes previstos na presente secção, nos termos do artigo 11º do Código Penal.

## SECÇÃO IV – Disposições comuns

### Artigo 55º – Concurso de infracções

1 – Se o mesmo facto constituir simultaneamente crime e contra-ordenação, o agente é sempre punido a título de crime.

2 – Quando se verifique concurso de crime e contra-ordenação, ou quando, pelo mesmo facto, uma pessoa deva responder a título de crime e outra a título de contra-ordenação, o processamento da contra-ordenação cabe às autoridades competentes para o processo criminal, nos termos do regime geral do ilícito de mera ordenação social.

### Artigo 56º – Sanções acessórias

1 – Conjuntamente com as sanções aplicadas pode ser ordenada, acessoriamente, a proibição temporária ou definitiva do tratamento, o bloqueio, o apagamento ou a destruição total ou parcial dos dados.

2 – Tratando-se de crimes, ou de coimas de montante superior a 100 000 (euro), pode acessoriamente ser determinada a publicidade da condenação, por meio de extracto contendo a identificação do agente, os elementos da infracção e as sanções aplicadas, no Portal do Cidadão, por período não inferior a 90 dias.

## CAPÍTULO VIII – Disposições finais e transitórias

### Artigo 57º – Comissão Nacional de Protecção de Dados

Os membros da CNPD em exercício à data da entrada em vigor da presente lei mantêm-se em funções até ao fim dos respectivos mandatos.

### Artigo 58º – Orientações técnicas

As orientações técnicas para a aplicação do RGPD pela administração directa e indirecta do Estado são aprovadas por resolução do Conselho de Ministros, a qual pode recomendar a sua aplicação também ao sector empresarial do Estado.

### Artigo 59º – Aplicabilidade das coimas às entidades públicas

A possibilidade de não aplicabilidade de coimas às entidades públicas, nos termos previstos no nº 2 do artigo 44º da presente lei, deve ser objecto de reavaliação três anos após a entrada em vigor da presente lei.

### Artigo 60º – Situações de tratamentos de dados pessoais pré-existentes

1 – Os tratamentos de dados pessoais objecto de registo público, nos termos do artigo 31º da Lei nº 67/98, de 26 de Outubro, permanecem conservados sob a responsabilidade da CNPD e disponíveis para consulta gratuita por qualquer pessoa.

2 – As notificações e pedidos de autorização já decididos pela CNPD no momento da entrada em vigor da presente lei, mas ainda não publicados, devem sê-lo nos termos da legislação prevista no número anterior.

3 – Os pedidos de registo e de autorização pendentes na CNPD na data da entrada em vigor da presente lei caducam com a sua entrada em vigor.

4 – Os responsáveis pelos tratamentos de dados pessoais realizados com base em autorizações emitidas nos termos da Lei nº 67/98, de 26 de Outubro, bem como os subcontratantes, estão vinculados a cumprir as obrigações impostas pelo RGPD, com excepção da avaliação de impacto sobre a protecção de dados a que se refere o artigo 35º desse regulamento.

### Artigo 61º – Renovação do consentimento

1 – Quando o tratamento dos dados pessoais em curso à data da entrada em vigor da presente lei se basear no consentimento do respectivo titular, não é

necessário obter novo consentimento se o anterior tiver observado as exigências constantes do RGPD.

2 – Caso a caducidade do consentimento seja motivo de cessação de contrato em que o titular de dados seja parte, o tratamento de dados é lícito até que esta ocorra.

### Artigo 62º – Regimes de protecção de dados pessoais

1 – As normas relativas à protecção de dados pessoais previstas em legislação especial mantêm-se em vigor, em tudo o que não contrarie o disposto no RGPD e na presente lei, sem prejuízo do disposto no número seguinte.

2 – Todas as normas que prevejam autorizações ou notificações de tratamento de dados pessoais à CNPD, fora dos casos previstos no RGPD e na presente lei, deixam de vigorar à data de entrada em vigor do RGPD.

## CAPÍTULO IX – Alterações legislativas

### Artigo 63º – Alteração à Lei nº 43/2004, de 18 de Agosto

(...)

### Artigo 64º – Aditamento à Lei nº 43/2004, de 18 de Agosto

(...)

### Artigo 65º – Alteração à Lei nº 26/2016, de 22 de Agosto

(...)

### Artigo 66º – Norma revogatória

1 – É revogada a Lei nº 67/98, de 26 de Outubro, que transpõe para a ordem jurídica portuguesa a Directiva 95/45/CE, do Parlamento Europeu e do Conselho, de 24 de Outubro de 1995, relativa à protecção de pessoas singulares no que diz respeito ao tratamento dos dados pessoais e à livre circulação desses dados.

2 – São revogados o nº 3 do artigo 15º e o nº 2 do artigo 17º da Lei nº 43/2004, de 18 de Agosto, alterada pela Lei nº 55-A/2010, de 31 de Dezembro.

### Artigo 67º – Republicação

É republicada em anexo à presente lei, da qual faz parte integrante, a Lei nº 43/2004, de 18 de Agosto, com a redacção actual e com as necessárias correcções formais.

**Artigo 68º – Entrada em vigor e produção de efeitos**

1 – A presente lei entra em vigor no dia seguinte ao da sua publicação.

2 – O fiscal único a eleger nos termos do disposto no artigo 19º-A da Lei nº 43/2004, de 18 de Agosto, só pode iniciar o seu mandato a partir de 1 de Janeiro de 2020.

Aprovada em 14 de Junho de 2019.

O Presidente da Assembleia da República, *Eduardo Ferro Rodrigues.*

Promulgada em 26 de Julho de 2019.

Publique-se.

O Presidente da República, Marcelo Rebelo de Sousa.

Referendada em 30 de Julho de 2019.

Pelo Primeiro-Ministro, *Augusto Ernesto Santos Silva,* Ministro dos Negócios Estrangeiros.

# 9. Lei nº 5/2008, de 12 de Fevereiro – Base de Dados de Perfis de ADN – Identificação Civil e Criminal (na redacção da Lei nº 90/2017, de 22/08)

**Lei nº 5/2008, de 12 de Fevereiro – Aprova a criação de uma base de dados de perfis de ADN para fins de identificação civil e criminal**

A Assembleia da República decreta, nos termos da alínea c) do artigo 161º da Constituição, o seguinte:

## CAPÍTULO I – Disposições gerais

### Artigo 1º – Objecto

1 – A presente lei estabelece os princípios de criação e manutenção de uma base de dados de perfis de ADN, para fins de identificação civil e de investigação criminal, regulando, para o efeito, a recolha, tratamento e conservação de amostras de células humanas, a respectiva análise e obtenção de perfis de ADN e a metodologia de comparação de perfis de ADN extraídos das amostras, bem como o tratamento e conservação da respectiva informação em ficheiro informático.

2 – *(Revogado.)*

3 – É expressamente proibida a utilização, análise e tratamento de qualquer tipo de informação obtida a partir da análise das amostras para finalidades diferentes das previstas no artigo 4º

4 – A presente lei não prejudica os regimes legais de recolha, tratamento e conservação de células humanas para fins de identificação civil e de investigação criminal em que não seja necessário recorrer à base de dados de perfis de ADN.

### Artigo 2º – Definições

Para efeitos da presente lei, entende-se por:

*a*) «ADN» o ácido desoxirribonucleico;

*b*) «Amostra» qualquer vestígio biológico de origem humana destinado a análise de ADN, obtido directamente de pessoa ou colhido em cadáver, em parte de cadáver, em animal, em coisa ou em local onde se proceda a recolha com finalidades de identificação;

*c*) «Amostra problema» a amostra, sob investigação, cuja identificação se pretende estabelecer;

*d*) «Amostra referência» a amostra utilizada para comparação;

*e*) «Marcador de ADN» a região específica do genoma que tipicamente contém informações diferentes em indivíduos diferentes, que segundo os conhecimentos científicos existentes não permite a obtenção de informação de saúde ou de características hereditárias específicas, abreviadamente ADN não codificante;

*f*) «Perfil de ADN» o resultado de uma análise da amostra por meio de um marcador de ADN obtido segundo as técnicas cientificamente validadas e recomendadas a nível internacional;

*g*) «Dados pessoais» o conjunto de informações, de qualquer natureza e independentemente do respectivo suporte, incluindo som e imagem, relativo a uma pessoa singular identificada ou identificável, que inclui o nome completo, a data de nascimento, a naturalidade, a residência actual conhecida, o número de identificação pessoal (número de bilhete de identidade, cartão de residência, passaporte ou outro análogo), a filiação, o estado civil, o sexo, o grupo étnico, a altura e a existência de deformidades físicas;

*h*) «Pessoa singular identificável» qualquer pessoa que possa ser identificada, directa ou indirectamente, designadamente por referência a um número de identificação ou a um ou mais elementos específicos da sua identidade física, fisiológica, psíquica, económica, cultural ou social;

*i*) «Ficheiro de perfis de ADN» o conjunto estruturado de perfis de ADN, acessível segundo critérios determinados;

*j*) «Ficheiro de dados pessoais» qualquer conjunto estruturado de dados pessoais, acessível segundo critérios determinados, quer seja centralizado, descentralizado ou repartido de modo funcional ou geográfico;

*l*) «Base de dados de perfis de ADN» o conjunto estruturado constituído por ficheiros de perfis de ADN e ficheiros de dados pessoais com finalidades exclusivas de identificação;

*m*) «Biobanco» qualquer repositório de amostras biológicas ou seus derivados, recolhidos com as finalidades exclusivas de identificação;

*n*) «Consentimento do titular dos dados» a manifestação de vontade livre e informada, sob a forma escrita, nos termos da qual o titular aceita que os seus dados pessoais sejam objecto de tratamento;

*o*) «Pessoa não identificada» a pessoa que não possa identificar-se e relativamente à qual não existam elementos suficientes que conduzam à sua identificação.

### Artigo 3º – Princípios gerais

1 – A base de dados de perfis de ADN contém o perfil de cidadãos nacionais, estrangeiros ou apátridas que se encontrem ou residam em Portugal, sendo preenchida faseada e gradualmente.

2 – O tratamento dos perfis de ADN e dos dados pessoais deve processar-se de harmonia com os princípios consagrados nos termos da legislação que regula a protecção de dados pessoais, nomeadamente, de forma transparente e no estrito respeito pela reserva da vida privada e autodeterminação informativa, bem como pelos demais direitos, liberdades e garantias fundamentais.

3 – O tratamento de perfis de ADN deve processar-se no estrito respeito pelo princípio da legalidade e, bem assim, pelos princípios da autenticidade, veracidade, univocidade e segurança dos elementos identificativos.

4 – Qualquer pessoa tem o direito de não ficar sujeita a nenhuma decisão que produza efeitos na sua esfera jurídica ou que a afecte de modo significativo, tomada exclusivamente com base num tratamento de dados.

5 – A colecção, manutenção, manuseamento e utilização do material integrado no biobanco deve restringir-se às finalidades descritas no artigo 4º

### Artigo 4º – Finalidades

1 – Para efeitos da presente lei, e salvo o disposto no artigo 23º, as análises de ADN visam exclusivamente finalidades de identificação civil e de investigação criminal.

2 – As finalidades de identificação civil são prosseguidas através da comparação de perfis de ADN relativos a amostras de material biológico colhido em pessoa, em cadáver, em parte de cadáver ou em local onde se proceda a recolhas com aquelas finalidades, bem como a comparação daqueles perfis com os existentes na base de dados de perfis de ADN, com as limitações previstas nos artigos 19º e 19º-A.

3 – Para efeitos da presente lei, as finalidades de investigação criminal são prosseguidas através da comparação de perfis de ADN relativas a amostras de material biológico colhidas em locais de crimes e em pessoas que, directa ou indirectamente, a eles possam estar associadas, com os perfis de ADN existentes na base de dados de perfis de ADN, com vista à identificação dos respectivos agentes, sem prejuízo das limitações previstas nos artigos 19º e 19º-A.

### Artigo 5º – Entidades competentes para a análise laboratorial

1 – As entidades competentes para a realização da análise da amostra com vista à obtenção do perfil de ADN a nível nacional, para efeitos do disposto na presente lei, são o Laboratório de Polícia Científica da Polícia Judiciária (LPC) e o Instituto Nacional de Medicina Legal e Ciências Forenses, I. P. (INMLCF, I. P.).

2 – A análise dos perfis de ADN pode ser realizada por outros laboratórios, mediante autorização do Ministério da Justiça e do ministério que exerça tutela sobre eles.

3 – Todos os laboratórios que procedem à análise laboratorial devem cumprir os requisitos científicos, técnicos e organizacionais internacionalmente estabelecidos.

## CAPÍTULO II - Recolha de amostras

### Artigo 6º – Recolha de amostras em voluntários

1 – A base de dados de perfis de ADN prevista no nº 1 do artigo 3º é construída, de modo faseado e gradual, a partir da recolha de amostras em voluntários, para o que devem prestar o seu consentimento livre, informado e escrito.

2 – O interessado deve endereçar, por escrito, o seu pedido de recolha de amostras às entidades competentes para a análise laboratorial, as quais, após a obtenção do perfil de ADN, o devem remeter ao INMLCF, I. P., para que seja inserido no ficheiro previsto na alínea a) do nº 1 do artigo 15º

3 – É admitida a recolha de amostra em menor ou incapaz para fins de identificação civil, mediante pedido do seu representante legal previamente autorizado pelo Ministério Público nos termos da alínea b) do nº 1 do artigo 2º do Decreto-Lei nº 272/2001, de 13 de Outubro, alterado pelo Decreto-Lei nº 324/2007, de 28 de Setembro, pela Lei nº 61/2008, de 31 de Outubro, e pelo Decreto-Lei nº 122/2013, de 26 de Agosto.

4 – Os voluntários estão isentos do pagamento de custos com a obtenção de perfil de ADN referida no nº 2, excepto se, aquando da recolha da amostra respectiva, declararem não autorizar o cruzamento do seu perfil para efeitos de investigação criminal.

5 – Os menores ou incapazes estão sempre isentos do pagamento de custos com a obtenção de perfil de ADN, não se aplicando a excepção prevista no número anterior.

### Artigo 7º – Recolha de amostras com finalidades de identificação civil

1 – É admitida a recolha de amostras em pessoa não identificada, em cadáver, em parte de cadáver, em animal, em coisa ou em local onde se proceda a recolhas, com finalidades de identificação civil, pelas autoridades competentes nos termos da legislação aplicável.

2 – A recolha de amostras em pessoas para fins de identificação civil, designadamente em parentes de pessoas desaparecidas, carece de consentimento livre, informado e escrito.

3 – Quando se trate de menores ou incapazes, a recolha de amostras referida no número anterior depende de autorização do Ministério Público, obtida nos termos do disposto no Decreto-Lei nº 272/2001, de 13 de Outubro, alterado pelo Decreto-Lei nº 324/2007, de 28 de Setembro, pela Lei nº 61/2008, de 31 de Outubro, e pelo Decreto-Lei nº 122/2013, de 26 de Agosto.

**Artigo 8º – Recolha de amostras com finalidades de investigação criminal**

1 – A recolha de amostra em arguido em processo criminal pendente, com vista à interconexão a que se refere o nº 2 do artigo 19º-A, é realizada a pedido ou com consentimento do arguido ou ordenada, oficiosamente ou a requerimento escrito, por despacho do juiz, que pondera a necessidade da sua realização, tendo em conta o direito à integridade pessoal e à reserva da intimidade do visado.

2 – A recolha de amostra em arguido condenado por crime doloso com pena concreta de prisão igual ou superior a 3 anos, ainda que esta tenha sido substituída, com a consequente inserção do respectivo perfil de ADN na base de dados, é sempre ordenada na sentença.

3 – A recolha de amostra em arguido declarado inimputável a quem seja aplicada a medida de segurança de internamento, nos termos do nº 2 do artigo 91º do Código Penal, aprovado pelo Decreto-Lei nº 400/82, de 23 de Setembro, ainda que suspensa nos termos do artigo 98º do mesmo Código, com a consequente inserção do respectivo perfil de ADN na base de dados, é sempre ordenada na sentença.

4 – Em caso de recusa do arguido na recolha de amostra que lhe tenha sido ordenada nos termos dos números anteriores, o juiz competente pode ordenar a sujeição à diligência nos termos do disposto no artigo 172º do Código de Processo Penal, aprovado pelo Decreto-Lei nº 78/87, de 17 de Fevereiro.

5 – A recolha de amostras em cadáver, em parte de cadáver, deixadas em pessoa, animal, coisa ou local, com finalidades de investigação criminal, realiza-se de acordo com o disposto no artigo 171º do Código de Processo Penal, aprovado pelo Decreto-Lei nº 78/87, de 17 de Fevereiro.

6 – A recolha de amostras de ADN efectuada nos termos deste artigo implica a entrega, sempre que possível, no próprio acto, de documento de que constem a identificação do processo e os direitos e deveres decorrentes da aplicação da presente lei e, com as necessárias adaptações, da Lei nº 67/98, de 26 de Outubro (Lei da Protecção de Dados Pessoais).

7 – Quando se trate de arguido, em processo pendente ou condenado, em vários processos, simultâneos ou sucessivos, não há lugar a nova recolha de amostra e consequente inserção de perfil, utilizando-se ou transferindo-se o perfil do arguido guardado no ficheiro a que se reporta a alínea g) do nº 1 do artigo 15º, excepto se a recolha de nova amostra for considerada necessária pela autoridade

judiciária competente, oficiosamente ou a requerimento escrito, que pode ouvir, para o efeito, o INMLCF, I. P., ou o LPC, consoante os casos.

8 – Os custos com as recolhas de amostras e com as perícias para investigação criminal são considerados encargos do processo onde são efectuadas, a suportar nos termos gerais.

### Artigo 9º – Direito de informação

Antes da recolha da amostra, o sujeito passivo da colheita goza do direito de informação, previsto no nº 1 do artigo 10º da Lei da Protecção de Dados Pessoais, com as necessárias adaptações, devendo ser informado, por escrito, nomeadamente:

*a*) De que os seus dados pessoais vão ser inseridos num ficheiro de dados pessoais;

*b*) Sobre a natureza dos dados que são extraídos da amostra, isto é, o perfil de ADN;

*c*) De que o perfil de ADN é, nos casos admitidos na presente lei, integrado num ficheiro de perfis de ADN;

*d*) Da possibilidade de cruzamento do perfil recolhido com os existentes na base de dados de perfis de ADN, com menção expressa da possibilidade de utilização dos dados para fins de investigação criminal, quando aplicável;

*e*) De que a amostra recolhida pode ser conservada num biobanco, nos casos admitidos na presente lei.

### Artigo 10º – Modo de recolha

A recolha de amostras em pessoas é realizada através de método não invasivo, que respeite a dignidade humana e a integridade física e moral individual, designadamente pela colheita de células da mucosa bucal ou outro equivalente, no estrito cumprimento dos princípios e regime do Código de Processo Penal, aprovado pelo Decreto-Lei nº 78/87, de 17 de Fevereiro.

### Artigo 11º – Princípio do contraditório

1 – Salvo em casos de manifesta impossibilidade, é preservada uma parte bastante e suficiente da amostra para a realização de contra-análise.

2 – Quando a quantidade da amostra for diminuta deve ser manuseada de tal modo que não impossibilite a contra-análise.

### Artigo 12º – Âmbito de análise

1 – A análise da amostra restringe-se apenas àqueles marcadores de ADN que sejam absolutamente necessários à identificação do seu titular para os fins da presente lei.

2 – Os marcadores de ADN a integrar no ficheiro de perfis de ADN são fixados, após parecer da Comissão Nacional de Protecção de Dados (CNPD), por portaria conjunta dos membros do Governo responsáveis pelas áreas da justiça e da saúde, de acordo com as normas internacionais e o conhecimento científico sobre a matéria.

3 – No caso de virem a ser fixados novos marcadores de ADN, de acordo com o número anterior, podem os perfis de ADN das amostras ser completados.

### Artigo 13º – Resultados

1 – A identificação resulta da coincidência entre o perfil obtido a partir de uma amostra sob investigação e outro ou outros perfis de ADN já inscritos no ficheiro.

2 – Para efeitos do número anterior, o cruzamento entre o perfil obtido pela «amostra problema» e os perfis existentes na base deve ser realizado de harmonia com a legislação em matéria de protecção de dados pessoais.

3 – O disposto nos números anteriores não dispensa, sempre que possível, a repetição dos procedimentos técnicos, para obtenção do perfil de ADN, a partir das amostras, para confirmação de resultados.

4 – A obtenção de perfis de ADN e os resultados da sua comparação constituem perícias válidas em todo o território nacional.

## CAPÍTULO III – Tratamento de dados

### SECÇÃO I – Constituição da base de dados

### Artigo 14º – Base de dados

Os perfis de ADN resultantes da análise das amostras, bem como os correspondentes dados pessoais, são introduzidos e conservados em ficheiros de dados de perfis de ADN e ficheiros de dados pessoais, nos termos do disposto nos artigos seguintes.

### Artigo 15º – Conteúdo

1 – Para efeitos da presente lei, é criada uma base de dados de perfis de ADN, para fins de identificação, constituída por:

*a*) Um ficheiro contendo a informação relativa a amostras de voluntários, obtidas nos termos dos nºs 1 e 3 do artigo 6º;

*b*) Um ficheiro contendo a informação relativa a «amostras problema», obtidas nos termos do nº 1 do artigo 7º;

*c*) Um ficheiro contendo a informação relativa a «amostras referência» de pessoas desaparecidas, obtidas nos termos do nº 1 do artigo 7º, ou amostras dos seus parentes, obtidas nos termos do nº 2 do artigo 7º;

*d*) Um ficheiro contendo a informação relativa a «amostras problema» para investigação criminal, obtidas nos termos do nº 5 do artigo 8º;

*e*) Um ficheiro contendo a informação relativa a amostras de pessoas condenadas em processo criminal, obtidas nos termos dos nºs 2 e 3 do artigo 8º, por decisão judicial transitada em julgado;

*f*) Um ficheiro contendo a informação relativa a amostras dos profissionais que procedem à recolha e análise das amostras;

*g*) Um ficheiro destinado a guardar provisoriamente a informação relativa a perfis de arguidos em processo criminal, em que seja aplicável pena igual ou superior a 3 anos de prisão, os quais não podem ser considerados para efeitos de interconexão fora dos casos previstos no artigo 19º-A.

2 – O sistema deve garantir que os perfis de ADN e os dados pessoais correspondentes sejam armazenados em ficheiros separados lógica e fisicamente, manipulados por utilizadores distintos, mediante acessos restritos, codificados e identificativos dos utilizadores.

3 – É vedada a inclusão de qualquer elemento identificativo do titular dos dados no ficheiro de perfis de ADN, bem como qualquer tipo de pesquisa nominal.

**Artigo 16º – Entidade responsável pela base de dados**

1 – O INMLCF, I. P., é a entidade responsável pela base de dados de perfis de ADN e pelas operações que lhe sejam aplicáveis.

2 – A base de dados de perfis de ADN tem sede no INMLCF, I. P., em Coimbra.

3 – O INMLCF, I. P., no exercício das funções que lhe são atribuídas pela presente lei, rege-se pelo que nesta se dispõe e pelo regulamento de funcionamento da base de dados de perfis de ADN, cumprindo as normas em matéria de protecção de dados pessoais e as normas relativas a direitos fundamentais, no respeito pela dignidade humana.

4 – Compete ao conselho médico-legal do INMLCF, I. P., elaborar o regulamento de funcionamento da base de dados de perfis de ADN.

5 – A actividade do INMLCF, I. P., é fiscalizada, para efeitos da presente lei, pelo conselho de fiscalização.

**Artigo 17º – Competências do INMLCF, I. P.**

1 – O INMLCF, I. P., é a autoridade que tem como atribuição o tratamento de dados relativos à base de dados de perfis de ADN.

2 – O INMLCF, I. P., deve consultar a CNPD para quaisquer esclarecimentos quanto ao tratamento de dados pessoais, devendo cumprir as deliberações desta Comissão nesta matéria.

3 – Compete ao INMLCF, I. P., em especial:

*a*) Proceder à inserção, interconexão, comunicação e remoção de dados na base de dados de perfis de ADN, sem prejuízo da competência do LPC nesta matéria;

*b*) Assegurar o direito de informação e de acesso aos dados pelos respectivos titulares, a correcção de inexactidões ou o complemento de omissões, a supressão de dados indevidamente registados, bem como velar pela consulta ou comunicação da informação, respeitando as condições previstas na presente lei e na Lei da Protecção de Dados Pessoais;

*c*) Fornecer dados da base de dados de perfis de ADN às pessoas referidas no nº 1 do artigo 20º depois de verificado o cumprimento dos requisitos estabelecidos;

*d*) Proceder à actualização, rectificação ou alteração dos dados constantes na base de dados de perfis de ADN, nomeadamente nos casos a que se reporta o nº 7 do artigo 8º;

*e*) Assegurar as condições de codificação dos dados de perfis de ADN para efeitos do disposto nos nºs 2 e 3 do artigo 15º;

*f*) Decidir sobre as reclamações respeitantes ao acesso à informação em matéria de registos, cabendo reclamação ou recurso nos termos gerais;

*g*) Proceder à eliminação dos dados de perfis de ADN, de acordo com o artigo 26º;

*h*) Proceder à destruição de amostras, de acordo com os artigos 26º e 34º, sem prejuízo da competência do LPC nesta matéria.

## SECÇÃO II – Inserção, comunicação, interconexão e acesso aos dados

### Artigo 18º – Inserção dos dados

1 – Os perfis de ADN resultantes da análise das amostras, bem como os correspondentes dados pessoais, apenas são integrados na base de dados de perfis de ADN mediante consentimento livre, informado e escrito do titular dos dados, prestado aquando da recolha da amostra respectiva:

*a*) No caso dos voluntários e dos parentes de pessoas desaparecidas a que se referem, respectivamente, o nº 1 do artigo 6º e o nº 2 do artigo 7º;

*b*) No caso dos profissionais a que se refere a alínea f) do nº 1 do artigo 15º, sendo o prévio consentimento condição para o exercício de funções enquanto técnico de recolha e análise de amostras de ADN.

2 – Os perfis de ADN resultantes de «amostras referência» de pessoas desaparecidas e seus parentes, obtidas nos termos dos nºs 1 e 2 do artigo 7º, respectivamente, bem como os correspondentes dados pessoais, quando existam, são

integrados na base de dados de perfis de ADN mediante despacho do magistrado competente no respectivo processo.

3 – Os perfis de ADN resultantes de «amostras problema» para identificação civil e de «amostras problema» para investigação criminal, recolhidas nos termos do nº 1 do artigo 7º e do nº 5 do artigo 8º, respectivamente, bem como os correspondentes dados pessoais, quando existam, são inseridos na base de dados de perfis de ADN, excepto se:

*a*) Da comparação directa realizada tiver resultado a identificação que se pretendia estabelecer;

*b*) Ao determinar a realização da perícia para obtenção de perfil ou em despacho posterior, o magistrado competente decidir que, nomeadamente por falta de específica relevância probatória, a inserção é desnecessária, tendo em conta, entre outros elementos, o relatório relativo à recolha de amostra.

4 – A inserção de perfis a que se refere o número anterior, bem como de perfis de arguidos a guardar provisoriamente no ficheiro a que se refere a alínea g) do nº 1 do artigo 15º, pode ser realizada, directamente, pelos laboratórios do INMLCF, I. P., e pelo LPC.

5 – Constitui pressuposto obrigatório para a inserção dos dados a manutenção da cadeia de custódia da amostra respectiva.

6 – A inserção de «amostras problema» a que se refere o nº 3 é sempre comunicada à autoridade judiciária competente para validação no prazo máximo de 72 horas.

**Artigo 19º – Interconexão de dados no âmbito da base de dados de perfis de ADN**

1 – A inserção de quaisquer perfis de ADN na base de dados determina automaticamente a interconexão de dados nos termos dos números seguintes e do artigo 19º-A.

2 – Os perfis de ADN obtidos a partir das amostras colhidas em parentes de pessoas desaparecidas, nos termos do nº 2 do artigo 7º, bem como os perfis relativos a «amostras referência» de pessoas desaparecidas, obtidos ao abrigo do nº 1 do artigo 7º, apenas podem ser cruzados com os ficheiros previstos nas alíneas b), c) e f) do nº 1 do artigo 15º, relativos a «amostras problema» para identificação civil, colhidas nos termos do nº 1 do artigo 7º, a amostras colhidas em parentes de pessoas desaparecidas, nos termos do nº 2 do artigo 7º, a «amostras referência» de pessoas desaparecidas, obtidas ao abrigo do nº 1 do artigo 7º, e a amostras de profissionais.

3 – Os perfis de ADN resultantes da análise de «amostras problema» para identificação civil, obtidas nos termos do nº 1 do artigo 7º, podem ser cruzados com:

*a*) Os perfis existentes no ficheiro previsto na alínea c) do nº 1 do artigo 15º, relativo a «amostras referência» de pessoas desaparecidas, obtidas nos termos do nº 1 do artigo 7º, ou amostras dos seus parentes, obtidas nos termos do nº 2 do artigo 7º;

*b*) Os perfis existentes no ficheiro previsto na alínea d) do nº 1 do artigo 15º, relativo a «amostras problema» para investigação criminal;

*c*) Os perfis existentes no ficheiro previsto na alínea e) do nº 1 do artigo 15º, relativo a «amostras referência» de pessoas condenadas em processo criminal, por decisão transitada em julgado;

*d*) Os perfis existentes no ficheiro previsto na alínea f) do nº 1 do artigo 15º, relativo aos profissionais que procedam à recolha e análise das amostras.

4 – Os perfis de ADN obtidos a partir das amostras colhidas em voluntários, ao abrigo do nº 1 do artigo 6º, podem ser cruzados:

*a*) Se os seus titulares não fizeram a declaração a que se reporta o nº 4 do artigo 6º, com qualquer dos perfis inseridos nos ficheiros previstos no nº 1 do artigo 15º;

*b*) Se os seus titulares fizeram a declaração referida no nº 4 do artigo 6º, apenas com os perfis inseridos nos ficheiros previstos nas alíneas a), b), c) e f) do nº 1 do artigo 15º

5 – Os perfis de ADN obtidos a partir das amostras colhidas em voluntários, ao abrigo do nº 3 do artigo 6º, apenas podem ser cruzados com os perfis inseridos nos ficheiros previstos nas alíneas a), b), c) e f) do nº 1 do artigo 15º

6 – Os perfis de ADN obtidos a partir das «amostras problema» para investigação criminal, recolhidas nos termos do nº 5 do artigo 8º, e os perfis de ADN obtidos de pessoas condenadas em processos criminais, nos termos dos nºs 2 e 3 do artigo 8º, podem ser cruzados com os perfis existentes nos ficheiros previstos nas alíneas a), b), d), e) e f) do nº 1 do artigo 15º, excepto nos casos a que se referem a alínea b) do nº 4 e o nº 5 do presente artigo.

7 – Excepcionalmente, e através de requerimento escrito fundamentado, pode haver outros cruzamentos de dados não previstos neste artigo, mediante prévio parecer favorável do conselho de fiscalização e da CNPD.

## Artigo 19º-A – Interconexão do perfil de arguido em processo criminal pendente

1 – A autoridade judiciária competente pode determinar a interconexão de perfis de ADN anteriormente obtidos de amostras recolhidas a arguido em processo criminal pendente, nos termos do Código de Processo Penal, aprovado pelo Decreto-Lei nº 78/87, de 17 de Fevereiro, ou por identificação de amostra problema para investigação criminal, com os perfis existentes:

*a*) No ficheiro relativo a «amostras problema» para identificação civil, previsto na alínea b) do nº 1 do artigo 15º;

*b*) No ficheiro relativo a «amostras problema» para investigação criminal, previsto na alínea d) do nº 1 do artigo 15º;

*c*) No ficheiro relativo a amostras dos profissionais que procedam à recolha e análise das amostras, previsto na alínea f) do nº 1 do artigo 15º

2 – O perfil de arguido em processo criminal pendente, obtido nos termos do nº 1 do artigo 8º, pode ser cruzado com os perfis referidos nas alíneas do número anterior.

**Artigo 20º – Comunicação dos dados**

1 – A coincidência decorrente da inserção de perfil obtido de «amostra problema», a que se reportam os nºs 3 e 4 do artigo 18º, e de interconexão de perfil de arguido, nos termos do artigo 19º-A, bem como a coincidência que resulte da inserção de perfil de pessoa condenada, a que se reportam os nºs 2 e 3 do artigo 8º, é imediatamente comunicada aos processos a que respeitem as «amostras problema», quer para identificação civil, quer para investigação criminal.

2 – Após a comunicação prevista no nº 1, os dados pessoais correspondentes ao perfil coincidente e o relatório pericial são comunicados ao processo a que respeitem as «amostras problema», se o juiz competente, oficiosamente ou na sequência de requerimento escrito fundamentado do Ministério Público ou do arguido, sem prejuízo do regime do segredo de justiça, decidir por despacho fundamentado que esta comunicação é adequada, necessária e proporcional, tendo em conta, nomeadamente, o relatório relativo à recolha da «amostra problema».

3 – O relatório pericial apenas é completado com o perfil de ADN do titular dos dados quando tal for determinado pela autoridade judiciária competente, oficiosamente ou a requerimento escrito do interessado.

4 – A coincidência com perfil de pessoa condenada a que corresponda o registo de identidade diferente da conhecida é comunicada ao Ministério Público e ao arguido em ambos os processos, depois de realizadas as diligências de natureza administrativa a que haja lugar.

5 – Para efeitos de identificação civil, os perfis de ADN, bem como os dados pessoais correspondentes registados na base de dados, em caso de coincidência, são comunicados ao juiz competente, oficiosamente ou mediante requerimento escrito, de acordo com as disposições legais aplicáveis.

6 – A comunicação dos dados constantes da base de dados de perfis de ADN a outras entidades, para os fins previstos no artigo 23º, está sujeita a parecer favorável do conselho de fiscalização e da CNPD, de harmonia com a Lei da Protecção de Dados Pessoais.

7 – O INMLCF, I. P., não pode proceder à comunicação de dados enquanto o processo referido no nº 2 não for identificado e a ordem judicial respectiva não se mostrar documentada, para o que deve solicitar expressamente os elementos em falta.

8 – Nos casos de terrorismo, criminalidade violenta ou altamente organizada em que seja urgente a identificação de suspeitos para a descoberta da verdade, e não sendo possível recorrer às autoridades judiciárias em tempo útil, a comunicação prevista nos nºs 1 e 2 pode ser efectuada directamente aos órgãos de polícia criminal, sem prejuízo de a diligência ter de ser de imediato comunicada para validação pelo juiz competente, no prazo máximo de 72 horas.

### Artigo 21º – Interconexão e comunicação de dados no âmbito da cooperação internacional

1 – O disposto na presente lei não prejudica as obrigações assumidas pelo Estado Português em matéria de cooperação internacional nos domínios referidos no artigo 4º

2 – Em caso algum é permitida a transferência de material biológico.

3 – A transmissão de dados pessoais no âmbito da cooperação judiciária e policial internacional em matéria penal está sujeita a autorização do juiz de instrução competente através dos mecanismos de auxílio judiciário em matéria penal, designadamente os previstos na Directiva 2014/41/UE do Parlamento Europeu e do Conselho, de 3 de Abril de 2014, relativa à decisão europeia de investigação em matéria penal, e na Decisão Quadro 2006/960/JAI do Conselho, de 18 de Dezembro de 2006, relativa à simplificação do intercâmbio de dados e informações entre as autoridades de aplicação da lei dos Estados membros da União Europeia.

4 – O juiz de instrução a que se refere o número anterior é competente para reconhecer e garantir a execução de uma Decisão Europeia de Investigação em matéria penal.

5 – O juiz de instrução a que se referem os nºs 3 e 4 é o juiz com competência na área da comarca onde tem sede a base de dados de perfis de ADN.

### Artigo 22º – Acesso de terceiros

1 – É proibido o acesso de terceiros aos dados constantes na base de dados de perfis de ADN, salvas as excepções previstas na presente lei.

2 – Mediante consentimento escrito do titular dos dados, podem aceder à informação constante da base de dados de perfis de ADN os descendentes, ascendentes, cônjuge ou quem com ele viva em união de facto, nos termos da lei.

3 – Mediante autorização do conselho de fiscalização e após parecer do conselho médico-legal, podem aceder à informação constante da base de dados de

perfis de ADN, após o falecimento do titular, os presumíveis herdeiros desde que mostrem interesse legítimo e não haja sério risco de intromissão na vida privada do titular da informação.

### Artigo 23º – Informação para fins de estatística ou de investigação científica

1 – A informação obtida a partir dos perfis de ADN pode ser comunicada para fins de investigação científica ou de estatística, após anonimização irreversível.

2 – O processo de anonimização irreversível dos dados deve ser realizado de forma que não seja mais possível identificar o titular dos dados, não permitindo qualquer tipo de pesquisa nominal ou alfanumérica.

### Artigo 24º – Direito de informação e de acesso aos dados da base de dados de perfis de ADN

1 – Qualquer pessoa tem direito a conhecer o conteúdo do registo ou registos que lhe respeitem.

2 – É aplicável, com as necessárias adaptações, o nº 1 do artigo 11º da Lei da Protecção de Dados Pessoais.

3 – No caso de a comunicação dos dados ao seu titular poder prejudicar a segurança do Estado, a prevenção ou a investigação criminal, o conselho de fiscalização limita-se a informar o titular dos dados apenas dos elementos constantes da base que não ponham em causa aqueles interesses.

### Artigo 25º – Correcção de eventuais inexactidões

Qualquer pessoa tem o direito de exigir a correcção de eventuais inexactidões, a supressão de dados indevidamente registados e o preenchimento de eventuais omissões, nos termos da Lei da Protecção de Dados Pessoais.

## SECÇÃO III – Conservação de perfis de ADN e dados pessoais

### Artigo 26º – Conservação de perfis de ADN e dados pessoais

1 – Os perfis de ADN e os correspondentes dados pessoais:

*a*) Quando integrados no ficheiro previsto na alínea a) do nº 1 do artigo 15º, são conservados por tempo ilimitado, salvo se, por meio de requerimento escrito, o titular revogar expressamente o consentimento anteriormente prestado;

*b*) Quando integrados no ficheiro previsto na alínea b) do nº 1 do artigo 15º, são conservados por tempo ilimitado, salvo se for obtida a identificação, caso em que os perfis são eliminados mediante despacho do magistrado titular do processo;

*c*) Quando integrados no ficheiro previsto na alínea c) do nº 1 do artigo 15º, são conservados até que haja identificação, caso em que são eliminados mediante despacho do magistrado titular do processo, ou até ser solicitada pelos parentes a eliminação do perfil de que sejam titulares, mediante requerimento escrito.

2 – Quando integrados no ficheiro relativo a «amostras problema» para investigação criminal, previsto na alínea d) do nº 1 do artigo 15º, os perfis de ADN e os dados que lhe correspondam:

*a*) São transferidos para o ficheiro de guarda provisória, previsto na alínea g) do nº 1 do artigo 15º, e posteriormente eliminados nos termos do nº 7, se a amostra for identificada com o arguido;

*b*) São eliminados, oficiosamente, 20 anos após a inserção do perfil, se a amostra não for identificada com o arguido.

3 – Quando integrados no ficheiro relativo a amostras obtidas de pessoas condenadas, previsto na alínea e) do nº 1 do artigo 15º, os perfis de ADN e os correspondentes dados pessoais são eliminados, oficiosamente, decorrido, sobre a inserção do perfil na base de dados, o tempo de duração da pena de prisão concretamente aplicada ou da duração da medida de segurança:

*a*) Acrescido de 5 anos, quando a pena tiver sido inferior a 5 anos;

*b*) Acrescido de 7 anos, quando a pena se situe entre 5 e 8 anos;

*c*) Acrescido de 10 anos, quando a pena seja superior a 8 anos;

*d*) Acrescido de 23 anos, no caso de condenação por crime previsto no capítulo V do título I do livro II do Código Penal, aprovado pelo Decreto-Lei nº 400/82, de 23 de Setembro;

*e*) Acrescido de 5, 7, 10 ou 23 anos se a duração da medida de segurança tiver sido inferior a 5 anos, entre 5 e 8 anos, superior a 8 anos ou se a medida de segurança tiver sido aplicada por crime previsto no capítulo V do título I do livro II do Código Penal, aprovado pelo Decreto-Lei nº 400/82, de 23 de Setembro, respectivamente.

4 – Nos casos a que se reporta o número anterior, se ocorrer nova condenação em medida de segurança ou por crime doloso com pena concreta de prisão igual ou superior a 3 anos, ainda que tenham sido substituídas, que possa implicar actualização da data de eliminação do perfil no ficheiro de dados pessoais, esta tem lugar após o trânsito em julgado da nova condenação.

5 – Caso se verifique alguma das causas de extinção da pena ou da cessação da sua execução previstas no artigo 128º do Código Penal, aprovado pelo Decreto-Lei nº 400/82, de 23 de Setembro, é actualizada a data de eliminação do perfil no ficheiro de dados pessoais, oficiosamente ou mediante requerimento escrito do titular ou, no caso de morte deste, de qualquer interessado.

6 – Quando integrados no ficheiro previsto na alínea f) do nº 1 do artigo 15º, os perfis de ADN e os correspondentes dados pessoais são eliminados 20 anos após a cessação de funções, oficiosamente ou mediante requerimento escrito.

7 - Quando integrados no ficheiro previsto na alínea g) do nº 1 do artigo 15º, os perfis de ADN e os correspondentes dados pessoais são eliminados no termo do processo criminal, mediante despacho do magistrado competente, ou, oficiosamente, no fim do prazo máximo de prescrição do procedimento criminal, previsto no Código Penal, aprovado pelo Decreto-Lei nº 400/82, de 23 de Setembro.

8 - Ressalva-se do disposto no número anterior, o caso de o termo do processo criminal conduzir a uma condenação por crime doloso, com trânsito em julgado, em pena igual ou superior a 3 anos de prisão, em que o perfil de ADN e os respectivos dados pessoais, actualizados, transitam para o ficheiro relativo a pessoas condenadas previsto na alínea e) do nº 1 do artigo 15º, mediante despacho judicial, que pode determinar ser necessária nova recolha de amostra, oficiosamente ou a requerimento escrito, nos termos do nº 7 do artigo 8º

9 - No caso de revogação do consentimento por parte de voluntário, nos termos da alínea a) do nº 1, os perfis são imediatamente eliminados pelo INMLCF, I. P., a requerimento escrito do titular dos dados, excepto se o titular não tiver feito a declaração a que se refere o nº 4 do artigo 6º, caso em que a revogação do consentimento apenas produz efeitos decorridos seis meses, sendo os perfis eliminados no termo deste prazo.

## SECÇÃO IV - Segurança da base de dados

### Artigo 27º - Segurança da informação

1 - À base de dados devem ser conferidas as garantias de segurança necessárias a impedir a consulta, a modificação, a supressão, o adicionamento, a destruição ou a comunicação de dados por forma não consentida pela presente lei.

2 - São objecto de controlo, tendo em vista a segurança da informação:

*a*) Os suportes de dados e o respectivo transporte, a fim de impedir que possam ser lidos, divulgados, copiados, alterados ou eliminados por qualquer pessoa ou por forma não autorizada;

*b*) A inserção de dados, a fim de impedir a introdução, bem como qualquer tomada de conhecimento, divulgação, alteração ou eliminação não autorizada de dados pessoais;

*c*) Os sistemas de tratamento de dados, para impedir que possam ser utilizados por pessoas não autorizadas, através de instalações de transmissão de dados;

*d*) O acesso aos dados, para que as pessoas autorizadas só possam ter acesso aos dados que interessem ao exercício das suas atribuições legais;

*e*) A transmissão dos dados, para garantir que a sua utilização seja limitada às entidades autorizadas;

*f)* A introdução de dados pessoais nos sistemas de tratamento, de forma a verificar-se que dados foram introduzidos, quando e por quem.

3 – Para manter as condições de segurança e fidelidade na conservação e tratamento dos dados, o exercício das funções de técnico de recolha e análise de amostras de ADN, bem como outra função equiparada que envolva o contacto directo com os suportes de dados genéticos, está sujeito ao disposto na alínea b) do nº 1 do artigo 18º

### Artigo 28º – Dever de segredo

1 – A comunicação ou a revelação dos dados pessoais, bem como dos perfis de ADN, mesmo que não identificados, registados na base de dados, só pode ser efectuada nos termos previstos na presente lei e no estrito cumprimento das normas constantes da Lei da Protecção de Dados Pessoais.

2 – Os responsáveis pelo processo relativo à colheita de amostras e à obtenção do perfil, bem como pela inserção, comunicação, interconexão e acesso aos ficheiros que contêm os perfis de ADN ou dados pessoais, ficam obrigados a sigilo profissional, mesmo após o termo das suas funções.

3 – Igual obrigação recai sobre os membros do conselho de fiscalização, mesmo após o termo do mandato.

## CAPÍTULO IV – Conselho de fiscalização da base de dados de perfis de ADN

### Artigo 29º – Natureza e composição

1 – O controlo da base de dados de perfis de ADN é feito pelo conselho de fiscalização, designado pela Assembleia da República, sem prejuízo dos poderes de fiscalização deste órgão de soberania, nos termos constitucionais.

2 – O conselho de fiscalização é uma entidade administrativa independente, com poderes de autoridade, respondendo apenas perante a Assembleia da República.

3 – O conselho de fiscalização é composto por três cidadãos de reconhecida idoneidade e no pleno gozo dos seus direitos civis e políticos, sendo incompatível com o exercício da actividade de membro do conselho de fiscalização a qualidade de membro de outros conselhos ou comissões com funções de fiscalização ou controlo de natureza análoga.

4 – Os membros do conselho de fiscalização são designados pela Assembleia da República, segundo o método da média mais alta de Hondt, para um mandato de quatro anos.

5 – Os membros do conselho de fiscalização constam de uma lista publicada na 1ª série do Diário da República.

6 – Os membros do conselho de fiscalização tomam posse perante a Assembleia da República, nos 10 dias seguintes à publicação da lista referida no número anterior, podendo renunciar ao mandato mediante declaração escrita, a apresentar ao Presidente da Assembleia da República, a qual é publicada na 2ª série do Diário da República.

### Artigo 30º – Competência e funcionamento

1 – O estatuto dos membros do conselho de fiscalização garante a independência do exercício das suas funções e consta de lei orgânica, a publicar no prazo de seis meses após a entrada em vigor da presente lei.

2 – O conselho de fiscalização exerce as competências definidas na Lei Orgânica referida no número anterior.

3 – Os membros do conselho de fiscalização auferem uma remuneração fixa a determinar mediante despacho conjunto dos membros do Governo responsáveis pelas áreas das finanças, da Administração Pública, da administração interna e da justiça, acumulável com qualquer outra remuneração, pública ou privada.

4 – O conselho de fiscalização tem sede em Coimbra, junto da sede da base de dados de perfis de ADN, sendo os meios humanos, administrativos, técnicos e logísticos para o funcionamento do mesmo facultados e assegurados pela Assembleia da República, através de dotação especial inscrita no seu orçamento.

## CAPÍTULO V – Biobanco

### Artigo 31º – Custódia das amostras

1 – As amostras devem ser conservadas em lugar seguro, sem possibilidade de identificação imediata da pessoa.

2 – As amostras são conservadas no INMLCF, I. P., ou no LPC, consoante os casos, sem prejuízo de o INMLCF, I. P., poder celebrar protocolos com outras entidades que garantam as condições de segurança e confidencialidade referidas no número anterior, ficando estas entidades sujeitas às regras e limitações da presente lei.

3 – Salvo o disposto no número anterior, as amostras não podem ser cedidas a outras entidades.

### Artigo 32º – Finalidades do biobanco

Para efeitos da presente lei, a conservação das amostras visa apenas a realização de análises e contra-análises necessárias às finalidades de identificação civil e de investigação criminal.

### Artigo 33º – Protecção das amostras

1 – A utilização das amostras para obtenção do perfil de ADN é apenas permitida às entidades referidas no artigo 5º

2 – As entidades responsáveis pelas amostras devem tomar as medidas adequadas para:

*a*) Impedir o acesso de pessoas não autorizadas às instalações;

*b*) Permitir o correcto e seguro armazenamento das amostras;

*c*) Permitir o seguro e correcto transporte das amostras para uma das instalações das entidades referidas no artigo 31º

3 – O acesso aos laboratórios, bem como ao local de armazenamento das amostras, deve ser restringido ao pessoal especializado, mediante identificação codificada e autorização prévia do responsável pelo serviço.

### Artigo 34º – Destruição das amostras

1 – As amostras de voluntários e as amostras de pessoas condenadas, obtidas nos termos do nº 1 do artigo 6º e dos nºs 2 e 3 do artigo 8º, bem como as amostras obtidas de arguidos em processos pendentes, nos termos do nº 1 do artigo 8º, são destruídas imediatamente após a obtenção do perfil de ADN.

2 – As amostras referentes aos restantes ficheiros previstos no nº 1 do artigo 15º são destruídas nos prazos previstos no nº 1 do artigo 26º, sem prejuízo de a amostra relativa ao perfil transferido nos termos do nº 8 do artigo 26º ser imediatamente destruída, quando o paradeiro do arguido seja conhecido.

3 – As amostras são destruídas pela entidade que as tem à sua guarda, devendo o INMLCF, I. P., assegurar-se da destruição das amostras que se encontrem em entidade protocolada.

4 – Se o conselho de fiscalização, no exercício da sua actividade, tiver conhecimento de que o INMLCF, I. P., ou o LPC não estão a cumprir o estabelecido na lei quanto à destruição das amostras, notifica o INMLCF, I. P., ou o LPC para o fazer no prazo de 30 dias.

## CAPÍTULO VI – Disposições sancionatórias

### Artigo 35º – Violação do dever de segredo

Quem, obrigado a dever de segredo, nos termos do artigo 28º, revelar ou divulgar, no todo ou em parte, informação constante da base de dados de perfis de ADN é punido nos termos gerais previstos no Código Penal, aprovado pelo Decreto-Lei nº 400/82, de 23 de Setembro, e na Lei da Protecção de Dados Pessoais.

**Artigo 36º - Violação de normas relativas a dados pessoais**

A violação das normas relativas à protecção de dados pessoais é punida nos termos dos artigos 35º e seguintes e 43º e seguintes da Lei da Protecção de Dados Pessoais.

## CAPÍTULO VII - Fiscalização e controlo

**Artigo 37º - Fiscalização**

À CNPD cumpre verificar as condições de funcionamento da base de dados, bem como as condições de armazenamento das amostras, para certificação do cumprimento das disposições relativas à protecção de dados pessoais.

**Artigo 38º - Decisões individuais automatizadas**

Em caso algum é permitida uma decisão que produza efeitos na esfera jurídica de uma pessoa ou que a afecte de modo significativo, tomada exclusivamente com base no tratamento de dados pessoais ou de perfis de ADN.

## CAPÍTULO VIII - Disposições finais e transitórias

**Artigo 39º - Regulamento de funcionamento da base de dados de perfis de ADN**

O regulamento de funcionamento da base de dados de perfis de ADN é aprovado pelo conselho médico-legal do INMLCF, I. P., no prazo de seis meses após a publicação da presente lei.

**Artigo 40º - Acreditação**

O LPC e o INMLCF, I. P., bem como os laboratórios previstos no nº 2 do artigo 5º, devem adoptar as condições necessárias para o preenchimento dos requisitos internacionalmente fixados para acreditação da área laboratorial de análise de ADN dos respectivos laboratórios, em sede de validação de análises, controlo de procedimentos, padronização de metodologias e certificação de equipamentos.

**Artigo 41º - Entrada em vigor**

A presente lei entra em vigor 30 dias após a publicação.

# 10. Lei nº 32/2008, de 17 de Julho – Conservação de Dados Gerados ou Tratados no contexto oferta de Serviços de Comunicações Electrónicas

**Transpõe para a ordem jurídica interna a Directiva nº 2006/24/CE, do Parlamento Europeu e do Conselho, de 15 de Março, relativa à conservação de dados gerados ou tratados no contexto da oferta de serviços de comunicações electrónicas publicamente disponíveis ou de redes públicas de comunicações.**

A Assembleia da República decreta, nos termos da alínea c) do artigo 161º da Constituição, o seguinte:

**Artigo 1º - Objecto**

1 – A presente lei regula a conservação e a transmissão dos dados de tráfego e de localização relativos a pessoas singulares e a pessoas colectivas, bem como dos dados conexos necessários para identificar o assinante ou o utilizador registado, para fins de investigação, detecção e repressão de crimes graves por parte das autoridades competentes, transpondo para a ordem jurídica interna a Directiva nº 2006/24/CE, do Parlamento Europeu e do Conselho, de 15 de Março, relativa à conservação de dados gerados ou tratados no contexto da oferta de serviços de comunicações electrónicas publicamente disponíveis ou de redes públicas de comunicações, e que altera a Directiva nº 2002/58/CE, do Parlamento Europeu e do Conselho, de 12 de Junho, relativa ao tratamento de dados pessoais e à protecção da privacidade no sector das comunicações electrónicas.

2 – A conservação de dados que revelem o conteúdo das comunicações é proibida, sem prejuízo do disposto na Lei nº 41/2004, de 18 de Agosto, e na legislação processual penal relativamente à intercepção e gravação de comunicações.

### Artigo 2º – Definições

1 – Para efeitos da presente lei, entende-se por:

*a*) «Dados», os dados de tráfego e os dados de localização, bem como os dados conexos necessários para identificar o assinante ou o utilizador;

*b*) «Serviço telefónico», qualquer dos seguintes serviços:

*i*) Os serviços de chamada, incluindo as chamadas vocais, o correio vocal, a teleconferência ou a transmissão de dados;

*ii*) Os serviços suplementares, incluindo o reencaminhamento e a transferência de chamadas; e

*iii*) Os serviços de mensagens e multimédia, incluindo os serviços de mensagens curtas (SMS), os serviços de mensagens melhoradas (EMS) e os serviços multimédia (MMS);

*c*) «Código de identificação do utilizador» («user ID»), um código único atribuído às pessoas, quando estas se tornam assinantes ou se inscrevem num serviço de acesso à Internet, ou num serviço de comunicação pela Internet;

*d*) «Identificador de célula» («cell ID»), a identificação da célula de origem e de destino de uma chamada telefónica numa rede móvel;

*e*) «Chamada telefónica falhada», uma comunicação em que a ligação telefónica foi estabelecida, mas que não obteve resposta, ou em que houve uma intervenção do gestor da rede;

*f*) «Autoridades competentes», as autoridades judiciárias e as autoridades de polícia criminal das seguintes entidades:

*i*) A Polícia Judiciária;

*ii*) A Guarda Nacional Republicana;

*iii*) A Polícia de Segurança Pública;

*iv*) A Polícia Judiciária Militar;

*v*) O Serviço de Estrangeiros e Fronteiras;

*vi*) A Polícia Marítima;

*g*) «Crime grave», crimes de terrorismo, criminalidade violenta, criminalidade altamente organizada, sequestro, rapto e tomada de reféns, crimes contra a identidade cultural e integridade pessoal, contra a segurança do Estado, falsificação de moeda ou títulos equiparados a moeda e crimes abrangidos por convenção sobre segurança da navegação aérea ou marítima.

2 – Para efeitos da presente lei, são aplicáveis, sem prejuízo do disposto no número anterior, as definições constantes das Leis nºs 67/98, de 26 de Outubro, e 41/2004, de 18 de Agosto.

### Artigo 3º – Finalidade do tratamento

1 – A conservação e a transmissão dos dados têm por finalidade exclusiva a investigação, detecção e repressão de crimes graves por parte das autoridades competentes.

2 – A transmissão dos dados às autoridades competentes só pode ser ordenada ou autorizada por despacho fundamentado do juiz, nos termos do artigo 9º

3 – Os ficheiros destinados à conservação de dados no âmbito da presente lei têm que, obrigatoriamente, estar separados de quaisquer outros ficheiros para outros fins.

4 – O titular dos dados não pode opor-se à respectiva conservação e transmissão.

Jurisprudência

**Artigo 4º – Categorias de dados a conservar**

1 – Os fornecedores de serviços de comunicações electrónicas publicamente disponíveis ou de uma rede pública de comunicações devem conservar as seguintes categorias de dados:

*a*) Dados necessários para encontrar e identificar a fonte de uma comunicação;

*b*) Dados necessários para encontrar e identificar o destino de uma comunicação;

*c*) Dados necessários para identificar a data, a hora e a duração de uma comunicação;

*d*) Dados necessários para identificar o tipo de comunicação;

*e*) Dados necessários para identificar o equipamento de telecomunicações dos utilizadores, ou o que se considera ser o seu equipamento;

*f*) Dados necessários para identificar a localização do equipamento de comunicação móvel.

2 – Para os efeitos do disposto na alínea a) do número anterior, os dados necessários para encontrar e identificar a fonte de uma comunicação são os seguintes:

*a*) No que diz respeito às comunicações telefónicas nas redes fixa e móvel:

*i*) O número de telefone de origem;

*ii*) O nome e endereço do assinante ou do utilizador registado;

*b*) No que diz respeito ao acesso à Internet, ao correio electrónico através da Internet e às comunicações telefónicas através da Internet:

*i*) Os códigos de identificação atribuídos ao utilizador;

*ii*) O código de identificação do utilizador e o número de telefone atribuídos a qualquer comunicação que entre na rede telefónica pública;

*iii*) O nome e o endereço do assinante ou do utilizador registado, a quem o endereço do protocolo IP, o código de identificação de utilizador ou o número de telefone estavam atribuídos no momento da comunicação.

3 – Para os efeitos do disposto na alínea b) do nº 1, os dados necessários para encontrar e identificar o destino de uma comunicação são os seguintes:

*a*) No que diz respeito às comunicações telefónicas nas redes fixa e móvel:

*i*) Os números marcados e, em casos que envolvam serviços suplementares, como o reencaminhamento ou a transferência de chamadas, o número ou números para onde a chamada foi reencaminhada;

*ii*) O nome e o endereço do assinante, ou do utilizador registado;

*b*) No que diz respeito ao correio electrónico através da Internet e às comunicações telefónicas através da Internet:

*i*) O código de identificação do utilizador ou o número de telefone do destinatário pretendido, ou de uma comunicação telefónica através da Internet;

*ii*) Os nomes e os endereços dos subscritores, ou dos utilizadores registados, e o código de identificação de utilizador do destinatário pretendido da comunicação.

4 – Para os efeitos do disposto na alínea c) do nº 1, os dados necessários para identificar a data, a hora e a duração de uma comunicação são os seguintes:

*a*) No que diz respeito às comunicações telefónicas nas redes fixa e móvel, a data e a hora do início e do fim da comunicação;

*b*) No que diz respeito ao acesso à Internet, ao correio electrónico através da Internet e às comunicações telefónicas através da Internet:

*i*) A data e a hora do início (*log in*) e do fim (*log off*) da ligação ao serviço de acesso à Internet com base em determinado fuso horário, juntamente com o endereço do protocolo IP, dinâmico ou estático, atribuído pelo fornecedor do serviço de acesso à Internet a uma comunicação, bem como o código de identificação de utilizador do subscritor ou do utilizador registado;

*ii*) A data e a hora do início e do fim da ligação ao serviço de correio electrónico através da Internet ou de comunicações através da Internet, com base em determinado fuso horário.

5 – Para os efeitos do disposto na alínea d) do nº 1, os dados necessários para identificar o tipo de comunicação são os seguintes:

*a*) No que diz respeito às comunicações telefónicas nas redes fixa e móvel, o serviço telefónico utilizado;

*b*) No que diz respeito ao correio electrónico através da Internet e às comunicações telefónicas através da Internet, o serviço de Internet utilizado.

6 – Para os efeitos do disposto na alínea e) do nº 1, os dados necessários para identificar o equipamento de telecomunicações dos utilizadores, ou o que se considera ser o seu equipamento, são os seguintes:

*a*) No que diz respeito às comunicações telefónicas na rede fixa, os números de telefone de origem e de destino;

*b*) No que diz respeito às comunicações telefónicas na rede móvel:

*i*) Os números de telefone de origem e de destino;

*ii*) A Identidade Internacional de Assinante Móvel (International Mobile Subscriber Identity, ou IMSI) de quem telefona;

*iii*) A Identidade Internacional do Equipamento Móvel (International Mobile Equipment Identity, ou IMEI) de quem telefona;

*iv*) A IMSI do destinatário do telefonema;

*v*) A IMEI do destinatário do telefonema;

*vi*) No caso dos serviços pré-pagos de carácter anónimo, a data e a hora da activação inicial do serviço e o identificador da célula a partir da qual o serviço foi activado;

*c*) No que diz respeito ao acesso à Internet, ao correio electrónico através da Internet e às comunicações telefónicas através da Internet:

*i*) O número de telefone que solicita o acesso por linha telefónica;

*ii*) A linha de assinante digital (digital subscriber line, ou DSL), ou qualquer outro identificador terminal do autor da comunicação.

7 – Para os efeitos do disposto na alínea f) do nº 1, os dados necessários para identificar a localização do equipamento de comunicação móvel são os seguintes:

*a*) O identificador da célula no início da comunicação;

*b*) Os dados que identifiquem a situação geográfica das células, tomando como referência os respectivos identificadores de célula durante o período em que se procede à conservação de dados.

**Artigo 5º – Âmbito da obrigação de conservação dos dados**

1 – Os dados telefónicos e da Internet relativos a chamadas telefónicas falhadas devem ser conservados quando sejam gerados ou tratados e armazenados pelas entidades referidas no nº 1 do artigo 4º, no contexto da oferta de serviços de comunicação.

2 – Os dados relativos a chamadas não estabelecidas não são conservados.

**Artigo 6º – Período de conservação**

As entidades referidas no nº 1 do artigo 4º devem conservar os dados previstos no mesmo artigo pelo período de um ano a contar da data da conclusão da comunicação.

**Artigo 7º – Protecção e segurança dos dados**

1 – As entidades referidas no nº 1 do artigo 4º devem:

*a*) Conservar os dados referentes às categorias previstas no artigo 4º por forma a que possam ser transmitidos imediatamente, mediante despacho fundamentado do juiz, às autoridades competentes;

*b*) Garantir que os dados conservados sejam da mesma qualidade e estejam sujeitos à mesma protecção e segurança que os dados na rede;

*c*) Tomar as medidas técnicas e organizativas adequadas à protecção dos dados previstos no artigo 4º contra a destruição acidental ou ilícita, a perda ou a alteração acidental e o armazenamento, tratamento, acesso ou divulgação não autorizado ou ilícito;

*d*) Tomar as medidas técnicas e organizativas adequadas para garantir que apenas pessoas especialmente autorizadas tenham acesso aos dados referentes às categorias previstas no artigo 4º;

*e*) Destruir os dados no final do período de conservação, excepto os dados que tenham sido preservados por ordem do juiz;

*f*) Destruir os dados que tenham sido preservados, quando tal lhe seja determinado por ordem do juiz.

2 – Os dados referentes às categorias previstas no artigo 4º, com excepção dos dados relativos ao nome e endereço dos assinantes, devem permanecer bloqueados desde o início da sua conservação, só sendo alvo de desbloqueio para efeitos de transmissão, nos termos da presente lei, às autoridades competentes.

3 – A transmissão dos dados referentes às categorias previstas no artigo 4º processa-se mediante comunicação electrónica, nos termos das condições técnicas e de segurança fixadas em portaria conjunta dos membros do Governo responsáveis pelas áreas da administração interna, da justiça e das comunicações, que devem observar um grau de codificação e protecção o mais elevado possível, de acordo com o estado da técnica ao momento da transmissão, incluindo métodos de codificação, encriptação ou outros adequados.

4 – O disposto nos números anteriores não prejudica a observação dos princípios nem o cumprimento das regras relativos à qualidade e à salvaguarda da confidencialidade e da segurança dos dados, previstos nas Leis n.os 67/98, de 26 de Outubro, e 41/2004, de 18 de Agosto.

5 – A autoridade pública competente para o controlo da aplicação do disposto no presente artigo é a Comissão Nacional de Protecção de Dados (CNPD).

## Artigo 8º – Registo de pessoas especialmente autorizadas

1 – A CNPD deve manter um registo electrónico permanentemente actualizado das pessoas especialmente autorizadas a aceder aos dados, nos termos da alínea d) do nº 1 do artigo anterior.

2 – Para os efeitos previstos no número anterior, os fornecedores de serviços de comunicações electrónicas ou de uma rede pública de comunicações devem remeter à CNPD, por via exclusivamente electrónica, os dados necessários à identificação das pessoas especialmente autorizadas a aceder aos dados.

## Artigo 9º – Transmissão dos dados

1 – A transmissão dos dados referentes às categorias previstas no artigo 4º só pode ser autorizada, por despacho fundamentado do juiz de instrução, se houver razões para crer que a diligência é indispensável para a descoberta da verdade ou

que a prova seria, de outra forma, impossível ou muito difícil de obter no âmbito da investigação, detecção e repressão de crimes graves.

2 – A autorização prevista no número anterior só pode ser requerida pelo Ministério Público ou pela autoridade de polícia criminal competente.

3 – Só pode ser autorizada a transmissão de dados relativos:

*a*) Ao suspeito ou arguido;

*b*) A pessoa que sirva de intermediário, relativamente à qual haja fundadas razões para crer que recebe ou transmite mensagens destinadas ou provenientes de suspeito ou arguido; ou

*c*) A vítima de crime, mediante o respectivo consentimento, efectivo ou presumido.

4 – A decisão judicial de transmitir os dados deve respeitar os princípios da adequação, necessidade e proporcionalidade, designadamente no que se refere à definição das categorias de dados a transmitir e das autoridades competentes com acesso aos dados e à protecção do segredo profissional, nos termos legalmente previstos.

5 – O disposto nos números anteriores não prejudica a obtenção de dados sobre a localização celular necessários para afastar perigo para a vida ou de ofensa à integridade física grave, nos termos do artigo 252º-A do Código de Processo Penal.

6 – As entidades referidas no nº 1 do artigo 4º devem elaborar registos da extracção dos dados transmitidos às autoridades competentes e enviá-los trimestralmente à CNPD.

### Artigo 10º – Condições técnicas da transmissão dos dados

A transmissão dos dados referentes às categorias previstas no artigo 4º processa-se mediante comunicação electrónica, nos termos das condições técnicas e de segurança previstas no nº 3 do artigo 7º

### Artigo 11º – Destruição dos dados

1 – O juiz determina, oficiosamente ou a requerimento de qualquer interessado, a destruição dos dados na posse das autoridades competentes, bem como dos dados preservados pelas entidades referidas no nº 1 do artigo 4º, logo que os mesmos deixem de ser estritamente necessários para os fins a que se destinam.

2 – Considera-se que os dados deixam de ser estritamente necessários para o fim a que se destinam logo que ocorra uma das seguintes circunstâncias:

*a*) Arquivamento definitivo do processo penal;

*b*) Absolvição, transitada em julgado;

*c*) Condenação, transitada em julgado;

*d*) Prescrição do procedimento penal;

*e*) Amnistia.

### Artigo 12º – Contra-ordenações

1 – Sem prejuízo da responsabilidade criminal a que haja lugar nos termos da lei, constitui contra-ordenação:

*a*) A não conservação das categorias dos dados previstas no artigo 4º;

*b*) O incumprimento do prazo de conservação previsto no artigo 6º;

*c*) A não transmissão dos dados às autoridades competentes, quando autorizada nos termos do disposto no artigo 9º;

*d*) O não envio dos dados necessários à identificação das pessoas especialmente autorizadas, nos termos do nº 2 do artigo 8º

2 – As contra-ordenações previstas no número anterior são puníveis com coimas de (euro) 1500 a (euro) 50 000 ou de (euro) 5000 a (euro) 10 000 000 consoante o agente seja uma pessoa singular ou colectiva.

3 – A tentativa e a negligência são puníveis.

### Artigo 13º – Crimes

1 – Constituem crime, punido com pena de prisão até dois anos ou multa até 240 dias:

*a*) O incumprimento de qualquer das regras relativas à protecção e à segurança dos dados previstas no artigo 7º;

*b*) O não bloqueio dos dados, nos termos previstos no nº 2 do artigo 7º;

*c*) O acesso aos dados por pessoa não especialmente autorizada nos termos do nº 1 do artigo 8º

2 – A pena é agravada para o dobro dos seus limites quando o crime:

*a*) For cometido através de violação de regras técnicas de segurança;

*b*) Tiver possibilitado ao agente ou a terceiros o conhecimento de dados pessoais; ou

*c*) Tiver proporcionado ao agente ou a terceiros benefício ou vantagem patrimonial.

3 – A tentativa e a negligência são puníveis.

### Artigo 14º – Processos de contra-ordenação e aplicação das coimas

1 – Compete à CNPD a instrução dos processos de contra-ordenação e a respectiva aplicação de coimas relativas às condutas previstas no artigo anterior.

2 – O montante das importâncias cobradas em resultado da aplicação das coimas é distribuído da seguinte forma:

*a*) 60% para o Estado;

*b*) 40% para a CNPD.

**Artigo 15º – Aplicabilidade dos regimes sancionatórios previstos nas Leis nºs 67/98, de 26 de Outubro, e 41/2004, de 18 de Agosto**

O disposto nos artigos 12º a 14º não prejudica a aplicação do disposto no capítulo vi da Lei nº 67/98, de 26 de Outubro, e no capítulo iii da Lei nº 41/2004, de 18 de Agosto.

**Artigo 16º – Estatísticas para informação anual à Comissão das Comunidades Europeias**

1 – A CNPD transmite anualmente à Comissão das Comunidades Europeias as estatísticas sobre a conservação dos dados gerados ou tratados no contexto da oferta de serviços de comunicações electrónicas publicamente disponíveis ou de uma rede pública de comunicações.

2 – Tendo em vista o cumprimento do disposto no número anterior, as entidades referidas no nº 1 do artigo 4º devem, até 1 de Março de cada ano, remeter à CNPD as seguintes informações, relativas ao ano civil anterior:

*a*) O número de casos em que foram transmitidas informações às autoridades nacionais competentes;

*b*) O período de tempo decorrido entre a data a partir da qual os dados foram conservados e a data em que as autoridades competentes solicitaram a sua transmissão; e

*c*) O número de casos em que as solicitações das autoridades não puderam ser satisfeitas.

3 – As informações previstas no número anterior não podem conter quaisquer dados pessoais.

**Artigo 17º – Avaliação**

No fim de cada período de dois anos a CNPD, em colaboração com o Instituto das Comunicações de Portugal – Autoridade Nacional de Comunicações (ICP-ANACOM), procede a uma avaliação de todos os procedimentos previstos na presente lei e elabora um relatório detalhado, o qual pode incluir recomendações, cujo conteúdo deve ser transmitido à Assembleia da República e ao Governo.

**Artigo 18º – Produção de efeitos**

A presente lei produz efeitos 90 dias após a publicação da portaria a que se refere o nº 3 do artigo 7º

Aprovada em 23 de Maio de 2008.

O Presidente da Assembleia da República, *Jaime Gama.*

Promulgada em 1 de Julho de 2008.

Publique-se.

O Presidente da República, Aníbal Cavaco Silva.

Referendada em 2 de Julho de 2008.

O Primeiro-Ministro, *José Sócrates Carvalho Pinto de Sousa.*

# 11. DL nº 7/2004, de 7 de Janeiro – Comércio Electrónico no Mercado Interno e Tratamento de Dados (na redacção dada pela Lei nº 40/2020, de 18 de Agosto)

**No uso da autorização legislativa concedida pela Lei nº 7/2003, de 9 de Maio, transpõe para a ordem jurídica nacional a Directiva nº 2000/31/CE, do Parlamento Europeu e do Conselho, de 8 de Junho de 2000, relativa a certos aspectos legais dos serviços da sociedade de informação, em especial do comércio electrónico, no mercado interno**

## Decreto-Lei nº 7/2004, de 7 de Janeiro

1 – O presente diploma destina-se fundamentalmente a realizar a transposição da Directiva nº 2000/31/CE, do Parlamento Europeu e do Conselho, de 8 de Junho de 2000.

A directiva sobre comércio electrónico, não obstante a designação, não regula todo o comércio electrónico: deixa amplas zonas em aberto ou porque fazem parte do conteúdo de outras directivas ou porque não foram consideradas suficientemente consolidadas para uma harmonização comunitária ou, ainda, porque não carecem desta. Por outro lado, versa sobre matérias como a contratação electrónica, que só tem sentido regular como matéria de direito comum e não apenas comercial.

Na tarefa de transposição, optou-se por afastar soluções mais amplas e ambiciosas para a regulação do sector em causa, tendo-se adoptado um diploma cujo âmbito é fundamentalmente o da directiva. Mesmo assim, aproveitou-se a oportunidade para, lateralmente, versar alguns pontos carecidos de regulação na ordem jurídica portuguesa que não estão contemplados na directiva.

A transposição apresenta a dificuldade de conciliar categorias neutras próprias de uma directiva, que é um concentrado de sistemas jurídicos diferenciados, com os quadros vigentes na nossa ordem jurídica. Levou-se tão longe quanto possível a conciliação da fidelidade à directiva com a integração nas categorias portuguesas para tornar a disciplina introduzida compreensível para os seus destinatários. Assim, a própria sistemática da directiva é alterada e os conceitos são vertidos, sempre que possível, nos quadros correspondentes do direito português.

2 – A directiva pressupõe o que é já conteúdo de directivas anteriores. Particularmente importante é a directiva sobre contratos à distância, já transposta para a lei portuguesa pelo Decreto-Lei nº 143/2001, de 26 de Abril. Parece elucidativo declarar expressamente o carácter subsidiário do diploma de transposição respectivo. O mesmo haverá que dizer da directiva sobre a comercialização à distância de serviços financeiros, que está em trabalhos de transposição.

Uma das finalidades principais da directiva é assegurar a liberdade de estabelecimento e de exercício da prestação de serviços da sociedade da informação na União Europeia, embora com as limitações que se assinalam. O esquema adoptado consiste na subordinação dos prestadores de serviços à ordenação do Estado membro em que se encontram estabelecidos. Assim se fez, procurando esclarecer quanto possíveis conceitos expressos em linguagem generalizada mas pouco precisa como «serviço da sociedade da informação». Este é entendido como um serviço prestado a distância por via electrónica, no âmbito de uma actividade económica, na sequência de pedido individual do destinatário – o que exclui a radiodifusão sonora ou televisiva.

O considerando 57) da Directiva nº 2000/31/CE recorda que «o Tribunal de Justiça tem sustentado de modo constante que um Estado membro mantém o direito de tomar medidas contra um prestador de serviços estabelecido noutro Estado membro, mas que dirige toda ou a maior parte das suas actividades para o território do primeiro Estado membro, se a escolha do estabelecimento foi feita no intuito de iludir a legislação que se aplicaria ao prestador caso este se tivesse estabelecido no território desse primeiro Estado membro».

3 – Outro grande objectivo da directiva consiste em determinar o regime de responsabilidade dos prestadores intermediários de serviços. Mais precisamente, visa-se estabelecer as condições de irresponsabilidade destes prestadores face à eventual ilicitude das mensagens que disponibilizam.

Há que partir da declaração da ausência de um dever geral de vigilância do prestador intermediário de serviços sobre as informações que transmite ou armazena ou a que faculte o acesso. Procede-se também ao enunciado dos deveres comuns a todos os prestadores intermediários de serviços.

Segue-se o traçado do regime de responsabilidade específico das actividades que a própria directiva enuncia: simples transporte, armazenagem intermediária e armazenagem principal. Aproveitou-se a oportunidade para prever já a situação dos prestadores intermediários de serviços de associação de conteúdos (como os instrumentos de busca e as hiperconexões), que é assimilada à dos prestadores de serviços de armazenagem principal.

Introduz-se um esquema de resolução provisória de litígios que surjam quanto à licitude de conteúdos disponíveis em rede, dada a extrema urgência que pode haver numa composição prima facie. Confia-se essa função à entidade de supervisão respectiva, sem prejuízo da solução definitiva do litígio, que só poderá ser judicial.

4 – A directiva regula também o que se designa como comunicações comerciais. Parece preferível falar de «comunicações publicitárias em rede», uma vez que é sempre e só a publicidade que está em causa.

Aqui surge a problemática das comunicações não solicitadas, que a directiva deixa em grande medida em aberto. Teve-se em conta a circunstância de entretanto ter sido aprovada a Directiva nº 2002/58/CE, do Parlamento Europeu e do Conselho, de 12 de Julho de 2002, relativa ao tratamento de dados pessoais e à protecção da privacidade no sector das comunicações electrónicas (directiva relativa à privacidade e às comunicações electrónicas), que aguarda transposição. O artigo 13º desta respeita a comunicações não solicitadas, estabelecendo que as comunicações para fins de marketing directo apenas podem ser autorizadas em relação a destinatários que tenham dado o seu consentimento prévio. O sistema que se consagra inspira-se no aí estabelecido. Nessa medida este diploma também representa a transposição parcial dessa directiva no que respeita ao artigo 13º (comunicações não solicitadas).

5 – A contratação electrónica representa o tema de maior delicadeza desta directiva. Esclarece-se expressamente que o preceituado abrange todo o tipo de contratos, sejam ou não qualificáveis como comerciais.

O princípio instaurado é o da liberdade de recurso à via electrónica, para que a lei não levante obstáculos, com as excepções que se apontam. Para isso haverá que afastar o que se oponha a essa celebração. Particularmente importante se apresentava a exigência de forma escrita. Retoma-se a fórmula já acolhida no artigo 4º do Código dos Valores Mobiliários que é ampla e independente de considerações técnicas: as declarações emitidas por via electrónica satisfazem as exigências legais de forma escrita quando oferecem as mesmas garantias de fidedignidade, inteligibilidade e conservação.

Outro ponto muito sensível é o do momento da conclusão do contrato. A directiva não o versa, porque não se propõe harmonizar o direito civil. Os Estados membros têm tomado as posições mais diversas. Particularmente, está em causa o significado do aviso de recepção da encomenda, que pode tomar-se como aceitação ou não.

Adopta-se esta última posição, que é maioritária, pois o aviso de recepção destina-se a assegurar a efectividade da comunicação electrónica, apenas, e não a exprimir uma posição negocial. Mas esclarece-se também que a oferta de produtos ou serviços em linha representa proposta contratual ou convite a contratar, consoante contiver ou não todos os elementos necessários para que o contrato fique concluído com a aceitação.

Procura também regular-se a chamada contratação entre computadores, portanto a contratação inteiramente automatizada, sem intervenção humana. Estabelece-se que se regula pelas regras comuns enquanto estas não pressupuserem justamente a actuação (humana). Esclarece-se também em que moldes são aplicáveis nesse caso as disposições sobre erro.

6 – Perante a previsão na directiva do funcionamento de mecanismos de resolução extrajudicial de litígios, inclusive através dos meios electrónicos adequados, houve que encontrar uma forma apropriada de transposição deste princípio.

As muitas funções atribuídas a entidades públicas aconselham a previsão de entidades de supervisão. Quando a competência não couber a entidades especiais, funciona uma entidade de supervisão central: essa função é desempenhada pela ICP-ANACOM. As entidades de supervisão têm funções no domínio da instrução dos processos contra-ordenacionais, que se prevêem, e da aplicação das coimas respectivas.

O montante das coimas é fixado entre molduras muito amplas, de modo a serem dissuasoras, mas, simultaneamente, se adequarem à grande variedade de situações que se podem configurar.

Às contra-ordenações podem estar associadas sanções acessórias; mas as sanções acessórias mais graves terão necessariamente de ser confirmadas em juízo, por iniciativa oficiosa da própria entidade de supervisão.

Prevêem-se providências provisórias, a aplicar pela entidade de supervisão competente, e que esta pode instaurar, modificar e levantar a todo o momento.

Enfim, é ainda objectivo deste diploma permitir o recurso a meios de solução extrajudicial de litígios para os conflitos surgidos neste domínio, sem que a legislação geral traga impedimentos, nomeadamente à solução destes litígios por via electrónica.

Foi ouvida a Comissão Nacional de Protecção de Dados, o ICP – Autoridade Nacional de Comunicações, o Banco de Portugal, a Comissão de Mercado de Valores Mobiliários, o Instituto de Seguros de Portugal, a Unidade de Missão Inovação e Conhecimento, o Instituto do Consumidor, a Associação Portuguesa para a Defesa dos Consumidores, a Associação Fonográfica Portuguesa e a Sociedade Portuguesa de Autores.

Assim:

No uso da autorização legislativa concedida pelo artigo 1º da Lei nº 7/2003, de 9 de Maio, e nos termos das alíneas a) e b) do nº 1 do artigo 198º da Constituição, o Governo decreta o seguinte:

## CAPÍTULO I - Objecto e âmbito

### Artigo 1º - Objecto

O presente diploma transpõe para a ordem jurídica interna a Directiva nº 2000/31/CE, do Parlamento Europeu e do Conselho, de 8 de Junho de 2000, relativa a certos aspectos legais dos serviços da sociedade de informação, em especial do comércio electrónico, no mercado interno (Directiva sobre Comércio Electrónico) bem como o artigo 13º da Directiva nº 2002/58/CE, de 12 de Julho de 2002, relativa ao tratamento de dados pessoais e a protecção da privacidade no sector das comunicações electrónicas (Directiva relativa à Privacidade e às Comunicações Electrónicas).

### Artigo 2º - Âmbito

1 - Estão fora do âmbito do presente diploma:

*a*) A matéria fiscal;

*b*) A disciplina da concorrência;

*c*) O regime do tratamento de dados pessoais e da protecção da privacidade;

*d*) O patrocínio judiciário;

*e*) Os jogos de fortuna, incluindo lotarias e apostas, em que é feita uma aposta em dinheiro;

*f*) A actividade notarial ou equiparadas, enquanto caracterizadas pela fé pública ou por outras manifestações de poderes públicos.

2 - O presente diploma não afecta as medidas tomadas a nível comunitário ou nacional na observância do direito comunitário para fomentar a diversidade cultural e linguística e para assegurar o pluralismo.

## CAPÍTULO II - Prestadores de serviços da sociedade da informação

### Artigo 3º - Princípio da liberdade de exercício

1 - Entende-se por «serviço da sociedade da informação» qualquer serviço prestado a distância por via electrónica, mediante remuneração ou pelo menos no âmbito de uma actividade económica na sequência de pedido individual do destinatário.

2 - Não são serviços da sociedade da informação os enumerados no anexo ao Decreto-Lei nº 58/2000, de 18 de Abril, salvo no que respeita aos serviços contemplados nas alíneas c), d) e e) do nº 1 daquele anexo.

3 - A actividade de prestador de serviços da sociedade da informação não depende de autorização prévia.

4 – Exceptua-se o disposto no domínio das telecomunicações, bem como todo o regime de autorização que não vise especial e exclusivamente os serviços da sociedade da informação.

5 – O disposto no presente diploma não exclui a aplicação da legislação vigente que com ele seja compatível, nomeadamente no que respeita ao regime dos contratos celebrados a distância e não prejudica o nível de protecção dos consumidores, incluindo investidores, resultante da restante legislação nacional.

**Artigo 4º – Prestadores de serviços estabelecidos em Portugal**

1 – Os prestadores de serviços da sociedade da informação estabelecidos em Portugal ficam integralmente sujeitos à lei portuguesa relativa à actividade que exercem, mesmo no que concerne a serviços da sociedade da informação prestados noutro país comunitário.

2 – Um prestador de serviços que exerça uma actividade económica no país mediante um estabelecimento efectivo considera-se estabelecido em Portugal seja qual for a localização da sua sede, não configurando a mera disponibilidade de meios técnicos adequados à prestação do serviço, só por si, um estabelecimento efectivo.

3 – O prestador estabelecido em vários locais considera-se estabelecido, para efeitos do nº 1, no local em que tenha o centro das suas actividades relacionadas com o serviço da sociedade da informação.

4 – Os prestadores intermediários de serviços em rede que pretendam exercer estavelmente a actividade em Portugal devem previamente proceder à inscrição junto da entidade de supervisão central.

5 – «Prestadores intermediários de serviços em rede» são os que prestam serviços técnicos para o acesso, disponibilização e utilização de informações ou serviços em linha independentes da geração da própria informação ou serviço.

**Artigo 5º – Livre prestação de serviços**

1 – Aos prestadores de serviços da sociedade da informação não estabelecidos em Portugal mas estabelecidos noutro Estado membro da União Europeia é aplicável, exclusivamente no que respeita a actividades em linha, a lei do lugar do estabelecimento:

*a*) Aos próprios prestadores, nomeadamente no que respeita a habilitações, autorizações e notificações, à identificação e à responsabilidade;

*b*) Ao exercício, nomeadamente no que respeita à qualidade e conteúdo dos serviços, à publicidade e aos contratos.

2 – É livre a prestação dos serviços referidos no número anterior, com as limitações constantes dos artigos seguintes.

3 – Os serviços de origem extracomunitária estão sujeitos à aplicação geral da lei portuguesa, ficando também sujeitos a este diploma em tudo o que não for justificado pela especificidade das relações intracomunitárias.

**Artigo 6º – Exclusões**

Estão fora do âmbito de aplicação dos artigos 4º, nº 1, e 5º, nº 1:

*a*) A propriedade intelectual, incluindo a protecção das bases de dados e das topografias dos produtos semicondutores;

*b*) A emissão de moeda electrónica, por efeito de derrogação prevista no nº 1 do artigo 8º da Directiva nº 2000/46/CE;

*c*) A publicidade realizada por um organismo de investimento colectivo em valores mobiliários, nos termos do nº 2 do artigo 44º da Directiva nº 85/611/CEE;

*d*) A actividade seguradora, quanto a seguros obrigatórios, alcance e condições da autorização da entidade seguradora e empresas em dificuldades ou em situação irregular;

*e*) A matéria disciplinada por legislação escolhida pelas partes no uso da autonomia privada;

*f*) Os contratos celebrados com consumidores, no que respeita às obrigações deles emergentes;

*g*) A validade dos contratos em função da observância de requisitos legais de forma, em contratos relativos a direitos reais sobre imóveis;

*h*) A permissibilidade do envio de mensagens publicitárias não solicitadas por correio electrónico.

**Artigo 7º – Medidas restritivas**

1 – Podem ser adoptadas medidas, incluindo providências concretas contra um prestador de serviços, restritivas à circulação de um determinado serviço da sociedade da informação proveniente de outro Estado membro da União Europeia na medida em que possa lesar ou ameaçar gravemente:

*b*) A saúde pública;

*c*) A segurança pública, nomeadamente na vertente da segurança e defesa nacionais;

*d*) Os consumidores, incluindo os investidores.

2 – A adopção deve ser precedida:

*a*) Da solicitação ao Estado membro de origem do prestador do serviço que ponha cobro à situação;

*b*) Caso este o não tenha feito, ou as medidas que tome se revelem inadequadas, da notificação à Comissão e ao Estado membro de origem da intenção de adoptar as medidas restritivas.

3 – O disposto no número anterior não prejudica a realização de diligências judiciais, incluindo a instrução e demais actos praticados no âmbito de uma investigação criminal ou de um ilícito de mera ordenação social.

4 – As medidas adoptadas devem ser proporcionais aos objectivos a tutelar.

**Artigo 8º – Actuação em caso de urgência**

Em caso de urgência, as entidades competentes, incluindo os tribunais, podem tomar medidas restritivas não precedidas das notificações à Comissão e aos outros Estados membros de origem previstas no artigo anterior.

**Artigo 9º – Comunicação à entidade de supervisão central**

1 – As entidades competentes que desejem promover a solicitação ao Estado membro de origem que ponha cobro a uma situação violadora devem comunicá-lo à entidade de supervisão central, a fim de ser notificada ao Estado membro de origem.

2 – As entidades competentes que tenham a intenção de tomar medidas restritivas, ou as tomem efectivamente, devem comunicá-lo imediatamente à autoridade de supervisão central, a fim de serem notificadas à Comissão e aos Estados membros de origem.

3 – Tratando-se de medidas restritivas de urgência devem ser também indicadas as razões da urgência na sua adopção.

**Artigo 10º – Disponibilização permanente de informações**

1 – Os prestadores de serviços devem disponibilizar permanentemente em linha, em condições que permitam um acesso fácil e directo, elementos completos de identificação que incluam, nomeadamente:

*a*) Nome ou denominação social;

*b*) Endereço geográfico em que se encontra estabelecido e endereço electrónico, em termos de permitir uma comunicação directa;

*c*) Inscrições do prestador em registos públicos e respectivos números de registo;

*d*) Número de identificação fiscal.

2 – Se o prestador exercer uma actividade sujeita a um regime de autorização prévia, deve disponibilizar a informação relativa à entidade que a concedeu.

3 – Se o prestador exercer uma profissão regulamentada deve também indicar o título profissional e o Estado membro em que foi concedido, a entidade profissional em que se encontra inscrito, bem como referenciar as regras profissionais que disciplinam o acesso e o exercício dessa profissão.

4 – Se os serviços prestados implicarem custos para os destinatários além dos custos dos serviços de telecomunicações, incluindo ónus fiscais ou despesas

de entrega, estes devem ser objecto de informação clara anterior à utilização dos serviços.

## CAPÍTULO III – Responsabilidade dos prestadores de serviços em rede

### Artigo 11º – Princípio da equiparação

A responsabilidade dos prestadores de serviços em rede está sujeita ao regime comum, nomeadamente em caso de associação de conteúdos, com as especificações constantes dos artigos seguintes.

### Artigo 12º – Ausência de um dever geral de vigilância dos prestadores intermediários de serviços

Os prestadores intermediários de serviços em rede não estão sujeitos a uma obrigação geral de vigilância sobre as informações que transmitem ou armazenam ou de investigação de eventuais ilícitos praticados no seu âmbito.

### Artigo 13º – Deveres comuns dos prestadores intermediários dos serviços

Cabe aos prestadores intermediários de serviços a obrigação para com as entidades competentes:

*a*) De informar de imediato quando tiverem conhecimento de actividades ilícitas que se desenvolvam por via dos serviços que prestam;

*b*) De satisfazer os pedidos de identificar os destinatários dos serviços com quem tenham acordos de armazenagem;

*c*) De cumprir prontamente as determinações destinadas a prevenir ou pôr termo a uma infracção, nomeadamente no sentido de remover ou impossibilitar o acesso a uma informação;

*d*) De fornecer listas de titulares de sítios que alberguem, quando lhes for pedido.

### Artigo 14º – Simples transporte

1 – O prestador intermediário de serviços que prossiga apenas a actividade de transmissão de informações em rede, ou de facultar o acesso a uma rede de comunicações, sem estar na origem da transmissão nem ter intervenção no conteúdo das mensagens transmitidas nem na selecção destas ou dos destinatários, é isento de toda a responsabilidade pelas informações transmitidas.

2 – A irresponsabilidade mantém-se ainda que o prestador realize a armazenagem meramente tecnológica das informações no decurso do processo de transmissão, exclusivamente para as finalidades de transmissão e durante o tempo necessário para esta.

### Artigo 15º – Armazenagem intermediária

1 – O prestador intermediário de serviços de transmissão de comunicações em rede que não tenha intervenção no conteúdo das mensagens transmitidas nem na selecção destas ou dos destinatários e respeite as condições de acesso à informação é isento de toda a responsabilidade pela armazenagem temporária e automática, exclusivamente para tornar mais eficaz e económica a transmissão posterior a nova solicitação de destinatários do serviço.

2 – Passa, porém, a aplicar-se o regime comum de responsabilidade se o prestador não proceder segundo as regras usuais do sector:

*a*) Na actualização da informação;

*b*) No uso da tecnologia, aproveitando-a para obter dados sobre a utilização da informação.

3 – As regras comuns passam também a ser aplicáveis se chegar ao conhecimento do prestador que a informação foi retirada da fonte originária ou o acesso tornado impossível ou ainda que um tribunal ou entidade administrativa com competência sobre o prestador que está na origem da informação ordenou essa remoção ou impossibilidade de acesso com exequibilidade imediata e o prestador não a retirar ou impossibilitar imediatamente o acesso.

### Artigo 16º – Armazenagem principal

1 – O prestador intermediário do serviço de armazenagem em servidor só é responsável, nos termos comuns, pela informação que armazena se tiver conhecimento de actividade ou informação cuja ilicitude for manifesta e não retirar ou impossibilitar logo o acesso a essa informação.

2 – Há responsabilidade civil sempre que, perante as circunstâncias que conhece, o prestador do serviço tenha ou deva ter consciência do carácter ilícito da informação.

3 – Aplicam-se as regras comuns de responsabilidade sempre que o destinatário do serviço actuar subordinado ao prestador ou for por ele controlado.

### Artigo 17º – Responsabilidade dos prestadores intermediários de serviços de associação de conteúdos

Os prestadores intermediários de serviços de associação de conteúdos em rede, por meio de instrumentos de busca, hiperconexões ou processos análogos que permitam o acesso a conteúdos ilícitos estão sujeitos a regime de responsabilidade correspondente ao estabelecido no artigo anterior.

### Artigo 18º – Solução provisória de litígios

1 – Nos casos contemplados nos artigos 16º e 17º, o prestador intermediário de serviços, se a ilicitude não for manifesta, não é obrigado a remover o con-

teúdo contestado ou a impossibilitar o acesso à informação só pelo facto de um interessado arguir uma violação.

2 – Nos casos previstos no número anterior, qualquer interessado pode recorrer à entidade de supervisão respectiva, que deve dar uma solução provisória em quarenta e oito horas e logo a comunica electronicamente aos intervenientes.

3 – Quem tiver interesse jurídico na manutenção daquele conteúdo em linha pode nos mesmos termos recorrer à entidade de supervisão contra uma decisão do prestador de remover ou impossibilitar o acesso a esse conteúdo, para obter a solução provisória do litígio.

4 – O procedimento perante a entidade de supervisão será especialmente regulamentado.

5 – A entidade de supervisão pode a qualquer tempo alterar a composição provisória do litígio estabelecida.

6 – Qualquer que venha a ser a decisão, nenhuma responsabilidade recai sobre a entidade de supervisão e tão-pouco recai sobre o prestador intermediário de serviços por ter ou não retirado o conteúdo ou impossibilitado o acesso a mera solicitação, quando não for manifesto se há ou não ilicitude.

7 – A solução definitiva do litígio é realizada nos termos e pelas vias comuns.

8 – O recurso a estes meios não prejudica a utilização pelos interessados, mesmo simultânea, dos meios judiciais comuns.

### Artigo 19º – Relação com o direito à informação

1 – A associação de conteúdos não é considerada irregular unicamente por haver conteúdos ilícitos no sítio de destino, ainda que o prestador tenha consciência do facto.

2 – A remissão é lícita se for realizada com objectividade e distanciamento, representando o exercício do direito à informação, sendo, pelo contrário, ilícita se representar uma maneira de tomar como próprio o conteúdo ilícito para que se remete.

3 – A avaliação é realizada perante as circunstâncias do caso, nomeadamente:

*a*) A confusão eventual dos conteúdos do sítio de origem com os de destino;

*b*) O carácter automatizado ou intencional da remissão;

*c*) A área do sítio de destino para onde a remissão é efectuada.

### Artigo 19º-A – Deveres de informação

Os prestadores intermediários de serviços em rede, na acepção do presente decreto-lei, informam, de imediato a terem conhecimento, o Ministério Público da detecção de conteúdos disponibilizados por meio dos serviços que prestam sempre que a disponibilização desses conteúdos, ou o acesso aos mesmos, possa constituir crime, nomeadamente crime de pornografia de menores ou crime de discriminação e incitamento ao ódio e à violência.

### Artigo 19º-B – Deveres de bloqueio

1 – Sem prejuízo do disposto no artigo anterior, os prestadores intermediários de serviços em rede asseguram, num prazo de 48 horas, o bloqueio dos sítios identificados como contendo pornografia de menores ou material conexo, através de procedimento transparente e com garantias adequadas, nomeadamente assegurando que a restrição se limita ao que é necessário e proporcionado, e que os utilizadores são informados do motivo das restrições.

2 – Para efeitos do disposto no número anterior, são considerados sítios identificados como contendo pornografia de menores ou material conexo todos os que integrem as listas elaboradas para esse efeito pelas entidades nacionais e internacionais competentes em matéria de prevenção e combate à criminalidade, nos termos previstos no número seguinte.

3 – As listas a que se refere o número anterior são comunicadas aos prestadores intermediários de serviços em rede e à Procuradoria-Geral da República pelas entidades que as elaboraram, com a colaboração das autoridades sectoriais competentes, as quais, para o efeito, fornecem também à Procuradoria-Geral da República todos os elementos identificativos dos prestadores intermediários de serviço em rede e informam de quaisquer alterações que ocorram nessa matéria.

4 – O bloqueio realizado ao abrigo do disposto no nº 1 pode ser impugnado perante o juiz competente, nos termos gerais.»

## CAPÍTULO IV – Comunicações publicitárias em rede e marketing directo

### Artigo 20º – Âmbito

1 – Não constituem comunicação publicitária em rede:

*a*) Mensagens que se limitem a identificar ou permitir o acesso a um operador económico ou identifiquem objectivamente bens, serviços ou a imagem de um operador, em colectâneas ou listas, particularmente quando não tiverem implicações financeiras, embora se integrem em serviços da sociedade da informação;

*b*) Mensagens destinadas a promover ideias, princípios, iniciativas ou instituições.

2 – A comunicação publicitária pode ter somente por fim promover a imagem de um operador comercial, industrial, artesanal ou integrante de uma profissão regulamentada.

### Artigo 21º – Identificação e informação

Nas comunicações publicitárias prestadas à distância, por via electrónica, devem ser claramente identificados de modo a serem apreendidos com facilidade por um destinatário comum:

*a*) A natureza publicitária, logo que a mensagem seja apresentada no terminal e de forma ostensiva;

*b*) O anunciante;

*c*) As ofertas promocionais, como descontos, prémios ou brindes, e os concursos ou jogos promocionais, bem como os condicionalismos a que ficam submetidos.

**Artigo 22º - Comunicações não solicitadas**

*(Revogado.)*

**Artigo 23º - Profissões regulamentadas**

1 - As comunicações publicitárias à distância por via electrónica em profissões regulamentadas são permitidas na medida em que cumpram as regras deontológicas de cada profissão, relativas à independência, sigilo profissional e lealdade para com o público e membros da profissão entre si.

2 - «Profissão regulamentada» é entendido no sentido constante dos diplomas relativos ao reconhecimento, na União Europeia, de formações profissionais.

## CAPÍTULO V - Contratação electrónica

**Artigo 24º - Âmbito**

As disposições deste capítulo são aplicáveis a todo o tipo de contratos celebrados por via electrónica ou informática, sejam ou não qualificáveis como comerciais.

**Artigo 25º - Liberdade de celebração**

1 - É livre a celebração de contratos por via electrónica, sem que a validade ou eficácia destes seja prejudicada pela utilização deste meio.

2 - São excluídos do princípio da admissibilidade os negócios jurídicos:

*a*) Familiares e sucessórios;

*b*) Que exijam a intervenção de tribunais, entes públicos ou outros entes que exerçam poderes públicos, nomeadamente quando aquela intervenção condicione a produção de efeitos em relação a terceiros e ainda os negócios legalmente sujeitos a reconhecimento ou autenticação notariais;

*c*) Reais imobiliários, com excepção do arrendamento;

*d*) De caução e de garantia, quando não se integrarem na actividade profissional de quem as presta.

3 - Só tem de aceitar a via electrónica para a celebração de um contrato quem se tiver vinculado a proceder dessa forma.

4 – São proibidas cláusulas contratuais gerais que imponham a celebração por via electrónica dos contratos com consumidores.

**Artigo 26º – Forma**

1 – As declarações emitidas por via electrónica satisfazem a exigência legal de forma escrita quando contidas em suporte que ofereça as mesmas garantias de fidedignidade, inteligibilidade e conservação.

2 – O documento electrónico vale como documento assinado quando satisfizer os requisitos da legislação sobre assinatura electrónica e certificação.

**Artigo 27º – Dispositivos de identificação e correcção de erros**

O prestador de serviços em rede que celebre contratos por via electrónica deve disponibilizar aos destinatários dos serviços, salvo acordo em contrário das partes que não sejam consumidores, meios técnicos eficazes que lhes permitam identificar e corrigir erros de introdução, antes de formular uma ordem de encomenda.

**Artigo 28º – Informações prévias**

1 – O prestador de serviços em rede que celebre contratos em linha deve facultar aos destinatários, antes de ser dada a ordem de encomenda, informação mínima inequívoca que inclua:

*a*) O processo de celebração do contrato;

*b*) O arquivamento ou não do contrato pelo prestador de serviço e a acessibilidade àquele pelo destinatário;

*c*) A língua ou línguas em que o contrato pode ser celebrado;

*d*) Os meios técnicos que o prestador disponibiliza para poderem ser identificados e corrigidos erros de introdução que possam estar contidos na ordem de encomenda;

*e*) Os termos contratuais e as cláusulas gerais do contrato a celebrar;

*f*) Os códigos de conduta de que seja subscritor e a forma de os consultar electronicamente.

2 – O disposto no número anterior é derrogável por acordo em contrário das partes que não sejam consumidores.

**Artigo 29º – Ordem de encomenda e aviso de recepção**

1 – Logo que receba uma ordem de encomenda por via exclusivamente electrónica, o prestador de serviços deve acusar a recepção igualmente por meios electrónicos, salvo acordo em contrário com a parte que não seja consumidora.

2 – É dispensado o aviso de recepção da encomenda nos casos em que há a imediata prestação em linha do produto ou serviço.

3 – O aviso de recepção deve conter a identificação fundamental do contrato a que se refere.

4 – O prestador satisfaz o dever de acusar a recepção se enviar a comunicação para o endereço electrónico que foi indicado ou utilizado pelo destinatário do serviço.

5 – A encomenda torna-se definitiva com a confirmação do destinatário, dada na sequência do aviso de recepção, reiterando a ordem emitida.

### Artigo 30º – Contratos celebrados por meio de comunicação individual

Os artigos 27º a 29º não são aplicáveis aos contratos celebrados exclusivamente por correio electrónico ou outro meio de comunicação individual equivalente.

### Artigo 31º – Apresentação dos termos contratuais e cláusulas gerais

1 – Os termos contratuais e as cláusulas gerais, bem como o aviso de recepção, devem ser sempre comunicados de maneira que permita ao destinatário armazená-los e reproduzi-los.

2 – A ordem de encomenda, o aviso de recepção e a confirmação da encomenda consideram-se recebidos logo que os destinatários têm a possibilidade de aceder a eles.

### Artigo 32º – Proposta contratual e convite a contratar

1 – A oferta de produtos ou serviços em linha representa uma proposta contratual quando contiver todos os elementos necessários para que o contrato fique concluído com a simples aceitação do destinatário, representando, caso contrário, um convite a contratar.

2 – O mero aviso de recepção da ordem de encomenda não tem significado para a determinação do momento da conclusão do contrato.

### Artigo 33º – Contratação sem intervenção humana

1 – À contratação celebrada exclusivamente por meio de computadores, sem intervenção humana, é aplicável o regime comum, salvo quando este pressupuser uma actuação.

2 – São aplicáveis as disposições sobre erro:

*a*) Na formação da vontade, se houver erro de programação;

*b*) Na declaração, se houver defeito de funcionamento da máquina;

*c*) Na transmissão, se a mensagem chegar deformada ao seu destino.

3 – A outra parte não pode opor-se à impugnação por erro sempre que lhe fosse exigível que dele se apercebesse, nomeadamente pelo uso de dispositivos de detecção de erros de introdução.

### Artigo 34º - Solução de litígios por via electrónica

É permitido o funcionamento em rede de formas de solução extrajudicial de litígios entre prestadores e destinatários de serviços da sociedade da informação, com observância das disposições concernentes à validade e eficácia dos documentos referidas no presente capítulo.

## CAPÍTULO VI - Entidades de supervisão e regime sancionatório

### Artigo 35º - Entidade de supervisão central

1 - É instituída uma entidade de supervisão central com atribuições em todos os domínios regulados pelo presente diploma, salvo nas matérias em que lei especial atribua competência sectorial a outra entidade.

2 - As funções de entidade de supervisão central serão exercidas pela ICP - Autoridade Nacional de Comunicações (ICP-ANACOM).

### Artigo 36º - Atribuições e competência

1 - As entidades de supervisão funcionam como organismos de referência para os contactos que se estabeleçam no seu domínio, fornecendo, quando requeridas, informações aos destinatários, aos prestadores de serviços e ao público em geral.

2 - Cabe às entidades de supervisão, além das atribuições gerais já assinaladas e das que lhes forem especificamente atribuídas:

*a*) Adoptar as medidas restritivas previstas nos artigos 7º e 8º;

*b*) Elaborar regulamentos e dar instruções sobre práticas a ser seguidas para cumprimento do disposto no presente diploma;

*c*) Fiscalizar o cumprimento do preceituado sobre o comércio electrónico;

*d*) Instaurar e instruir processos contra-ordenacionais e, bem assim, aplicar as sanções previstas;

*e*) Determinar a suspensão da actividade dos prestadores de serviços em face de graves irregularidades e por razões de urgência.

3 - A entidade de supervisão central tem competência em todas as matérias que a lei atribua a um órgão administrativo sem mais especificação e nas que lhe forem particularmente cometidas.

4 - Cabe designadamente à entidade de supervisão central, além das atribuições gerais já assinaladas, quando não couberem a outro órgão:

*a*) Publicitar em rede os códigos de conduta mais significativos de que tenha conhecimento;

*b*) Publicitar outras informações, nomeadamente decisões judiciais neste domínio;

*c*) Promover as comunicações à Comissão Europeia e ao Estado membro de origem previstas no artigo 9º;

*d*) Em geral, desempenhar a função de entidade permanente de contacto com os outros Estados membros e com a Comissão Europeia, sem prejuízo das competências que forem atribuídas a entidades sectoriais de supervisão.

**Artigo 37º – Contra-ordenação**

1 - Constitui contra-ordenação sancionável com coima de (euro) 2500 a (euro) 50000 a prática dos seguintes actos pelos prestadores de serviços:

*a*) A não disponibilização ou a prestação de informação aos destinatários regulada nos artigos 10º, 13º e 21º e no nº 1 do artigo 28º;

*b*) (Revogada.)

*c*) A não disponibilização aos destinatários, quando devido, de dispositivos de identificação e correcção de erros de introdução, tal como previsto no artigo 27º;

*d*) A omissão de pronto envio do aviso de recepção da ordem de encomenda previsto no artigo 29º;

*e*) A não comunicação dos termos contratuais, cláusulas gerais e avisos de recepção previstos no artigo 31º, de modo que permita aos destinatários armazená-los e reproduzi-los;

*f*) A não prestação de informações solicitadas pela entidade de supervisão.

2 - Constitui contra-ordenação sancionável com coima de (euro) 5000 a (euro) 100000 a prática dos seguintes actos pelos prestadores de serviços:

*a*) A desobediência a determinação da entidade de supervisão ou de outra entidade competente de identificar os destinatários dos serviços com quem tenham acordos de transmissão ou de armazenagem, tal como previsto na alínea b) do artigo 13º;

*b*) O não cumprimento de determinação do tribunal ou da autoridade competente de prevenir ou pôr termo a uma infracção nos termos da alínea c) do artigo 13º;

*c*) A omissão de informação à autoridade competente sobre actividades ilícitas de que tenham conhecimento, praticadas por via dos serviços que prestam, tal como previsto na alínea a) do artigo 13º;

*d*) A não remoção ou impedimento do acesso a informação que armazenem e cuja ilicitude manifesta seja do seu conhecimento, tal como previsto nos artigos 16º e 17º;

*e*) A não remoção ou impedimento do acesso a informação que armazenem, se, nos termos do artigo 15º, nº 3, tiverem conhecimento que foi retirada da fonte, ou o acesso tornado impossível, ou ainda que um tribunal ou autoridade administrativa da origem ordenou essa remoção ou impossibilidade de acesso para ter exequibilidade imediata;

*f*) A prática com reincidência das infracções previstas no nº 1.

3 – Constitui contra-ordenação sancionável com coima de (euro) 2500 a (euro) 100000 a prestação de serviços de associação de conteúdos, nas condições da alínea e) do nº 2, quando os prestadores de serviços não impossibilitem a localização ou o acesso a informação ilícita.

4 – A omissão da informação prevista no artigo 19º-A ou do bloqueio previsto no nº 1 do artigo 19º-B por parte dos prestadores intermediários de serviços em rede constitui contra-ordenação sancionável:

*a*) Em caso de dolo, com coima de (euro) 5000 a (euro) 100 000;

*b*) Em caso de negligência, com coima de (euro) 2500 a (euro) 50 000.

5 – A negligência é sancionável nos limites da coima aplicável às infracções previstas no nº 1.

6 – A prática da infracção por pessoa colectiva agrava em um terço os limites máximo e mínimo da coima.

**Artigo 38º – Sanções acessórias**

1 – Às contra-ordenações acima previstas pode ser aplicada a sanção acessória de perda a favor do Estado dos bens usados para a prática das infracções.

2 – Em função da gravidade da infracção, da culpa do agente ou da prática reincidente das infracções, pode ser aplicada, simultaneamente com as coimas previstas no nº 2 do artigo anterior, a sanção acessória de interdição do exercício da actividade pelo período máximo de seis anos e, tratando-se de pessoas singulares, da inibição do exercício de cargos sociais em empresas prestadoras de serviços da sociedade da informação durante o mesmo período.

3 – A aplicação de medidas acessórias de interdição do exercício da actividade e, tratando-se de pessoas singulares, da inibição do exercício de cargos sociais em empresas prestadoras de serviços da sociedade da informação por prazo superior a dois anos será obrigatoriamente decidida judicialmente por iniciativa oficiosa da própria entidade de supervisão.

4 – Pode dar-se adequada publicidade à punição por contra-ordenação, bem como às sanções acessórias aplicadas nos termos do presente diploma.

**Artigo 39º – Providências provisórias**

1 – A entidade de supervisão a quem caiba a aplicação da coima pode determinar, desde que se revelem imediatamente necessárias, as seguintes providências provisórias:

*a*) A suspensão da actividade e o encerramento do estabelecimento que é suporte daqueles serviços da sociedade da informação, enquanto decorre o procedimento e até à decisão definitiva;

*b*) A apreensão de bens que sejam veículo da prática da infracção.

2 – Estas providências podem ser determinadas, modificadas ou levantadas em qualquer momento pela própria entidade de supervisão, por sua iniciativa ou a requerimento dos interessados e a sua legalidade pode ser impugnada em juízo.

**Artigo 40º – Destino das coimas**

O montante das coimas cobradas reverte para o Estado e para a entidade que as aplicou na proporção de 60% e 40%, respectivamente.

**Artigo 41º – Regras aplicáveis**

1 – O regime sancionatório estabelecido não prejudica os regimes sancionatórios especiais vigentes.

2 – A entidade competente para a instauração, instrução e aplicação das sanções é a entidade de supervisão central ou as sectoriais, consoante a natureza das matérias.

3 – É aplicável subsidiariamente o regime geral das contra-ordenações.

## CAPÍTULO VII – Disposições finais

**Artigo 42º – Códigos de conduta**

1 – As entidades de supervisão estimularão a criação de códigos de conduta pelos interessados e sua difusão por estes por via electrónica.

2 – Será incentivada a participação das associações e organismos que têm a seu cargo os interesses dos consumidores na formulação e aplicação de códigos de conduta, sempre que estiverem em causa os interesses destes. Quando houver que considerar necessidades específicas de associações representativas de deficientes visuais ou outros, estas deverão ser consultadas.

3 – Os códigos de conduta devem ser publicitados em rede pelas próprias entidades de supervisão.

**Artigo 43º – Impugnação**

As entidades de supervisão e o Ministério Público têm legitimidade para impugnar em juízo os códigos de conduta aprovados em domínio abrangido por este diploma que extravasem das finalidades da entidade que os emitiu ou tenham conteúdo contrário a princípios gerais ou regras vigentes.

Visto e aprovado em Conselho de Ministros de 31 de Outubro de 2003. – *José Manuel Durão Barroso – Maria Manuela Dias Ferreira Leite – Maria Teresa Pinto*

*Basto Gouveia – Maria Celeste Ferreira Lopes Cardona – José Luís Fazenda Arnaut Duarte – Carlos Manuel Tavares da Silva – Maria da Graça Martins da Silva Carvalho.*

Promulgado em 19 de Dezembro de 2003.

Publique-se.

O Presidente da República, JORGE SAMPAIO.

Referendado em 23 de Dezembro de 2003.

O Primeiro-Ministro, *José Manuel Durão Barroso.*

# 12. Decreto-Lei nº 12/2021de 9 de Fevereiro – identificação electrónica e serviços de confiança para as transacções electrónicas no mercado interno

Sumário: Assegura a execução na ordem jurídica interna do Regulamento (UE) 910/2014, relativo à identificação electrónica e aos serviços de confiança para as transacções electrónicas no mercado interno.

O Regulamento (UE) nº 910/2014 do Parlamento Europeu e do Conselho, de 23 de Julho de 2014, relativo à identificação electrónica e aos serviços de confiança para as transacções electrónicas no mercado interno (Regulamento), veio substituir a Directiva 1999/93/CE do Parlamento Europeu e do Conselho, de 13 de Dezembro, que instituiu um quadro legal comunitário para as assinaturas electrónicas e cuja transposição foi assegurada na ordem jurídica nacional pelo Decreto-Lei nº 62/2003, de 3 de Abril, na sua redacção actual.

A adopção do Regulamento teve como objectivo aumentar a confiança e segurança das transacções online na União Europeia, promovendo uma maior utilização desses serviços pelos cidadãos, pelos operadores económicos e pela Administração Pública. Para o efeito, o Regulamento passou a regular, a par da matéria das assinaturas electrónicas, os selos electrónicos, os selos temporais, a marca de confiança «UE», os serviços de envio registado electrónico e os serviços de certificados para autenticação de sítios web.

Ainda que o Regulamento seja obrigatório e directamente aplicável na ordem jurídica portuguesa, incumbe aos Estados-Membros assegurar a sua execução nos respectivos ordenamentos. Nesse sentido, importa designar e dotar as autoridades portuguesas das competências para realizar as actividades de supervisão previstas no Regulamento, bem como definir o quadro sancionatório aplicável em caso de infracção das normas do Regulamento.

Paralelamente, aproveita-se a oportunidade para consolidar a legislação existente tanto sobre a validade, eficácia e valor probatório dos documentos electrónicos, como sobre o Sistema de Certificação Electrónica do Estado – Infra-estrutura de Chaves Públicas.

Foram ouvidos os órgãos de governo próprio das Regiões Autónomas e o Conselho Gestor do Sistema de Certificação Electrónica do Estado.

Assim:

Nos termos da alínea a) do nº 1 do artigo 198º da Constituição, o Governo decreta o seguinte:

## CAPÍTULO I - Disposições gerais

### Artigo 1º – Objecto

O presente decreto-lei:

*a*) Assegura a execução na ordem jurídica interna do Regulamento (UE) 910/2014 do Parlamento Europeu e do Conselho, de 23 de Julho de 2014, relativo à identificação electrónica e aos serviços de confiança para as transacções electrónicas no mercado (Regulamento);

*b*) Regula a validade, eficácia e valor probatório dos documentos electrónicos, o reconhecimento e aceitação, na ordem jurídica portuguesa, dos meios de identificação electrónica de pessoas singulares e colectivas e prevê as normas aplicáveis ao Sistema de Certificação Electrónica do Estado – Infra-estrutura de Chaves Públicas (SCEE).

### Artigo 2º – Âmbito de aplicação

O presente decreto-lei aplica-se:

*a*) Aos documentos electrónicos elaborados por particulares e pela Administração Pública;

*b*) Aos sistemas de identificação electrónica que sejam notificados pelos Estados-Membros da União Europeia ao abrigo dos artigos 7º e 9º do Regulamento, em tudo o que não se encontre neste previsto.

## CAPÍTULO II - Documentos electrónicos

### Artigo 3º – Forma e força probatória

1 – O documento electrónico satisfaz o requisito legal de forma escrita quando o seu conteúdo seja susceptível de representação como declaração escrita.

2 – A aposição de uma assinatura electrónica qualificada a um documento electrónico equivale à assinatura autógrafa dos documentos com forma escrita sobre suporte de papel e cria a presunção de que:

*a*) A pessoa que apôs a assinatura electrónica qualificada é o titular desta ou é representante, com poderes bastantes, da pessoa colectiva em causa;

*b*) A assinatura electrónica qualificada foi aposta com a intenção de assinar o documento electrónico;

*c*) O documento electrónico não sofreu alteração desde que lhe foi aposta a assinatura electrónica qualificada.

3 – A assinatura electrónica qualificada deve referir-se inequivocamente a uma só pessoa singular ou representante da pessoa colectiva e ao documento ao qual é aposta.

4 – A aposição de assinatura electrónica qualificada que conste de certificado que esteja revogado, caduco ou suspenso na data da aposição, ou não respeite as condições dele constantes, equivale à falta de assinatura, sendo o documento apreciado nos termos do nº 10.

5 – Quando lhe seja aposta uma assinatura electrónica qualificada, o documento electrónico com o conteúdo referido no nº 1 tem a força probatória de documento particular assinado, nos termos do artigo 376º do Código Civil, aprovado pelo Decreto-Lei nº 47 344, de 25 de Novembro de 1966, na sua redacção actual.

6 – Quando lhe seja aposta uma assinatura electrónica qualificada, o documento electrónico cujo conteúdo não seja susceptível de representação como declaração escrita tem a força probatória prevista no artigo 368º do Código Civil e no artigo 167º do Código de Processo Penal, aprovado pelo Decreto-Lei nº 78/87, de 17 de Fevereiro, na sua redacção actual.

7 – A aposição de um selo electrónico qualificado faz presumir, nos termos do nº 2 do artigo 35º do Regulamento, a origem e a integridade do documento electrónico.

8 – A aposição de um selo temporal qualificado faz presumir, nos termos do nº 2 do artigo 41º do Regulamento, a exactidão da data e hora por ele indicados e a integridade do documento electrónico.

9 – O disposto nos números anteriores não obsta à utilização de outro meio de identificação electrónica, de comprovação da integridade, de correcção da origem dos dados ou ainda de atestação temporal de documentos electrónicos, incluindo outras modalidades de assinatura electrónica, desde que tal meio seja adoptado pelas partes ao abrigo de válida convenção sobre prova ou seja aceite pela pessoa a quem for oposto o documento.

10 – Salvo disposição especial, o valor probatório dos documentos electrónicos não associados a serviços de confiança qualificados é apreciado nos termos gerais do direito.

11 – As cópias de documentos electrónicos, sobre idêntico ou diferente tipo de suporte que não permita a verificação e validação das assinaturas electrónicas

ou dos selos electrónicos, são válidas e eficazes nos termos gerais de direito e têm a força probatória atribuída às cópias fotográficas pelo nº 2 do artigo 387º do Código Civil e pelo artigo 168º do Código de Processo Penal, caso sejam observados os requisitos aí previstos.

**Artigo 4º – Documentos electrónicos das entidades públicas**

Nas operações relativas à criação, emissão, arquivo, reprodução, cópia e transmissão de documentos electrónicos que formalizem actos administrativos através de sistemas informáticos, incluindo a sua transmissão por meios de comunicação electrónica, os dados relativos à entidade emitente e à pessoa que tenha praticado cada acto administrativo devem ser indicados de forma a torná-los facilmente identificáveis e a comprovar a função ou cargo desempenhado pela pessoa signatária de cada documento.

**Artigo 5º – Comunicação de documentos electrónicos**

1 – O documento electrónico comunicado por um meio de comunicação electrónica considera-se enviado e recebido pelo destinatário se for transmitido para o endereço electrónico definido por acordo das partes e neste for recebido.

2 – São oponíveis entre as partes e a terceiros a data e a hora da criação, da expedição ou da recepção de um documento electrónico que contenha uma validação cronológica emitida por um prestador qualificado de serviços de confiança.

3 – A comunicação do documento electrónico ao qual seja aposta assinatura electrónica qualificada ou selo electrónico qualificado, por meios de comunicação electrónica que assegure a efectiva recepção, equivale à remessa por via postal registada e, se a recepção for comprovada por mensagem de confirmação dirigida ao remetente pelo destinatário que revista idêntica forma, equivale à remessa por via postal registada com aviso de recepção.

4 – A comunicação de dados e documentos com recurso a serviços qualificados de envio registado electrónico, nos termos definidos nos artigos 43º e 44º do Regulamento, equivale à remessa por via postal registada com aviso de recepção.

## CAPÍTULO III – Funções das entidades e organismos nacionais

**Artigo 6º – Entidade supervisora**

O Gabinete Nacional de Segurança (GNS) é a entidade supervisora para efeitos do disposto na alínea b) do nº 1 do artigo 9º e no artigo 17º do Regulamento, competindo-lhe, ainda, elaborar e gerir as listas de confiança nos termos previstos no artigo 22º do Regulamento.

### Artigo 7º – Notificação dos sistemas de identificação electrónica

A Agência para a Modernização Administrativa, I. P. (AMA, I. P.), é a entidade competente para a notificação dos sistemas de identificação electrónica junto da Comissão Europeia, de acordo com o disposto no artigo 9º e para efeitos de reconhecimento nos termos do artigo 6º, ambos do Regulamento.

### Artigo 8º – Organismo nacional de acreditação

O organismo nacional de acreditação é o Instituto Português de Acreditação, I. P. (IPAC, I. P.), tendo como função a acreditação dos organismos de avaliação da conformidade.

### Artigo 9º – Organismos de avaliação da conformidade

1 – Os organismos de avaliação da conformidade procedem à certificação dos prestadores de serviços de confiança nos termos previstos no Regulamento e no presente decreto-lei.

2 – Os organismos de avaliação da conformidade fornecem ao organismo nacional de acreditação, de modo pronto e exaustivo, todas as informações que este lhes solicite para fins de avaliação da sua actividade e facultam-lhe para os mesmos fins o acesso às instalações e o exame local de documentos, objectos, equipamentos de *hardware* e *software* e procedimentos operacionais.

## CAPÍTULO IV – Serviços de confiança

### Artigo 10º – Prestadores de serviços de confiança

São prestadores de serviços de confiança todas as pessoas singulares ou colectivas, públicas ou privadas, que prestem um ou mais serviços de confiança qualificados ou não qualificados, previstos no artigo 3º do Regulamento.

### Artigo 11º – Deveres de informação

No âmbito da competência de fiscalização da entidade supervisora, os prestadores de serviços de confiança cumprem os seguintes deveres:

*a*) Fornecer todas as informações que esta lhes solicite;

*b*) Facultar o acesso às suas instalações e o exame local de documentos, objectos, equipamentos de *hardware* e *software* e procedimentos operacionais;

*c*) Permitir que a entidade supervisora faça as cópias dos registos e dos documentos ou informações que considere necessárias para o exercício das suas funções com respeito pelas disposições legais relativas ao acesso aos documentos administrativos ou à protecção de dados pessoais.

**Artigo 12º – Prestação de serviços de confiança**

Sem prejuízo do dever de comunicação em momento anterior à celebração do contrato, os termos e as condições da prestação de serviços de confiança devem ser expressamente aceites pelos utilizadores, independentemente do meio que seja usado.

**Artigo 13º – Deveres do prestador qualificado de serviços de confiança**

O prestador qualificado de serviços de confiança deve:

*a*) Demonstrar a fiabilidade necessária para o exercício da actividade, de acordo com o disposto nos artigos 15º e 16º;

*b*) Adotar medidas adequadas para impedir a falsificação ou alteração dos dados constantes dos certificados e, nos casos em que o prestador qualificado de serviços de confiança gere dados de criação de assinaturas, garantir a sua confidencialidade durante o processo de criação;

*c*) Garantir que os dados de criação de assinatura utilizados para assinar certificados qualificados são exclusivos, não podendo ser utilizados para assinar outro tipo de certificados;

*d*) Verificar rigorosamente a identidade dos requerentes titulares dos certificados e, tratando-se de representantes de pessoas colectivas, os respectivos poderes de representação;

*e*) Conservar os elementos que comprovem a verdadeira identidade dos requerentes titulares de certificados com pseudónimo;

*f*) Conservar, em suporte físico ou electrónico, os documentos e registos relativos à prestação destes serviços durante sete anos após o fim da validade do respectivo certificado.

**Artigo 14º – Pedido de atribuição do estatuto de prestador qualificado de serviços de confiança**

1 – A entidade supervisora define e publica no seu sítio na Internet o formulário electrónico necessário para requerer o estatuto de prestador qualificado de serviços de confiança.

2 – O formulário deve ser preenchido e submetido electronicamente, devidamente acompanhado de toda a documentação complementar necessária, nos termos do artigo seguinte.

**Artigo 15º – Atribuição do estatuto de prestador qualificado de serviços de confiança**

O estatuto de prestador qualificado de serviços de confiança é atribuído pela entidade supervisora e pressupõe que os prestadores de serviços de confiança satisfaçam os seguintes requisitos:

*a*) Cumpram os requisitos definidos no Regulamento;

*b*) Estejam dotados de capital e meios financeiros adequados, em conformidade com o artigo 18º;

*c*) Dêem garantias de absoluta idoneidade, integridade e independência no exercício da actividade, nos termos previstos no artigo 19º;

*d*) Tenham um contrato de seguro válido para a cobertura adequada da responsabilidade civil emergente da actividade de prestação de serviços de confiança, nos termos previstos no artigo 20º;

*e*) Possuam uma certificação válida para os serviços que pretendem prestar com o estatuto de qualificado, conforme previsto no artigo 9º

**Artigo 16º – Auditorias periódicas**

1 – Sem prejuízo do disposto no nº 2 do artigo 20º do Regulamento, os prestadores qualificados de serviços de confiança estão sujeitos a auditorias anuais a contar da data de início da auditoria inicial, nos seguintes termos:

*a*) Auditorias completas, pelo menos a cada 24 meses;

*b*) Auditorias de acompanhamento, nos anos em que não se realizem as auditorias completas.

2 – As auditorias referidas no número anterior são efectuadas por um organismo de avaliação da conformidade acreditado, nos termos definidos no artigo 20º do Regulamento.

3 – Os prestadores qualificados de serviços de confiança apresentam o relatório de avaliação da conformidade, elaborado pelo organismo de avaliação da conformidade, à entidade supervisora no prazo de três dias úteis após a sua recepção.

4 – Os prestadores qualificados de serviços de confiança devem evidenciar durante as auditorias, ou a pedido do organismo de avaliação de conformidade que realiza a auditoria, o cumprimento dos requisitos do Regulamento e dos deveres previstos nos artigos 13º e 15º do presente decreto-lei, devendo, para tal, colaborar com os organismos de avaliação da conformidade e mantê-los informados de qualquer alteração que possa causar um incumprimento do Regulamento ou do presente decreto-lei.

**Artigo 17º – Revogação do estatuto de prestador qualificado de serviços de confiança**

O estatuto de prestador qualificado de serviços de confiança é revogado sempre que se deixem de verificar as condições definidas nos artigos 13º e 15º e nos nºs 1 e 2 do artigo anterior.

### Artigo 18º – Requisitos patrimoniais

1 – Os prestadores de serviços de confiança privados que sejam pessoas colectivas devem ter um capital social mínimo de (euro) 200 000, integralmente realizado.

2 – Os prestadores de serviços de confiança privados que sejam pessoas singulares devem ter um património livre de quaisquer ónus com um valor mínimo de (euro) 200 000.

### Artigo 19º – Requisitos de idoneidade

1 – A pessoa singular e, no caso de pessoa colectiva, os membros dos órgãos de administração e fiscalização, colaboradores, comissários e outros que representem os prestadores de serviços de confiança com acesso aos actos e instrumentos de certificação, os sócios da sociedade e, tratando-se de sociedade anónima, os accionistas com participações significativas, devem ser sempre pessoas de reconhecida idoneidade.

2 – Entre outras circunstâncias atendíveis, considera-se indiciador de falta de idoneidade o facto de a pessoa ter sido:

*a*) Condenada, no país ou no estrangeiro, por sentença transitada em julgado por crime de furto, roubo, burla, burla informática e nas comunicações, extorsão, abuso de confiança, infidelidade, falsificação, falsas declarações, insolvência dolosa, insolvência negligente, favorecimento de credores, emissão de cheques sem provisão, abuso de cartão de garantia ou de crédito, apropriação ilegítima de bens do sector público ou cooperativo, administração danosa em unidade económica do sector público ou cooperativo, usura, suborno, corrupção, recepção não autorizada de depósitos ou outros fundos reembolsáveis, prática ilícita de actos ou operações inerentes à actividade seguradora ou dos fundos de pensões, branqueamento de capitais, abuso de informação, manipulação do mercado de valores mobiliários ou crime previsto no Código das Sociedades Comerciais;

*b*) Declarada insolvente por sentença judicial, em fase de liquidação, dissolução ou cessação de actividade, sujeitas a qualquer meio preventivo de liquidação de patrimónios ou em qualquer situação análoga, ou tenham o respectivo processo pendente, salvo quando se encontrar abrangida por um plano de insolvência, ao abrigo da legislação em vigor ou julgada responsável pela insolvência de empresa por ela dominada ou de cujos órgãos de administração ou fiscalização tenha sido membro;

*c*) Tenham sido objecto de aplicação de sanção administrativa por falta grave em matéria profissional, se entretanto não tiver ocorrido a sua reabilitação, no caso de se tratar de pessoas singulares, ou, no caso de se tratar de pessoas colectivas, tenham sido objecto de aplicação daquela sanção administrativa os titulares dos órgãos sociais de administração, direcção ou gerência das mesmas e estes se encontrem em efectividade de funções;

*d*) Não tenham a sua situação regularizada relativamente a contribuições para a segurança social em Portugal ou, se for o caso, no Estado de que sejam nacionais ou no qual se situe o seu estabelecimento principal;

*e*) Não tenham a sua situação regularizada perante a administração fiscal relativamente a obrigações devidas em Portugal ou, se for o caso, no Estado de que sejam nacionais ou no qual se situe o seu estabelecimento principal;

*f*) O não cumprimento dos deveres de informação referidos no artigo 11º, relativos aos prestadores de serviços de confiança.

3 – Consideram-se participações significativas, para os efeitos do nº 1, as que igualem ou excedam 10% do capital da sociedade anónima.

**Artigo 20º – Seguro obrigatório de responsabilidade civil**

Os membros do Governo responsáveis pelo GNS e pela área das finanças definem, por portaria, os requisitos do contrato de seguro de responsabilidade civil a que se refere a alínea d) do artigo 15º

**Artigo 21º – Comunicação de alterações**

1 – Devem ser comunicadas à entidade supervisora, no prazo de 30 dias a contar da respectiva ocorrência ou, quando aplicável, do respectivo registo, as alterações relacionadas com prestadores qualificados de serviços de confiança relativas a:

*a*) Firma ou denominação;

*b*) Objecto social;

*c*) Local da sede ou domicílio fiscal;

*d*) Capital social ou património, sempre que se verifique uma redução igual ou superior a metade do capital social ou do património;

*e*) Estrutura de administração e de fiscalização;

*f*) Limitação dos poderes dos órgãos de administração e fiscalização;

*g*) Cisão, fusão e dissolução;

*h*) Alterações significativas na infra-estrutura de chaves públicas que suporta a prestação dos serviços de confiança;

*i*) Alteração na estrutura de pessoal com relação directa na prestação de serviços de confiança.

2 – A entidade supervisora define e publica no seu sítio na Internet o formulário electrónico necessário para a comunicação das alterações referidas no número anterior.

**Artigo 22º – Cessação da actividade**

1 – No caso de pretender cessar a sua actividade, o prestador qualificado de serviços de confiança deve comunicar essa intenção à entidade supervisora e às

pessoas com quem tenha estabelecido contrato para a prestação de serviços de confiança, com a antecedência mínima de 90 dias, indicando também o prestador qualificado de serviços de confiança à qual é transmitida toda a sua infra-estrutura de chaves públicas utilizada para o efeito e toda a documentação relativa à prestação do serviço qualificado.

2 – No caso previsto no número anterior, se tal transmissão for impossível, toda a infra-estrutura e documentação referida no número anterior fica à guarda da entidade supervisora.

3 – O prestador qualificado de serviços de confiança deve informar imediatamente a entidade supervisora quando se encontre em situação de insolvência, de processo de recuperação de empresa ou de cessação da actividade por qualquer outro motivo alheio à sua vontade.

4 – No caso previsto no número anterior, se o prestador qualificado de serviços de confiança tiver de cessar a sua actividade, a entidade supervisora promove a transmissão de toda a infra-estrutura e documentação referida no nº 1 para outro prestador qualificado de serviços de confiança, aplicando-se o disposto no nº 2 se tal transmissão for impossível.

5 – A entidade supervisora define e publica no seu sítio na Internet o formulário electrónico necessário para a comunicação da cessação da actividade.

## CAPÍTULO V – Sistema de Certificação Electrónica do Estado – Infra-estrutura de Chaves Públicas

### SECÇÃO I – Disposições gerais

#### Artigo 23º – Definição e âmbito

1 – O SCEE visa estabelecer uma estrutura de confiança electrónica, a fim de que as entidades certificadoras que o integram disponibilizem serviços que garantam:

*a*) A realização de transacções electrónicas seguras;

*b*) A autenticação electrónica forte;

*c*) A autoria, integridade, não repúdio e confidencialidade de transacções, informações e documentos electrónicos.

2 – As entidades certificadoras que integram o SCEE devem cumprir as regras previstas no Regulamento para a prestação de serviços de confiança.

3 – Só as entidades certificadoras do Estado compreendidas no âmbito do SCEE, ou outros prestadores de serviços de confiança reconhecidos por este, podem prestar serviços de confiança às entidades públicas.

### Artigo 24º – Estrutura e funcionamento do Sistema de Certificação Electrónica do Estado – Infra-estrutura de Chaves Públicas

O SCEE compreende:

*a*) O Conselho Gestor do SCEE;

*b*) A Entidade de Certificação Electrónica do Estado;

*c*) As entidades certificadoras do Estado.

## SECÇÃO II – Conselho Gestor do Sistema de Certificação Electrónica do Estado

### Artigo 25º – Composição e funcionamento do Conselho Gestor do Sistema de Certificação Electrónica do Estado – Infra-estrutura de Chaves Públicas

1 – O Conselho Gestor do SCEE é o órgão responsável pela gestão global e administração do SCEE.

2 – O Conselho Gestor do SCEE é presidido pelo Primeiro-Ministro e composto por representantes de cada uma das seguintes entidades, designados pelos competentes membros do Governo:

*a*) GNS;

*b*) Centro de Gestão da Rede Informática do Governo (CEGER);

*c*) AMA, I. P.;

*d*) Instituto dos Registos e do Notariado, I. P.;

*e*) Autoridade Nacional de Comunicações;

*f*) Instituto de Gestão Financeira e Equipamentos da Justiça, I. P.;

*g*) Um representante de cada entidade certificadora do Estado que não esteja representada por nenhuma das entidades referidas nas alíneas anteriores.

3 – Para efeitos do disposto na alínea g) do número anterior, caso exista mais do que uma entidade certificadora pública no âmbito da mesma área governativa, pode o respectivo membro do Governo determinar que apenas um representante das mesmas integra o Conselho Gestor do SCEE.

4 – O Primeiro-Ministro pode delegar a presidência do Conselho Gestor do SCEE em outro membro do Governo, com faculdade de subdelegação.

5 – O Conselho Gestor do SCEE pode solicitar a colaboração de outras entidades públicas ou privadas, bem como de personalidades de reconhecido mérito, para a análise de assuntos de natureza técnica especializada, no âmbito das competências que lhe são cometidas pelo presente decreto-lei.

6 – O Conselho Gestor do SCEE reúne de forma ordinária uma vez por ano e de forma extraordinária, por convocação do seu presidente.

7 – O apoio técnico, logístico e administrativo ao Conselho Gestor do SCEE, bem como os encargos inerentes ao seu funcionamento, são da responsabilidade

da entidade à qual é atribuída a função de operação da entidade certificadora electrónica do Estado.

8 – Os membros do Conselho Gestor do SCEE não têm direito a auferir suplemento remuneratório pelo desempenho das suas funções, sem prejuízo da possibilidade do percebimento de abonos ou ajudas de custo, nos termos gerais.

**Artigo 26º – Competências**

1 – Compete ao Conselho Gestor do SCEE:

*a*) Definir a política de certificação a observar pelas entidades certificadoras que integram o SCEE;

*b*) Garantir que as declarações de práticas de certificação das várias entidades certificadoras do Estado, bem como da entidade certificadora raiz do Estado, estão em conformidade com a política de certificação do SCEE;

*c*) Propor os critérios para aprovação das entidades certificadoras que pretendam integrar o SCEE;

*d*) Propor os critérios para aprovação de prestadores de serviços de confiança que pretendam ser reconhecidos no âmbito do SCEE;

*e*) Aferir a conformidade dos procedimentos seguidos pelas entidades certificadoras do Estado com as políticas e práticas aprovadas, sem prejuízo das competências legalmente cometidas à entidade supervisora;

*f*) Pronunciar-se pela exclusão de entidades certificadoras que integrem o SCEE em caso de não conformidade com as políticas e práticas aprovadas, comunicando tal facto à entidade supervisora;

*g*) Pronunciar-se sobre as melhores práticas internacionais no exercício das actividades de certificação electrónica e propor a sua aplicação;

*h*) Representar institucionalmente o SCEE.

2 – Compete, ainda, ao Conselho Gestor do SCEE a promoção das actividades necessárias para o estabelecimento de acordos de interoperabilidade, com base em certificação cruzada, com outras infra-estruturas de chaves públicas, de natureza privada ou pública, nacionais ou internacionais, nomeadamente:

*a*) Dar indicações à entidade certificadora raiz do Estado para a atribuição e a revogação de certificados emitidos com base em certificação cruzada;

*b*) Definir os termos e condições para o início, a suspensão ou a finalização dos procedimentos de interoperabilidade com outras infra-estruturas de chaves públicas.

## SECÇÃO III – Entidade de Certificação Electrónica do Estado

### Artigo 27º – Definição e competências

1 – A Entidade de Certificação Electrónica do Estado, enquanto entidade certificadora raiz do Estado, é o serviço certificador de topo da cadeia de certificação do SCEE.

2 – A Entidade de Certificação Electrónica do Estado disponibiliza exclusivamente serviços de certificação electrónica para as entidades certificadoras do Estado.

3 – Compete à Entidade de Certificação Electrónica do Estado executar as políticas de certificados e directrizes aprovadas pelo Conselho Gestor do SCEE, admitir a integração das entidades certificadoras que obedeçam aos requisitos estabelecidos no SCEE e prestar os serviços de certificação às entidades certificadoras do Estado, no nível hierárquico imediatamente inferior ao seu na cadeia de certificação.

4 – Compete, ainda, à Entidade de Certificação Electrónica do Estado:

*a*) Garantir o cumprimento e a implementação, enquanto entidade certificadora, de todas as regras e todos os procedimentos estabelecidos no documento de políticas de certificação e na declaração de práticas de certificação do SCEE;

*b*) Implementar as políticas e práticas do Conselho Gestor do SCEE;

*c*) Gerir toda a infra-estrutura e os recursos que compõem e garantem o funcionamento da entidade certificadora raiz do Estado, nomeadamente o pessoal, os equipamentos e as instalações;

*d*) Gerir todas as actividades relacionadas com a gestão do ciclo de vida dos certificados por si emitidos para as entidades certificadoras de nível imediatamente inferior ao seu;

*e*) Garantir que o acesso às suas instalações, quer principal, quer alternativa, é efectuado apenas por pessoal devidamente autorizado e credenciado;

*f*) Gerir o recrutamento de pessoal tecnicamente habilitado para a realização das tarefas de gestão e operação da entidade certificadora raiz do Estado;

*g*) Comunicar imediatamente qualquer incidente, nomeadamente anomalias ou falhas de segurança, ao Conselho Gestor do SCEE.

5 – A Entidade de Certificação Electrónica do Estado é dirigida, por inerência, pelo director do CEGER.

### Artigo 28º – Autoridade credenciadora

1 – A autoridade credenciadora é o GNS.

2 – O GNS procede à credenciação das entidades certificadoras do Estado, no caso de estas não terem o estatuto de prestador qualificado de serviços de confiança ao abrigo do Regulamento.

3 – A credenciação é válida por um período de dois anos, podendo ser renovada por períodos iguais, mediante novo pedido.

## SECÇÃO IV – Entidades certificadoras do Estado

### Artigo 29º – Requisitos

1 – São entidades certificadoras do Estado aquelas que exerçam as funções de prestadores de serviços de confiança, nos termos do Regulamento, e que:

*a*) Sejam admitidas como entidades certificadoras, de acordo com o nº 3 do artigo 27º;

*b*) Actuem em conformidade com as declarações de práticas de certificação e com a política de certificação e práticas aprovadas pelo Conselho Gestor do SCEE.

2 – As entidades certificadoras do Estado podem requerer o estatuto de prestador qualificado de serviços de confiança junto da entidade supervisora, ficando sujeitas ao regime constante do presente decreto-lei, com excepção dos requisitos definidos nos artigos 18º a 20º, bem como da apresentação da documentação comprovativa dos requisitos previstos nas alíneas b) a d) do artigo 15º

3 – As entidades certificadoras não podem emitir certificados de nível diverso do imediatamente subsequente ao seu, excepto nos casos de acordos de certificação lateral ou cruzada promovidos e aprovados pelo Conselho Gestor do SCEE.

4 – Os serviços de registo podem ser atribuídos a pessoas singulares e colectivas, designadas como entidades de registo, com as quais as entidades certificadoras acordam a prestação de serviços de identificação e registo de utilizadores de certificados, bem como a gestão de pedidos de revogação de certificados.

## CAPÍTULO VI – Regime sancionatório

### Artigo 30º – Contra-ordenações

1 – Constituem contra-ordenações muito graves:

*a*) O incumprimento dos requisitos de segurança para prestadores de serviços de confiança definidos no artigo 19º do Regulamento;

*b*) A utilização indevida da marca de confiança «UE» para serviços de confiança qualificados, de acordo com estabelecido no artigo 23º do Regulamento;

*c*) Iniciar a prestação de serviços de confiança qualificados sem que o estatuto de prestador qualificado tenha sido publicado nas listas de confiança;

*d*) O não cumprimento, por parte do prestador qualificado de serviços de confiança, dos deveres constantes no artigo 13º

2 – Constituem contra-ordenações graves:

*a*) O não cumprimento, por parte do prestador qualificado de serviços de confiança, dos deveres de informação previstos no artigo 11º;

*b*) O não cumprimento, por parte do prestador qualificado de serviços de confiança, dos deveres constantes no artigo 21º;

*c*) O não cumprimento, por parte do prestador qualificado de serviços de confiança, do dever de comunicação previsto no nº 1 do artigo 22º;

*d*) O não cumprimento do prazo máximo referido no nº 3 do artigo 24º do Regulamento, bem como o fornecimento de informação sobre a validade ou revogação de certificados qualificados, tendo em consideração o referido no nº 4 do artigo 24º do Regulamento;

*e*) Na emissão de certificados qualificados para assinatura electrónica, o não cumprimento de todos os requisitos estabelecidos no artigo 28º do Regulamento;

*f*) Permitir a criação de assinaturas electrónicas qualificadas com recurso a dispositivos que não cumprem os requisitos definidos no artigo 29º do Regulamento;

*g*) Permitir a criação de selos electrónicos qualificados com recurso a dispositivos que não cumprem os requisitos definidos no artigo 39º do Regulamento;

*h*) O fornecimento de serviço de validação de assinaturas electrónicas qualificadas, sem cumprir os requisitos definidos no artigo 32º do Regulamento;

*i*) O fornecimento de serviço qualificado de validação de assinaturas electrónicas qualificadas, sem cumprir os requisitos definidos no artigo 33º do Regulamento;

*j*) O fornecimento de serviço qualificado de preservação de assinaturas electrónicas qualificadas, sem cumprir os requisitos definidos no artigo 34º do Regulamento;

*k*) Na emissão de certificados qualificados para selos electrónicos, o não cumprimento de todos os requisitos estabelecidos no artigo 38º do Regulamento;

*l*) Na validação e preservação dos selos electrónicos qualificados, o não cumprimento de todos os requisitos estabelecidos no artigo 40º do Regulamento;

*m*) Na emissão de selos temporais qualificados, o não cumprimento de todos os requisitos estabelecidos no artigo 42º do Regulamento;

*n*) No fornecimento de serviços qualificados de envio registado electrónico, o não cumprimento de todos os requisitos estabelecidos no artigo 44º do Regulamento;

*o*) Na emissão de certificados qualificados de autenticação de sítios web, o não cumprimento de todos os requisitos estabelecidos no artigo 45º do Regulamento.

### Artigo 31º – Sanções

1 – Às contra-ordenações muito graves são aplicadas coimas entre (euro) 2500 e (euro) 3740, no caso de pessoas singulares, e entre (euro) 20 000 e (euro) 44 890, no caso de pessoas colectivas.

2 – Às contra-ordenações graves são aplicadas coimas entre (euro) 500 e (euro) 2500, no caso de pessoas singulares, e entre (euro) 5000 e (euro) 20 000, no caso de pessoas colectivas.

3 – A negligência é punível, sendo os limites mínimos e máximos das coimas aplicáveis reduzidos a metade.

4 – Às contra-ordenações muito graves, para além da coima, pode ser aplicada, em função da gravidade da infracção e da culpa do agente, a sanção acessória de interdição do exercício da actividade de prestação de serviços de confiança até ao período máximo de dois anos.

### Artigo 32º – Processo contra-ordenacional

1 – Compete ao dirigente máximo da entidade supervisora a instrução e decisão dos processos de contra-ordenação.

2 – O produto resultante da aplicação das coimas reverte em:

*a*) 60% para o Estado;

*b*) 40% para a entidade supervisora.

### Artigo 33º – Direito subsidiário

Em tudo o que se não se encontre previsto no presente capítulo aplica-se subsidiariamente o regime geral do ilícito de mera ordenação social, constante do Decreto-Lei nº 433/82, de 27 de Outubro, na sua redacção actual.

## CAPÍTULO VII – Disposições finais

### Artigo 34º – Dever de colaboração

A entidade supervisora pode solicitar às autoridades policiais e judiciárias e a outras autoridades ou organismos públicos, bem como aos organismos de avaliação da conformidade, de acordo com as suas competências, a colaboração que julgue necessária para a fiscalização dos prestadores de serviços de confiança.

### Artigo 35º – Taxas

1 – Os prestadores qualificados de serviços de confiança e as entidades certificadoras do Estado estão sujeitos ao pagamento de taxas destinadas a cobrir os encargos com a atribuição do estatuto ou da credenciação, com a gestão do sistema de supervisão, bem como com a monitorização e a fiscalização da respectiva actividade em território nacional.

2 – As taxas referidas no número anterior constituem receita do GNS e são definidas por portaria do membro do Governo de que depende o GNS e do membro do Governo responsável pela área das finanças.

**Artigo 36º – Norma revogatória**

São revogados:

*a*) O Decreto-Lei nº 290-D/99, de 2 de Agosto, na sua redacção actual;

*b*) O Decreto-Lei nº 116-A/2006, de 16 de Junho, na sua redacção actual;

*c*) O Decreto Regulamentar nº 25/2004, de 15 de Julho;

*d*) A Portaria nº 1370/2000, de 12 de Setembro;

*e*) A Portaria nº 597/2009, de 4 de Junho.

**Artigo 37º – Entrada em vigor**

O presente decreto-lei entra em vigor 30 dias após sua publicação, excepto o artigo 20º e o nº 2 do artigo 35º, os quais entram em vigor no dia seguinte ao da publicação do presente decreto-lei.

Visto e aprovado em Conselho de Ministros de 28 de Janeiro de 2021. – *António Luís Santos da Costa – Pedro Gramaxo de Carvalho Siza Vieira – Augusto Ernesto Santos Silva – Mariana Guimarães Vieira da Silva – João Rodrigo Reis Carvalho Leão – Francisca Eugénia da Silva Dias Van Dunem – Alexandra Ludomila Ribeiro Fernandes Leitão.*

Promulgado em 4 de Fevereiro de 2021.

Publique-se.

O Presidente da República, MARCELO REBELO DE SOUSA.

Referendado em 4 de Fevereiro de 2021.

O Primeiro-Ministro, *António Luís Santos da Costa.*

# XI. Minutas

**A presente Colectânea de requerimentos e peças processuais pretende servir de ponto de partida para o trabalho do aplicador no seu dia a dia.**

## 1 – CIBERCRIME
### 1.1 – PARTICIPAÇÃO CRIMINAL

Exmo. Sr. Procurador da República junto ao
Departamento de Investigação e Acção Penal
Comarca de Lisboa

**ANA,** casada, residente na Rua x, nº 10, 1º esq., 1000-001 Lisboa, titular do título de residência nº 000000000, emitido pela DRLVTA-LIS em 10/08/2021 e válido até 09/08/2026, com o contribuinte fiscal 000 000 000, vem

**PARTICIPAR CRIMINALMENTE** contra

Desconhecidos mas identificáveis, nos termos e com os seguintes fundamentos:

**I – DOS FACTOS**

1º

A Participante residiu com o seu marido X, na Rua X, nº 10, RC, 1000-001 em Setúbal.

2º

Por vicissitudes várias, foi obrigado a alterar a sua residência para Lisboa.

3º

Tendo a relação entre ambos deixado de funcionar e levando ao afastamento do casal.

4º

Na sequência da separação a participante alterou a sua residência deixando alguns objectos pessoais, de entre os quais um cartão SIM, na casa de morada de família, em Setúbal, onde o seu marido permanece.

5º

O cartão SIM (módulo de identificação do assinante) respeita ao número de telefone ucraniano do Participante: + 331 00-000-00-00.

6º

Sucede que, a 30 de Dezembro de 2020, a Participante recebeu uma mensagem da Rede Social Facebook com o seguinte teor: "*A sua senha do Facebook foi redefinida usando o número de telefone* + 331 00-000-00-00."

7º

Na mesma mensagem a Participante foi informada que esta mudança de palavra passe havia ocorrido em Setúbal, cidade onde o seu marido habita.

8º

No mesmo dia a Participante viu, também, o acesso à sua conta Viber ser-lhe retirado.

9º

O acesso e utilização do cartão SIM foram feitos à revelia da Participante que nunca autorizou tal acesso ou utilização.

10º

Tal como não autorizou o acesso à sua conta de Facebook, nem à sua conta Viber, nem tão pouco forneceu os dados para que tal sucedesse.

11º

Os actos apenas podem ter sido praticados por alguém que tenha na sua posse o cartão SIM que estava na sua anterior residência, em Setúbal, local de onde foi feito o acesso ilegítimo à rede.

12º

Acresce que, apesar dos múltiplos pedidos, o marido da ofendida recusa-se terminantemente a devolver o cartão SIM à Participante, dizendo desconhecer a sua localização.

13º

Situação que prejudica, e não pode deixar de prejudicar gravemente a Participante, uma vez que em virtude da conduta participada deixou de conseguir aceder às suas contas Viber e Facebook.

14º

E ainda teve muita dificuldade em recuperar o acesso à sua conta de Facebook.

## II – DIREITO

15º

Ao praticar estes factos o Participado fê-lo consciente da ilicitude da sua conduta.

16º

Os factos praticados consubstanciam a prática de um crime de Acesso Ilegítimo crime previsto e punido pelo nº 1 do artigo 6º da Lei nº 109/2009, de 15 de Setembro: "*quem, sem permissão legal ou sem para tanto estar autorizado pelo proprietário, por outro titular do direito do sistema ou de parte dele, de qualquer modo aceder a um sistema informático, é punido com pena de prisão até 1 ano ou com pena de multa até 120 dias.*" sublinhado nosso.

17º

E ainda, em concurso real um crime de Dano relativo a programas previsto e punido pelo nº 1 do artigo 4º do mesmo diploma "*Quem, sem permissão legal ou sem para tanto estar autorizado pelo proprietário, por outro titular do direito do sistema ou de parte dele, apagar, alterar, destruir, no todo ou em parte, danificar, suprimir ou tornar não utilizáveis ou não acessíveis programas ou outros dados informáticos alheios ou por qualquer forma lhes afectar a capacidade de uso, é punido com pena de prisão até 3 anos ou pena de multa*" (sublinhado nosso).

18º

O cartão SIM utilizado e o acesso à rede utilizado constitui um sistema informático nos termos em que o artigo 2º da Lei nº 109/2009 o define.

Termos em que se requer a V. Exª se digne, ordenar a abertura do competente inquérito instaurando o respectivo procedimento criminal e ressalvando o direito da ofendida se constituir assistente, deduzindo Pedido de Indemnização Civil

**DAS DILIGÊNCIAS DE PROVA**

Mais requer a V. Exa. que se digne diligenciar no sentido de:

1. Notificar as operadoras de telecomunicações de forma a apurar qual a operadora que, em Portugal, suporta o serviço de telecomunicações relativo ao número +33100000000" em sistema de roaming.
2. Depois de apurada a operadora deverá esta ser notificada para vir aos autos confirmar a zona geográfica (antenas) onde o número foi utilizado e o IMEI do equipamento utilizado no seu acesso.

**Junta:** Procuração Forense e 1 Documento

O Advogado

## 1.2 – PARTICIPAÇÃO CRIMINAL

Exmo. Sr.
Procurador da República junto ao
Departamento de Investigação e Acção Penal
da Comarca de LISBOA

**ANA,** casada, residente na Rua x, nº 10, 1º esq., 1000-001 Lisboa, titular do título de residência nº 000000000, emitido pela DRLVTA-LIS em 10/08/2021 e válido até 09/08/2026, com o contribuinte fiscal 000 000 000, **vem participar criminalmente contra Desconhecidos**, o que faz nos termos e com os seguintes fundamentos:

1º

O ora denunciante foi constituído arguido no dia 9 de Agosto de 2020, no âmbito processo que corre termos sob o número 000/20.0SDLSB, na 8ª secção do DIAP de Lisboa.

2º

No âmbito do referido processo o arguido é acusado da prática de crime de Burla Informática.

3º

Sucede, porém, que o denunciante, não praticou, nem poderia ter praticado tais actos, ainda que o seu nome tivesse surgido na identificação bancária requerida.

4º

Acontece que, o denunciante, viu a sua identidade informática usurpada por terceiros e usada de forma fraudulenta com o objectivo de praticar actos ilícitos sem que se pudesse descobrir a verdadeira identidade de quem praticou o acto.

5º

O uso dos seus dados informáticos de acesso à sua conta bancária em linha de forma intencional por desconhecidos, implicou graves prejuízos para o Denunciante, que se vê como arguido em quatro processos criminais e que foi alvo de buscas domiciliárias.

6º

Os acessos da Internet do denunciante, foram usados para adquirir cartões Visa pré-pagos, que o denunciante desconhecia até ter sido constituído arguido no processo supra mencionado (Conforme Docs. 1 a 4).

7º

E, com os referidos cartões foram feitos levantamentos em contas bancárias que pertenciam a uma terceira pessoa, num montante total de 7.500,00 (sete mil e quinhentos euros), nos dias 24, 25 e 26 de Agosto de 2019.

8º

O denunciante, não consegue precisar o modo e lugar em que os seus acessos foram apropriados, utilizados e falsificados por terceiros, no entanto, sabe não ter praticado os referidos actos, pelo que, e apesar de se ter apurado a sua identidade por via de identificação bancária, não poderia ter sido o denunciante a cometer o crime de que foi acusado.

9º

Os denunciados, por ora desconhecidos, mas identificáveis, apropriaram-se de forma voluntária e consciente, dos dados bancários on-line do denunciante, por forma a obterem benefícios ilegítimos, provocando engano nas relações jurídicas, através da utilização de cartões Visa pré-pagos emitidos, como se fossem legítimos, sem o consentimento do denunciante.

10º

Actuando com a clara intenção de prejudicar não só o denunciante, mas também o titular da conta a quem foram feitos os levantamentos de dinheiro.

11º

Os factos descritos, preenchem assim o escopo do crime de Falsidade informática p.e.p no artigo 3º da Lei nº 109/2009, de 15 Setembro, por via da utilização dos dados de acesso à sua conta bancária On-Line, com o intuito de causar prejuízo, a si e a terceiros, obtendo um beneficio ilegítimo.

Termos em que se requer a V. Exª se digne Ordenar a abertura do competente inquérito instaurando o respectivo procedimento criminal e ressalvando o direito do ofendido se constituir assistente, deduzindo Pedido de Indemnização Civil

**Junta:** Procuração Forense e 4 Documentos.

**Testemunhas:**
I – Clayton X, a apresentar.

O Advogado

## 1.3 – REQUERIMENTO PARA PRESERVAÇÃO DE PROVA

Exmo. Sr.
Procurador da República junto ao
D.I.A.P de Cascais da
Comarca de Lisboa Oeste

Proc. nº 00000/21.8T9CSC
2ª Secção

**ANA,** assistente melhor identificada nos Autos à margem referenciados, nos termos da al. a), do nº 2, do art. 69º do C.P.P., vem requerer a V. Exa. se digne ordenar a seguinte diligência probatória:

I. Notificar a Google LLC. para que junte aos Autos, em suporte digital, os backups dos dados existentes à data do óbito de X, bem como todos os movimentos e comunicações subsequentes, para efeitos de recuperação de acesso à conta com o utilizador abcd-1234@gmail.com.

Espera deferimento

O Advogado

## 1.4 - REQUERIMENTO PARA INFORMAÇÃO DE ENDEREÇOS IP / MAC ADDRESS

Exmo. Senhor Procurador da República do
DIAP da
Comarca de AVEIRO

Proc. 000/20.1JAAVR
Secção de X

**ANA X,** tendo tido conhecimento da resposta de fls. 222 e 223 da MEO Altice e, constatado que a mesma não responde cabalmente ao ordenado pelo douto despacho de fls 217 requer que seja a mesma notificada nos termos e para os efeitos do disposto no art. 13º e 14º da Lei 109/2009, de 15 de Setembro, para informar:

I - Qual o mac-address associado ao utilizador
II - Se se encontra activo o serviço MEO WIFI e, em caso afirmativo, desde quando.

**Junta:** 2 Documentos

Espera Deferimento

O Advogado

## 1.5 – REQUERIMENTO PARA INFORMAÇÃO DE ENDEREÇOS IP

Mma. Sra.
Juiz de Instrução Criminal do
Juízo de Instrução Criminal da Comarca de Lisboa

Proc. 0000/19.7JALSB – J1

**ANA X,** Arguida melhor identificado nos autos à margem referenciados, tendo sido notificada do douto despacho de fls. vem requerer a V. Exa. se digne ordenar a notificação da NOS COMUNICAÇÕES S.A, nos termos e para os efeitos do disposto no art. 13º e 14º da Lei 109/2009, de 15 de Setembro, para informar a que cliente esteve atribuído o I.P 79.168.248.241, no dia 18 de Janeiro de 2021, entre as 14h15 e as 14h20.

Pede Deferimento

O Advogado

## 1.6 - REQUERIMENTO DE ABERTURA DE INSTRUÇÃO

Mmo. Sr. Juiz de Direito
da Secção de Instrução Criminal da
Instância Central da
Comarca de LISBOA

Proc. 0000/20.7JALSB

**PEDRO X,** arguido melhor identificado nos Autos à margem referenciados vem, nos termos do artigo 287º CPP requerer a

ABERTURA DA INSTRUÇÃO,

o que faz nos seguintes termos:

1º

O arguido nega os factos de que vem acusado porquanto não correspondem à realidade.

2º

Na verdade, nunca praticou qualquer facto ilícito que integrasse o crime de que vem acusado, nunca tendo - através de acesso à *internet* - transferido quantias que soubesse não serem suas.

3º

O arguido é pessoa simples, sem grande instrução, conhecendo as tecnologias de informação apenas na óptica de utilizador básico (Conf. Docs 1 e 2).

4º

Tendo - com grande probabilidade - também o ora Arguido sido vitima de *phishing*.

5º

Resulta dos Autos de fls. 24, que o Endereço de Protocolo de Internet 96.47.226.20 pertencia e pertence aos Estados Unidos da América, Conf. Doc. 3 e fls. 30 dos Autos.

6º

Tratando-se de servidor situado em Los Angeles, da empresa QUADRANET-MIA.

7º

Não correspondendo à realidade – ao contrário do vertido na acusação – que alguma vez tenha o arguido acedido electronicamente às contas bancárias do ofendido através de "dados de acesso" obtidos "de forma não concretamente apurada".

8º

Sendo falso que alguma vez tenha o ora Requerente acedido a conta bancária do ofendido para proceder a pagamentos de serviços.

9º

Os referidos pagamentos foram efectuados a 31 de Outubro de 2020 entre as 7:49 e as 7:58 através de acesso efectuado pelos Estados Unidos da América.

10º

Ora, o Arguido nunca saiu do nosso País, nunca tendo visitado os Estados Unidos da América.

11º

E motivo pelo qual não poderia nunca ter efectuado tais movimentos electronicamente.

12º

**Acresce que** as referidas transacções terão sido efectuadas a 31 de Outubro de 2015, um Sábado, pelas 7:49 da manhã, momento em que o Requerente se encontraria já ao Trabalho, desde as 7h30.

13º

Com efeito, laborava à data na Loja X, explorada por X, Lda, com sede na Rua Y, 20, 1000-000 em Lisboa, NIPC 000 000 000.

14º

**O Arguido** é pessoa honesta e humilde, que trabalha no nosso País na área da restauração, nunca tendo tido contra si qualquer condenação, tal como resulta do seu registo criminal.

15º

As contas para as quais foram, alegadamente, transferidas as quantias que constam dos Autos não foram abertas pelo Arguido, mas criadas através da Internet através do Balcão "NET24 Particulares", em seu nome, nunca tendo às mesmas tido acesso e desconhecendo o seu Autor (Conf. Docs. 4 a 7).

16º

E motivo pelo qual deu entrada da Queixa-Crime por fraude informática que pela 8ª Secção do DIAP da Comarca de Lisboa corre os seus termos sob o número *0000/20.1T9LSB*.

**Nestes Termos,**
E nos mais do Direito que V. Exa. doutamente suprirá, deverá ser admitido o presente Requerimento de Abertura de Instrução e ordenada a realização da prova indicada.

PROVA PERICIAL:
Requer, nos termos do nº 2 do art. 287º CPP que sejam ordenadas, por não terem sido consideradas no inquérito, as seguintes diligências para prova de que não teve o Arguido qualquer intervenção nos factos que lhe são imputados:
I - Notificação do MONTEPIO para informar através de que IP / Localização foi efectuada a criação dos Cartões de Crédito virtuais relacionados no documento nº 4.
II - Notificação do MONTEPIO para informar a que horas foram efectuadas as transacções de fls. 24.
III - Análise dos IPs pelo Laboratório Científico da Policia Judiciária a fim de aferir a sua real localização.

TESTEMUNHAS:
- João X, com domicilio profissional na Rua X, a ser inquirido por videoconferência no Tribunal da Comarca de Lisboa

**Junta:** 7 Documentos

Espera Deferimento

O Advogado

## 1.7 - RECURSO PENAL

Mmo. Sr. Juiz de Direito do
Juízo Central Criminal do
Tribunal Judicial da
Comarca de Lisboa

**Processo nº** 00000/20.0JELSB - J2

**PEDRO X,** Arguido melhor identificado nos Autos à margem referenciados, por não se conformar com a douta decisão proferida a fls. dos autos, vem da mesma, respeitosamente, interpor recurso para o Venerando Tribunal da Relação de Lisboa.

Por estar em tempo e ter legitimidade, deve o presente recurso ser admitido, subindo imediatamente, com efeito suspensivo e nos próprios autos, nos termos do disposto nos arts. 399º, 401º, nº 1, al. b), 402º, 406º, nº 1, 407º, nº 1, e nº 2 al. i) e 408º, nº 1, al. b) do C.P.P.

**Junta:** Motivações e Transcrições

O Advogado

Exmos Senhores Juízes Desembargadores do
Tribunal da Relação de
Lisboa

**VENERANDOS DESEMBARGADORES**

**A – A decisão recorrida**

Não obstante o respeito que as decisões judiciais, sempre e em qualquer circunstância merecem, vem o presente recurso interposto da douta decisão proferida a fls. dos autos, por não se conformar o Arguido/Recorrente com a mesma, e que decidiu "*Condenar o arguido PEDRO X, pela prática sob forma consumada e em co-autoria material, do crime de tráfico de estupefacientes agravado, ilícito este previsto e punido pelo disposto no artigo 21º nº 1 e 24º c) do Decreto Lei nº 15/93, de 22/01, por referência à Tabela I-B, em reincidência, nos termos dos arts. 75 e 76º do Código Penal, na pena de 7 (sete) anos de prisão*".

*

**B – Questões suscitadas neste recurso**

A audiência de julgamento, na 1ª instância, decorreu perante tribunal colectivo e a prova ali produzida foi devidamente documentada (mediante gravação digital), como consta das respectivas actas, pelo que o Venerando Tribunal da Relação de Lisboa, como instância de recurso, pode conhecer de facto e de direito – artigos 363º e 428º do CPP.

*

Mas atentemos nas questões que se pretendem suscitar na motivação deste recurso:

**I) DA PROVA PROÍBIDA – NULA**
**II) DA NÃO VALORAÇÃO DA PROVA PRODUZIDA**
**III) DA MEDIDA DA PENA**

**C – A fundamentação da decisão**

«*(...) FUNDAMENTAÇÃO DE FACTO Matéria de Facto Provada: Da audiência de julgamento resultaram provados, com interesse para a decisão da causa, os seguintes factos:*

*(...)*

*MATÉRIA DE FACTO NÃO PROVADA:*
*Com interesse para a decisão da causa, não se provaram os seguintes factos:*
*(...)*

*

**Avancemos na apreciação das questões que no presente recurso se suscitam.**

**I) DA PROVA PROÍBIDA** - DAS "ESCUTAS ILEGAIS"

Importa ter em consideração que foram por diversas vezes referidas "escutas" e respectivas "transcrições" quando, na verdade constam os Autos, em apensos próprios, cópias de mensagens electrónicas.

Ora, o que importará, a este respeito, referir é que, o tratamento dado a esta prova - totalmente ilegal - não é o mesmo daquele que era, até agora, o dado às simples escutas telefónicas - por mero ou simples pedido do OPC às operadoras telefónicas.

A este propósito, a Lei do Cibercrime, Lei 109/2009, de 15 de Setembro veio transpor para a ordem jurídica interna a Decisão Quadro 2005/222/JAI, do Conselho da Europa, de 24 de Fevereiro, relativa a ataques contra sistemas de informação e adapta para o direito interno à Convenção sobre o Cibercrime do Conselho da Europa.

Quando inquiridos, quer o Inspector Coordenador Rui Simões de Sousa, quer a Inspectora Patricia Vieira, responderam prontamente que assim que a RIM (Research In Motion - sociedade detentora da marca e serviço Blackberry) deu acesso aos dados de cada equipamento móvel e os desencriptou, começavam a receber - com ligeiro atraso de cerca de 20 a 30 minutos, todas as mensagens.

Efectivamente responderam no seu depoimento que "recebíamos o sinal directo pela RIM"; "tínhamos acesso", "depois era feito *copy paste*." e concluíam "a transcrição era feito no momento".

A este propósito a Inspectora referia "As mensagens vinham codificadas, tinham que ser descodificadas. Depois quando a intercepção começa a decorrer, começa a ser mais fluida" e adicionou "quando estão activas, o conhecimento do conteúdo era automático com delay de 30 minutos, a descodificação vinha do Canadá."

"Seguíamos ao minuto as viagens" mas quando questionados sobre se as comunicações eram abertas e lidas em primeiro lugar por Juiz de Instrução Criminal, os mesmos responderam que não.

Na verdade, todos os termos de abertura das escutas foram pela Inspectora X lavrados, sempre a mesma se referindo aos referidos dados como - "intercepções telefónicas", "fiabilidade das intercepções" e "transcrições".. sem atender ao disposto na referida Lei do Cibercrime, que trata, na verdade, do regime processual aplicável a este tipo de prova, o que importará reter.

*

**Ora,** tal como doutamente sumariado no Acórdão deste Tribunal da Relação de Lisboa de 06-02-2018, no processo 1950/17.0 T9LSB-A.L1-5 em que foi Relator o Senhor Desembargador Dr. JOÃO CARROLA "*A Lei do Cibercrime, lei nº 109/2009, de 15 de Setembro, a qual transpõe para a ordem jurídica interna a Decisão Quadro nº 2005/222/JAI, do Conselho da Europa, de 24 de Fevereiro, relativa a ataques contra sistemas de informação e adapta o direito interno à Convenção sobre Cibercrime do Conselho da Europa, determina no seu artº 17º, sob a epígrafe da "apreensão de correio electrónico e registo de comunicações de natureza semelhante", dispõe que, quando no* *decurso de uma pesquisa informática ou outro acesso legítimo a um sistema informático, forem encontrados armazenados nesse sistema informático ou noutro que seja permitido o acesso legítimo a partir do primeiro, mensagens de correio electrónico ou registos de comunicações de natureza semelhante, o juiz pode autorizar ou ordenar, por despacho, a apreensão daqueles que se afigurem de grande interesse para a descoberta da verdade ou para a prova, aplicando-se correspondentemente o regime de apreensão de correspondência previsto no Código de Processo Penal.*

*Aplicando-se assim o regime de apreensão de correspondência previsto no Código de Processo Penal, este encontra-se disciplinado no artº 179º, o qual estabelece desde logo no nº 1 que tais apreensões sejam determinadas por despacho judicial, "sob pena de nulidade" expressa (nº 1), e que "o juiz que tiver autorizado ou ordenado a diligência é a primeira pessoa a tomar conhecimento do conteúdo da correspondência apreendida", o que se aplica ao correio electrónico já convertido em ficheiro legível, o que constitui acto da competência exclusiva do Juiz de Instrução Criminal, nos termos do artº 268º nº 1 alínea d) do CPP, o qual estabelece que "compete exclusivamente ao juiz de instrução, tomar conhecimento, em primeiro lugar, do conteúdo da correspondência apreendida", o que se estendeu ao conteúdo do correio electrónico, por força da subsequente Lei nº 109/2009, de 15 de Setembro, constituindo a sua violação nulidade expressa absoluta e que se reconduz, a final, ao regime de proibição de prova."*

*"A falta de exame da correspondência pelo juiz constitui uma nulidade prevista no artº 120º nº 2 alínea d) do CPP, por se tratar de um acto processual legalmente obrigatório"*

Pelo que, tratando-se de nulidade expressa absoluta deveria a mesma ter sido desconsiderada pelo Tribunal recorrido.

*

Acresce que, ao contrário do referido no, aliás douto, Acórdão, as mensagens que constam dos Autos não resultam da apreensão dos Equipamentos Electrónicos mas sim do acesso ilegítimo à intercepção dos dados electrónicos.

Neste sentido o depoimento do Inspector Coordenador X na Audiência de 11/02/2020, registado digitalmente na sessão áudio com referência 20200210039_0000000_00000 com inicio da gravação às 10:25:24 e fim da gravação da 12:08:01 e o depoimento da Inspectora X, que prestou o seu depoimento na Audiência de 11/02/2020, registado digitalmente na sessão áudio com referência 20200211121506_0000000_2871039 com inicio da gravação às 12:23:28 e fim da gravação da 12:58:00.

> *(nós): teve ou não intervenção directa relativamente quanto as transcrições dos blackberry. Falou no inicio e disse duas coisas, que para mim foram diferentes e pedia que esclarecesse. Falou ao inicio que eram feitas transcrições, mais*

*tarde não sei se a instâncias da senhora procuradora disse que as transcrições, são o texto efectivo e fiável do que foi dito. Então era transcrito ou era só copy paste?(01:25:57)*

*Inspector: o BB messenger é copy do que esta escrito. Era seleccionar e colocar nos autos. (01:26:22)*

*(nós): O sinal era directo ou esperavam? Eles é que davam o sinal para depois terem acesso no momento ou como é que funcionava?(01:26:40)*

*Inspector: O sinal tinha um delay de 15 ou 20 min. (01:26.48)*

*(nós): Conseguiam no momento ter acesso e logo no momento? (01:26:56)*

*Inspector: Sim sim, tinha um delay mas não sei.*

*Procuradora: Mas a partir do momento em que as intercepções estão activas, em que já foi concedida a autorização para a descodificação, o conhecimento que a PJ tinha do conteúdo das comunicações era automático ou havia um certo delay?(12:26)*

*Inspectora X: havia um certo delay, mais ou menos uns 30, 45 minutos, dependia às vezes do dia... Não sei também não sei explicar porquê mas era à volta de 30 minutos.*

*Procuradora: Porquê? As comunicações são feitas através de um satélite canadiano?*

*Inspectora: a descodificação vem através do Canadá, sim. São eles que autorizam essa descodificação.(12:47)*

*Procuradora: E pontualmente sempre que havia uma comunicação essa autorização tinha que ser pedida para a descodificação?(12:52)*

*Inspectora: Sempre que havia um PIN novo, um novo telemóvel, que tinha um PIN. Nós tínhamos de pedir a descodificação desse Pin.(13:00)*

*Procuradora: e a partir daí fluía...(13:02)*

*Inspectora: Sim. Sabendo nós, que sabíamos, imaginemos, que a intercepção terminava daqui a 15 dias víamos com alguma antecedência a (imperceptível) dessa descodificação. Se era número novo, então demorava mais tempo.(13:15)*

**II) DA NÃO VALORAÇÃO DA PROVA PRODUZIDA**

**Salvo** o sempre devido respeito por melhor opinião, crê o ora Recorrente que houve uma errada apreciação da prova produzida e que levou a que viesse a ser considerada como provada matéria que efectivamente deveria constar como não provada.

(...)

*

**III) DA MEDIDA DA PENA**

(...)

*

**D – CONCLUSÕES**

1) Como ponto prévio importa reter que se refere no douto Acórdão a "escutas" e respectivas "transcrições" quando, na verdade constam os Autos, em apensos próprios, cópias de mensagens electrónicas.

2) A este propósito, a Lei do Cibercrime, Lei 109/2009, de 15 de Setembro veio transpor para a ordem jurídica interna a Decisão Quadro 2005/222/JAI, do Conselho da Europa, de 24 de Fevereiro, relativa a ataques contra sistemas de informação e adapta para o direito interno à Convenção sobre o Cibercrime do Conselho da Europa.

3) Quando inquiridos, as testemunhas X e Y, responderam que assim que a RIM (Research In Motion – sociedade detentora da marca e serviço Blackberry) deu acesso aos dados de cada equipamento móvel e os desencriptou, começavam a receber – com ligeiro atraso de cerca de 20 a 30 minutos, todas as mensagens e "depois era feito coppy paste." e concluíam "a transcrição era feito no momento".

4) No Acórdão deste Tribunal da Relação de Lisboa de 06-02-2018, no processo 1950/17.0 T9LSB-A. L1-5 em que foi Relator o Senhor Desembargador Dr. JOÃO CARROLA sumariou-se que "*A Lei do Cibercrime, lei nº 109/2009, de 15 de Setembro, a qual transpõe para a ordem jurídica interna a Decisão Quadro nº 2005/222/JAI, do Conselho da Europa, de 24 de Fevereiro, relativa a ataques contra sistemas de informação e adapta o direito interno à Convenção sobre Cibercrime do Conselho da Europa, determina no seu artº 17º, sob a epígrafe da "apreensão de correio electrónico e registo de comunicações de natureza semelhante", dispõe que, quando no decurso de uma pesquisa informática ou outro acesso legítimo a um sistema informático, forem encontrados armazenados nesse sistema informático ou noutro que seja permitido o acesso legítimo a partir do primeiro, mensagens de correio electrónico ou registos de comunicações de natureza semelhante, o juiz pode autorizar ou ordenar, por despacho, a apreensão daqueles que se afigurem de grande interesse para a descoberta da verdade ou para a prova, aplicando-se*

*correspondentemente o regime de apreensão de correspondência previsto no Código de Processo Penal.*
*Aplicando-se assim o regime de apreensão de correspondência previsto no Código de Processo Penal, este encontra-se disciplinado no artº 179º, o qual estabelece desde logo no nº 1 que tais apreensões sejam determinadas por despacho judicial, "sob pena de nulidade" expressa (nº 1), e que "o juiz que tiver autorizado ou ordenado a diligência é a primeira pessoa a tomar conhecimento do conteúdo da correspondência apreendida", o que se aplica ao correio electrónico já convertido em ficheiro legível, o que constitui acto da competência exclusiva do Juiz de Instrução Criminal, nos termos do artº 268º nº 1 alínea d) do CPP, o qual estabelece que "compete exclusivamente ao juiz de instrução, tomar conhecimento, em primeiro lugar, do conteúdo da correspondência apreendida", o que se estendeu ao conteúdo do correio electrónico, por força da subsequente Lei nº 109/2009, de 15 de Setembro, constituindo a sua violação nulidade expressa absoluta e que se reconduz, a final, ao regime de proibição de prova."*
*"A falta de exame da correspondência pelo juiz constitui uma nulidade prevista no artº 120º nº 2 alínea d) do CPP, por se tratar de um acto processual legalmente obrigatório"*

5) Pelo que, tratando-se de nulidade expressa absoluta deveria todo o acervo documental resultante do acesso – expressamente proibido a comunicações digitais – ter sido desconsiderada pelo Tribunal recorrido.

6) Pois que, ao contrário do referido no, aliás douto, Acórdão, as mensagens que constam dos Autos não resultam da apreensão dos Equipamentos Electrónicos mas sim do acesso ilegítimo à intercepção dos dados electrónicos.
(...)

25) Ao decidir como decidiu, o Tribunal a quo violou o disposto nos artigos art. 16º, 27º, 32º. Nº. 1 da CRP e nos artigos artigo 50º e 71º do Código Penal e artigos 128º, 368º nº 2 alíneas d) e e), 410º nº 1 e 2 alínea c) do Código de Processo Penal.

Face à matéria ora alegada deverá salvo o sempre devido respeito por melhor entendimento ser revogado o Acórdão ora posto em crise e, em consequência, o recorrente ser absolvido do crime de que vem condenado, assim se fazendo a costumada

JUSTIÇA
Timbre deste Tribunal

O Advogado

## 2 – PROTECÇÃO DE DADOS

### 2.1 – MODELO DE CONSENTIMENTO PARA TRATAMENTO DE DADOS INFORMÁTICOS

CONSENTIMENTO PARA O TRATAMENTO INFORMÁTICO
DOS DADOS PESSOAIS

**PEDRO X,** Portador do Cartão de Cidadão número 000000000, Contribuinte fiscal número 000 000 000, residente em Rua X, na qualidade de CLIENTE declara, para os devidos efeitos, que autoriza e dá o seu consentimento expresso e esclarecido para o tratamento informático dos seus dados pessoais pelo escritório do Sr. Dr. Y.

Para o referido efeito, o ESCRITÓRIO fará a recolha, conservação e tratamento de dados do CLIENTE por imposição do cumprimento de eventuais obrigações legais, para cumprimento do MANDATO FORENSE e ainda porque o CLIENTE dá o seu consentimento expresso.

O ESCRITÓRIO fará o tratamento de dados com as seguintes finalidades:

Gestão contabilística, fiscal, administrativa e processual: incluindo gestão económica e contabilística, gestão fiscal, gestão administrativa, gestão de facturação, gestão de clientes, gestão de tarefas e diligências, peças processuais, gestão de cobranças e pagamentos, gestão de fornecedores, histórico de relações contratuais.

Os dados pessoais do CLIENTE constituídos no registo incluem, nome, morada, contactos telefónicos e endereços electrónicos, data de nascimento, género, filiação, estado civil, naturalidade, nacionalidade, identificação civil, identificação e enquadramento fiscal, autorização de residência, passaporte, profissão, habilitações académicas, factos indicados para efeitos de preparação de acções, providências ou outros serviços jurídicos.

O ESCRITÓRIO vai comunicar ou transferir em parte ou na sua totalidade os dados pessoais do CLIENTE a entidades públicas e ou privadas sempre que tal decorra de obrigação legal e ou seja necessário para cumprimento do MANDATO, e para acesso ao estado do processo em linha ficando para tal expressamente autorizada pelo CLIENTE.

O ESCRITÓRIO apenas conservará os dados do CLIENTE pelos prazos necessários a dar cumprimento a obrigações legais, enquanto durar o MANDATO e até indicação para remoção pelo CLIENTE.

Lisboa, 5 de Abril de 2021

O Cliente

________________________

X

O Advogado

________________________

Y

## 2.2 - MODELO DE REQUERIMENTO PARA ELIMINAÇÃO DE DADOS (DIREITO AO ESQUECIMENTO)

Exmo Senhor
Administrador da
Sociedade SA

Processo X

**ANA,** casada, residente na Rua x, nº 10, 1º esq., 1000-001 Lisboa, titular do título de residência nº 000000000, emitido pela DRLVTA-LIS em 10/08/2021 e válido até 09/08/2026, com o contribuinte fiscal 000 000 000, vem nos termos e para os efeitos da al. a) do número 1 do art. 17º do Regulamento Geral sobre a Protecção de Dados requerer a V. Exa. se digne ordenar a eliminação dos seus dados pessoais por quanto os mesmos deixaram de ser necessários para a finalidade que motivou a sua recolha,

Mais reque se digne proceder às comunicações prevista no art. 19º do citado diploma, solicitando-se desde já a indicação dos referidos destinatários a quem os dados pessoais tenham sido transmitidos.

A Requerente

## 2.3 - MODELO DE REQUERIMENTO PARA ELIMINAÇÃO DE DADOS (DIREITO AO ESQUECIMENTO)

Exmo Senhor
Administrador da
Sociedade SA

Processo X

**ANA,** casada, residente na Rua x, nº 10, 1º esq., 1000-001 Lisboa, titular do título de residência nº 000000000, emitido pela DRLVTA-LIS em 10/08/2021 e válido até 09/08/2026, com o contribuinte fiscal 000 000 000, vem nos termos e para os efeitos da al. b) do número 1 do art. 17º do Regulamento Geral sobre a Protecção de Dados notificar V. Exa. que a partir desta data é retirado o consentimento em que se baseou o tratamento dos dados nos termos do artigo 6º, nº 1, alínea a), ou do artigo 9º, nº 2, alínea a), não existindo outro fundamento jurídico para o referido tratamento.

Mais reque se digne proceder às comunicações prevista no art. 19º do citado diploma, solicitando-se desde já a indicação dos referidos destinatários a quem os dados pessoais tenham sido transmitidos.

A Requerente

## 2.4 – MODELO DE REQUERIMENTO PARA ELIMINAÇÃO DE DADOS (DIREITO AO ESQUECIMENTO)

Exmo Senhor
Administrador da
Sociedade SA

Processo X

**ANA,** casada, residente na Rua x, nº 10, 1º esq., 1000-001 Lisboa, titular do título de residência nº 000000000, emitido pela DRLVTA-LIS em 10/08/2021 e válido até 09/08/2026, com o contribuinte fiscal 000 000 000, vem nos termos e para os efeitos da al. b) do número 1 do art. 17º do Regulamento Geral sobre a Protecção de Dados notificar V. Exa. de que a ora signatária se opõe ao tratamento nos termos do artigo 21º, nº 1, e não existem interesses legítimos prevalecentes que justifiquem o tratamento (ou o titular opõe-se ao tratamento nos termos do artigo 21º, nº 2 – dados para efeitos de comercialização directa) e motivo pelo qual requer que seja eliminado todo o conteúdo constante da página de internet alojada nos v/ Servidores e disponível através do endereço http://www.dominio.pt/pagina5

Mais reque se digne proceder às comunicações prevista no art. 19º do citado diploma, solicitando-se desde já a indicação dos referidos destinatários a quem os dados pessoais tenham sido transmitidos.

A Requerente

ÍNDICE


I. INTRODUÇÃO 7

II. RESENHA HISTÓRICA 11

III. CONCEITOS 21
1. Direito da Informática 21
2. Ciberdireito ou Direito Cibernético 21
3. Direito Digital 23

IV. DEFINIÇÕES 25
1. Blockchain 25
2. Cripto-activos 26
3. Criptomoeda 27
4. Dados informáticos 28
5. Dados de tráfego 28
6. Darkweb 29
7. DeepWeb 30
8. DNS (Domain Name Sistem) 31
9. Fornecedor de Serviço 31
10. Hacker 32
11. ICO ou Inicial Coin Offer 33
12. Intercepção de dados 33
13. Pegada Digital 35
14. Phishing 36
15. POP3, IMAP e SMTP 42
16. Produto Semicondutor 42
17. TCP, UDP e ICMP 43
18. HTTP e FTP 44
19. Topografia 45
20. Token (*Crypto-token*) 45
21. Trojan (ou Cavalo de Troia) 46

22. Sistema informático 47
23. VPN 48
24. Mundo Virtual 48

V. ACTUAL CONTEXTO EUROPEU 51
1. Investimento no Digital 51
1.1 Um Euro digital 55
1.2 Novo pacote de Financiamento Digital 55
1.3 Novas Formas de Pagamentos 57
1.4 Propostas legislativas sobre cripto-activos - MiCA 57
1.5 Os cripto-activos enquanto "instrumentos financeiros" 60

VI. DIREITO PENAL DIGITAL: CRIME E PROVA 63
1. O Direito Penal e Processo Penal 63
1.1 Devassa por meio de informática (Artigo 193º do Código Penal) 64
1.2 Burla informática e nas comunicações (Artigo 221º do Código Penal) 64
2. Crimes da Lei do Cibercrime 64
2.1 Falsidade Informática 65
2.2 Dano relativo a programas ou outros dados informáticos 67
2.3 Sabotagem informática 67
2.4 Acesso ilegítimo 68
2.5 Intercepção Ilegítima 69
2.6 Reprodução ilegítima de programa protegido 69
3. Crimes da Lei de Protecção de Dados (Lei nº 58/2019, de 8 de Agosto) 70
3.1 Utilização de dados de forma incompatível com a finalidade da recolha 70
3.2 Acesso Indevido 72
3.3 Desvio de Dados 72
3.4 Viciação ou destruição de dados 73
3.5 Inserção de dados falsos 73
3.6 Violação do dever de sigilo 73
3.7 Desobediência 74
4. Crimes da Lei das Comunicações Electrónicas (Lei 5/2004, de 10 de Fevereiro) 74
4.1 Dispositivos ilícitos 74
5. Processo e Preservação da Prova (Lei nº 109/2009 de 15 de Setembro) 74

5.1 Preservação expedita de dados 77
5.2 Revelação expedita de dados de tráfego 78
5.3 Injunção para apresentação ou concessão do acesso a dados 78
5.4 Pesquisa de dados informáticos 79
5.5 Apreensão de dados informáticos 80
5.6 Apreensão de correio electrónico e registos de comunicações de natureza semelhante 81
5.7 Intercepção de comunicações 81
5.8 Acções encobertas 82
5.9 Cooperação internacional 82
6. Base de dados de ADN 85
7. Convenção sobre o Cibercrime, adoptada em Budapeste em 23 de Novembro de 2001 87
7.1 Protocolo adicional à Convenção sobre o Cibercrime (actos de natureza racista e xenófoba praticados através de sistemas informáticos) 91
7.2 Segundo Protocolo Adicional à Convenção do Conselho da Europa sobre o Cibercrime (Negociações) 93

VII. CRIPTO-ACTIVOS E MOEDAS ELECTRÓNICAS 97
1. Cripto-activos e Criptomoedas 97
2. A Moeda Electrónica no Decreto-Lei nº 91/2018, de 12 de Novembro 98
3. Nova legislação Europeia – Proposta de Regulamento MiCA 102
3.1 O início da Regulação de Cripto-activos 102
3.2 Direito de Retractação a Consumidores 104
3.3 Livro Branco sobre cripto-activos (*White Papers*) 104
3.4 Criptofichas referenciadas a activos – plataforma de negociação de cripto-activos 105
3.5 Obrigações de todos os emitentes de criptofichas referenciadas a activos 108
3.6 Procedimento de tratamento das queixas e Mecanismos de governação 109
3.7 Reserva de Activos 110
3.8 Criptofichas de moeda electrónica 111
3.9 Autorização e condições de funcionamento para prestadores de serviços de cripto-activos 113
3.10 Plataformas de negociação de cripto-activos 117
3.11 Aquisição de prestadores de serviços de cripto-activos 119
3.12 Prevenção dos abusos de mercado ligados a cripto-activos 119

3.13 Autoridades Competentes 121
3.14 Jurisdição e Taxas 123
4. Negócios com Cripto-activos 124
4.1 – Compra e venda ou permuta 126
4.2 – Contratos híbridos ou mistos 129

**VIII. COMÉRCIO ELECTRÓNICO NO MERCADO INTERNO, SÍTIOS EM LINHA E LOJAS VIRTUAIS** 131
1. Contratação Electrónica 131
2. Prestadores de Serviços 134
3. Protecção de Dados 135
4. Termos e Condições 136
5. Comunicações Publicitárias em rede e marketing directo 138
6. Comércio Electrónico 141
7. Livro de Reclamações Electrónico 142

**IX. DIREITO FISCAL** 143
1. Tributação de Cripto-activos 143
1.1 Rendimentos da categoria G 144
1.2 Rendimentos da categoria E 144
1.3 Rendimentos da categoria B 145
1.4 Enquadramento em sede de IRC 146
1.5 Enquadramento em sede de IVA 146
2. Tributos Digitais 146
2.1 Taxa digital (Cópia Privada) 146
2.2 Taxa de Exibição 149
2.3 Taxa de Vídeo on Demand (Operadores por Subscrição) 149

**X. COLECTÂNEA DE LEGISLAÇÃO** 151
1. Lei nº 109/2009, de 15 de Setembro – Lei do Cibercrime 151
2. Resolução da Assembleia da República nº 88/2009 – Aprova a Convenção sobre o Cibercrime, adoptada em Budapeste em 23 de Novembro de 2001 167
3. Protocolo adicional à Convenção sobre o Cibercrime relativo à incriminação de actos de natureza racista e xenófoba praticados através de sistemas informáticos 197
4. Decisão-Quadro 2005/222/JAI do Conselho, de 24 de Fevereiro de 2005 relativa a ataques contra os sistemas de informação 205
5. Directiva do Conselho de 14 de Maio de 1991 relativa à protecção jurídica dos programas de computador (91/250/CEE) 213

6. DL nº 252/94, de 20 de Outubro – Protecção Jurídica de Programas de Computador 221
7. Lei nº 5/2004, de 10 de Fevereiro – Lei das Comunicações Electrónicas 226
8. Lei nº 58/2019, de 8 de Agosto – Lei da Protecção de Dados Pessoais 332
9. Lei nº 5/2008, de 12 de Fevereiro Bases de Dados de Perfis de ADN – Identificação Civil e Criminal 355
10. Lei nº 32/2008, de 17 de Julho – Conservação de Dados Gerados ou Tratados no contexto oferta de Serviços de Comunicações Electrónicas 375
11. DL nº 7/2004, de 7 de Janeiro – Comércio Electrónico no Mercado Interno e Tratamento de Dados (na redacção dada pela Lei nº 40/2020, de 18 de Agosto) 385
12. Decreto-Lei nº 12/2021, de 9 de Fevereiro – identificação electrónica e serviços de confiança para as transacções electrónicas no mercado interno 405

**XI. MINUTAS** 423
1. Cibercrime 423
   1.1 Participação Criminal (Redes Sociais) 423
   1.2 Participação Criminal 426
   1.3 Requerimento para preservação de prova 428
   1.4 Requerimento para informação de endereços IP / MAC Address 429
   1.5 Requerimento para informação de endereços IP 430
   1.6 Requerimento de Abertura de Instrução 431
   1.7 Recurso Penal 434
2. Protecção de Dados 441
   2.1 Modelo de Consentimento 441
   2.2 Modelo de Requerimento para Eliminação de Dados (Direito ao Esquecimento) 442
   2.3 Modelo de Requerimento para Eliminação de Dados (Direito ao Esquecimento) 443
   2.4 Modelo de Requerimento para Eliminação de Dados (Direito ao Esquecimento) 449